# Le Responsable commercial
# et son Plan d'Actions Commerciales

Groupe Eyrolles
61, bd Saint-Germain
75240 Paris cedex 05

www.editions-eyrolles.com

**DU MÊME AUTEUR**

*Savoir vendre ou mourir*, 2013

*Faire signer ses clients*, 2012, 6ᵉ édition (comment obtenir une commande sans avoir à la demander…)

*Conquérir de nouveaux clients*, 2008, 3ᵉ édition (comment se faire recevoir et prospecter avec succès)

*Faire accepter son prix à ses clients*, 2010, 3ᵉ édition (comment vendre au meilleur prix)

*Concevoir et piloter un plan d'actions commerciales*, 2005

*Le Plan d'Actions Commerciales du Vendeur*, 2006 (comment concevoir, bâtir et rédiger son plan d'actions commerciales terrain)

*Manager ses clients*, 2001 (comment gérer, fidéliser et animer son portefeuille de clients)

*Gérer son secteur de vente et son portefeuille de clients*, 1994

**CHEZ MAXIMA**

*Les commerciaux descendent de Cupidon et leurs clients de Vénus*, 2008

© Groupe Eyrolles, 2014
ISBN : 978-2-212-55800-5

Pascal PY

# Le Responsable commercial
# et son Plan d'Actions Commerciales

*À Gérard Mesguich, ami de la première heure,*
*toujours présent dans les mauvais moments,*
*toujours discret dans les bons.*

# Sommaire

## Première étape
### Donnez un cadre de référence fondamental à vos actions commerciales

## Deuxième étape
### Menez votre propre réflexion stratégique

## Cinquième étape
### Revisitez les paramètres de votre offre commerciale

## Sixième étape
### Concevez vos actions commerciales

# Avant-propos

Vendre, conquérir, fidéliser, reconquérir aussi bien que recruter, former et licencier des vendeurs se conjuguent en un grand nombre d'actions distinctes qu'il appartient à tout responsable commercial de concevoir, lancer et coordonner pour les mener à bien. Cette implacable logique n'est pourtant pas encore ancrée dans nos organisations latines. Le client potentiel, qui interroge la *hot line* relation clients de Panasonic en France afin de savoir chez quel distributeur acheter un équipement spécifique, s'entend répondre que la direction commerciale ne met pas à la disposition du service Relations clients l'information «qui distribue quoi». Pour peu que le client insiste auprès de l'aimable téléconseillère pour que cette information soit recherchée en interne, la sentence est sans appel : «Nous n'avons aucune relation avec le service commercial !». Ces exemples, où le bras droit de l'organisation commerciale ignore délibérément son bras gauche, sont légion ! Convenons que, sauf à désirer introduire une bonne dose de schizophrénie dans une démarche commerciale et à ne pas s'émouvoir qu'une action puisse en contrarier ou en phagocyter une autre, le responsable commercial doit concevoir et coordonner ses différentes actions en un plan d'ensemble cohérent, harmonieux et efficace.

Pour éviter le travers organisationnel dénoncé ci-dessus, j'ai pris le parti de développer les 134 actions de management sous la forme d'un Plan d'Actions Commerciales (PAC) d'ensemble ; autrement dit en un assemblage construit, ordonné et homogène de toutes les actions commerciales auxquelles oblige le poste de responsable commercial.

On prête au général Eisenhower de nombreux mots. L'un d'eux éclaire l'esprit et la lettre de ce livre : « *Les plans importent peu. C'est bien davantage le processus de planification qui est essentiel.* » La planification fonctionne, à bien des égards, comme un rouleau compresseur. Rien ne lui échappe ! Réflexions politiques, choix stratégiques, examen des problèmes, inventaire des moyens, bien-fondé des décisions, etc. Tout y passe. Pour sacrifier à cette observation et donner plus d'importance au processus de la planification qu'au plan lui-même, ce livre rompt avec les présentations traditionnelles qui divisent habituellement les ouvrages en parties et sous-parties indépendantes.

Je vous invite à parcourir huit étapes successives afin de donner du sens à vos actions commerciales et à vos décisions managériales. Cette présentation, délibérément novatrice, aspire à davantage de pragmatisme. Elle garantit au lecteur une démarche rigoureuse et ambitionne d'offrir, même aux plus blasés, une vision renouvelée de la conception et du pilotage de leur action commerciale d'ensemble.

Le présent livre reprend et développe amplement les thèmes de mon précédent ouvrage *Concevoir et piloter un plan d'actions commerciales*.

# Concevez et pilotez
# vos actions commerciales
# en un plan d'ensemble

Concevoir et piloter ses actions commerciales en un plan d'ensemble est une formidable opportunité de faire le *break* contre ses concurrents. Dans le secteur de la restauration, être un chef inventif constitue un avantage indéniable sur ses concurrents. Pour autant ne s'improvise pas Bocuse qui veut. L'apanage « inventif » n'entraîne pas *ipso facto* d'être étoilé au Michelin et pas plus de faire salle comble. Tout avantage obtenu par un compétiteur et dont ne disposent pas les autres n'est qu'un marchepied vers le succès. C'est avec sa capacité à mettre en œuvre cet avantage, à le mettre à profit pour damer le pion à ses concurrents, que le restaurant de notre chef cuisinier deviendra ce qu'il est convenu d'appeler une grande table. Beaucoup d'appelés et bien peu d'élus, dit-on. Les élus, quel que soit le métier, sont ceux qui savent faire le *break*, autrement dit exploiter leurs avantages pour creuser l'écart avec les autres.

## Le concept de *break* concurrentiel

Dans la plupart des compétitions, il est un moment crucial où l'opportunité se présente de creuser un écart décisif avec l'adversaire. En cyclisme par exemple on parle d'échappée, en tennis, on préfère parler de *break* lorsqu'un joueur « prend le service » de son adversaire (qui, au passage remarquons-le, jouissait justement d'un avantage et n'a pas su en profiter).

Faire le *break* pour une organisation commerciale c'est, de la même manière qu'au tennis, créer une distanciation concurrentielle, autrement dit creuser un fossé dont le comblement par les concurrents est difficile et pour le moins problématique.

Dans certaines professions, des dirigeants commerciaux américains parlent, de *silver bullet* pour désigner l'argument qui anéantit toute velléité du client de regarder la concurrence. Par exemple, certains utilisateurs d'imprimantes à jet d'encre, dans un souci compréhensible d'économie, optent pour des cartouches dites compatibles, c'est-à-dire produites par un fabricant différent de celui de l'imprimante. En cas de panne « l'argument qui tue » consiste, pour les techniciens SAV, à refuser d'intervenir. Le *silver bullet* est une illustration parmi d'autres de l'omniprésence du concept de *break* dans la construction de vos actions commerciales.

## Instrumentalisez vos actions commerciales pour faire le *break* concurrentiel

Se préparer à faire le *break*, consiste à rechercher en permanence à se différencier positivement de la concurrence et cela du point de vue des clients, c'est-à-dire de la perception qu'ils en ont. Multiplier les caractéristiques distinctives ou les services spécifiques ne permet pas obligatoirement de faire le *break*. Encore faut-il que leurs pertinences soient reconnues par ceux qui les consomment ou les utilisent !

Le critère objectif de cette reconnaissance c'est la non-interchangeabilité avec les produits ou services proposés par les autres compétiteurs. Quand les clients conquis n'acceptent plus de changer ou de revenir à leurs anciens fournisseurs, gageons que le break est fait. Il le demeurera tant que les concurrents ne combleront pas leur retard.

En lançant l'iPhone avec plusieurs mois d'avance sur les autres opérateurs téléphoniques, *Apple* a fait le *break* au moins momentanément. Toute offre novatrice, tout prix cassé, toute technologie nouvelle, toute publicité à gros impacts recèle une opportunité de *break* concurrentiel.

Le *break* est au PAC ce que le Graal est aux chevaliers de la Table ronde ; une quête, la quête obsessionnelle d'une différence positive. Ceci posé, qu'est-ce qu'un PAC ?

Le plan d'actions commerciales résulte d'**une somme de réflexions visant à concevoir, construire et programmer des actions commerciales pertinentes en vue d'atteindre des objectifs commerciaux,** avec pour préoccupation première d'opérer un ***break* concurrentiel** (ou d'éviter que des concurrents créent eux-mêmes un écart irréversible à leur profit). Le monde des entreprises s'apparente à un jeu de chaises musicales. Des entreprises meurent ou végètent là où leurs concurrents réussissent à dégager des profits et à se développer. En vérité, là où les unes improvisent, les autres normalisent. Pour survivre dans ce monde, y asseoir sa place, et la conserver au fil du temps, l'entreprise n'a pas d'autre solution que de concevoir, construire, et programmer des actions commerciales à piloter. Pour emprunter au vocabulaire militaire, voyons de quels moyens en troupes, en armes et en logistique le général d'armée (entendez le dirigeant commercial), flanqué de son staff dispose :

— Les **troupes**. Certaines sont internes : les vendeurs, les télévendeurs, les marchandiseurs, le SAV et le *middle office*. D'autres sont externes : les prescripteurs, les apporteurs d'affaires, les vendeurs et télévendeurs, etc.

— Les **armes**. Notre général possède des produits, des services associés, une tarification, des délais de paiement, des promotions aussi diverses qu'avantageuses, des incitations telles que jeux et challenges, etc.

— La **logistique**. Ici entendue au sens large elle réunit et met à disposition les moyens de communiquer, distribuer, livrer, mettre en service, faire le *merchandising*, établir des relations clients, etc.

## Les 8 étapes de la conception et du pilotage de vos actions commerciales

Penser pour agir ! C'est en trois mots le cheminement à suivre pour concevoir, construire et programmer un plan d'actions commerciales. Un cheminement en huit étapes : des nécessaires réflexions politiques et stratégiques, à la rédaction du PAC.

La *première étape* vise à **donner un cadre de référence fondamental à vos actions commerciales**. Sauf à considérer votre équipe commerciale comme constituée de robots et à voir dans vos vendeurs itinérants de simples porteurs de sacoches, il faut bien reconnaître qu'un cadre structurant s'impose. Véritables fondations politiques du PAC, il offre à toute votre organisation le champ de références dont elle a besoin pour concevoir et mettre en œuvre les actions commerciales. Partager la vocation de l'entreprise, accepter les finalités auxquelles elle aspire, faire sienne l'éthique à respecter, comprendre les contraintes et obstacles internes à surmonter, c'est donner du sens à l'action.

La *deuxième étape* invite à **mener votre propre réflexion stratégique**. Souvent les jeux sont faits me direz-vous. Se demander sur quels marchés on opère et pour y faire quoi paraît dérisoire. Il n'en demeure pas moins que poser sac à terre et prendre quelque temps pour réfléchir aux besoins profonds que l'on satisfait chez ses clients est incontournable. *Ferrari* et *Porsche* opèrent-ils sur les métiers de l'automobile ou du luxe ? Ces deux constructeurs, en commercialisant des montres haut de gamme à leur effigie nous montrent ô combien ils ont pris, eux, le temps d'y songer.

La *troisième étape* est celle du **diagnostic commercial**. Ce diagnostic conduit à se poser deux séries de questions :

 — La première série porte sur ce qui se passe à l'extérieur de l'entreprise. Sur quel terrain opérez-vous ? Quelles menaces pèsent sur vos différentes activités et quelles opportunités sont à saisir ou s'offrent à vous ?

 — La seconde série est interne. Les questions soulevées visent à sortir au grand jour les forces et faiblesses de votre entreprise et de son organisation commerciale.

Ce diagnostic met en exergue vos avantages et handicaps concurrentiels, mais il nécessite de naviguer entre deux écueils : l'écueil de l'autoflagellation et celui de l'autosatisfaction. Le premier, terriblement destructeur, mène les équipes commerciales à douter de tout en commençant par elles-mêmes. Le second, tout aussi négatif, recèle les mêmes périls, par le jeu de l'endormissement qui confine à l'inaction.

La *quatrième étape* conduit à **comprendre les problèmes commerciaux rencontrés,** intégrer leurs enjeux, leurs causes et discerner leurs conséquences. Cette étape oriente votre action. Parvenu à ce stade, les idées vous viennent comme par enchantement. Vous entrapercevez les grandes lignes directrices des actions à monter, les opportunités de break, et vous découvrez les écarts concurrentiels que creusent vos adversaires.

La *cinquième étape*, est celle de la **mise en ordre du mix marketing**. Cette fois il faut réagir. Vous disposez des menaces et des opportunités, d'un inventaire de vos forces et de vos faiblesses, de vos avantages et handicaps concurrentiels, des problèmes rencontrés par vos équipes. Pour lutter et se battre efficacement il vous faut revisiter votre offre sous tous ses aspects, produits, prix, communication, opérationnalité de la force de vente et distribution.

La *sixième étape* concrétise enfin les choses. Fort d'une offre revue et corrigée, des lignes directrices des actions à mener, vous faites le choix des actions commerciales à lancer pour remonter vos handicaps, surmonter vos difficultés, écarter les menaces et saisir les opportunités. Cette étape nous fournit l'excellente occasion de passer en revue un référentiel de 93 actions inventoriées par ForVentOr et comptant parmi les plus pertinentes à mettre en œuvre.

La *septième étape* **matérialise le plan d'ensemble**. Les objectifs sont arrêtés, les fiches descriptives des actions sont rédigées, le planning est préparé, un document de synthèse, indiquant le qui fait quoi et quand est élaboré, un inventaire des moyens est dressé, les budgets acceptés, le contrôle et le reporting organisés et pour finir une feuille de route en synthèse est remise aux équipes commerciales. Vous êtes paré à faire le *break* concurrentiel !

La *huitième et ultime étape* de la démarche vise la **mise en œuvre de vos actions commerciales**. La phase de pilotage s'impose. Ici, le mécanicien, concepteur et assembleur de pièces, se fait pilote et prend le volant. Lancer les actions, contrôler leur bon déroulé, évaluer les résultats à mi-parcours, décider d'actions correctives pour les ajuster en cours de route, rendre d'ultimes arbitrages, prennent désormais le pas sur la conception. L'épreuve de vérité débute.

# Première étape

## Donnez un cadre de référence fondamental à vos actions commerciales

Le Cadre de Référence Fondamental (CRF),
fondement politique de toute action commerciale

Sauf à imaginer que les collaborateurs d'une entreprise au contact avec la clientèle, puissent n'être que de simples porteurs de sacoches, force est de reconnaître qu'un **cadre de référence** leur est indispensable pour délivrer les bons messages et les guider au quotidien. En temps de guerre, les hommes chargés de défendre fermement une position s'y attelleront d'autant mieux qu'ils en perçoivent l'enjeu stratégique. Conscients des conséquences d'un éventuel échec, ils seront d'autant plus motivés et soucieux de mener à bien leur mission. Si un client reproche à un ingénieur commercial d'IBM la cherté des matériels et des logiciels de sa marque, la qualité de sa réponse dépendra de son aptitude à intégrer les options politiques et stratégiques de l'entreprise qui l'emploie. Être cher n'est en effet pas une maladie, mais un choix. Ce choix est guidé par une politique de qualité, un positionnement, une volonté de différenciation, la construction délibérée d'une image, etc.[1] En bref, les actions commerciales prévues au PAC doivent se structurer autour d'un projet d'entreprise incluant cinq éléments :

- la vocation de l'entreprise ;
- les finalités de l'entreprise ;
- le respect de l'éthique de l'entreprise ;
- les contraintes à connaître et les obstacles à surmonter ;
- la vision de l'entreprise à long terme.

---

1   Sur ce sujet le lecteur peut se reporter à mon livre *Faire accepter son prix à ses clients*.

# Chapitre 1

# Identifiez la vocation profonde de votre entreprise

## La vocation est la raison d'être de l'entreprise

La vocation d'une entreprise n'est autre que ce pourquoi elle existe, sa raison d'être, la mission qu'elle considère être la sienne, et toutes choses qui font qu'une organisation ouvre tous les matins ses portes et réunit femmes et hommes dans un concert de volontés communes. Par exemple :

— Chez *M6* ou *TF1*, la vocation est d'informer et de divertir, essentiellement par le canal de la télévision.

— La vocation de la *SNCF* est le transport des personnes (et des marchandises) principalement par voie ferrée.

La vocation d'une entreprise n'est pas immuable. Elle ressort d'une véritable alchimie, résultat en mouvement, d'une somme d'interférences entre une multitude d'aléas historiques, techniques, financiers ou culturels. La *Compagnie des voitures* à Paris était au XIX^e siècle une entreprise de transport par calèches. Devenue *Compagnie des taxis G7*, puis importateur des automobiles anglaises *British Leyland*, elle est aujourd'hui une société holding qui opère dans de nombreux secteurs.

Ainsi la vocation n'est pas forcément ce pourquoi une organisation a été créée à l'origine. Bien davantage, la vocation vise le domaine où elle entend agir et utiliser ses ressources humaines, techniques et financières pour séduire une clientèle de prédilection.

Considérons pour l'exemple la vocation d'un groupe comme *Vivendi Universal*. À l'origine, Compagnie générale des eaux dont l'activité principale séculaire était le traitement des eaux, le groupe, à l'approche de l'an 2000, a reconsidéré sa vocation. Filialisant puis abandonnant le service aux collectivités, l'essentiel de l'activité a été recentré en moins de cinq ans sur la communication et le divertissement (*SFR*, *Activision*, *CANAL+*, *Universal Music*, etc.). Cette vocation, comprise et admise par tous est porteuse de sens. Elle sous-tend l'action de chacun au sein de l'entreprise. Mobilisatrice et énergisante, elle se doit d'être définie comme raison d'être de l'action commerciale. C'est ce pourquoi les équipes de vente et de marketing se battent quotidiennement.

Au-delà de la vision purement alimentaire des jobs que leur entreprise procure, il est nécessaire que les salariés s'accordent sur une vocation unanimement partagée ; ce pourquoi les femmes et les hommes dans un concert de volontés communes se réunissent pour travailler en son sein. La réponse à cette question conduit à mettre le client au cœur des préoccupations de tous, premier facteur de réussite.

Les salariés de *Colgate* ne produisent ni ne vendent de dentifrices mais contribuent quotidiennement à la santé et à l'hygiène dentaire dans le monde. Les employés de *Sanofi*, qu'ils soient comptables, magasiniers, chercheurs, informaticiens ou délégués médicaux, ne vendent pas de médicaments mais prennent soin de la santé de tous et se battent pour donner, chaque jour davantage, une vie meilleure et plus longue à chacun.

À défaut d'intégrer, et faire leur, cette mission d'entreprise, il y a gros à parier que peu de collaborateurs trouvent les justes mots pour donner à leurs interlocuteurs extérieurs une définition précise et enthousiasmante de ce qui les anime.

# Quelques conseils pour définir la vocation de votre entreprise

En résumé la vocation est une passion partagée par une équipe d'individus, dans le but de les conduire à mener à bien un projet commun ! Afin d'illustrer ce que vocation veut dire, voici celle proposée par la société SVP[1].

▷ **EXEMPLE DE VOCATION**

Pour que votre question trouve sa solution.

SVP est votre partenaire au quotidien pour répondre à l'ensemble de vos préoccupations :

* Quelle qu'en soit la nature : législation, normes et réglementations, hygiène et sécurité, développement durable, environnement, marchés publics, fiscalité, etc.
* Quelle que soit votre fonction en entreprise ou en collectivité.

Grâce à un savoir-faire unique, les experts de SVP, 200 en France et 600 dans le monde, vous accompagnent et vous apportent chaque jour les réponses dont vous avez besoin en tenant compte de votre environnement.

▷ **RÉFLEXIONS CONCERNANT VOTRE ENTREPRISE**

Pour soutenir et orienter l'action commerciale, prenez quelques instants pour définir la vocation exacte de votre organisation. Lorsqu'une entreprise sollicite notre Cabinet pour l'accompagner dans la construction de son premier PAC, nous invitons l'ensemble de l'équipe à mener une réflexion sur ses domaines de prédilection, le type de clients concernés par cette mission, la zone géographique sur laquelle elle opère et la valeur ajoutée proposée à sa clientèle.

▷ **CERNEZ LA VOCATION DE VOTRE ENTREPRISE**

Votre métier

▷ ...................................................................................................................

...................................................................................................................

...................................................................................................................

---

1   Source Internet : site www.svp.com.

## Vos clients

▷ ....................................................................................................................................

....................................................................................................................................

....................................................................................................................................

....................................................................................................................................

## La valeur ajoutée apportée à vos clients

▷ ....................................................................................................................................

....................................................................................................................................

## Votre zone d'opération

▷ ....................................................................................................................................

....................................................................................................................................

# Chapitre 2

# Déterminez les finalités de votre entreprise

## Intégrez dans vos actions commerciales les finalités de votre entreprise

Nourrir une passion est une merveilleuse chose. Pour que ce rêve ne confine pas à l'oisiveté mais se concrétise et porte ses fruits, faut-il encore lui assigner un domaine de résultats. Ici la vocation se mue en objectif. Si la vocation d'un missionnaire est de servir Dieu, la finalité de son action pourrait être d'évangéliser la Papouasie. En un mot, la finalité n'est autre que le domaine de concrétisation ou d'accomplissement de la vocation. Concevoir un Plan d'Actions Commerciales nécessite de préciser clairement comment se matérialise le succès ou l'échec des démarches et initiatives suscitées par la raison d'être qui vous anime. Ainsi la finalité avouée du groupe *Accor* est de compter parmi les tout premiers opérateurs hôteliers sur chacun des cinq continents.

L'identification d'une cible est indispensable à qui veut l'atteindre. Ce qui est vrai pour un chasseur l'est aussi pour un commercial. Vendre n'est pas une fin en soi. Ce n'est qu'un moyen qui concourt à atteindre les finalités de l'organisation qui l'emploie. À défaut le vendeur, tenu dans l'ignorance, limitera la lecture des instructions qui lui sont adressées aux seules primes convoitées. Par exemple, la pertinence de son action en matière de défense des marges sera grandement renforcée par la conscience qu'il aura de l'objectif de profitabilité que nourrit l'entreprise ainsi que du partage qui s'ensuivra entre salaires, dividendes aux actionnaires et investissements. Ici encore une bonne perception des finalités sera formidablement énergisante pour tous.

# Quelques conseils pour définir vos finalités

Pour déterminer les finalités de votre entreprise il vous faut redécouvrir le *besoin premier*, originel, qui constitue le socle fondateur des finalités profondes de celle-ci. Pour satisfaire à cet exercice demandez-vous à quoi sert-elle ? En ce sens une mutuelle ne sert pas à limiter les « restes à charge » de ses adhérents mais à développer une chaîne de solidarité entre adhérents afin que ceux-ci puissent se soigner comme ils l'entendent, sans ajouter des soucis financiers à leurs problèmes de santé. Une chaîne de télévision, confiait en son temps l'ancien P-DG de TF1 Patrick Lelay, sert à distraire, informer et cultiver les téléspectateurs *mais ceci pour faire de l'audience en vue de vendre un maximum d'espaces publicitaires, le plus cher possible* ! Ou encore un restaurant, ne sert pas à restaurer des individus, mais à offrir à ses convives un moment de détente et de plaisir, sans souci d'intendance, à l'occasion d'un bon repas.

▶ **RÉFLEXIONS CONCERNANT VOTRE ENTREPRISE**

Quelle présentation pourriez-vous faire à votre équipe commerciale des domaines de résultats visés par votre organisation, en matière de leadership, de taux de pénétration ou de profitabilité ?

**Quelles sont les finalités de votre organisation commerciale ?**

▶ ............................................................................................................

............................................................................................................

............................................................................................................

............................................................................................................

............................................................................................................

............................................................................................................

# Chapitre 3

# Définissez les règles d'éthique commerciale à respecter

## Qu'est-ce que l'éthique d'une organisation commerciale ?

Souvent confondue avec la déontologie, l'éthique s'apparente à cette dernière sur un point : c'est un ensemble de règles professionnelles régissant l'exercice d'un métier. En revanche, contrairement à la déontologie, l'éthique n'a pas force de loi. Elle se situe sur un plan moral. Ainsi l'éthique se définit comme l'ensemble des règles du jeu que s'impose librement une entreprise pour exercer son métier. Pour illustration, le Cabinet que je dirige a pour éthique, alors qu'aucune loi ne l'y oblige, de ne pas former des équipes commerciales en concurrence frontale. Les séminaires de perfectionnement commercial sont un levier pour la conquête de parts de marché et la mobilisation des forces de vente. L'implication des consultants intervenants doit être totale et sans arrière-pensée. Ils doivent prendre résolument parti pour l'équipe qu'ils entendent faire gagner contre ses concurrents. *A contrario* une telle éthique est sans écho auprès d'organismes perfectionnant des informaticiens ou des comptables.

## En quoi l'éthique est-elle nécessaire à l'action commerciale ?

La tendance est hélas chez certains commerciaux de vendre tout et à n'importe quelle condition. Face à une demande client, le oui l'emporte très souvent sur le *non*. D'où de nombreux quiproquos entre vendeurs et clients, avec leurs lots d'insatisfactions voire de déceptions chez ces derniers. Développer une charte éthique qui reprend les grandes règles du jeu, évite à vos commerciaux les erreurs inhérentes à leurs désirs de vendre et d'atteindre leurs objectifs personnels à tout prix. En outre, en développant des règles d'éthique fortes, vous éveillez chez eux un haut niveau d'auto-estimation avec tous les bénéfices qui y sont associés : valorisation de l'image de l'entreprise, fidélité des commerciaux, idéalisation de leur fonction, etc. S'ensuivront de leur part plus d'attachement, de sérieux, de rigueur et de professionnalisme.

## Quelques conseils pour définir votre éthique

Les choses simples s'obtiennent aisément. L'interview de quelques anciens de l'entreprise, détenteurs de sa mémoire et de sa culture, facilite vos premiers pas. Ce travail fait, listez les principaux items qui s'en dégagent. Ajoutez-y vos propres exigences managériales. Pour terminer, une petite réunion de vos équipes en matière d'éthique permet de formaliser celle-ci et de la faire partager à tous.

▶ **RÉFLEXIONS CONCERNANT VOTRE ENTREPRISE**

Il est important de concevoir en équipe la charte éthique de l'organisation. C'est une excellente occasion pour le *front office* et le *middle office* de percevoir et de partager les attentes et les préoccupations morales de leurs dirigeants. Tous sortiront grandis de cette réflexion.

**Quelles règles éthiques souhaitez-vous voir respecter par votre équipe commerciale ?**

▶ ............................................................................................................

............................................................................................................

............................................................................................................

............................................................................................................

............................................................................................................

............................................................................................................

Chapitre 4

# Tenez compte des contraintes
# et des obstacles à surmonter

Le propre d'une activité économique est de s'exercer sous contraintes. Inscrire celles-ci dans le CRF pour que nul ne l'ignore est une sage politique. Là encore il s'agit de s'assurer que tous les acteurs de l'activité commerciale ont la claire conscience des limites à respecter et des conditions d'exercice de leur métier, dont il est impossible de s'affranchir. Certaines de ces contraintes sont d'essence interne et tiennent à la nature même de l'entreprise. D'autres sont externes, parce qu'imposées par des facteurs ou des agents qui n'appartiennent pas à l'organisation ou qui ne lui sont pas imputables.

## Connaître les contraintes internes
## pour mieux les intégrer

Les contraintes internes. Sous ce vocable, on désigne toutes les obligations ou suggestions qui astreignent l'entreprise de l'intérieur. Elles ressortent soit de son statut, soit de son histoire ou de sa culture. Le fait pour *EDF* (hier entreprise d'État) d'avoir adopté le statut de société anonyme et d'être introduite en Bourse, ne l'a pas soustraite à l'obligation de maintien du statut de fonctionnaire pour ses salariés. Il en résulte aussi bien une culture spécifique de service public, une sécurité de l'emploi pour ses agents, un système de retraite, etc. En bref, un ensemble de contraintes que ses concurrents n'ont pas à devoir supporter et qui pourtant ne sont pas sans conséquence sur le niveau des prix pratiqués ou certains interdits comportementaux[1].

Ainsi, pour *France Télécom*, démarcher les clients sur les parkings des supermarchés, comme le font les autres opérateurs, n'est pas conforme à l'image de

_____

1   Le plus fréquemment rencontré est cette idée reçue que vendre ne serait pas honnête... parce que profitable !

service public. Les équipes doivent l'intégrer et l'accepter. À défaut elles subiraient cette contrainte comme une tare propre à l'entreprise. De là à caresser le rêve de travailler chez les concurrents il n'y a qu'un pas. Un pas que la perception de la contrainte empêche justement de franchir.

## Se plier aux contraintes externes pour exercer son activité

Les contraintes externes. Comme leur qualificatif l'indique, elles réunissent toutes les obligations d'origine juridique, technique, fiscale qui astreignent l'organisation. Pour exemple, *Toyota* a perçu des subsides pour l'implantation de son usine européenne à Valenciennes. En contrepartie, obligation lui a été faite de devoir recruter 75 % de son personnel parmi les résidents du bassin d'emploi du Nord de la France. Cette contrainte subordonne ses choix de recrutement.

EADS est soumis pour la fabrication de ses avions à des contraintes de sécurité considérables et à la nécessaire obtention de nombreuses certifications spécifiques à l'aéronautique.

Qu'elles soient externes ou internes, par définition, les contraintes sont contraignantes ! Elles imposent des figures à l'entreprise, des passages obligés. En quoi la connaissance de telles contraintes est-elle utile aux salariés en charge de la communication avec la clientèle ? Pour reprendre notre exemple, le chargé de communication qui connaît les contraintes imposées à l'embauche des salariés de *Toyota* saura bien faire comprendre au dirigeant de la concession *Toyota* de Bretagne que le rejet de la candidature de son fils à Valenciennes, est dû à un quota très contraignant et ne tient pas à sa personne.

De même, en quoi la connaissance de telles contraintes est-elle utile au personnel, par exemple d'un organisme de formation ? Les contraintes en ce cas ressortent des lois régissant la formation, édictées par le Code du travail. Les infractions aux règles tatillonnes – listes de présence signées deux fois par jour, évaluations de fin de stage, signature d'une convention de formation précisant les objectifs pédagogiques précis, les moyens mis en œuvre, les programmes, etc. – sont pénalement et sévèrement répréhensibles. Une contrainte externe incontournable qui soumet tous ceux qui souhaitent exercer cette profession.

▷ **Réflexions concernant votre entreprise**

Courage ! La lecture de ce livre constitue une formidable opportunité pour réfléchir et concevoir pas à pas votre CRF. Vos chargés de clientèle et tous ceux en contact avec les clients y trouveront le précieux guide nécessaire à leurs pas. Alors, quelles sont les contraintes sous lesquelles s'exerce votre activité commerciale ?

**Quelles contraintes, internes et externes, s'imposent à votre équipe commerciale ?**

Contraintes internes

▷ ........................................................................................................................

........................................................................................................................

Contraintes externes

▷ ........................................................................................................................

........................................................................................................................

▷ **Exemple de CRF d'une coopérative vinicole du Jura**

L'entreprise P & S a pour vocation la commercialisation de vins issus de la récolte de ses adhérents.

Elle a pour finalité d'écouler la récolte tout en assurant un maximum de rémunération à ses sociétaires.

Son éthique lui impose un certain fair-play avec les producteurs et les coopératives régionales ainsi qu'une animation de la vie du village et de la promotion des appellations.

La principale contrainte, due à son statut de producteur, lui interdit de se livrer à des activités de négoce (achats, reventes d'autres appellations).

Chapitre 5

# Projetez la vision de votre entreprise sur le long terme

## Visionnez le devenir de votre entreprise

Le concept de vision a été développé par l'auteur américain Michael Doyle. Il s'agit de l'image projetée à trois ou quatre ans de l'entreprise (ou son existant commercial). Cette image n'est autre que la vision du devenir de l'entreprise ou de l'équipe. Le partage d'une même vision à moyen terme par tous est un prodigieux ciment et un gage de réussite. Afin d'illustrer ce que vision veut dire, je prends exemple d'une vision d'entreprise cliente à la définition de laquelle j'ai présidé[1].

▶ **EXEMPLE D'UNE VISION D'ENTREPRISE : VISION À TROIS ANS DU N°2 FRANÇAIS DE LA COMMUNICATION PAR L'OBJET**

L'entreprise est leader dans la conception d'objets de communication personnalisés. Son savoir-faire est reproduit à l'échelle internationale :

- Avec des designs originaux, un rapport qualité/prix optimal et un total respect des contraintes des clients.
- Avec des commerciaux devenus de véritables consultants experts, chargés de conseiller les principaux annonceurs dans la promotion de leur image, de leurs marques ou de leurs produits.
- Avec des chefs de produits et des designers assistés d'une Base de données image (BDI), garantissant aux responsables de production un accès direct aux usines les plus performantes, toutes certifiées NCL (*No child labor*).
- Avec des clients satisfaits à 100 % grâce à un dispositif de sélection des produits couplé à un système unique de grille d'analyse des échecs et des succès (RESO).

---

1  Notre Cabinet a pour règle éthique de ne pas présenter de travaux menés pour le compte de ses clients sans leur autorisation. Le lecteur comprendra que soit occulté le nom de l'entreprise dont il est fait mention ici de la vision.

• Avec des collaborateurs tous responsables et autonomes conscients de leur rôle. Épanouis chacun dans leur mission, ils adhèrent individuellement à la charte de qualité de l'entreprise.

### ▶ RÉFLEXIONS CONCERNANT VOTRE ENTREPRISE

La construction de l'image projetée de l'entreprise ou de l'organisation commerciale à trois ou cinq ans est un travail d'équipe. Ce travail collectif est gage tout à la fois d'adhésion et de réalisme. Il n'empêche que l'exercice peut être effectué, en première intention, par vous-même.

**Quelle vision avez-vous de votre entreprise à long terme ?**

▶ .................................................................................................................................

.................................................................................................................................

.................................................................................................................................

.................................................................................................................................

.................................................................................................................................

.................................................................................................................................

.................................................................................................................................

.................................................................................................................................

# Deuxième étape

## Menez votre propre réflexion stratégique

Sur quels marchés opérez-vous et pour y faire quoi ?

Le cadre de référence fondamental mis au clair, nous sommes conduits à franchir une seconde étape : intégrer la stratégie commerciale comme nécessaire soubassement du plan d'actions commerciales. Dans les entreprises importantes, cette réflexion stratégique se pratique au sein d'un comité stratégique. Au premier chef, il appartient aux dirigeants commerciaux d'y participer. Dans les organisations plus modestes, chez lesquelles l'âpreté de l'opérationnel et du quotidien le dispute sans cesse à la vision du long terme, cette prise de recul est plus rare, plus hachée et souvent moins aboutie. Cette étape ambitionne de faciliter chez les dirigeants commerciaux, ou chefs d'entreprise, peu familiarisés avec ce type de démarche, l'accession aux modes et concepts de la pensée stratégique. Les lecteurs rompus à ces méthodes, ou encore ceux à qui les options auxquelles ces réflexions conduisent sont imposées, peuvent passer directement à la troisième étape.

# Chapitre 1

# Identifiez vos Domaines d'Activités Stratégiques (DAS)

Pont aux ânes des élèves de première année des grandes écoles de commerce, le concept de Domaine d'Activité Stratégique (DAS) a été conçu par le *Boston Consulting Group* (BCG). De quoi s'agit-il ?

## Une nouvelle définition des DAS

Traditionnellement les entreprises travaillent sur plusieurs terrains. *HP* fabrique et vend des ordinateurs ainsi que des imprimantes et propose des solutions software. De même les entreprises opèrent sur divers secteurs économiques. Les transports *Verney* ont longtemps offert à la fois des voyages touristiques en autocar et du transport de marchandises aux entreprises. d'intérêts stratégiques est un précieux moyen pour y voir clair, gérer les ressources, construire une offre et un plan d'actions cohérent. Ainsi un DAS se définit traditionnellement comme un sous-ensemble d'activités homogènes qui partagent des ressources et des savoir-faire en vue de satisfaire les besoins d'une clientèle.

**Besoin**. Le maître mot est lâché. Théodore Levitt, apôtre du marketing, emboîtant le pas au *BCG*, a développé l'idée, fort pertinente, qu'une activité d'entreprise se définit davantage par rapport au(x) besoin(s) fondamental(aux) satisfait(s) chez ses clients que par le ou les produits fabriqués et vendus. Autrement dit le concept de besoin est l'incontournable clef qui permet une fragmentation pertinente de l'activité d'ensemble d'une organisation commerciale en domaine d'activités stratégiques. Pour être clair, plutôt que de diviser l'entreprise en centres de production régionaux ou en usines, on lui préférera la césure plus opérante de domaines d'activités regroupant un ensemble de moyens technologiques pour satisfaire un marché de clients qui ont en commun un même type de besoins à satisfaire.

Ainsi une entreprise de transport, plutôt que de parler de ses dépôts dont l'un se situe à Avignon pour desservir le sud de la France et l'autre en région parisienne pour la partie nord, préférera parler de deux activités stratégiques : celle du tourisme individuel par autocar, et celle du transport de marchandises. Ces activités s'exerçant partout en France à partir de deux dépôts, elles ne nécessitent ni les mêmes moyens, ni le même savoir-faire, ni même ne disposent d'une clientèle qui partage un même besoin à satisfaire.

On l'a compris, l'identification des différents domaines d'activités stratégiques est essentielle pour bâtir un plan cohérent d'actions qui intègre les spécificités de chaque DAS.

## Le fil d'Ariane pour déterminer vos DAS

La fragmentation de l'offre d'une organisation en DAS semble un exercice aisé. Il revient à s'interroger sur trois points :

- réunir les *moyens* spécifiques pour opérer ;
- comprendre les *savoir-faire* à développer et à mettre en œuvre ;
- connaître le *marché*, autrement dit savoir auprès de quels clients l'organisation opère, et définir le *besoin* fondamental à satisfaire chez ces clients.

S'agissant des *moyens*, la simplicité espérée est au rendez-vous. Sous ce vocable, on regroupe pêle-mêle les hommes, les technologies spécifiques indispensables à mettre en œuvre (usines, machines, etc.).

Au titre des *savoir-faire*, l'exercice ne se complique guère davantage. On entend par là définir les informations, connaissances, méthodes, diplômes, manières et autres tours de main dont la possession ou la maîtrise est indispensable à l'exercice de l'activité. On ne s'improvise pas hôtelier. S'il est vrai que beaucoup tentent leur chance, peu parviennent au succès. Leur fait souvent défaut, ce fameux savoir-faire composé de professionnalisme et de compétences aussi bien en cuisine, en management du personnel, en achat ou en gestion.

Les choses s'obscurcissent quand on aborde la définition du *besoin à satisfaire* chez le client. Un domaine d'activités stratégiques est en effet centré sur un ensemble plus ou moins homogène de besoins ressentis par une clientèle. Ces besoins peuvent être satisfaits de diverses manières se concurrençant entre elles. En clair des solutions concurrentes rivalisent pour capter l'intérêt d'une même clientèle.

Les fast-foods répondent au besoin d'une clientèle désireuse de se restaurer rapidement. Les plats cuisinés, empruntant une voie radicalement différente, participent à la satisfaction du même besoin. Convenons que sous cet aspect « *McDo* » et *Quick* sont en compétition, de quelque manière, avec *Findus* ou *Picard Surgelés*. Sous l'aspect rapidité, il est pertinent d'observer que ces différents opérateurs s'affrontent, à la marge, sur le même DAS.

En un mot, la clarification du besoin satisfait par une organisation commerciale auprès d'une clientèle est un formidable moyen d'identifier tout à la fois le théâtre des opérations ou combats – je veux dire le domaine d'activités stratégiques – et les adversaires qui y manœuvrent en proposant des solutions originales, voire apparemment antinomiques et pourtant concourant à la satisfaction d'un même besoin. Alors, puisqu'il nous faut définir les DAS à l'aune du besoin client, qu'est-ce qu'un besoin et comment le définir ? Dans mon livre *Faire signer ses clients*, je traite longuement de ce sujet[1]. Ici, je n'en retiendrai que l'essentiel afin d'éclairer cette problématique.

Il existe de nombreuses définitions du besoin. Pour les uns c'est un manque, pour les autres un désir inassouvi, ou encore une pulsion. Les dictionnaires le définissent comme une nécessité ressentie. Aucune de ces définitions ne lève l'imprécision. Sous cet éclairage le marché des imprimantes de bureau correspondrait au besoin d'imprimer, le marché du transport de meubles répondrait au besoin de devoir déménager, etc.

Définir le besoin nécessite de pousser plus en détail l'analyse du besoin. Quelles sont les composantes d'un besoin ressenti par une personne ? La question est inéluctable[2] pour percevoir et comprendre le domaine d'activités stratégiques sur lequel l'organisation commerciale opère.

© Groupe Eyrolles

---

1   *Faire signer ses clients*, 6ᵉ édition, Eyrolles, 2012.
2   Et pourtant contournée par les auteurs qu'il m'a été donné de lire...

# Méthode pour cerner le besoin client satisfait par un DAS

Pour les commerciaux, le besoin d'un client se compose de trois conditions indissociables : que celui-ci ait une problématique à résoudre, qu'une solution s'offre à lui permettant de surmonter la difficulté rencontrée et que, enfin, un système motivationnel l'énergise et lui donne envie de le faire :

— La **problématique clients** : il s'agit d'une somme de problèmes, difficultés, obstacles ou tracas que rencontrent des individus ou des entreprises et sans lesquels aucun besoin ne serait ressenti. L'utilisateur d'un ordinateur qui rédige une lettre, conçoit un fichier, va rapidement ressentir le problème de devoir le transmettre à autrui ou de le visualiser autrement que sur son écran.

— Les **solutions techniques** : ce sont toutes les réponses possibles à mettre en œuvre ou à acquérir, qui permettent de surmonter le problème rencontré. Pour notre utilisateur d'ordinateur qui souhaite transmettre son travail, c'est tout l'éventail de solutions qui s'ouvre à lui et qui s'appelle imprimante, mise en réseau informatique, graveur de CD-Rom, DVD, clé USB, vidéo-projecteur, ou encore Internet. Ici, les choses se compliquent. Toutes ces solutions ne sont pas équivalentes. Pour se déterminer notre client est énergisé par quelque chose. Cette énergie s'appelle le système motivationnel.

— Le **système motivationnel** : pour surmonter la difficulté ressentie, résoudre leur problématique, nos clients doivent avoir une bonne raison. Cette bonne raison c'est le *facteur énergisant* qui les stimule, les pousse à rechercher une solution. En un mot, ils sont en quête d'un *je-ne-sais-quoi* de profond, et quelquefois caché, qui les met en mouvement et qu'ils cherchent à satisfaire. La vérité est que les clients ont, comme déposé au plus profond d'eux, un certain nombre de désirs, d'inclinations, d'envies ou de simples exigences qui participent au premier chef à leurs décisions d'achats. Dans le même esprit, des blocages, des préoccupations, des inquiétudes aussi, ou de la culpabilité ou encore toutes autres choses peuvent à l'inverse inhiber leurs décisions ou les ralentir. Ces choses, assignées à résidence dans les tréfonds de leurs consciences, sont comme des pulsions et écueils immergés que seul le regard vigilant et averti détecte. Ces *attentes* et *préoccupations profondes* de la clientèle constituent, en quelque sorte, leur système motivationnel qui fonde, explique et justifie leurs décisions.

Notre utilisateur d'ordinateur souhaite transmettre son fichier (c'est le problème rencontré), mais *pourquoi* et *comment* veut-il le faire ? Répondre à cette question revient à définir son système motivationnel. Que cherche-t-il à satisfaire au fond des choses ? Veut-il archiver son travail, le remettre à une tierce personne pour la convaincre de lui acheter tel bien ou service ou souhaite-t-il réussir une conférence, etc. ? Le découvrir pour mieux y répondre et à tout le moins prendre en compte ses attentes et préoccupations constitue l'ultime examen auquel le dirigeant commercial doit sacrifier du temps afin d'identifier et comprendre sur quel DAS il agit. Un acheteur de *Ferrari* n'achète pas une voiture. En ce sens, *Peugeot* et *Ferrari* n'opèrent pas sur le même DAS, car ils ne satisfont ni les mêmes attentes ni les mêmes préoccupations chez leurs clients.

Pour avancer plus avant, il nous faut examiner de plus près ce que recouvrent les concepts d'attentes et préoccupations. Il s'ensuivra une méthode simple et efficace pour définir clairement et sans erreur le Domaine d'Activités Stratégiques sur lequel votre organisation commerciale travaille.

Les *attentes profondes* d'une clientèle sont les raisons essentielles, les «pourquoi», qui conditionnent sa décision d'achat. Autrement dit, c'est son mobile ou encore ce qui répond à ses préoccupations ultimes et particulières. Peter Drucker, économiste renommé, l'exprime merveilleusement par ces mots « *ce que nous achètent nos clients, c'est rarement ce que l'on croit leur vendre* ».

— *Hermès* ne vend pas de foulards. Qui achèterait un foulard 150 euros ? Plus sûrement, Hermès vend un *carré*, autrement dit une reconnaissance sociale.

— La société autoroutière *Cofiroute* vend de la sécurité, un gain de temps, du confort et de la tranquillité pour nos déplacements.

— *Boursorama*, site d'intermédiation boursière en ligne, offre au boursicoteur la possibilité d'opérer «comme un professionnel» en prise directe avec le marché et l'opportunité de gagner davantage et plus sûrement.

Si les attentes de nos clients correspondent au pourquoi de leur désir, les préoccupations quant à elles s'attachent au comment. Comment nos clients entendent-ils régler leurs problèmes et surmonter leurs difficultés ou satisfaire leur besoin ? Quelles inquiétudes peuvent être les leurs ? Quelles figures nous imposent-ils pour prendre leur décision ? Sur quel point souhaitent-ils être rassurés ? Toutes ces questions et leurs réponses participent à la compréhension d'un domaine d'activités stratégiques. En voici une illustration.

Le *Slendertone* est un appareil qui permet, par le jeu d'impulsions électriques, de solliciter les muscles et ainsi de les développer. Sur quel DAS se situe son fabricant ? Partons du problème ressenti : la prise de conscience d'un corps quelque peu adipeux ou d'un excès de cellulite suffit à le faire surgir. De nombreuses solutions concurrentes existent. Le *Slendertone* en est une ; la salle de gymnastique, la piscine, le rameur et autres *cardiotrainings* en sont d'autres.

*L'attente profonde* est partagée dans tous les cas : se sentir bien dans son corps, avoir une jolie ligne, rajeunir, plaire, se plaire, se faire valoir sur les plages, etc. Les différentes entreprises qui offrent des solutions qui y répondent, opèrent-elles sur le même DAS ? Ici, seule la prise en compte des préoccupations des utilisateurs, autrement dit du « comment », apporte la précision complémentaire qui va nous permettre de prendre position.

Certains clients optent pour la salle de gymnastique, guidés par les préoccupations suivantes : faire un effort physique (transpiration) à plusieurs, en créant des occasions de rencontres et sous l'œil vigilant d'un moniteur qui les encadre. Sous cet aspect des choses, le *Slendertone* s'adresse à des clients totalement antithétiques. Ceux-ci semblent préférer la solitude et le confort de leur domicile pour lutter contre leurs formes disgracieuses. Ils souhaitent faire un minimum d'efforts et en outre mettre à profit le temps passé ainsi pour lire ou regarder la télévision !

Ici, on touche du doigt le caractère discriminant du *comment* pour éclairer l'appartenance à tel ou tel DAS. À partir d'un même problème et d'une même attente profonde, salles de sport et *Slendertone* sont des solutions antinomiques, au regard des exigences du *comment*. Ces solutions ne peuvent se substituer entre elles. Les méthodes de vente, la communication, le réseau de distribution sont différents et partant, les organisations commerciales qui les proposent agissent sur des DAS distincts.

On peut désormais élaborer une définition infiniment plus précise et opérante du concept de DAS que celle avancée traditionnellement par les ouvrages traitant de stratégie. Un *domaine d'activités stratégiques* réunit un ensemble d'opérateurs concurrents qui, à partir de technologies identiques ou différentes, propose des solutions qui toutes concourent, aux mêmes satisfactions : permettre à une clientèle, connaissant des difficultés ou des problèmes à peu près similaires, de satisfaire des attentes et préoccupations semblables ou compatibles entre elles.

Afin d'illustrer mes propos, prenons l'exemple, très simple et purement péda-gogique, d'une société de transport de marchandises. Il nous faut consentir aux nécessaires simplifications et imprécisions qu'impose la finalité cognitive de l'exercice. Les métiers du transport sont divers et nombreux. Une liste non exhaustive est présentée dans le tableau de la page suivante (figure 1). Citons pêle-mêle, outre celui des plis, le transport des personnes, des animaux vivants, des meubles ou encore des marchandises. L'objet de ces transferts recouvre bien des problématiques différentes. Une société qui prend en charge le transfert de plis et petits paquets est de toute évidence différente de celle du transport en commun de personnes.

Venons-en à l'analyse des DAS de notre entreprise de transport de marchan-dises. Force est de reconnaître que ses clients lui soumettent la résolution de problématiques dissemblables selon qu'ils la missionnent pour des livrai-sons non alimentaires ou au contraire de denrées alimentaires. On ne trans-porte pas des œufs, des boîtes de conserve ou des cartons de bouteilles de vin, comme n'importe quels autres colis.

Au titre des *attentes* et *préoccupations* les choses se compliquent. Certaines denrées alimentaires ne sont pas périssables alors que d'autres le sont. La vitesse, c'est-à-dire le délai durant lequel les marchandises voyagent, devient dans certains cas discriminante pour faire le choix du mode de livraison (par exemple pour les fruits et légumes). Par ailleurs certaines denrées exigent des températures réfrigérées, voire inférieures à zéro, alors que d'autres supportent des températures non contrôlées. Les premières nécessitent des camions frigo-rifiques, des chambres froides sur les plates-formes de tri, alors que pour les secondes la technologie et les savoir-faire ne diffèrent pas de ceux développés pour le transport de marchandises non alimentaires.

En mettant bout à bout les différentes problématiques, les attentes et préoc-cupations profondes, les savoir-faire et technologies à mettre en œuvre, un transporteur peut décider d'opérer sur un grand nombre de DAS. Il identi-fiera ainsi, DAS par DAS, ses concurrents, évaluera son marché, comprendra les modes de fonctionnement et les efforts à fournir pour être reconnu comme un opérateur crédible sur le DAS en question (*cf.* figure 1).

Pour une agence de voyages, comprendre qu'elle n'opère pas sur le DAS du tourisme mais plus sûrement sur celui de la distribution de voyages lui permet d'intégrer qu'Internet est son concurrent le plus dangereux et ainsi augmente ses chances de trouver les réponses appropriées.

Figure 1 : Mise en évidence de quelques domaines d'activités stratégiques
dans les métiers du transport terrestre
En gris, le DAS du produit surgelé

| Problèmes / Marchés | Attentes Préoccupations | Technologie Savoir-faire | DAS Ensemble des solutions possibles | Concurrents |
|---|---|---|---|---|
| Transport de personnes | Sécurité | Auto | Fret | |
| Transport de plis | Protection | Moto | Messagerie urbaine | |
| Transport pondéreux | Vitesse / rapidité | Cycles | Messagerie nationale | |
| Transport non alimentaire | Confidentialité | Camionnettes | Transport express | |
| Alimentaire non périssable | Confort / tranquillité | Camions | Transport température contrôlée | Sociétés X, Y et Z |
| Alimentaire périssable | Moindre coût | Autobus / autocars | Produits pondéreux | |
| Produits surgelés | Légalité | Hommes de peine | Déménagement | |
| Transport des animaux | Encombrement | Plates-formes de tri | Tourisme | |
| Transport de biens meubles | Fiabilité | Moyens logistiques | Etc. | |
| Etc. | Facilité / gain de temps | Chambres froides | | |
| | Respect du froid | Camions frigorifiques | | |
| | Fragilité | Contrôleur de températures | | |
| | Etc. | Etc. | | |

> **RÉFLEXIONS CONCERNANT VOTRE ENTREPRISE**

Pour appréhender les différents DAS qui s'offrent à votre organisation, la recherche est à la fois longue et semée d'embûches. De nombreuses études sont nécessaires. Afin de jeter un premier regard sur les voies de recherches qui s'offrent à vous, tentez de remplir le tableau ci-dessous. Inspirez-vous du tableau de la figure 1 établi pour les métiers du transport terrestre.

**Dans votre métier, quels DAS se dégagent d'une première réflexion ?**

| Problèmes / Marchés | Attentes Préoccupations | Technologie Savoir-faire | DAS Ensemble des solutions possibles | Concurrents |
|---|---|---|---|---|
|  |  |  |  |  |
|  |  |  |  |  |
|  |  |  |  |  |
|  |  |  |  |  |
|  |  |  |  |  |
|  |  |  |  |  |
|  |  |  |  |  |
|  |  |  |  |  |
|  |  |  |  |  |
|  |  |  |  |  |
|  |  |  |  |  |
|  |  |  |  |  |
|  |  |  |  |  |
|  |  |  |  |  |

# Chapitre 2

# Évaluez l'attrait stratégique de vos DAS à l'aide de modèles

Prendre pied sur un marché, décider de s'en retirer, investir dans le développement ou se contenter de rentabiliser ses positions, sont des choix difficiles, aux effets aléatoires et souvent coûteux. En son temps le choix catastrophique de la *Compagnie générale des eaux*, d'abandonner le traitement de l'eau pour le secteur de la communication et des médias, n'a-t-il pas conduit ce groupe (devenu Vivendi) au bord du gouffre ? Évaluer l'attrait d'un domaine d'activités stratégiques est fondamental pour le dirigeant commercial. S'il est vrai que ce type de décisions déborde de ses attributions habituelles, il aura à en subir les conséquences tant au niveau de la construction de son plan d'actions que des moyens à réunir ou à mettre en œuvre pour mener à bien lesdites actions. En outre, la décision d'opérer sur plusieurs DAS ne peut que diluer ses moyens d'agir. Il est à l'image d'un général d'armée, qui disposant de trois bataillons devrait se voir imposer, par son chef d'état-major, l'ouverture d'un quatrième front ou encore ne réfléchirait aucunement à l'intérêt de dégarnir une zone de combat dépourvue d'enjeu stratégique, au profit de l'indispensable renfort d'une autre.

Ce type de réflexion est facilité par de célèbres et désormais classiques modèles. J'ai retenu les deux plus courants, celui du *Boston Consulting Group* et celui non moins réputé de *General Electric*. Une rapide présentation nous suffit. Je renvoie le lecteur, désireux d'approfondir ce sujet, aux ouvrages les plus reconnus dans le domaine[1].

---

1   Kotler, P., *Marketing management*, Stratégeor, HEC.

# Le modèle d'évaluation du Boston Consulting Group

Le modèle du Boston Consulting Group propose de repérer sur un graphique les différents DAS sur lesquels une même entreprise opère. En abscisse vous portez, pour chaque DAS, les parts de marché que revendique votre entreprise et en ordonnée les taux de croissance en euros ou en volume[1]. Afin d'intégrer une comparaison avec les performances de vos concurrents, vous opterez pour une présentation en part relative – votre part de marché sera rapportée à celle de vos concurrents et les taux de croissance obtenus seront établis par rapport à celle du marché en question. Les DAS sont ainsi positionnés sur le graphique, représentés par des cercles proportionnels aux chiffres d'affaires (figure 2).

Figure 2 : Le modèle du Boston Consulting Group

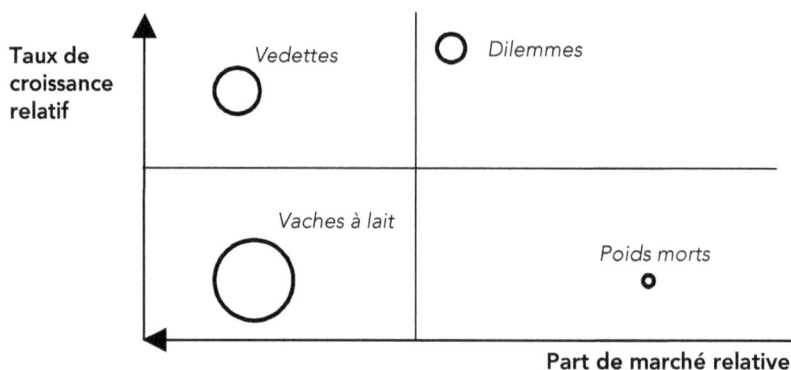

Quatre positionnements, aux intérêts stratégiques divergents, apparaissent.

## ▨ Les activités vaches à lait

Ce sont les activités dont la part de marché est importante (en valeur absolue ou comparativement à celles des autres compétiteurs). En revanche, leurs chiffres d'affaires évoluent faiblement ou moins vite que ceux de leurs concurrents. Ce phénomène est le fait du leader. C'est le cas du téléphone fixe chez *Orange*[2]. Un marché qui décroît en volume au profit du téléphone mobile,

---

1   La présentation que je retiens est quelque peu simplifiée. Elle ne déforme toutefois pas le sens du modèle.
2   Je retiens l'exemple de la téléphonie parce qu'il parle au plus grand nombre.

© Groupe Eyrolles

alors que son concurrent *Free*, parti de zéro, conquiert des parts de marché et parvient encore à se développer.

Mais pour faiblement croissantes (ou décroissantes) qu'elles soient, les vaches à lait représentent une source de revenu majeure pour les firmes. Véritables *cash machines*, ne nécessitant plus que de modestes investissements d'entretien, elles libèrent des moyens pour investir dans des DAS plus prometteurs que sont les vedettes.

### ▣ Les activités vedettes

Encore appelées activités *Stars*, elles sont le creuset des futures vaches à lait. Par définition, le marché de ces activités enregistre des taux de croissance très élevés.

L'Internet à très haut débit, avec un marché qui croît à plus de 10 % par an, est l'un des meilleurs exemples de vedettes. Il est clair que ces taux faramineux finiront par s'infléchir. Dès lors, l'Internet à très haut débit rejoindra le camp des activités vaches à lait.

### ▣ Les activités dilemmes

Leur appellation ne laisse place à aucun doute. Ce vocable regroupe toutes les activités qui connaissent une formidable croissance sans pouvoir prétendre à une part de marché suffisamment significative. Le modèle BCG, permet de poser la seule question pertinente en matière stratégique : faut-il investir pour coller au peloton de tête et espérer disposer d'une future vedette, ou lâcher et vendre l'activité considérée, pour se consacrer à d'autres dilemmes plus porteurs ?

Chez Boeing, l'activité dilemme a été parfaitement incarnée par le choix difficile et contrarié de poursuivre ou non le projet de construire un avion ravitailleur, concurrent à l'offre d'EADS pour la défense américaine. Pour ce dernier, l'activité dilemme a été longtemps de maintenir ou non le projet de construction de l'avion militaire A400M. Dans le secteur automobile, en tout électriques, l'hybride et l'hydrogène sont de vrais dilemmes pour ces constructeurs.

### ▣ Les activités pesantes

Appelées poids morts par le BCG ce sont de véritables branches mortes. Leur élagage fait, hélas, souvent solution !

Le modèle du BCG est pertinent pour savoir quelle décision stratégique prendre : investir pour accompagner une croissance naturelle sur un marché en développement (les vedettes), entretenir pour consolider et rentabiliser (les vaches à lait), mobiliser des ressources exceptionnelles pour conquérir des parts de marché assez significatives et transformer un dilemme en succès ou renoncer (aux poids morts) pour optimiser l'emploi de ses capitaux.

L'usage d'un tel modèle est plutôt réservé aux très grands groupes, raisonnant à l'échelle de continents ou pour le moins d'un pays. Rares sont les entreprises de taille plus modeste qui peuvent spéculer sur l'obtention de parts de marchés suffisamment représentatives pour utiliser ce modèle. En ce sens, le modèle de *General Electric* va permettre de mieux répondre à leurs interrogations.

## Le modèle d'évaluation de *General Electric*

L'immense avantage du modèle de *General Electric* est de pouvoir nourrir aussi bien une réflexion stratégique au niveau de l'entreprise et de ses DAS (et cela quelle que soit sa taille) que de faciliter, chez les dirigeants commerciaux, la construction ou l'adaptation de l'offre à un simple segment de marché et cela pour un produit donné.

Qu'il s'agisse d'un marché, aussi petit soit-il, ou d'un segment de clientèle, une appréciation peut être portée sur celui-ci à partir de deux points de vue ou critères : son *attrait* et les *avantages concurrentiels* que possède l'entreprise pour le convoiter. Avant de poursuivre, détaillons préalablement ces deux concepts.

### ▦ L'attrait d'un marché

Comme son nom l'indique, l'attrait d'un marché (ou d'un segment) réunit tous les facteurs qui peuvent conduire une organisation à s'intéresser ou non à ce marché. En voici une liste non exhaustive.

### La taille

Elle se mesure soit en chiffres d'affaires, soit en nombre de clients, soit enfin en volume :

- Le marché de l'automobile se mesure en France en nombre d'immatriculations.
- Celui de la presse écrite en nombre de lecteurs ou d'abonnés.

Il va sans dire que plus un marché est important, plus attractive est sa pénétration. Ne croyez pas que le revers de la médaille soit d'y trouver un nombre de compétiteurs proportionnel à l'intérêt manifesté. Le vaste marché de l'automobile connaît un faible nombre de marques, alors que celui infiniment plus modeste de la formation réunit pas moins de quinze mille prétendants. Pour le dirigeant commercial, la considération de la taille est de première importance. Ce critère donne une mesure des efforts commerciaux à développer pour y figurer honorablement, au regard de la rentabilité potentielle.

### Le développement

Il va sans dire que plus un marché se développe, plus il est attractif. De ce point de vue, le marché de la confection, en récession, est moins séduisant que celui, très prometteur des prothèses auditives. Ici encore, les dirigeants commerciaux peuvent choisir entre le maintien ou le retrait. La décision de maintien devant s'accompagner d'actions spécifiques, prévues au PAC; ce dont on parlera plus loin.

### Les marges bénéficiaires

Souvent liées au nombre de compétiteurs, à l'âpreté de leurs compétitions et aux pouvoirs de négociation respectifs des acheteurs et des fournisseurs, les marges bénéficiaires sont déterminantes quant à l'intérêt de persévérer, ou non, sur un marché. Le dirigeant commercial, s'il décide de s'y maintenir devra intégrer dans son PAC des actions de nature à renforcer son *pricing power*[1], ou encore une formation à la négociation. Les remises constituent trop souvent la variable d'ajustement des mauvais vendeurs. En séminaire, il est frappant de constater combien les commerciaux sont démunis de méthodes, techniques et astuces pour argumenter leurs prix et les tenir avec fermeté. Trop souvent de précieux points de marge s'évaporent par simple manque de savoir-faire.

### L'intensité de la concurrence

Certains marchés connaissent une concurrence qui confine à la violence. Tout indique que, sur ces marchés, les concurrents cherchent davantage à se détruire entre eux qu'à tenter de gagner de l'argent. Ceux qui connaissent

---

1    Capacité d'une entreprise à imposer ses prix. La chaîne d'hôtels *Sofitel* dispose, à première vue, d'un meilleur *pricing power* que la chaîne *Kyriad*. Pour le *pricing power*, se rapporter à mon livre *Faire accepter son prix à ses clients*.

l'activité de grossiste, telle que la fourniture aux dentistes ou celle de la vente de papeterie aux entreprises le savent… Heureusement, d'autres marchés, comme la pharmacie, sont plus consensuels. Notons au passage que l'intensité de la concurrence et la faiblesse des marges bénéficiaires sont souvent liées au différentiel de taille entre les opérateurs sur un même segment. Il est clair que de petites structures, sans ambition, fonctionnant avec peu de moyens dans un ancien garage au fond d'une impasse, se contentent de moins de marge qu'une importante organisation avec pignon sur rue.

Le modèle de *General Electric* intègre d'autres facteurs d'attraits tels que le savoir-faire, la technologie, les normes et contraintes légales, la sensibilité à l'inflation, etc. En outre, rien n'interdit d'ajouter des critères spécifiques à certains marchés. Par exemple l'importance du service après-vente, qui érode les marges *a posteriori*.

### ▪ La position concurrentielle de l'entreprise

Elle résume l'ensemble des atouts concurrentiels dont dispose votre organisation pour réussir sur le marché envisagé. Voici une liste non exhaustive d'atouts le plus souvent avancés par les dirigeants : la notoriété, la réputation, la part de marché détenue, la possession de brevets, la compétence du *front office*, l'existence d'un parc déjà installé, le réseau de distribution, la qualité des produits, l'efficacité de la force de vente, les coûts unitaires de fabrication, les volumes d'achats, l'édition d'un catalogue, les délais de livraison, etc.

À l'occasion de notre analyse des forces et faiblesses de l'entreprise, menée au prochain chapitre, nous reviendrons sur ces atouts. Pour l'heure, contentons-nous d'examiner l'usage que l'on peut faire de ces deux critères, *attraits* et *atouts*, pour nourrir la réflexion stratégique et réunir les éléments nécessaires à la construction de votre PAC. Un simple tableau à double entrée permet le croisement des deux critères et facilite une lecture à caractère stratégique. L'exemple (figure 3) des télécommunications ci-après illustre le modèle.

### Attrait fort / position concurrentielle très assise

Lorsque l'attrait d'un marché est fort et que ses positions concurrentielles le sont tout autant, alors l'entreprise peut investir massivement sans grand risque (dans l'exemple de la figure 3, France Telecom / Orange pour le *triple play*, associant l'Internet, la télévision et le téléphone par IP).

### Attrait fort / position concurrentielle faible

Le *groupe Bolloré* a pris pied sur le marché de la voiture électrique sans disposer d'une position concurrentielle avantageuse dans le secteur automobile. L'attrait lui est apparu sans nul doute immense. L'avenir dira si une fois de plus ce dynamique entrepreneur a vu juste ou si cette fois…

### Attrait faible / position concurrentielle très assise

Observons que le téléphone fixe ne cesse de décroître tant il est vrai que le «sans fil», tellement plus pratique, devient dominant. Il n'empêche, Orange, bénéficiant d'un leadership absolu dans cette technologie déclinante, réalise des investissements d'entretiens, de nature plus commerciale que technique, dans le dessein évident de consolider les parts de marché de cette «vache à lait» d'Orange.

### Attrait faible / position concurrentielle faible

Dans les technologies des télécommunications, Ben Verwaayen, l'ancien directeur général d'Alcatel-Lucent, a présenté début 2009 la rupture stratégique de l'équipementier en abandonnant, par exemple, la technologie d'accès à Internet DSL au profit des technologies du futur, tel que LTE, qui succédera semble-t-il au 3G, ou encore l'optique pour le transfert du numérique.

Figure 3 : Matrice d'analyse Attraits / Atouts en téléphonie

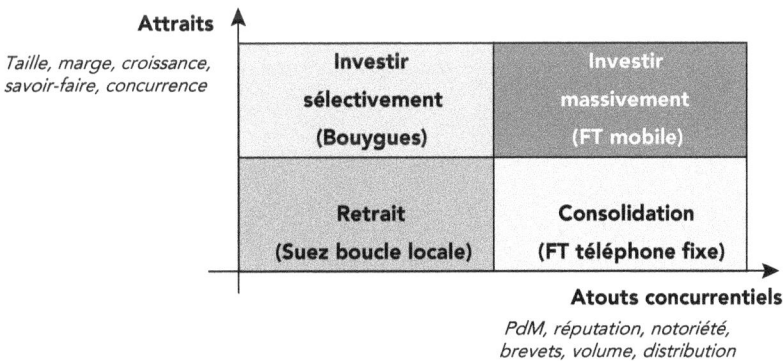

Il existe de très nombreux autres modèles d'analyse stratégique. Ils font l'objet d'une abondante littérature. Le propos de ce livre est de montrer la démarche de construction d'un plan d'actions commerciales et non de fournir une

compilation des modèles existants servant à nourrir la réflexion stratégique. Je ne puis que proposer aux lecteurs intéressés par ce type de réflexion et qui souhaitent approfondir ce sujet de se reporter à ces ouvrages.

# Chapitre 3

# Arrêtez
# votre stratégie commerciale

Pour bâtir efficacement un plan d'actions commerciales, il ne suffit pas de décréter vouloir pénétrer un marché ou vendre davantage. Il faut définir comment vous allez vous y prendre, selon quelle trajectoire. C'est la stratégie commerciale ; préalable indispensable à la construction de votre plan d'ensemble. De nombreux choix à caractères stratégiques sont envisageables pour réussir sur un marché :

- pratiquer les prix les plus bas du marché ;
- se différencier au maximum des autres ;
- agir sur des segments de marché et de clients bien spécifiques ;
- choisir un positionnement particulier ;
- opter, ou non, pour des partenariats ;
- sélectionner une stratégie de développement.

Il va sans dire que ces six stratégies peuvent se marier entre elles, à des degrés divers, au point de composer une infinité d'approches stratégiques possibles pour prendre des positions avantageuses sur un marché ou lancer un nouveau produit. Quelle que soit la stratégie commerciale issue de la réflexion, elle constituera le fil rouge de votre action commerciale d'ensemble et le fondement de la cohérence de votre PAC. Observons ces stratégies de plus près.

## La stratégie du prix bas

Très pratiquée par la grande distribution, l'approche prix consiste à se positionner comme une entreprise offrant les produits et services les moins chers du marché. Une telle stratégie oblige son initiateur à une productivité supérieure aux autres compétiteurs. Pour être moins cher il faut jouir de coûts d'achats et / ou de production inférieurs. Faute de quoi, un immanquable déséquilibre financier surviendra un jour ou l'autre, mettant en cause l'avenir même de l'entreprise. Cette observation explique qu'il est peu d'exemples de réussites majeures à long terme produites par ce type de stratégie. Elle porte en effet, en elle, une contradiction. Elle sous-entend la recherche de volume par de bas coûts. Or tout accroissement des volumes impose à son initiateur un financement (stockage, investissements productifs, créances clients), qui astreint à une forte profitabilité et partant à devoir relever les prix !

Il reste que si vous faites le choix de cette stratégie ou si celle-ci vous est imposée par vos concurrents, une suite d'actions logiques s'ensuivra dont votre PAC doit faire écho :

- une tarification adaptée, fondée sur un observatoire permanent des prix pratiqués par la concurrence ;
- une communication élargie portant sur le prix et sensibilisant la clientèle à une offre moins chère, diffusée en permanence auprès des clients ;
- la mise en place d'actions du type « *si vous trouvez moins cher ailleurs…* » ;
- un niveau de qualité des produits compatible avec les attentes du marché ;
- un système de vente économique (exemple pour la billetterie, les compagnies aériennes *low cost* ont opté pour Internet) ;
- etc.

## La stratégie de la différenciation

N'est pas *Mercedes* ou *Vuitton* qui veut ! La différence vaut de l'argent. On retrouve ici le concept de *pricing power*[1]. Nombreux sont les clients qui nous en persuadent, au travers de leurs achats de produits de luxe et l'expression de leurs préférences marquées pour la qualité, les marques et les services associés. Cette stratégie qui, dans l'esprit, s'oppose radicalement à la précédente, nécessite des actions commerciales que le PAC ne peut passer sous silence : présentation et conditionnement des produits, formation des équipes de vente, choix de certains distributeurs, mise en place d'argumentaires et de tarifs correspondants.

---

1    Pouvoir, plus ou moins grand, qu'une entreprise a de pratiquer le niveau de prix qu'elle désire.

La stratégie de différenciation par la qualité pour une compagnie aérienne ne laisse pas d'autres choix que de donner aux jambes des passagers plus de place pour s'étendre, offrir des repas meilleurs et réserver quelques intentions particulières à une clientèle exigeante (les compagnies feraient bien d'y réfléchir). Les choix concernant les messages et supports publicitaires doivent être opérés en fonction étroite de la différenciation dont on veut se prévaloir : la formation des hôtesses, l'accueil, la décoration, etc.

## Le choix stratégique des couples segment de marché / produit

Qu'appelle-t-on segment de marché ? La question mérite de trouver une réponse précise tant ce concept recouvre des acceptions qui diffèrent (au moins partiellement) selon les auteurs. La définition qui me semble être la plus éclairée (et éclairante) est celle proposée par Kotler et Dubois[1] : « *Segmenter un marché consiste à le découper en sous-ensembles distincts, chacun de ces groupes pouvant raisonnablement être choisi comme cible à atteindre à l'aide d'un marketing mix* (ensemble des éléments constituant l'offre commerciale N.d.L.r) *spécifique.* » Le métier de *Renault* est, pour simplifier, de construire des véhicules légers. Excluant le machinisme agricole et la fabrication de camions, on peut diviser son activité en deux domaines d'activités stratégiques : celui des automobiles et celui des utilitaires, satisfaisant des besoins clients (problèmes et motivations) différents. Chacun de ces DAS peut se diviser en segment marché / produit distinct. Sont inclus dans le DAS automobiles :

* les segments A et B, des petites urbaines, aux besoins desquels *Renault* répond par les modèles *Twingo, Modus* et *Clio* ;
* le segment moyenne gamme, avec les multiples déclinaisons de la *Mégane* ;
* le segment haut de gamme, avec la *Laguna* ;
* le segment des *Cross Over*, satisfait par le *Koléos et les modèles Captur* ;
* etc.

---

1    Kotler, P., Dubois, B., *Marketing Management*, 10ᵉ édition, Publi Union, 2001.

Sont repérables dans le DAS des utilitaires :

- les fourgonnettes de type *Kangoo* ;
- les fourgons de type *Trafic*.

L'identification des différents segments de marché composant votre (ou vos) DAS est essentielle pour construire votre offre, appréhender celle de vos concurrents, comprendre et cerner plus finement le besoin des acheteurs. Le marché des fourgonnettes n'a pas les mêmes concurrents que celui des fourgons. *Renault* pour son *4 × 4*, fait face à de nombreux constructeurs japonais, américains ou désormais allemands. Cette abondance d'offres explique probablement le retard de *Peugeot* pour être présent sur ce segment de marché.

Et où se situent les segments de clientèle ? Souvent confondus à tort avec le concept de segment de marché, ils résultent d'une division des clients, qu'ils soient professionnels ou particuliers, en groupes, à comportements, besoins ou identité socioprofessionnelle à peu près homogènes. C'est ainsi qu'apparaissent les fameuses ménagères de moins de 50 ans ou encore les professions libérales exerçant en Bretagne sud ! La segmentation des clients est très utile, voire indispensable, pour les cibler précisément et ainsi communiquer auprès d'eux au travers des médias et des messages spécifiquement adaptés, ou encore pressentir les réseaux de distribution les plus adéquats.

La vente d'engrais aux agriculteurs par le canal des *LISA* (libre-service agricole) s'avère souvent plus efficace que celui de l'enseigne *Gamme Vert* dont le concept est davantage orienté vers la distribution au grand public. Un simple schéma (figure 4) facilite la maîtrise de ces subtilités. Il vous propose une grille de choix stratégiques DAS / Segments de marché / Segments de clients / Famille de produits. Votre métier se décompose en DAS. Chacun de ces DAS est subdivisé en segments de marché. Y sont repérés des segments de clients. Ce travail accompli, il reste à vous interroger sur quels segments il est profitable d'opérer et avec quels produits ou services vous allez les aborder. La stratégie tous azimuts du généraliste consiste à attaquer tout segment avec une gamme très complète de produits. À l'opposé, vous pouvez envisager l'hyperspécialisation et agir sur le seul marché et segment que vous jugez intéressant. Une stratégie intermédiaire vise une sélection des segments de marché et de clients aux besoins desquels votre offre correspond le mieux. Ainsi, *Volkswagen* a opté pour une stratégie plutôt généraliste à l'image de *Peugeot*. En revanche, les segments haut de gamme, par rachat de marques concurrentes, sont désormais approchés par *Audi* et *Bentley*.

Ajoutons que, pour la vente de services, la démarche est invariante. Les SSII peuvent opter, à l'image de *Cap Gemini*, pour une offre globale faite de conseils, d'infogérance, de vente de progiciel et de sous-traitance informatique, cela sur tous les marchés et aussi bien pour les entreprises, grandes ou petites que pour les administrations, sur tous les continents. À l'opposé, une société régionale pourra se spécialiser dans la seule sous-traitance de prestations informatiques auprès des entreprises privées.

Figure 4a : La grille de choix stratégiques DAS/Segment de marché/
Segments de clients/Famille de produits
(les zones grisées correspondent aux choix ciblés de l'entreprise)

| | Les Domaines d'Activités Stratégiques | | | | | | | | |
| --- | --- | --- | --- | --- | --- | --- | --- | --- | --- |
| | Segments Marché 1 | | | Segments Marché 2 | | | Segments Marché 3 | | |
| | Sg clients A | Sg clients B | Sg clients C | Sg clients B | Sg clients E | Sg clients F | Sg clients A | Sg clients B | Sg clients E |
| Produit P1 | ■ | | | | | | | | |
| Produit P2 | | | | ■ | | | | | ■ |
| Produit P3 | | | | | | | | | |
| Produit P4 | | | | | | | ■ | | |
| Produit P5 | | | | | | | ■ | | |
| Produit P6 | | | | | ■ | | | | |
| Produit P7 | | | ■ | | | | | | |
| Produit P8 | | | | | | | | | |

# La sélection du bon positionnement de votre offre

Si l'option stratégique du choix des segments de marché et de clients mérite bien quelques heures de réflexion pour construire votre PAC, celui du positionnement en exige tout autant. Examinons d'abord ce concept. Un produit, une marque ou une entreprise offre une image qui permet à ses clients de leur conférer des «attributs». Justes ou faux, ces attributs sont des qualités, des vertus ou des défauts prêtés par les clients à ce produit, cette marque ou entreprise :

– Tel shampoing sera considéré comme un bon antipelliculaire alors que tel autre sera perçu comme économique.

– *BMW* sera considéré comme plus sportif que *Mercedes* et moins que *Porsche*.

Le positionnement résulte donc de perceptions qu'ont les clients, qu'ils soient particuliers ou entreprises, consommateurs ou décideurs, des différences et similitudes relatives des produits (marques ou entreprises) pour satisfaire leurs besoins. Ce sont ces attributs qui inspirent les acquéreurs pour fonder leurs préférences.

Comme l'observent mes collègues de l'ESCP dans leur ouvrage collectif[1], «*un positionnement n'est pas bon ou mauvais dans l'absolu. Il ne le deviendra que si les caractéristiques du produit sont adaptées à une cible déterminée et suffisamment distinctives pour être clairement perçues comme telles*».

Ils font observer que le *Club Med* a tenté sans succès de lancer un nouveau concept de village de vacances baptisé «*Oyyo*»[2]. Réservé aux jeunes, à caractère festif et non familial, son positionnement s'opposait délibérément et de façon contrastée aux attributs des autres clubs, plus bourgeois, tranquilles et familiaux. Le slogan pour lancer *Oyyo*, «*Si tu dors, t'es mort !*», en dit long sur le positionnement choisi et met en exergue clairement sa différence.

Le choix du positionnement participe à la stratégie commerciale et marketing de l'entreprise. Afin d'être cohérente, l'offre, objet de l'étape 5 de notre démarche, doit tenir compte des attributs qui servent de fondement au positionnement. Les messages et argumentaires produits doivent clairement mettre en lumière ses caractéristiques, qualités ou vertus.

---

1    *Le Marketeur, les nouveaux fondements du Marketing,* collectif d'intervenants à l'ESCP, coordonné par Christian Michon, Pearson Education, 2003.

2    L'insuccès de la formule a conduit le *Club Med* à renoncer à son projet.

## Agir seul ou de concert avec des partenaires

Les Américains l'ont montré au monde entier dans leurs guerres au Moyen-Orient ; quand on veut mener bataille il est possible de se battre seul ou de tenter de trouver des partenaires. On s'en doute, les chances de réussite sont sensiblement augmentées par le jeu d'alliances appropriées et les moyens à mettre en œuvre sont moindres. En retour, il faut composer avec les impératifs des autres et consentir à partager le gâteau. Ce choix ressort d'une réflexion stratégique à mener au plus haut niveau.

*Apple* et *Microsoft* ont mené séparément cette réflexion et sont parvenus à des conclusions radicalement opposées :

– *Apple* a décidé de faire cavalier seul. Fort de sa différence et de son positionnement, aisément perceptibles au travers de sa technologie innovante, de son avant-gardisme, de sa fiabilité et de la stabilité de son système d'exploitation, *Apple* a refusé de pactiser avec les autres fabricants d'ordinateurs.

– Aux antipodes, *Microsoft* a décidé de ne rien construire d'autre qu'un système d'exploitation. Multipliant les partenariats, il a obtenu la quasi-totalité du marché de ses partenaires. J'ai nommé les fabricants de PC. En moins de vingt ans, son créateur, Bill Gates, est devenu l'une des premières fortunes mondiales ! En clair, les partenariats sont toutes les associations ou créations de coentreprises, nouées en vue de pénétrer un marché ou un segment de clientèle. Les idées de partenariat ne manquent pas. Une approche novatrice et un peu d'audace suffisent.

Un traiteur peut par exemple proposer à un fournisseur de produits dentaires très introduit auprès des chirurgiens-dentistes, de confier à sa force de vente le soin de commercialiser ses plats cuisinés, auprès de ses clients, dont la coutume en milieu urbain est de déjeuner sommairement à leur cabinet.

## Sélectionnez votre stratégie de développement

Plusieurs voies s'offrent à vous pour développer vos affaires. Igor Ansoff, un économiste qui a réfléchi sur les stratégies de développement, réduit à quatre les choix possibles. Il observe que pour se développer une entreprise peut chercher à vendre davantage ses produits existants ou préférer lancer de nouveaux produits. Il remarque par ailleurs qu'elle peut orienter son offre vers ses propres clients ou prospecter de nouvelles couches d'acheteurs. En mariant deux à deux les options possibles, il obtient quatre stratégies majeures de développement (figure 4b).

### ▨ Produits actuels / anciens clients

Cette option consiste à agir auprès de vos clients actuels et de tenter de les conduire à intensifier leurs achats de vos produits actuels. Vos actions commerciales porteront sur la fréquence d'achats ou encore sur la quantité achetée. Par exemple, les cartes de fidélité, qui octroient des points à partir de chaque achat, tentent de favoriser la multiplication des achats en empruntant cette stratégie.

### ▨ Produits actuels / nouveaux clients

Le développement est assuré par la prospection. L'enjeu est de rechercher de nouveaux clients sans proposer de nouveautés. Pour ce faire, on peut soit tenter de les détourner de leurs sources habituelles d'approvisionnement (attaque frontale des concurrents), soit convaincre de nouveaux utilisateurs, non encore équipés. Ainsi, pour vendre des lecteurs de DVD des actions ciblées auprès de populations non équipées sont de nature à accroître les ventes.

### ▨ Produits nouveaux / clients actuels

La sortie d'un nouveau modèle rendant désuet l'ancien est pour beaucoup de consommateurs une tentation de renouvellement. Les appareils photo numériques sont prioritairement achetés par des possesseurs d'appareils argentiques. Ressortent de cette stratégie toutes les offres de produits complémentaires, dérivés ou accessoires. Les exemples ne manquent pas :

  – L'industrie du cinéma s'en est fait une spécialité, du moins pour les films événements, en proposant tee-shirts, Cédérom et gadgets divers à l'effigie du film.

– Les SMS, au prix exorbitant, que les chaînes de télévision nous proposent d'envoyer pour donner un avis constituent des recettes, dites de poche, non négligeables.

– La vente d'assurances IARD de la part des banques relève du même procédé.

### Produits nouveaux / clients nouveaux

Ce mode de développement voisine la tentative de reconversion. Par exemple, les entreprises d'horlogerie du Doubs pour faire face à la crise sévissant dans leur métier se sont, pour la plupart, reconverties dans la micromécanique. Ce faisant, elles ont dû trouver de nouveaux marchés et proposer de nouveaux produits.

Il existe de nombreuses autres approches stratégiques à savoir, choisir entre occuper la position de *leader* sur un marché et s'imposer les contraintes correspondantes de recherches et d'omniprésence, ou *a contrario*, opter pour compter parmi les *suiveurs* qui se contentent de copier ce qui « marche ailleurs » et minimiser ainsi les risques d'insuccès. Quel que soit votre choix, chacune de ces stratégies oblige à la conception d'actions commerciales spécifiques et adaptées. Autant dire que les options choisies ont une incidence directe sur votre PAC.

Figure 4b : Les 4 stratégies de développement selon Igor Ansoll

| Produits \ Clients | Actuels | Nouveaux |
|---|---|---|
| **Actuels** | Fidélisation Intensification | Prospection Développement |
| **Nouveaux** | Foisonnement | Extension Reconversion |

# Chapitre 4

# Précisez vos cibles

Choisir précisément ses cibles c'est définir auprès de quels clients ou segments de clients vous entendez agir. En bref, il s'agit de concevoir la stratégie de contacts qui paie ! Une stratégie qui conduit votre équipe à appeler, rencontrer – ou solliciter de toutes sortes de manières et à bon escient – les clients ou segments de clients qui se doivent de l'être et à écarter ceux qui paraissent les moins intéressants. Voilà le problème posé. Voici comment le résoudre.

Dans *Le Plan d'Actions Commerciales du vendeur*[1], je présente un ensemble très complet d'outils et de modèles, qui tous résolvent, chacun au moins d'un point de vue, le problème de la pertinence du choix des contacts sous un angle donné (productivité des visites, indicateurs de fidélité des clients, niveau de maturité des clients ou encore potentiel et poids dans le portefeuille, etc.). Pour optimiser et définir une stratégie de contacts (aussi bien auprès de prospects que de clients) l'idéal est de pouvoir réunir tous ces modèles en une formule qui calcule le « score d'effort » que fait chaque client (ou segment de clients), en portefeuille et dont on déduit l'effort à fournir en retour à son endroit. En d'autres termes, il faut obtenir le score d'efforts que fait chaque client ou segment de clients en tenant compte de tous les modèles. C'est ce que propose notre logiciel de ciblage STRAGEOR[2], présenté plus loin. En attendant, on peut adopter une solution intermédiaire de calcul d'une stratégie de contacts.

Un modèle très simple, baptisé P-R, a été créé par mes soins pour répondre aux souhaits exprimés par certaines entreprises, manquant de données, et désireuses malgré tout de pouvoir concevoir une stratégie de contacts pertinente,

---

1   *Le Plan d'Actions Commerciales du Vendeur*, Éditions d'Organisation, 2006.
2   Le logiciel STRAGEOR effectue tous les calculs permettant d'optimiser le ciblage de vos clients à partir de leur niveau de maturation, leur potentiel, le rang dans le portefeuille, leur niveau de pénétration, leur rentabilité, leur consommation de visites, leur degré de fidélité, etc. Il permet en plus le suivi du progrès des efforts de chaque client en portefeuille. Par l'intermédiaire de notre site vous pouvez obtenir gratuitement une version d'évaluation.

cela sans délai et à moindres frais. Si cette solution – bien qu'efficiente – est elle-même partielle, elle présente l'avantage de ne pas nécessiter l'acquisition d'un logiciel. L'emploi d'un simple tableur de type *Excel* suffit en effet à son calcul. À ceux qui en revanche souhaitent une approche multicritère prenant en compte de nombreux paramètres, je leur recommande la lecture de l'ouvrage. Ils y trouveront, amplement développés, de nombreux modèles de ciblage.

## Calculez les indicateurs de pénétration PR

L'indicateur PR vise à rapprocher deux modes de classements de vos clients, ou segment de clients. Un classement est effectué selon l'importance de leur potentiel (ce qu'ils devraient faire), un autre selon leur rang dans le porte-feuille (ce qu'ils font effectivement).

### ▪ Le principe de la méthode

Les clients, ou segments de clients, sont classés en ordre décroissant, une première fois sur le critère de leur chiffre d'affaires (ou de leur marge ou tout autre critère qui vous apparaît pertinent). Ils sont ensuite répartis en quatre rangs :

> – Le rang 1 concentre les clients les plus importants qui totalisent ensemble le premier quart du chiffre d'affaires total du secteur.
>
> – Le rang 2 réunit les clients d'importance un peu moindre qui réalisent ensemble le deuxième quart du chiffre d'affaires total.
>
> – Le rang 3 regroupe le troisième quart du portefeuille.
>
> – Le rang 4 rassemble le quatrième quart.

On détermine ainsi le « R » d'un client, ou d'un segment, selon qu'il appartient au 1$^{er}$, 2$^{e}$, 3$^{e}$ ou 4$^{e}$ quart. Ce « R » est égal à 1, pour les clients de rang 1, R = 2 pour le rang 2, etc. La seconde fois, on classe les clients en raison de leur potentiel estimé. On pratique de la même façon. Les clients, ou segments de clients, sont répartis en quatre classes. Chacune des classes réunit les clients disposant ensemble de 25 % du potentiel total. Le classement ainsi obtenu définit le « P » client. Ceux dont le P = 1, comptent parmi les plus importants potentiels du portefeuille (1$^{er}$ quart), ou du marché. À l'opposé P = 4 est l'indice d'un faible potentiel, appartenant au dernier quart (la méthode ne diffère en rien du calcul du « R » des clients).

Figure 5 : Exemple de classement par la méthode des interquartiles en quatre quarts

| Clients | CA en milliers € | Cumul CA | % de C | Rang «R» |
|---|---|---|---|---|
| 1er | 900 | 900 | 25 % | 1 |
| 2e | 840 | 1740 | | 1 |
| 3e | 820 | 2560 | 25 % | 2 |
| 4e | 800 | 3360 | | 2 |
| 5e | 600 | 3960 | 25 % | 3 |
| 6e | 550 | 4510 | | 3 |
| 7e | 530 | 5040 | | 3 |
| 8e | 470 | 5510 | 25 % | 4 |
| 9e | 450 | 5960 | | 4 |
| 10e | 400 | 6360 | | 4 |
| 11e | 320 | 6680 | | 4 |
| 12e | 280 | 6960 | | 4 |
| TOTAL | 6 960 | 6 960 | | 4 |

Prenons l'exemple d'un portefeuille (figure 5) composé, pour simplifier, de 12 clients, dont le plus important réaliserait 900 000 euros de chiffre d'affaires et le plus petit 280 000 euros. Pour ce portefeuille (voir ci-dessus tableau récapitulatif), le quart du chiffre d'affaires total est de 6 960 000 euros : 4 = 1 740 000 euros. Dans un premier temps les clients seront classés par ordre décroissant. Ensuite on procédera au cumul des chiffres d'affaires. Enfin ils seront regroupés par sous-ensembles, réalisant un cumul de chiffres d'affaires d'environ un quart, soit 1 740 000 euros. Ainsi les clients du premier quart seront ceux (les plus importants) qui ensemble font 1 740 000 euros. Les clients du deuxième quart (d'importance un peu moindre) seront ceux qui ensemble font eux aussi 1 740 000 euros, mais classés en cumul décroissant entre 1 740 000 et 3 480 000 euros, soit dans le deuxième quart. Le tableau ci-dessus l'explicite très clairement.

© Groupe Eyrolles

L'indicateur PR réunit en un seul nombre à deux chiffres les classements que nous venons d'opérer des potentiels et des chiffres d'affaires. Cet adossement du P des clients et de leur R facilite une lecture *directe* de la hiérarchie des pénétrations des clients en portefeuille, ou du marché. Pour être clair, un client ou un segment de clients dont le PR est de 14 dispose d'un potentiel parmi les plus élevés du portefeuille et un chiffre d'affaires parmi les plus faibles. *A contrario* un autre, dont le PR est de 41, a un potentiel des plus modestes mais compte, malgré cela, parmi les plus importants par son chiffre d'affaires. Ce phénomène, bien que peu fréquent, n'est toutefois pas rare.

Ce fait fut vérifié à l'occasion d'une mission de gestion de portefeuilles de clients menée par notre Cabinet auprès des *Caisses d'Épargne*. Toutes les agences disposaient d'au moins 100 clients de niveau 41 sur les 5 000 que comportait leur portefeuille (potentiel faible, rang élevé).

Ainsi la simple juxtaposition du P et du R est un formidable indicateur. Il n'est en effet pas neutre pour le responsable d'une clientèle de savoir que l'interlocuteur auquel il s'adresse est classé 14, 11, 44 ou 41 (ou toute autre combinaison possible). Au fond, l'indicateur PR rapproche de façon synthétique la faculté contributive de chacun (ce qu'il pourrait faire en quelque sorte) et ce qu'il apporte réellement au portefeuille.

L'indicateur PR offre un classement dynamique de la contribution *relative* des membres d'un portefeuille. L'indicateur PR est porteur de sens pour l'ensemble du personnel de l'entreprise. Chacun a pu constater l'ignorance commerciale dans laquelle est souvent tenu le personnel du *back office* des entreprises. Or, on le sait, la nature a horreur du vide. L'absence d'informations est comblée par des appréciations subjectives, des idées toutes faites, aux racines psychoaffectives. Ainsi, pour le personnel d'exploitation, un «vieux client» est équivalent à un «bon client». Le nouveau est un inconnu qui fera long feu. Ce manque d'informations est souvent préjudiciable. Pour l'illustrer, prenons l'exemple d'un préparateur de commandes.

Confronté à une insuffisance de stocks, il peut être conduit à arbitrer entre deux clients à satisfaire. Il aura tendance à donner priorité au vieux client (= bon) plutôt qu'à celui dont le potentiel est élevé et le rang modeste. C'est pourtant ce dernier que le service commercial voudrait voir privilégié. Bien servi, ce client passera peut-être du rang 4 au rang 2 ou 1. Or notre magasinier peut disposer de la même information pour assurer son arbitrage. Il suffit de porter à sa connaissance le PR des clients[1]. Dès lors il pourra rendre un arbitrage judicieux, en cas de besoin, entre satisfaire un client 14 et contrarier un client 41.

La concurrence est vive. Les firmes se demandent souvent comment véhiculer l'information commerciale de façon synthétique auprès de leur *back office*. Que l'on soit comptable, chauffeur-livreur ou hôtesse d'accueil, c'est toute l'équipe qui doit mobiliser plus que jamais ses énergies pour gagner. L'indicateur PR est un judicieux moyen pour transporter jusqu'à eux des informations essentielles de nature à les orienter dans leurs relations commerciales en tout genre. Et maintenant comment concevoir la stratégie de contacts ? À partir du PR des clients en portefeuille ; il suffit de soustraire l'un de l'autre pour résoudre le problème.

## Le P-R, mode opératoire du ciblage de vos actions commerciales

En matière de stratégie de contacts, le problème d'un responsable de clientèle, qu'il soit dirigeant ou acteur terrain, est semblable à celui que connaît le maître d'école, à savoir comment répartir son effort au sein de la classe. Tous ses élèves ne sont en effet pas au même niveau. Il y a de bons élèves mais aussi de moins bons. De prime abord, il serait judicieux qu'il fasse le choix de solliciter davantage les moins bons pour obtenir de leur part de meilleurs résultats et un peu moins ceux qui travaillent naturellement bien. Mais travailler bien ne veut pas dire *facilement*. Pour se décider à bon escient, il lui faut aussi tenir compte des facilités de chacun, autrement dit du potentiel de chaque élève. Ainsi il pourrait tout aussi bien décider d'accompagner tel enfant à haut potentiel plutôt que tel autre dont les facultés lui apparaissent moindres. Chacun de ces deux critères, puissance réelle et puissance potentielle, semble exclusif de l'autre. Que faire ?

Au fond, le R nous donne le classement selon le premier critère, la puissance réelle. Le P quant à lui, classe selon le potentiel. L'opération P-R permet de fusionner en un seul deux paramètres aussi pertinents l'un que l'autre. Regardons de plus près.

---

1   Je conseille aux entreprises auprès desquelles j'interviens d'ajouter ces coordonnées (sous la forme d'une partie variable) au numéro des clients ou à ceux des bons de commande internes.

Retranchons R de P. Le calcul du P-R débouche sur trois grands cas de figure :

– Le P-R du client ou du segment est de 0 : les clients dont les PR sont de 11, 22, 33 ou 44 ont un P-R nul. Pour ceux-là, le potentiel et le réel s'accordent et leur pénétration est équilibrée. Chacun participe au chiffre d'affaires du portefeuille à la juste hauteur de ses possibilités relatives.

– Le P-R est positif : un client 21, 32, 43 (P-R = 1) dispose d'un rang de chiffre d'affaires un peu plus élevé que ne le laisse espérer, *a priori*, son potentiel. Il en va de même, mais de façon plus marquante, pour les clients 31 ou 42 (P-R = 2) et plus encore pour ceux dont le PR est de 41 (P-R = 3). Dans ce cas de figure, *les clients jouent le jeu*. Ils apportent au portefeuille plus qu'ils ne lui doivent *a priori*.

– Le P-R est négatif : il peut ressortir à moins 3 (PR de 14), moins 2 (PR de 24 ou 13) ou encore être à moins 1 (PR de 34, 23 ou 12).

En résumé le signe négatif ou positif qui résulte du calcul P-R donne le sens du décalage observé entre la capacité contributive possible et la contribution réelle. Le signe *moins*, signifie qu'il s'agit d'une catégorie de clients mieux classés au titre de leur potentiel qu'en raison de leur contribution réelle. En ce sens, un P-R négatif est la marque d'une *sous-pénétration* relative (ils contribuent moins qu'ils ne le pourraient). À l'inverse, un P-R positif signifie que la catégorie de clients est, relativement à d'autres, « *surpénétrée* » et qu'elle contribue davantage que son potentiel ne le laisse *a priori* augurer. Un PR différent de 0 est la marque d'une distorsion entre ce que peut « faire » un client ou un segment de clients et ce qu'il « fait » en réalité. Plus cet écart sera important, plus grande sera cette distorsion.

Partant de l'opérateur P-R, il est également intéressant de disposer d'un aperçu de la pénétration globale d'un marché ou d'une clientèle. Dans un premier temps, il est nécessaire de calculer le P-R de chaque segment (ou client). Dans un second temps, les segments ou clients sont regroupés et décomptés par niveau (et signe) de P-R.

Voici pour un secteur les résultats (figure 6). On en déduit que 42 % de la clientèle offre une production conforme ou à peu près équivalente à leur potentiel. De fortes dissonances sont révélées pour 27 % environ d'entre eux, qui s'avèrent ne pas participer à la richesse du portefeuille à due proportion de leurs facultés contributives. En revanche, plus de 30 % contribuent au-delà de leurs possibilités relatives.

Figure 6 : Analyse de la pénétration relative des clients en portefeuille
ou des segments de clients sur un marché

| P-R | Nb de clients | % | EFFORT clients |
|---|---|---|---|
| – 3 | 0 | 0,00 % | |
| – 2 | 2 | 7,69 % | Faible |
| – 1 | 5 | 19,23 % | |
| 0 | 11 | 42,31 % | Équilibré |
| 1 | 7 | 26,92 % | |
| 2 | 1 | 3,85 % | Fort |
| 3 | 0 | 0,00 % | |

## Calcul du ciblage de vos contacts à partir des P-R

Les P-R sous-tendent de la part de vos clients des niveaux d'efforts différents. Entre celui dont la capacité contributive le situe dans le quatrième quart
(P = 4) et qui se classe dans le premier quartile de notre portefeuille (R = 1) et
son opposé, le client à gros potentiel (P = 1) et qui fait si peu que son chiffre
d'affaires le conduit à figurer dans le quatrième quartile (R = 4), il existe
un monde qui les sépare. Tandis que le premier fait un effort maximum, le
second ne « fiche rien » ! La stratégie de contacts va pouvoir en être déduite en
qualité (type de contacts) et quantité (nombre de contacts). Voyons comment
faire pour optimiser, à partir du P-R, votre stratégie de contacts.

Il s'agit simplement d'opérer un choix. Du (P – R) + 3 au (P – R) – 3, nous
disposons de sept niveaux d'efforts possibles de la part des clients, ou des
segments de clients. À chacun de ces niveaux, il nous faut affecter le nombre de
contacts idéal. Pour cela nous partirons de notre capital annuel de contacts, tous
types confondus, et le répartirons en proportion inverse du niveau d'effort des
clients que révèlent les P-R.

À fin d'illustration, prenons l'exemple d'un capital annuel de 19 000 contacts
possibles à la disposition d'une équipe commerciale. Il peut être décidé de
n'assurer qu'une simple veille marketing, une sorte de surveillance, auprès des
clients dont les P-R sont de + 3 ou + 2, et de ne leur allouer que deux contacts

par an. À ceux qui disposent d'un P-R de + 1, il est possible, par exemple, d'en affecter trois. Aux clients dont le P-R est nul, il pourra être réservé quatre contacts. À l'endroit de ceux qui sont à – 1 et – 2, une action d'envergure est envisageable. Ce sont des clients qui apportent une contribution très inférieure à leurs facultés. Cinq contacts paraissent s'imposer. Enfin, il est possible de se montrer plus parcimonieux avec les clients – 3 qui disposent probablement d'un P-R + 3 chez un concurrent. Le tableau qui suit (figure 7) indique le mode opératoire pour notre exemple.

Figure 7 : Allocation stratégique des contacts par P-R

| P-R | Répartition des clients (1) | Répartition des clients en % col. (2) = (1)/total | Stratégie de contacts par client de la catégorie Contacts souhaitables annuellement par client | Allocation des contacts par catégorie P-R col. (4) = (1) x (3) |
|---|---|---|---|---|
| + 3 | 150 clients | 3,09 % | 2 contacts | 300 |
| + 2 | 290 clients | 5,97 % | 2 contacts | 580 |
| + 1 | 510 clients | 10,49 % | 3 contacts | 1 530 |
| 0 | 1 630 clients | 33,54 % | 4 contacts | 6 520 |
| – 1 | 880 clients | 18,10 % | 5 contacts | 4 400 |
| – 2 | 730 clients | 15,02 % | 5 contacts | 3 650 |
| – 3 | 670 clients | 13,79 % | 3 contacts | 2 010 |
| TOTAL | 4 860 clients | 100 % | | 18 990 |

## Concevez votre mix contacts

Les types de contacts possibles ne sont pas très nombreux. En revanche, ils diffèrent en coût et en efficacité. Certains contacts sont en effet très coûteux, telle la visite du commercial qui se rend chez son client (surtout s'il est accompagné par un manager pour lui prêter main-forte). À l'autre bout de la chaîne, le mailing a un prix de revient faible. Entre les deux, l'appel téléphonique et la réception en agence d'un client présentent des coûts intermédiaires. Partant de ces coûts, il faut se déterminer sur le type de contacts à adopter pour chaque niveau de P-R. Par exemple, on pourra décider de ne communiquer que par mailing avec les clients + 3 (très pénétrés, il serait dommage de leur consacrer trop de temps). À l'opposé, pour les clients – 3 on pourra les approcher avec des offres avantageuses conçues pour les séduire ; etc.

Le tableau suivant (figure 8) récapitule, les seize cas de figure possibles. Il est envisageable de faire le choix d'un mix contacts qui stipule autant d'actions distinctes qu'il y a de PR clients différents.

### Figure 8 : Exemple de mix contacts

| RP | 1 | 2 | 3 | 4 |
|---|---|---|---|---|
| **1** | **0**<br>Effort normal<br>**ÉQUILIBRE**<br>Courrier + téléphone + visites + cadeau | **– 1**<br>Effort client insuffisant<br>**Effort commercial +**<br>Courrier + visites | **– 2**<br>Effort client faible<br>**Effort commercial + +**<br>Courrier + téléphone + visites + offres spéciales | **– 3**<br>Effort client médiocre<br>**Effort commercial + +**<br>+ Offres spéciales + visites |
| **2** | **1**<br>Bon effort<br>**Effort commercial –**<br>Courrier + visites + cadeau | **0**<br>Effort normal<br>**ÉQUILIBRE**<br>Téléphone + visites + cadeau | **– 1**<br>Effort client insuffisant<br>**Effort commercial +**<br>Courrier + visites | **– 2**<br>Effort client faible<br>**Effort commercial + +**<br>Courrier + visites + offres spéciales |
| **3** | **2**<br>Très bon effort<br>**Effort commercial – –**<br>Courrier + téléphone + cadeau | **1**<br>Bon effort<br>**Effort commercial –**<br>Courrier + téléphone + visites | **0**<br>Effort normal<br>**ÉQUILIBRE**<br>Téléphone + visites | **– 1**<br>Effort client insuffisant<br>**Effort commercial +**<br>Courrier + visites |
| **4** | **3**<br>Excellent effort<br>**Effort commercial – – –**<br>Courrier + téléphone + cadeau | **2**<br>Très bon effort<br>**Effort commercial – –**<br>Courrier + téléphone | **1**<br>Bon effort<br>**Effort commercial –**<br>Courrier + téléphone + visites | **0**<br>Effort normal<br>**ÉQUILIBRE**<br>Téléphone + visites |

# Troisième étape

## Élaborez
## votre diagnostic commercial

Repérez les menaces et les opportunités commerciales
et dressez l'inventaire de vos avantages
et handicaps concurrentiels

Certains problèmes rencontrés par votre société sont issus de son marché. Ils sont externes et s'imposent à elles. D'autres ressortent directement de l'organisation elle-même. Ainsi, l'usage veut que l'on se livre à deux analyses contextuelles distinctes :

- l'une, dite *« externe »*, recherche les *menaces* à écarter et les *opportunités* à saisir sur votre marché ;
- l'autre, appelée *« interne »*, examine les *forces* et *faiblesses* observées au sein de votre société.

La première observe le terrain et les mouvements de l'ennemi, alors que la seconde s'intéresse à l'état des troupes et du matériel pour opérer.

Il reste une contrainte. Pour être pertinente la seconde analyse, dite des *forces* et *faiblesses*, doit être accompagnée d'un examen de contrôle destiné à sa validation. En effet, une force est intéressante dans la seule mesure où elle est constitutive d'un réel avantage et participe de quelque manière à vos chances de victoire. Avancer que la qualité du SAV de votre société est une force, n'a bien évidemment de sens que si le SAV est un critère clef dans les décisions d'achats de votre clientèle. De même, une faiblesse doit être surmontée pour autant qu'elle est réellement handicapante pour pouvoir prétendre au succès. En ce sens je vous invite à mener un examen approfondi des *avantages* et *handicaps concurrentiels* de votre organisation commerciale.

Ces trois analyses effectuées, *externe*, *interne* et *avantages / handicaps concurrentiels*, vous disposerez d'un rigoureux diagnostic commercial. Un diagnostic qui vous sera nécessairement demandé à l'entrée de la quatrième étape : pour décliner les problèmes commerciaux rencontrés en enjeux et en lignes directrices d'actions à mener.

© Groupe Eyrolles

# Chapitre 1

# Discernez les menaces
# et les opportunités commerciales

Votre environnement commercial recèle des *menaces*, des écueils, voire des dangers. Savoir les repérer, les analyser permet d'intégrer à votre PAC les réponses appropriées. Toutefois le monde extérieur vous sourit également. Il offre des *opportunités*, occasion inattendue de faire du *business*. Regardons ensemble ces deux concepts.

## Recherchez et analysez les menaces

Il n'est pire sourd que celui qui ne veut pas entendre dit le proverbe. L'analyse externe consiste à ouvrir grands vos yeux et vos oreilles pour scruter l'environnement dans lequel évolue votre entreprise afin d'y détecter d'éventuelles *menaces*. Cette analyse vise à inventorier et examiner de façon systématique et approfondie tout élément ou facteur susceptible de réduire, voire anéantir, les positions commerciales de l'entreprise. La législation, la fiscalité, l'apparition de nouvelles normes professionnelles, l'arrivée d'un nouveau compétiteur, la naissance de nouveaux circuits de distribution, la délocalisation de la production d'un concurrent pour abaisser ses coûts, la mode et ses tendances, etc., sont autant de *menaces* dont le PAC doit tenir compte. Par exemple :

– Pour *La Poste*, les courriels sont une réelle menace pour l'avenir du courrier postal.

– La hausse du prix du gasoil ainsi que la mise en cause de sa dangerosité font peser une menace à moyen terme sur les leaders européens de la motorisation diesel, tel que Peugeot.

Pour les petites entreprises comme pour les grandes, le PAC doit contenir les réponses appropriées à ces menaces, sous la forme d'actions à entreprendre, de barrage à mettre en place, pour y faire front et les juguler. En matière de fiscalité de l'épargne, il est clair que la loi de finances édicte chaque année de nouvelles règles du jeu. Quelques-unes d'entre elles bouleversent la donne de certains métiers :

– Le régime de l'assurance-vie offre aux épargnants la possibilité de transmettre, en franchise d'impôt, un patrimoine de 152 500 euros par héritier. Toute modification de la fiscalité de l'héritage constitue une *menace* pour les assureurs. On comprend que banquiers et assureurs se livrent à une exégèse annuelle de la loi de finances, avant même son adoption définitive, et que des groupes de pression se forment pour agir…

– Cette analyse apparaît à ce point vitale au géant *Microsoft*, qu'un vice-président a pour seule charge de détecter et si possible prévoir les menaces en provenance du monde entier. S'agissant de Microsoft, convenons qu'il ne manque pas de travail !

## Décelez les opportunités à saisir

Au cours d'une traversée, le bon marin le sait, les nuages menaçants apportent souvent quelques risées qu'il met à profit pour déhaler le bateau et le rendre manœuvrant. Il en va de même de la vie d'un domaine d'activités stratégiques au sein d'une entreprise. Des *opportunités* se présentent et vous offrent une formidable occasion de profiter de vos avantages concurrentiels ou de pouvoir les renforcer :

– L'abondance du gaz de schiste va générer une forte baisse des prix de l'énergie et ainsi offrir de formidables opportunités de développement pour les industries consommatrices de pétrole.

– Dans le même esprit, la baisse des taux d'intérêts et des rendements financiers constitue une formidable opportunité pour un opérateur financier dans le viager tel que Renée Costes Viager.

Comme chacun sait, *Néopost* est une société française spécialisée dans le domaine de l'affranchissement postal. Elle propose aux entreprises et aux administrations une panoplie de moyens pour faciliter le timbrage de leur courrier. Elle opère principalement en Europe et aux États-Unis. En France, elle est leader sur son marché. Voici un résumé de l'analyse des *menaces* et des *opportunités* menée par *ODDO Equities* à propos de *Néopost*.

### Opportunités offertes à *Néopost*

Le marché américain de l'affranchissement est, pour 82 %, aux mains de *Pitney-Bowes*. En seconde position avec 8 % du marché, *Néopost* est le seul challenger qui offre aux clients souhaitant changer de fournisseur une alternative sérieuse. Aux États-Unis, de nouvelles normes réglementaires ont été définies par le gouvernement. Le respect de ces normes oblige la plupart des utilisateurs de machines à affranchir à changer celles-ci. Une véritable manne commerciale est ainsi offerte à *Néopost* ! Pour l'affranchissement en ligne (par Internet) plusieurs homologations par les postes européennes sont à l'étude. Or, *Néopost* est l'opérateur le mieux considéré par les postes européennes.

### Menaces pesant sur *Néopost*

Il existe de nombreux projets d'élargissement des homologations, qui seraient distribuées plus généreusement par les postes européennes, en vue d'accroître la concurrence. Dans le même esprit, les Postes projettent de réduire la durée des contrats proposés aux opérateurs, afin d'augmenter leurs contrôles sur ceux-ci.

## Quelques exemples d'opportunités et de menaces

Sans être exhaustif, voici quelques opportunités ou menaces. Si toutes ne sont pas bonnes à saisir (fausses opportunités) ou pas vraiment dangereuses (fausses menaces), toutes doivent être examinées avec le plus grand sérieux. Dès mars 2011, soit 13 mois avant leur attentat meurtrier de Boston du 17 avril 2013, les auteurs avaient fait l'objet d'un signalement au FBI, classé sans suite…

### Côté opportunités
- la carence d'un concurrent ;
- une grève chez un concurrent ;
- des travaux détournent le trafic en faveur de votre entreprise ;
- des commerciaux quittent votre concurrent et frappent à votre porte ;
- la mode évolue en votre faveur ;
- un produit concurrent est cause d'accident ou de maladie ;

* un acteur connu consomme ostensiblement votre produit ;
* une centrale d'achats s'intéresse à vos gammes ;
* un important prospect lance un appel à candidature ;
* un règlement administratif ou fiscal joue en votre faveur ;
* votre nom est fortuitement et avantageusement cité[1],
* une nouvelle technologie risque de rendre la vôtre obsolète ;
* la sortie d'un nouveau modèle par un concurrent ;
* etc.

## Côté menaces

On trouve souvent les mêmes, mais en sens inverse !

### ▶ RÉFLEXIONS CONCERNANT VOTRE ENTREPRISE

Reprenant l'exemple de *Néopost*, quelles menaces et opportunités se profilent dans le cadre de votre activité qui pourraient modifier positivement ou négativement la position concurrentielle de votre entreprise ?

**Analyse externe en menaces et opportunités dans l'environnement où exerce votre entreprise**

Les menaces

▶ ..................................................................................................................

..................................................................................................................

Les opportunités

▶ ..................................................................................................................

..................................................................................................................

---

1  Les laboratoires Baxter ont ainsi été nommés, à l'occasion d'une campagne publicitaire pour le film *Le chien Baxter*. N'était-ce pas là une formidable opportunité pour faire valoir aux clients du laboratoire, que « *Chez Baxter nous ne sommes pas des chiens, mais nous vous sommes fidèles et dévoués !* » ? Une opportunité à saisir, peu coûteuse et très rentable...

# Chapitre 2

# Inventoriez vos forces et vos faiblesses commerciales

Les menaces et les opportunités étant repérées, inventorier vos forces et vos faiblesses commerciales est le second objet de cette troisième étape pour la construction de votre PAC. Sauf à faire du nombrilisme, il est rare en effet qu'une analyse serrée de l'organisation commerciale interne d'une entreprise ne dégage pas quelques faiblesses. En revanche, si tout n'est pas rose, il y a bien quelques points forts sur lesquels vous pouvez vous appuyer pour bâtir votre PAC.

## Qu'est-ce qu'une force ou une faiblesse commerciale ?

On appelle *forces commerciales* tous les points d'appui, internes à une organisation commerciale, qui constituent de véritables atouts concurrentiels pour soutenir ou favoriser les actions commerciales, juguler les menaces ou saisir les opportunités quand elles se présentent.

Cet examen de vos moyens commerciaux au sens le plus large possible constitue un véritable inventaire des forces dont vous disposez pour agir et gagner. Vous interroger sur vos forces est en effet une étape incontournable pour construire votre PAC.

Dans le même esprit, identifier les points faibles de votre organisation commerciale est primordial. On peut définir les faiblesses comme toutes les insuffisances internes qui limitent ou entravent le développement de l'entreprise ou sa capacité à agir commercialement.

Les forces et les faiblesses que vous devez retenir pour analyse, en qualité de dirigeant commercial, ne sont pas les mêmes que celles habituellement présentées dans la littérature spécialisée sur ce sujet. Dans cette dernière, le choix des forces et faiblesses satisfait principalement à une approche globale de l'entreprise. Dans ce cas, sont investigués l'existence ou non de brevets, les capitaux disponibles, la recherche et développement, les ressources humaines, le leadership, etc. Pour diriger l'action commerciale, profiter de vos forces et surmonter vos faiblesses, votre réflexion sera délibérément orientée sur les points de névralgie commerciale, tels que la notoriété, l'existence ou non d'un catalogue, la part de marché, la mobilisation des forces de vente, leur compétence, l'adaptation de votre offre produits aux besoins du marché, la qualité de vos produits, le service après-vente, la réactivité du *front office*, etc.

Afin de réfléchir efficacement aux éléments constitutifs de vos forces et mettre au jour vos faiblesses, il vous faut disposer préalablement d'une liste de critères la plus complète possible. C'est en effet à partir de cette liste que vous pourrez vous interroger. L'inventaire détaillé des *facteurs clés de succès commercial* dans votre métier va vous la fournir.

## Identifiez les facteurs clés de succès dans votre branche

Qu'appelle-t-on *facteurs clés de succès* dans un métier ? Sous ce vocable sont regroupés tous les critères explicatifs de la réussite dans un métier donné. En clair, ces critères sont les atouts, les avantages ou mérites reconnus, véritables conditions du succès, à réunir, à obtenir, pour affirmer sa supériorité et remporter la mise auprès d'un segment de clientèle ou sur un marché.

Prenons l'exemple des compagnies *low cost*. Pour damer le pion aux compagnies traditionnelles, il est impératif pour les opérateurs à bas prix d'être moins chers que celles-ci. Sur ce segment, le prix pratiqué pour le transport aérien est le plus important facteur de succès. L'*information* et la *confiance* des clients en sont deux autres corrélés au premier. En effet, pour baisser leurs prix, les compagnies *low cost* sont contraintes de réaliser des économies, par exemple la vente directe de la billetterie par Internet. Faut-il encore pour cela que les clients potentiels en connaissent l'existence (information) et qu'ils ne rechignent pas à commander ou à payer en ligne (confiance). Information et confiance de la clientèle sont donc deux autres facteurs clefs de succès pour les compagnies à bas coûts.

# Principaux facteurs clés de succès en matière commerciale

Les clefs de succès en matière commerciale s'inventorient par métier. Différentes d'une activité à l'autre, elles se recoupent souvent partiellement voire totalement. La liste ci-dessous fournit les items qui ont été accumulés au fil de mes missions sur ce sujet. Cette liste, bien que très complète n'est toutefois pas close. Elle doit être adaptée à votre propre problématique.

- la *notoriété* de la société qui opère ;
- la *réputation* de la société (ce qui se dit d'elle) ;
- la *qualité* des *produits* (ou solutions) proposés et livrés ;
- la *diversité* et l'*étendue* de la *gamme* offerte ;
- la *part de marché* déjà détenue (poids sur le marché) ;
- la *qualité* des *livraisons* (délais / ruptures) ;
- la *qualité* de l'*accueil* téléphonique ;
- la *qualité* du *suivi* commercial des clients ;
- la *fréquence* de présentation de *nouveaux* produits ;
- les *prix* (la compétitivité) des produits proposés ;
- la reconnaissance, par les clients, du *savoir-faire* de l'entreprise ;
- l'*omniprésence* sur tous les canaux de vente : VPC, visites, promotion, exposition, journées professionnelles ;
- la rapidité d'*adaptation* aux besoins du marché ;
- la *présence* chez les clients par des contacts et réguliers ;
- les *délais de paiement* consentis aux clients ;
- la *marge* de négociation laissée aux commerciaux ;
- la *qualité* des interventions du SAV ;
- la *rapidité* d'intervention des techniciens SAV ;
- la *réparation* de *tout* matériel (même celui vendu par un confrère) ;
- des *promotions* fréquentes et attractives ;
- des actions commerciales par *téléphone* (télévente) ;
- disposition de *produits spécifiques* (exclusifs) que l'on est seul à vendre ;
- un site Internet attractif et interactif ;

- un *catalogue* attractif et clair ;
- l'impact *personnel* des *commerciaux* auprès des clients ;
- la stabilité des *équipes* de *vente* ;
- la maîtrise des *techniques* de *vente* des vendeurs ;
- la maîtrise des *techniques* de *négociation* par les commerciaux ;
- la *mobilisation* et la *motivation* des équipes de vente ;
- la *coordination* entre les agences et services du siège ;
- l'impact des campagnes de *publicité* ;
- la bonne connaissance, par les équipes, du *qui fait quoi* dans l'entreprise ;
- les *moyens* locaux mis à la disposition sur le terrain (agences, showroom, informatique, fax, Internet, etc.) ;
- l'efficacité du *réseau* de *distribution*.

## Évaluez et hiérarchisez vos forces et vos faiblesses commerciales

Après avoir arrêté la liste des critères qui va servir de base à votre réflexion, il vous reste tout simplement à vous interroger sur chacun d'entre eux. Deux questions doivent alors trouver réponse :

— Dans mon organisation commerciale, ce critère est-il plutôt une force ou une faiblesse ?

— Quelle est son intensité, autrement dit s'agit-il d'une petite ou d'une grande force, d'une petite ou d'une grande faiblesse ?

La méthode préconisée est simple. Elle consiste, dans un premier temps, à prendre simplement les critères un à un et à les distribuer en quatre séries : grandes forces, petites forces, petites faiblesses et grandes faiblesses. Dans un second temps, à procéder à leur évaluation, par notation de leur importance (figure 9). Une fois ce travail achevé, vous disposez de vos forces et faiblesses à l'aune des facteurs clefs de succès dans votre métier.

Figure 9 : Illustration de la méthode pour dispatcher,
évaluer et hiérarchiser vos forces et faiblesses commerciales

### VOS FORCES ET FAIBLESSES COMMERCIALES

| | grande force | petite force | petite faiblesse | grande faiblesse |
|---|---|---|---|---|
| La NOTORIÉTÉ de votre société auprès de ses clients | | | | |
| La QUALITÉ des PRODUITS proposés et livrés | | | | |
| La DIVERSITÉ et l'ÉTENDUE de votre GAMME | | | | |
| La PART DE MARCHÉ déjà détenue | | | | |
| La QUALITÉ de vos LIVRAISONS (délais / ruptures) | | | | |
| La QUALITÉ de L'ACCUEIL téléphonique | | | | |
| La QUALITÉ du SUIVI commercial des demandes clients | | | | |
| Etc. | | | | |

Le problème qui se pose désormais est de savoir si vos forces sont constitutives de réels avantages concurrentiels et à l'inverse si les faiblesses déplorées sont de vrais handicaps concurrentiels. C'est l'objet du dernier point de cette troisième étape.

Chapitre 3

# Recherchez vos avantages
# et vos handicaps concurrentiels

Mon ambition est de faciliter à mes lecteurs la mise en œuvre des compétences exposées. À cet effet, deux questions doivent ici trouver réponse :

– Comment savoir si, ce que l'on croit être une force commerciale, est une vraie force sur laquelle s'appuyer, au point de constituer un avantage concurrentiel ? De même, ce que l'on juge être une faiblesse est-il une réelle faiblesse, véritable handicap concurrentiel ?

– Comment mener en pratique cet examen ?

La première question trouve réponse dans les concepts d'avantages et de handicaps concurrentiels, alors que la seconde nécessite la présentation d'un outil conçu par ForVentOr.

## Les concepts d'avantage
## et de handicap concurrentiel

Les ouvrages de stratégie ou traitant de *business plan* sont légion. Si tous évoquent, peu ou prou, le concept d'avantage concurrentiel, aucun auteur n'y a prêté autant et si bien attention que Michael Porter[1]. Son modèle a fait le tour du monde. Pour lui et pour les autres à sa suite, **l'avantage concurrentiel est défini comme tout écart, observé par rapport à la concurrence, qui joue en faveur de l'entreprise sur son marché**. Identifier ses avantages concurrentiels, fait valoir Michael Porter, est de toute première importance. L'entreprise est selon lui une chaîne créatrice de valeurs. De la matière première acquise aux produits livrés à la clientèle, il voit neuf grands pôles, recélant des écarts de valeurs comparées à celles produites par la concurrence. Ce sont ces écarts qu'il définit comme les avantages concurrentiels. Par exemple, selon ce modèle, l'aptitude du pôle achats (l'un des neuf pôles de la

1   Porter, M., *L'avantage concurrentiel*, InterÉditions, 1986.

chaîne de valeurs) à obtenir des prix d'approvisionnement plus faibles que ceux négociés par les autres compétiteurs, est constitutive d'un écart de valeur et par voie de conséquence d'un avantage concurrentiel.

Pour dire plus simplement les choses, on définit comme **avantage concurrentiel** tout moyen, procédé, outil, méthode ou autre possibilité dont dispose votre entreprise et qui, bien utilisé, peut lui servir de levier pour tenter de distancer ses concurrents (ou de réduire un retard) autrement dit d'opérer ou de combler ce fameux *break* concurrentiel. Encore lui ! Le modèle de Michael Porter, à mon sens, appelle trois observations.

### ▪ Le modèle est théorique

Il est un instrument de conceptualisation globale de l'entreprise face à son environnement concurrentiel. Il a plus pour vocation de modéliser les problèmes à l'usage de la formation des étudiants que de permettre aux praticiens de les résoudre.

### ▪ Aucune place n'est faite à l'existence de handicap concurrentiel

L'observation vaut pour toutes les réflexions portant sur les atouts concurrentiels. Dans ces modèles, tout se passe comme si les firmes disposaient d'un jeu de cartes composé exclusivement d'atouts ou, à défaut, de cartes sans grande valeur. Ils envisagent rarement l'existence d'entraves, de gênes qui compliquent l'action commerciale. En un mot, ils sous-entendent la délivrance aux entreprises du *satisfecit* d'être *a minima* aussi fort que leurs concurrents et sinon d'être sans pesanteur. S'ensuit la recherche obsessionnelle d'avantages concurrentiels, autrement dit de *plus* et jamais de chasse au *moins*. Cette vision ne résiste pas à l'observation des faits.

Au moment de sa privatisation, *France Télécom* disposait d'équipes sans réelle compétence commerciale, d'un management de type bureaucratique et d'une culture qui percevait le service rendu comme un service public et non comme un service clients. La prise de conscience de ce terrible handicap conduisit les dirigeants à relever le défi, modifier en profondeur les mentalités, acquérir les compétences manquantes, donner de l'autonomie à leurs managers, etc.

Cet exemple invite à l'examen des éventuels *handicaps concurrentiels* de votre organisation. Ils sont définis comme toutes les insuffisances ou déficiences internes

© Groupe Eyrolles

qui désavantagent et nuisent à votre organisation commerciale dans la compétition qui l'oppose aux autres opérateurs dans vos métiers. Tenter de les repérer,
les réduire, voire de les transformer en avantages, participe tout autant que ces
derniers à vos succès commerciaux. En faire l'inventaire est incontournable. Si,
par exemple, le manque de mobilisation des vendeurs explique l'insuccès de la
vente d'un nouveau produit, convenons que le remède est tout trouvé. Réunion
d'échanges et jeu concours suffiront peut-être à les stimuler. La perception du
handicap concurrentiel et sa résolution, offrent un formidable levier de réussite.

## ▥ L'entreprise est approchée dans sa globalité

Michael Porter approche l'entreprise globalement et à ce titre s'adresse aux dirigeants. La problématique commerciale, elle, se vit et se ressent sur le théâtre des
opérations. Comment expliquer autrement qu'avec les mêmes produits, les mêmes
prix, certains gagnent des parts de marché, alors que d'autres en perdent ? Je veux
signifier par là que l'identification d'avantages ou de handicaps concurrentiels très
généraux ne suffit pas à expliquer le succès ou l'insuccès commercial d'une entreprise. Autrement dit, il faut consentir à examiner dans le détail la seule entité
commerciale et non des chaînes de valeur, qui, pour intéressantes qu'elles soient,
n'expliqueront jamais complètement pourquoi l'entreprise a perdu ou gagné des
clients dans son agence du Finistère ! Si chez *Christian Dior*, l'image élitiste est l'un
des principaux avantages concurrentiels, cette magnifique image ne doit pas être
contrariée par un manque de savoir-vivre des vendeuses, dont le mode d'accueil
en magasin heurterait les attentes d'une clientèle sophistiquée.

En clair, les modèles d'analyse stratégique retiennent des atouts globaux comme
l'existence de brevets, les ressources humaines, les capitaux, la recherche et le
développement. Ici, pour construire notre PAC, nous préférerons juger de nos
avantages et handicaps concurrentiels au travers du prisme commercial, tels
qu'ils sont ressentis sur le terrain par les équipes, les concurrents et les clients.
Je parle de la réactivité, du suivi commercial, de la qualité des produits, de
la connaissance du *qui fait quoi*, de la compétitivité des prix pratiqués, de la
compétence des vendeurs, de l'existence d'un catalogue attractif et de tous ces
éléments qui constituent de vraies forces commerciales, ou dont la carence est
perçue comme de vraies faiblesses, génératrices de vraies difficultés.

Une fois clairement identifiées les forces et les faiblesses de votre organisation
commerciale, il devient incontournable d'en éprouver la pertinence au regard

de la concurrence. À quoi bon disposer d'une force si celle-ci n'est pas constitutive d'un avantage concurrentiel sur le marché ; dans le même esprit quelle dangerosité présente une faiblesse sans importance ? Souvent sollicité par les entreprises pour effectuer un diagnostic commercial, ForVentOr a élaboré le modèle Perceval afin de mettre en exergue les VRAIES forces, constitutives d'un réel avantage concurrentiel et les VRAIES faiblesses, autrement dit des handicaps majeurs, critiques pour l'entreprise. Ce modèle est décrit ci-après.

## Le modèle Perceval, procédure de recherche de vos avantages et handicaps concurrentiels

Sur le papier la démarche paraît complexe, en fait elle est simple à mettre en œuvre[1].

Posons le problème. Sachant qu'il n'y a de forces ou de faiblesses que si elles ont une réelle importance aux yeux du marché, il vous faut apprécier chacune d'entre elles à l'aune de leur degré d'importance pour vos clients et prospects. Cette importance est indiquée par les facteurs clefs de succès recensés comme pertinents dans votre métier. Si vous pensez disposer d'une force et que celle-ci est effectivement un des facteurs clefs de succès pour réussir dans votre métier, alors vous détenez là une vraie force. *A contrario*, si elle n'est pas un facteur clef de succès, il s'agit à n'en pas douter d'une fausse force. De la même manière, une faiblesse ne sera une réelle faiblesse que si elle correspond à un facteur clef de succès. À défaut, vous avez affaire à une fausse faiblesse dont vous n'avez rien à redouter.

C'est donc au regard des facteurs clefs de succès que vous allez pouvoir apprécier la réalité de vos forces et de vos faiblesses commerciales. D'abord, il vous faut dresser la liste exhaustive de tous les facteurs clefs de succès possibles (en matière commerciale) pour le DAS considéré. Ensuite, afin d'en établir leur importance relative vous devez les hiérarchiser. La principale clef de succès d'abord, celle qui vous apparaît la plus négligeable en dernier. Pour ce faire il vous suffit simplement d'affecter à chaque facteur clef de succès la note inverse de son rang. Par exemple, sur la base de 33 critères, la note 33 sera attribuée au facteur

---

1    J'invite le lecteur, désireux de clarifier certains points, à prendre contact avec moi ou l'un de mes collaborateurs, par l'intermédiaire de notre site.

le plus important, 32 au facteur à l'importance immédiatement inférieure, etc. ceci jusqu'à la note 1 attribuée à celui qui vous semble le plus insignifiant (voir figure 9.1 : notation et figure 9.2 : classement par importance).

### Figure 9.1. : 1re opération

*Notez les facteurs clés de succès qui conditionnent la réussite dans votre métier.*

| Liste des FACTEURS CLEFS DE SUCCÈS | NOTE |
|---|---|
| Notoriété | 12 |
| Réputation | 19 |
| Qualité des produits | 24 |
| Diversité gamme | 23 |
| Part de marché | 13 |
| Qualité des livraisons | 18 |
| Accueil téléphonique | 11 |
| Suivi commercial | 27 |
| Nouveaux produits à vendre | 31 |
| Prix (la compétitivité) | 33 |
| Savoir-faire reconnu | 32 |
| L'omniprésence sur tous les canaux de vente | 1 |
| Réactivité et adaptation | 15 |
| Présence chez les clients | 21 |
| Délais de paiement | 20 |
| Marge de manœuvre des vendeurs | 17 |
| Qualité SAV | 30 |
| Rapidité SAV | 16 |
| Réparation de tout matériel | 2 |
| Promotions fréquentes | 3 |
| Actions commerciales au téléphone | 29 |
| Produits exclusifs à vendre | 28 |
| Disposer d'un catalogue ou d'un site attractif | 4 |
| Impact personnel des commerciaux | 9 |
| Stabilité des équipes de vente | 8 |
| Maîtrise des techniques de vente | 25 |
| Maîtrise des techniques de négociation | 7 |
| Mobilisation/motivation des équipes | 26 |
| Coordination entre agences et siège | 10 |
| Impact des campagnes de publicité | 6 |
| Connaissance du qui fait quoi ? | 22 |
| Moyens sur le terrain | 5 |
| Réseau de distribution efficace | 14 |

Figure 9.2 : 2ᵉ opération

*Classez vos facteurs clefs par ordre d'importance.*

| FACTEURS CLEFS DE SUCCÈS, selon leur importance | NOTE |
|---|---|
| Prix (la compétitivité) | 33 |
| Savoir-faire reconnu | 32 |
| Nouveaux produits à vendre | 31 |
| Qualité SAV | 30 |
| Actions commerciales au téléphone | 29 |
| Produits exclusifs à vendre | 28 |
| Suivi commercial | 27 |
| Mobilisation / motivation des équipes | 26 |
| Maîtrise des techniques de vente | 25 |
| Qualité des produits | 24 |
| Diversité gamme | 23 |
| Connaissance du qui fait quoi ? | 22 |
| Présence chez les clients | 21 |
| Délais de paiement | 20 |
| Réputation | 19 |
| Qualité des livraisons | 18 |
| Marge de manœuvre des vendeurs | 17 |
| Rapidité SAV | 16 |
| Réactivité et adaptation | 15 |
| Réseau de distribution efficace | 14 |
| Part de marché | 13 |
| Notoriété | 12 |
| L'accueil téléphonique | 11 |
| Coordination entre agences et siège | 10 |
| Impact personnel des commerciaux | 9 |
| Stabilité des équipes de vente | 8 |
| Maîtrise des techniques de négociation | 7 |
| L'impact des campagnes de publicité | 6 |
| Moyens sur le terrain | 5 |
| Disposer d'un catalogue ou d'un site attractif | 4 |
| Des promotions fréquentes | 3 |
| Réparation de tout matériel | 2 |
| L'omniprésence sur tous les canaux de vente | 1 |

Disposant d'un classement des clefs de succès par degré d'importance, il vous faut mettre en regard vos forces et faiblesses présumées. Pour ce faire, il est nécessaire de renouveler l'opération et hiérarchiser cette fois les forces et faiblesses de votre organisation. Vous pratiquerez de façon semblable à celle des facteurs clefs de succès.

L'univers des forces et faiblesses que vous entendez apprécier doit être strictement identique à celui des facteurs clefs de succès possibles. Reprenons notre exemple ci-dessus. Ce que vous estimez être votre plus grande force sera notée 33 alors que la plus petite (entendez grande faiblesse) sera cotée 1 (figures 9.3 et 9.4).

Figure 9.3 : 3ᵉ opération

*Notez les forces et les faiblesses de votre organisation commerciale.*

| Liste des FORCES & FAIBLESSES | NOTE |
|---|---|
| Notoriété | 18 |
| Réputation | 19 |
| Qualité des produits | 24 |
| Diversité gamme | 23 |
| Part de marché | 13 |
| Qualité des livraisons | 27 |
| Accueil téléphonique | 11 |
| Suivi commercial | 14 |
| Nouveaux produits à vendre | 31 |
| Prix (la compétitivité) | 25 |
| Savoir-faire reconnu | 32 |
| Omniprésence sur tous les canaux de vente | 9 |
| Réactivité et adaptation | 15 |
| Présence chez les clients | 21 |
| Délais de paiement | 20 |
| Marge de manœuvre des vendeurs | 12 |
| Qualité SAV | 16 |
| Rapidité SAV | 30 |
| Réparation de tout matériel | 2 |
| Promotions fréquentes | 3 |
| Actions commerciales au téléphone | 29 |
| Produits exclusifs à vendre | 28 |
| Disposer d'un catalogue ou d'un site attractif | 4 |
| Impact personnel des commerciaux | 1 |
| Stabilité des équipes de vente | 8 |
| Maîtrise des techniques de vente | 33 |
| Maîtrise des techniques de négociation | 6 |
| Mobilisation / motivation des équipes | 22 |
| Coordination entre agences et siège | 7 |
| Impact des campagnes de publicité | 10 |
| Connaissance du qui fait quoi ? | 26 |
| Moyens sur le terrain | 5 |
| Réseau de distribution efficace | 17 |

Figure 9.4. : 4ᵉ opération

*Classez par ordre décroissant les forces et faiblesses
de votre organisation.*

| FORCES & FAIBLESSES par ordre d'importance | NOTE |
|---|:---:|
| Maîtrise des techniques de vente | 33 |
| Savoir-faire reconnu | 32 |
| Nouveaux produits à vendre | 31 |
| Rapidité SAV | 30 |
| Actions commerciales au téléphone | 29 |
| Produits exclusifs à vendre | 28 |
| Qualité des livraisons | 27 |
| Connaissance du qui fait quoi ? | 26 |
| Prix (la compétitivité) | 25 |
| Qualité des produits | 24 |
| Diversité gamme | 23 |
| Mobilisation / motivation des équipes | 22 |
| Présence chez les clients | 21 |
| Délais de paiement | 20 |
| Réputation | 19 |
| Notoriété | 18 |
| Réseau de distribution efficace | 17 |
| Qualite SAV | 16 |
| Réactivité et adaptation | 15 |
| Suivi commercial | 14 |
| Part de marché | 13 |
| Marge de manœuvre des vendeurs | 12 |
| Accueil téléphonique | 11 |
| Impact des campagnes de publicité | 10 |
| L'omniprésence sur tous les canaux de vente | 9 |
| La stabilité des équipes de vente | 8 |
| Coordination entre agences et siège | 7 |
| Maîtrise des techniques de négociation | 6 |
| Moyens sur le terrain | 5 |
| Disposer d'un catalogue ou d'un site attractif | 4 |
| Des promotions fréquentes | 3 |
| Reparation de tout matériel | 2 |
| Impact personnel des commerciaux | 1 |

Parvenu à ce stade, les forces et les faiblesses vont pouvoir être ventilées en avantages et handicaps concurrentiels (vraies forces et vraies faiblesses) et en fausses forces et fausses faiblesses. Deux présentations s'offrent à nous.

La première, très simple mais peu parlante, s'obtient par juxtaposition des forces / faiblesses et des facteurs clefs de succès (voir la figure 9.5).

Figure 9.5 : 5ᵉ opération (juxtaposition)

*Avantages concurrentiels et fausses forces / Handicaps concurrentiels et fausses faiblesses*

| CRITÈRES | Forces Faiblesses | | Importance du facteur |
|---|---|---|---|
| Maîtrise des techniques de vente | 33 | 25 | Avantage, un peu surfait |
| Savoir-faire reconnu | 32 | 32 | **Avantage** (vraie force) |
| Nouveaux produits à vendre | 31 | 31 | **Avantage** (vraie force) |
| Rapidité sav | 30 | 16 | Fausse force |
| Actions commerciales au téléphone | 29 | 29 | **Avantage** (vraie force) |
| Produits exclusifs à vendre | 28 | 28 | **Avantage** (vraie force) |
| Qualité des livraisons | 27 | 18 | Fausse force |
| Connaissance du qui fait quoi ? | 26 | 22 | Avantage, un peu surfait |
| Prix (la compétitivité) | 25 | 33 | |
| Qualité des produits | 24 | 24 | **Avantage** (vraie force) |
| Diversité gamme | 23 | 23 | **Avantage** (vraie force) |
| Mobilisation / motivation des équipes | 22 | 26 | |
| Présence chez les clients | 21 | 21 | |
| Délais de paiement | 20 | 20 | |
| Réputation | 19 | 19 | |
| Notoriété | 18 | 12 | |
| Réseau de distribution efficace | 17 | 14 | |
| Qualité sav | 16 | 30 | **Handicap** (vraie faiblesse) |
| Réactivité et adaptation | 15 | 15 | |
| Suivi commercial | 14 | 27 | **Handicap** (vraie faiblesse) |
| Part de marché | 13 | 13 | |
| Marge de manœuvre des vendeurs | 12 | 17 | **Handicap** (vraie faiblesse) |
| Accueil téléphonique | 11 | 11 | |
| L'impact des campagnes de publicité | 10 | 6 | |
| Omniprésence sur tous canaux de vente | 9 | 1 | Fausse faiblesse |
| La stabilité des équipes de vente | 8 | 8 | |
| Coordination entre agences et siège | 7 | 10 | |
| Maîtrise des techniques négociation | 6 | 7 | Fausse faiblesse |
| Moyens sur le terrain | 5 | 5 | Fausse faiblesse |
| Disposer d'un catalogue ou d'un site attractif | 4 | 4 | Fausse faiblesse |
| Des promotions fréquentes | 3 | 3 | Fausse faiblesse |
| Réparation de tout matériel | 2 | 2 | Fausse faiblesse |
| Impact personnel des commerciaux | 1 | 9 | |

L'autre, plus éloquente, porte sur un histogramme reprenant les données des deux séries afin de pouvoir les comparer visuellement (les figures 9.6 et 9.7 représentent les résultats d'une analyse menée par mes soins chez l'un de nos clients).

Figure 9.6 : Exemple de représentation graphique des avantages concurrentiels (vraies forces) et des fausses forces.
PME opérant auprès des dentistes.

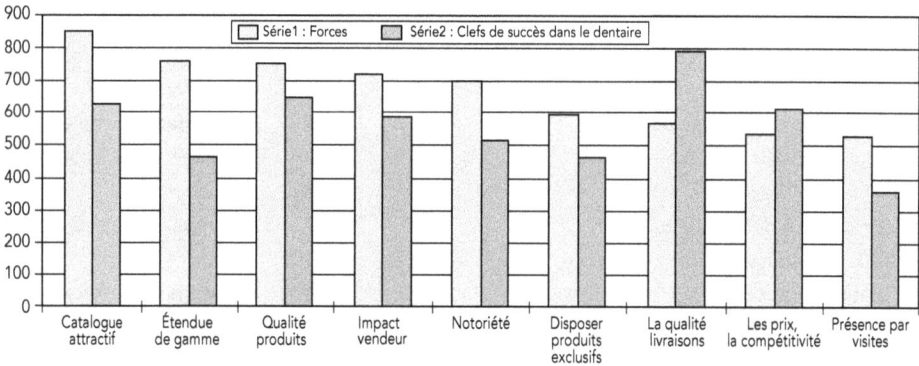

Le catalogue apparaît constituer un véritable avantage concurrentiel, quoique légèrement surévalué (figure 9.6). L'étendue de la gamme, quant à elle, n'est pas un fort atout concurrentiel (fausse force). En revanche, un investissement portant amélioration de la qualité des livraisons serait probablement judicieux (avantage concurrentiel à renforcer).

Figure 9.7 : Exemple de représentation graphique des vraies (handicaps concurrentiels) et des fausses faiblesses. PME opérant auprès des dentistes.

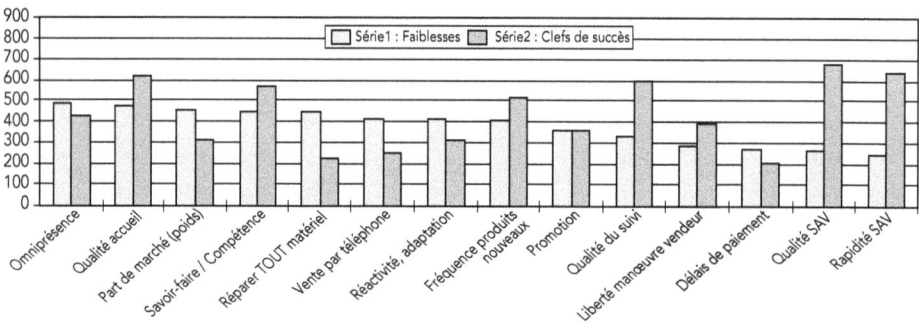

Observons la figure 9.7. En gris clair les faiblesses (moindres forces), en noir les facteurs clefs de succès. Ne pas réparer tout matériel, ne pas vendre par téléphone ou encore ne pas proposer souvent de nouveaux produits ne constituent pas de réelles faiblesses pour cette entreprise. En revanche la qualité de son SAV, ses délais d'interventions et le manque de suivi des affaires sont les vraies faiblesses auxquelles il lui faut remédier.

## Déterminez vos avantages et handicaps concurrentiels

Quelle que soit la représentation choisie (matrice ou histogramme), la méthode retenue permet une discrimination claire des avantages et handicaps concurrentiels d'une part, et des fausses forces et fausses faiblesses de l'organisation d'autre part. Prenons notre exemple (figure 9.5). Examinons les principaux avantages et handicaps concurrentiels ainsi que les fausses forces et fausses faiblesses qui s'en dégagent :

– Avantages concurrentiels (vraies forces commerciales) :
  * la reconnaissance du savoir-faire dans le métier ;
  * disposer fréquemment de nouveaux produits à vendre ;
  * les actions commerciales menées par téléphone ;
  * les produits exclusifs à vendre.
– Handicaps concurrentiels (vraies faiblesses commerciales) :
  * la qualité du SAV ;
  * le suivi commercial ;
  * la marge de manœuvre pour négocier dont disposent les commerciaux.
– Fausses forces dont l'intérêt est totalement surestimé par l'entreprise au regard des attentes de son marché :
  * la rapidité du SAV ;
  * la qualité des livraisons.
– Fausses faiblesses (faiblesses dénoncées par l'entreprise mais sans importance du point de vue des clients) :
  * maîtrise des techniques de négociation ;

- disposer de moyens sur le terrain ;
- disposer d'un catalogue ;
- promotions fréquentes ;
- réparation de tout matériel ;
- etc.

## Quelques suggestions pour améliorer votre diagnostic

L'analyse des forces et faiblesses commerciales est un formidable moyen de mobiliser vos équipes autour de trois objectifs :

— Transformer l'expérience concrète des personnes en contact avec la clientèle, en une force de proposition constructive, visant à résoudre les problèmes, les difficultés et à surmonter les obstacles.

— Bénéficier de ce vaste gisement d'informations que possède votre équipe tant sur la clientèle, ses besoins et réflexes, que sur les produits, les gammes et les moyens d'augmenter leur diffusion.

— Associer l'équipe de vente à la réflexion stratégique et à l'actualisation de la politique commerciale. Augmenter ainsi le courant d'échanges, de collaboration et de confiance mutuelle existant entre les vendeurs et leurs dirigeants.

En pratique, voici comment nous procédons chez ForVentOr. Le diagnostic des forces et faiblesses est une formidable occasion de réflexions collectives à conduire au cours d'un séminaire mené dans la mesure du possible en dehors de l'entreprise, et pourquoi pas « au vert ». Il en ressort, outre une mobilisation générale, une conscience claire des avantages concurrentiels et des handicaps commerciaux qui pénalisent l'entreprise. Nous y convions tout le personnel au contact des clients, itinérants et sédentaires, commerciaux et techniciens. Nous leur demandons de répondre individuellement à deux sondages. Le premier sondage porte sur une liste de forces et faiblesses pressenties qu'ils devront individuellement hiérarchiser de la façon décrite au précédent paragraphe. Par exemple, sur la base de 33 critères, la plus grande force sera notée 33 alors que la plus petite (la plus grande faiblesse) sera cotée 1.

Le second sondage porte sur les facteurs clefs de succès. La liste des critères retenus est strictement la même et présentée dans le même ordre. Seule la façon de poser la question change. En l'espèce, il est demandé aux sondés d'indiquer, s'ils avaient à créer une entreprise concurrente, quels *atouts pour réussir* ils privilégieraient, en les classant du plus important au plus petit, en recourant à la même méthode de classement que pour le précédent sondage. Nous compilons par simple addition les réponses. Un score pour chaque item est ainsi obtenu, ceci deux fois :

– Le premier révèle l'«intensité» de la force ou de la faiblesse commerciale considérée.

– Le second donne l'importance du facteur clef du succès commercial.

Nous réalisons sur un simple tableur, tel qu'Excel, un histogramme mettant en perspective les deux séries de grandeurs. Pour illustration, est présenté plus haut (figures 9.6 et 9.7) un exemple de résultat obtenu avec l'équipe commerciale d'une PME spécialisée dans la vente de produits et matériels dentaires. En gris clair les forces, en noir les facteurs clefs de succès.

# Quatrième étape

## Définissez l'orientation des actions commerciales à monter

Dégagez les lignes directrices des actions commerciales
à envisager pour creuser l'écart ou combler un retard

Le besoin de construire un PAC naît de l'existence de problèmes ou difficultés à surmonter, internes ou externes, et d'une nécessaire organisation à mettre en place pour vendre plus et mieux à la clientèle des différents DAS sur lesquels l'entreprise travaille. Disons qu'un PAC est en soi un système résolutoire de problèmes et difficultés. Pas de problèmes commerciaux, pas de PAC ! Le recensement des problèmes ou difficultés commerciales est par conséquent incontournable. C'est l'objet du premier point de cette quatrième étape. Toutefois, il en va des problèmes comme des forces et faiblesses. Il en est de vrais et de faux. Le recensement une fois établi, il faut donc observer un à un les problèmes inventoriés, considérer leurs enjeux et l'intérêt de devoir mettre des moyens pour les surmonter. Il devient alors possible de dégager les lignes directrices des actions commerciales à mener pour creuser l'écart ou combler un retard. C'est le second point de cette quatrième étape.

# Appréhendez les difficultés et les problèmes rencontrés par votre entreprise

Il n'y a pas de problème dit-on, il n'existe que des solutions. Cette assertion ressort davantage d'une attitude louable, délibérément positive, que d'une réalité objective. Pour trouver et mettre en œuvre des solutions faut-il encore avoir dénombré, inventorié, puis analysé les obstacles rencontrés. C'est l'objet de cette section, tant il est vrai également qu'un problème bien posé est à moitié résolu.

## Discernez vos principaux axes de progrès

Les grands axes de progrès commerciaux résident dans un inventaire détaillé des problèmes et difficultés rencontrés. À dire vrai, parvenu à cette étape, votre travail de recensement des obstacles commerciaux est en partie effectué. Pour vous en persuader, regardons ensemble le chemin parcouru. Votre analyse externe vous a conduit au dénombrement et à la compréhension des menaces qui risquent de peser sur votre développement ou sur vos avantages concurrentiels. Puis, en interne, vous avez dégagé les handicaps concurrentiels de votre organisation. Là où le bât blesse et où vous devez réagir. Autant de problèmes à résoudre, ou de difficultés à surmonter, constitutifs de pistes d'actions commerciales à monter.

Pour illustrer mon propos, revenons aux histogrammes des figures 9.6 et 9.7 qui rapportent l'exemple vécu d'une entreprise dont le dirigeant commercial nous a donné mission de mettre au jour ses avantages et handicaps concurrentiels. La lecture des histogrammes fait apparaître clairement pour cette PME, trois principaux axes de progrès, véritables gisements de futurs succès commerciaux :

– L'insuffisante qualité des interventions de son service après-vente, qui génère la lassitude des clients et son propre flux de nouvelles interventions, dévoreurs de ressources.

– Des délais d'intervention des techniciens trop longs qui entraînent le mécontentement de la clientèle et brident son désir de renouveler un achat d'équipement.

– Le manque de suivi des affaires qui conduit aussi bien à faire le lit de la concurrence qu'à perdre des opportunités de facturation.

## N'omettez pas de recenser les difficultés ressenties par votre équipe

Pour compléter l'inventaire entrepris, il est utile de repérer l'existence d'un autre gisement d'innovations commerciales et d'organisation des ventes. Il réside chez ceux qui entretiennent des relations techniques ou commerciales avec vos clients. Au contact avec la clientèle, ils rencontrent quotidiennement des difficultés, des obstacles qui sont souvent à la source de problèmes commerciaux que votre projet d'entreprise voudrait justement surmonter. Donnez-leur la parole en canalisant les débats sur ces points névralgiques. Pour notre part, nous mettons à profit nos sondages sur les forces et faiblesses, pour regrouper les exercices. Dans la mesure où un délai de quelques heures s'impose entre les deux sondages, nous convions entre-temps les commerciaux à réfléchir collectivement à la problématique commerciale d'ensemble. Les choses se déroulent de la façon suivante.

### ▣ Premier temps : travail en sous-groupe

Afin de favoriser la participation de tous, nous répartissons l'équipe en sous-groupes de quelques participants (idéalement moins de huit personnes). Sous la houlette d'un animateur, chaque sous-groupe est invité à travailler sur un ou plusieurs thèmes. Un agencement judicieux des thèmes permet de mettre à plat les forces et faiblesses commerciales jusqu'ici repérées seulement par ceux qui sont au front et de faire éclore des propositions de nature à renforcer la performance commerciale de la société.

### ▣ Second temps : réunion en séance plénière

La présentation des travaux en séance plénière est assurée par la voix de rapporteurs, nommés par les sous-groupes. Elle permet de dégager de larges consensus entre les groupes sur l'existence de problèmes et difficultés. En pratiquant de la sorte, soyez assuré qu'aucune difficulté ou obstacle ressenti par vos commerciaux pour vendre et conquérir des clients restera dans l'ombre. Pour peu que vous consentiez à les écouter, sans *a priori* ni préjugé, vous disposerez au sortir de l'exercice d'un inventaire très complet, précis et exploitable.

© Groupe Eyrolles

Chapitre 2

# Cernez les enjeux, les atouts et les obstacles pour chaque problème ou difficulté détecté

L'analyse des enjeux de chaque difficulté rencontrée va révéler l'intérêt à résoudre le problème observé.

Les problèmes et difficultés repérés et admis doivent trouver solution. La traditionnelle démarche de résolution de problèmes sera adoptée : compréhension des enjeux, recherche des causes, recensement des obstacles à leur résolution, pour dénombrer enfin les atouts dont on dispose pour les résoudre.

## Dégagez les enjeux de chaque problème

Pour savoir si un problème, ou une difficulté commerciale, vaut la peine d'être surmonté et que du temps et de l'argent soient investis à cet effet, il faut définir les grands enjeux du problème. Mais qu'est-ce qu'un enjeu ?

En bref et très prosaïquement, disons que c'est un peu comme au poker : l'enjeu c'est la mise de chacun et le total des mises des différents joueurs que l'on trouve sur la table. Autrement dit, c'est ce qu'un opérateur sur un marché peut espérer gagner s'il parvient à surmonter le problème en question et ce qu'il risque de perdre, si les choses se passent mal pour lui. En somme, un enjeu est tout ce qui est à gagner ou à perdre dans une situation donnée. L'analyse des enjeux de chaque difficulté rencontrée va révéler l'importance du problème observé. L'analyse de ces causes (origines du mal) vous livrera de précieux renseignements. Vous y puiserez souvent des idées de solutions. Vous déduirez de cet examen l'intérêt de surmonter l'obstacle en cause. Vous définirez quelles ressources il vous faudra investir, en hommes ou en budget, pour ce faire.

## Utilisez les techniques de résolution de problèmes

La démarche, désormais classique, de résolution de problèmes, vous servira de fil d'Ariane. Cette démarche, simple, offre l'avantage de la rigueur et conduit souvent à découvrir la solution, à tout le moins nous éclairer et éviter tout faux pas. L'usage de cette méthode astreint à la recherche des *causes*, à la détermination des *buts*, des *atouts* dont on dispose pour résoudre la difficulté repérée. Dans le même esprit elle oblige à nous demander quels *obstacles* ou *contraintes* sont à prendre en compte.

Un bon exemple vaut souvent mieux qu'un long discours. Une entreprise nous a interrogés sur la façon de résoudre les litiges avec ses clients ; litiges occasionnés par la casse durant le transport des marchandises. En l'espèce, sa clientèle est constituée pour l'essentiel de scientifiques. Ceux-ci, peu préparés au respect des règles élémentaires du droit du transport, ignorent bien souvent que les marchandises voyagent aux risques et périls de leur destinataire. Ce point de droit oblige ce dernier, pour éviter d'avoir à supporter le préjudice de la casse, à ouvrir devant le transporteur le colis réceptionné et en cas de détérioration lui adresser une réclamation par voie recommandée sous 48 heures. Le non-respect de cette procédure entraîne immanquablement de nombreux litiges avec une clientèle, rappelons-le, peu au fait des règles élémentaires du droit des affaires. Tel était le problème commercial rencontré. Examinons comment nous avons appliqué la démarche ci-dessus exposée pour résoudre ce problème commercial :

- Les causes : la casse durant le transport peut avoir des causes multiples. Elle peut être due à la qualité de l'emballage, au manque de précautions du transporteur, des chauffeurs ou pourquoi pas mettre en cause le réceptionniste. La recherche des causes débouche souvent sur des pistes de solutions. Ici, l'amélioration de l'emballage, la sensibilisation du transporteur et de ses chauffeurs ou encore l'information des clients sont des voies possibles.

- Les conséquences (enjeux) : les clients refusent de régler leur facture et se détournent du fournisseur le tenant bien évidemment pour responsable. S'ensuivent des coûts de recouvrement élevés, une perte de clients rendus mécontents, autrement dit de précieuses parts de marché et de chiffre d'affaires s'évaporent au profit des concurrents.

- Les obstacles et contraintes : d'un côté, les scientifiques destinataires ne connaissent pas le droit commercial, d'un autre côté, les commerciaux observent que les clients ont pour fâcheuse habitude de n'ouvrir leur colis que le jour où ils en ont un besoin immédiat ; par exemple suite à une rupture de stocks ou parce qu'ils ont une expérience à mener les conduisant à faire usage du produit demeuré en l'état dans son colis. Il s'ensuit que le délai imparti de 48 heures est largement dépassé et que la réclamation est forclose.

## Les principaux problèmes, difficultés ou obstacles commerciaux rencontrés

Avant d'aller plus loin dans notre exemple, voici une liste, non exhaustive, de quelques obstacles, contraintes, difficultés, problèmes ou manques souvent rencontrés :

- les *habitudes* et les *mentalités* ;
- des *comportements* mal adaptés ;
- un manque d'*esprit d'équipe* ;
- une mauvaise *attitude* des commerciaux ;
- une mauvaise *attitude* des clients ;
- une mauvaise *attitude* des techniciens ;
- une mauvaise *attitude* des fournisseurs ;
- le manque de *rigueur* ou de *discipline* ;
- les insuffisances du *système* en place ;
- le manque de *professionnalisme* ;
- le manque de *savoir-faire* ;
- l'excès de *charge de travail* ;
- la multiplicité des *marques* ou des modèles ;
- un *management* pas assez rigoureux ;
- une équipe insuffisamment *motivée* ;
- des individus pas assez *concernés* et *motivés* ;
- un manque d'*appropriation* par chacun de son fonds de commerce (= mentalité de vendeur) ;
- une mauvaise *communication* avec les autres ;
- une mauvaise *communication* avec les clients ;

- l'absence (ou l'opacité) d'*objectif* par service ;
- le *savoir-faire* des techniciens est insuffisant ;
- Le *savoir-faire* des commerciaux est insuffisant ;
- l'absence de *confiance* des uns dans le travail des autres et *vice versa* ;
- une imparfaite *organisation matérielle* et *informationnelle* ;
- l'absence ou l'inadaptation d'*outils* de suivi de l'activité ;
- L'absence d'*enquête* périodique de satisfaction des clients ;
- un manque de clarté dans la répartition des *tâches* et des *rôles* de chacun ;
- une mauvaise identification des *responsabilités*.
- etc.

## Les principaux atouts commerciaux

Reprenons notre exemple. L'atout principal dont nous disposions pour résoudre ce problème est une relation de confiance très ancrée. Les scientifiques, en général, font confiance à leurs fournisseurs pour l'intendance et acceptent toute solution qui règle ce genre de petit problème d'élégante manière et sans qu'ils en supportent le souci. Ci-dessous voici quelques exemples d'atouts qui devraient vous aider à enrichir vos recherches (au-delà des atouts traditionnels : produit, prix, etc.) :

- une équipe *motivée* et *compétente* ;
- des individus *concernés* ;
- une *vision claire* des objectifs à atteindre ;
- l'*appropriation* par chacun de son fonds de commerce (= mentalité de vendeur) ;
- une bonne *communication* avec les autres acteurs ;
- une bonne *communication* avec les clients ;
- une bonne *image* de l'entreprise ;
- un *objectif* personnalisé par service ;
- un *objectif* personnalisé par technicien ;
- la maîtrise des *savoir-faire* des différents acteurs ;
- la confiance des uns dans le travail des autres et *vice versa* ;

- une parfaite *organisation* matérielle et informationnelle ;
- disposer des *outils* de suivi de l'activité ;
- disposer d'*enquêtes* de satisfaction des clients ;
- un service technique *reconnu* par tous pour son *efficacité* et son *professionnalisme* ;
- une répartition claire des *tâches* et des *rôles* de chacun ;
- une identification des *responsabilités* de chacun ;
- etc.

Voici définis et mis à plat les principaux problèmes commerciaux à résoudre, leurs enjeux – autrement dit ce qui est à gagner ou à perdre en résolvant ou non les difficultés en question – leurs causes qui en expliquent l'origine, les atouts dont on dispose pour leur résolution, et enfin les obstacles à lever ou contraintes à surmonter. Nous sommes désormais en mesure d'imaginer les grandes lignes directrices des actions commerciales à mener. C'est l'objet de notre prochaine section, au cours de laquelle nous poursuivons notre exemple de casses observées à l'occasion du transport de marchandises chez l'un de nos clients.

# Imaginez les lignes directrices des actions à mener pour opérer un *break* concurrentiel

L'heure de concevoir très précisément nos actions commerciales n'a pas encore sonné. En revanche, parvenus à ce stade, nos problèmes commerciaux mis au jour et leurs tenants et aboutissants bien en main, nous disposons de tous les ingrédients pour définir les grandes lignes directrices des actions commerciales à mener. Les détails suivront. Pour réaliser cette ébauche, deux phases. La première, plutôt de nature stratégique, pose et résout le problème de la cohérence des actions et de leurs orientations. Cette cohérence assurée, la seconde, plus pragmatique, vise à déduire en lignes directrices les actions à envisager.

## Assurez cohérence et pertinence à vos actions commerciales

Si ce que le cerveau ordonne, pieds et mains l'exécutent de façon incohérente, l'accident corporel est assuré ! Être cohérent, c'est établir un rapport logique entre des idées et / ou des actions. Nous avons un ensemble de problèmes et difficultés à résoudre, de menaces à juguler et d'opportunités à saisir. Pour ce faire nous disposons d'avantages concurrentiels à faire jouer. Hélas ! Nous sommes en revanche freinés par certains handicaps concurrentiels. En croisant nos analyses interne et externe, c'est-à-dire les menaces et opportunités détectées, mises en regard de nos avantages et handicaps concurrentiels, nous pourrons choisir une orientation stratégique cohérente pour nos actions.

Pour le comprendre examinons le tableau 9.8, qui prolonge notre exemple inspiré du métier de la fourniture dentaire. En croisant deux à deux Opportunités / Menaces d'une part, et Avantages / Handicaps concurrentiels d'autre part, quatre possibilités se dégagent. Chacune d'entre elles sous-tend une orientation stratégique à donner à vos actions.

### ▣ Avantages concurrentiels permettant de saisir une opportunité

Une *stratégie offensive* s'offre à vous. Toutes les fois que vos avantages concurrentiels vous permettent de saisir une opportunité, le feu passe au vert. Tout indique que vous pouvez appuyer sur l'accélérateur et donner libre cours à vos inspirations commerciales. Dans notre exemple, un vendeur venant d'une entreprise concurrente frappe à notre porte. S'agissant d'intégrer un nouveau vendeur, à la réputation bien établie, nous sommes certains de réussir grâce aux avantages concurrentiels dont il va pouvoir bénéficier, tel que notre catalogue dont il ne disposait pas, la qualité de nos produits, l'impact des vendeurs dans notre système de vente, notre notoriété, etc. En revanche quelques handicaps concurrentiels nous conduisent à de petites adaptations.

### ▣ Handicaps concurrentiels contrariant une opportunité à saisir

Une *stratégie d'adaptation* doit être mise en place. Dans notre exemple (figure 9.8), il nous faut lui donner les marges de manœuvre et de négociation qui lui permettent d'opérer le basculement de sa clientèle. De même, notre manque de réactivité risque d'entraver son succès. Des procédures ou des ponts de communication directs avec la direction commerciale doivent être établis pour y remédier sans délai.

### ▣ Avantages concurrentiels pour conjurer une menace

Une *stratégie défensive* semble convenir aux circonstances. Face à la menace de la généralisation de la norme CE, dont ne bénéficient pas tous nos produits, trois avantages concurrentiels (qualité produits, impact des vendeurs et attractivité de nos prix) vont aider à consolider la situation, le temps que les choses rentrent dans l'ordre.

### ▣ Des handicaps concurrentiels se conjuguent avec une menace

Est-ce bien utile d'investir dans des actions à hauts risques ? À l'impossible, nul n'est tenu. Il faut savoir dire stop ! La *stratégie de repli* est indiquée.

Figure 9.8: Croisement Opportunités/Menaces et Avantages/
Handicaps concurrentiels

| DAS Fourniture dentaire | Avantages concurrentiels | | | | | | Handicaps concurrentiels | | | | | | | |
|---|---|---|---|---|---|---|---|---|---|---|---|---|---|---|
| | NOTRE CATALOGUE | QUALITÉ DE NOS PRODUITS | IMPACT DES VENDEURS | QUALITÉ DES LIVRAISONS | COMPÉTITIVITÉ DE NOS PRIX | NOTORIÉTÉ | RAPIDITÉ DE NOTRE SAV | QUALITÉ DE NOTRE SAV | QUALITÉ DU SUIVI | QUALITÉ DE L'ACCUEIL | LIBERTÉ de manœuvre vendeur | RÉACTIVITÉ/ADAPTATION | | |
| OPPORTUNITÉS | 1 | 2 | 3 | 4 | 5 | 6 | 1 | 2 | 3 | 4 | 5 | 6 | 7 | 8 |
| Des vendeurs concurrents frappent à notre porte | X | X | X | X | X | X | | | | | X | X | | |
| | X | X | X | X | X | | | X | | X | X | | | X |
| | | X | | X | X | | X | | | X | | | X | X |
| | Stratégie offensive | | | | | | Stratégie d'adaptation | | | | | | | |
| | | | | | | | | | | | | | | |
| MENACES | | | | | | | | | | | | | | |
| La norme CE se généralise | X | X | | X | | | | | | | X | | | |
| | Stratégie défensive | | | | | | Stratégie de repli | | | | | | | |

# Déduisez l'orientation des actions commerciales pour opérer un break

Reprenons notre exemple de litiges avec une clientèle de scientifiques, litiges nés, on s'en souvient, de la détérioration de marchandises à l'occasion de leur transport et de l'absence de réserve à la réception. Le diagnostic établi, nous connaissons le problème, ses causes, ses enjeux, les obstacles et contraintes. Le croisement des analyses interne et externe confirme qu'une stratégie offensive, aux risques limités, est possible. En effet, la société dispose de la confiance aveugle de ses clients (avantage concurrentiel de taille). Elle saisit l'occasion que lui offre la facturation de chaque envoi. L'entreprise a ainsi mis en place une mutualisation du risque de casse, sans accord préalable de ses clients. En pied de facture, une ligne assurance transport et casse de 5 % du montant de la facture, couvre désormais très largement l'indemnisation des clients en cas de sinistre. Plus de réserve, plus de discussion et donc plus de litige. Au moindre appel faisant part d'un sinistre, une nouvelle expédition peut être effectuée sans discussion. Ce qui était un handicap concurrentiel est devenu comme par magie (celle de la résolution de problème) un indéniable avantage concurrentiel. En effet beaucoup d'utilisateurs, sans relation avec les services comptables, sont tenus dans l'ignorance de cette initiative de mutualisation. À l'autre bout de la chaîne ils n'aperçoivent que le bénéfice (pas de réclamation, pas de litige, pas de discussion) et félicitent leur fournisseur de l'incomparable qualité de service dont il fait désormais preuve…

En résumé, une perception claire des causes, des conséquences, des obstacles et des contraintes suffit à une équipe conviée à une séance de *brainstorming* à ébaucher les grandes lignes d'une solution. Le tableau de la figure 10 présente un second exemple.

Figure 10 : Exemple de tableau de déclinaison de problèmes commerciaux en orientations d'actions à mener dans le secteur automobile

| Causes | Problèmes / Difficultés | Grands enjeux (gains / pertes) | Avantages / Handicaps | Lignes directrices d'actions |
|---|---|---|---|---|
| Les stations-service rapides offrent 3 avantages : Rapidité Délai Prix | Perte de parts de marché au niveau de l'entretien des véhicules vendus pour les concessionnaires traditionnels | Perte de clients pour l'entretien et petites révisions Perte des prestations associées (huile, pneus, batterie, plaquettes, échappement, amortisseurs, etc.) | **AVANTAGES** Connaissance personnelle des clients Crédibilité Pièces d'origine **HANDICAPS** Les vraies révisions plus chères Pas organisé pour opérer sans RV | Actions de reconquête Offres avantageuses et qui fidélisent Former nos équipes à offrir des prestations complémentaires Agir auprès des propriétaires de véhicules de 4 ans au moment du test de contrôle |
| Manque de travaux | Nos mécaniciens compétents sont sous-employés | Perte de rentabilité globale de nos activités | **HANDICAPS** Solution difficile à vendre | Contractualiser l'entretien à la façon d'une assurance |
| 1) Garanties proposées aux clients propriétaires lors de la revente de leur véhicule 2) La vidange est associée à 9 points de contrôle qui laissent croire à une vraie révision | Les conducteurs imaginent qu'une vidange et un changement du filtre à huile suffisent à l'entretien | Si nous ne communiquons pas, le fondement même du métier de l'entretien disparaîtra au profit des stations-service | **AVANTAGES** On peut le faire à l'occasion de la livraison du véhicule neuf | Actions de communication à la livraison des véhicules et visant à convaincre des avantages de l'entretien permanent (sécurité, revente, garantie, etc.) |

▶ **RÉFLEXIONS CONCERNANT VOTRE ENTREPRISE**

Reprenant l'exemple ci-dessus (figure 10), issu du secteur automobile, déclinez les problèmes et difficultés de votre organisation commerciale en orientations d'actions à mener.

**Déclinaison des problèmes commerciaux en lignes directrices d'actions à mener**

| Causes | Problèmes/ Difficultés | Grands enjeux (gains/pertes) | Atouts/ Obstacles | Lignes directrices d'actions |
|---|---|---|---|---|
| | | | | |
| | | | | |
| | | | | |
| | | | | |
| | | | | |
| | | | | |
| | | | | |
| | | | | |

# Cinquième étape

## Revisitez les paramètres de votre offre commerciale

Mettez vos produits, vos prix, vos distributeurs, vos vendeurs
et votre communication en ordre de marche

Par définition une offre commerciale, et les actions commerciales à mener pour la promouvoir, devraient être en mouvement permanent. Dans un jeu de chaises musicales, adapter ses offres aux circonstances du moment s'impose plusieurs fois dans l'année. Préparez-vous à l'effort au cours de cette étape qui vous invite à revisiter votre offre, à la lueur de concepts innovants. Reconsidérer son offre commerciale pour l'adapter aux problèmes recensés ou, tout simplement, la construire, la structurer en une offre cohérente est une tâche ardue et pourtant essentielle au succès d'un plan d'actions commerciales. Cette étape est pour vous l'occasion de réfléchir et d'opérer des choix commerciaux pour répondre aux attentes de votre marché. Ces choix vont porter tour à tour sur les cinq réflexions habituellement regroupées sous le vocable de *mix marketing* :

- structurez votre offre Produits ;

- reconsidérez vos choix tarifaires ;

- reprenez en main vos distributeurs ;

- optimisez votre force de vente : les quatre grandes questions à vous poser ;

- adaptez votre stratégie de communication aux impératifs de votre PAC.

# Structurez efficacement votre offre Produits

Accordons-nous sur le vocabulaire. Qu'appelle-t-on produit ? On appelle produit toute solution, matérielle (marchandise ou système) ou immatérielle (service), proposée à une clientèle et qui contribue à satisfaire les besoins de celle-ci. En ce sens nous parlerons aussi bien de produits (financiers) pour une assurance-vie que de produits (ménagers) pour un four à micro-ondes. De nombreux écrits à ce sujet existent. Concernant les produits, je limiterai ici ma réflexion à trois points essentiels :

- redynamisez votre offre Produits : les cinq bonnes questions à vous poser ;
- concevez des gammes de produits qui facilitent les entrées clients et contrarient leur départ ;
- positionnez judicieusement vos produits face à ceux de la concurrence.

## Redynamisez votre offre produits : les 5 bonnes questions à vous poser

Pour Peter Drucker, « *ce que nous achètent nos clients correspond très rarement à ce que nous croyons leur vendre !* ». Cette phrase illustre l'écart persistant entre le point de vue du fabricant du produit et les perceptions de ceux qui le lui achètent, l'utilisent ou le consomment. Les bons vendeurs le savent, ils en usent et en abusent. Découvrir ce que leurs interlocuteurs en fait achètent au fond des choses, leur livre les clés de l'argumentaire à développer pour les convaincre. C'est l'objet de la réflexion ci-après. Du point de vue du client, il existe ainsi cinq niveaux de perception, qui tous à des degrés divers vont le conduire à dire, tel un empereur romain, « *stop ou encore* ». Chacun de ces niveaux est propre à vous guider dans la construction et l'adaptation de votre offre.

### ▪ Quels problèmes (ou difficultés) rencontrés par vos clients vos produits permettent-ils de surmonter ?

Revisiter ses produits sous l'aspect des problèmes qu'ils résolvent chez ceux qui s'en portent acquéreurs, éclaire d'un jour nouveau les actions commerciales à mener. En clair, pour comprendre et être compris, le mieux est de parler la langue du pays qui nous accueille et non pas la nôtre. Prenons l'exemple de la formation commerciale, mon domaine de prédilection. La plupart des organismes dans ce métier ont une offre de produits tournée vers l'intérieur, c'est-à-dire vers eux-mêmes. Cette offre répond à leur souci d'organisation et de qualité de production (gestion des plannings, programmes des séminaires, compétences des intervenants et savoir-faire pédagogique, etc.). Il s'agit là de leur « cuisine interne » dont le client n'a cure. Rien dans cet énoncé ne correspond aux problèmes des dirigeants faisant le choix d'une formation pour leurs équipes. À l'image d'un restaurant, ce que veut le consommateur c'est bien manger et non pas savoir comment est faite la cuisine.

Parler le langage client revient à comprendre et à structurer une offre qui lui parle et qui résout son problème. Dans notre exemple de formation, voici quelques-uns des problèmes rencontrés par des dirigeants et qui peuvent les conduire à envisager une solution formation : le manque d'efficacité ou de productivité des commerciaux, l'adaptation des mentalités aux ambitions de l'entreprise, devoir opérer une mutation technologique, enrayer un turnover excessif des vendeurs, endiguer une perte de parts de marché, défendre les marges dans les négociations difficiles, conquérir de nouveaux clients ou encore parvenir à se faire recevoir par les prospects, motiver leurs commerciaux, etc. Ces légitimes préoccupations sont fort éloignées des soucis de pédagogie ou de programme !

En clair, quand vous interrogerez un de vos vendeurs sur ce que tel client a acheté et qu'il ne vous répondra plus par une référence produit mais en faisant part du problème que son client souhaite régler, alors dites-vous que vous êtes très certainement en train de gagner la partie !

## ▦ Quelle satisfaction profonde cherchent-ils en achetant vos produits ?

Imaginons que vous ouvriez une boutique de cadeaux. La préoccupation que souhaitent résoudre les clients qui poussent la porte de votre magasin est de faire plaisir. C'est en effet une chose bien difficile que de faire plaisir quand on offre quelque chose. Ainsi, en première analyse, ce n'est pas tant un cadeau que vous vendez qu'une solution aux problèmes de vos clients de vouloir faire plaisir (ce qui répond à la première question portant sur les problèmes). Mais quelle satisfaction profonde recherche celui qui veut faire plaisir en offrant un cadeau ? La *reconnaissance* ! Ce merci de celui qui reçoit le cadeau. Un merci qui lui fera plaisir à entendre et à défaut duquel il abandonnera à l'avenir toute idée de cadeau à faire à la personne qui ne lui aura pas témoigné la reconnaissance recherchée.

La satisfaction profonde est le second niveau de perception du consommateur d'un produit ou de l'utilisateur d'un service. Celle-ci doit être intégrée à votre réflexion portant sur vos produits.

— Nous l'avons évoqué à l'occasion des DAS, l'acquéreur d'un stylo *Mont-blanc* n'achète en effet pas de quoi écrire.

— Dans mon livre *Faire signer ses clients*, à propos d'un exemple sur les pépiniéristes, j'observe que nous leur achetons en fait un « *degré d'immé-diateté* » dont le prix est soigneusement calculé pour chaque variété. Ce qui sépare en effet un sachet de graines à cinq euros, et un arbuste de trois mètres d'une valeur de deux cents euros, n'est rien d'autre que du temps et beaucoup de patience. Les pépiniéristes ne font ainsi que tarifer… notre impatience !

— De même, une montre n'est pas faite que pour donner l'heure. Elle est une occasion de faire-valoir, pour la personne qui la porte. N'est-elle pas le rare bijou que beaucoup d'hommes s'octroient le droit de porter ? Cette satisfaction motivationnelle explique en majeure partie le succès d'estime des marques *Rolex* ou *Cartier*.

L'intégration de cette motivation profonde, dans la définition de votre *mix marketing*, est incontournable. Elle détermine votre politique de prix, et votre réseau de distribution.

Pour reprendre l'exemple de la montre, une *Rolex* bon marché demeurerait-elle une *Rolex* dans l'esprit de son acquéreur ? Son prix est à l'image du luxe qui lui est associé. Toute la communication est fondée sur cette image du luxe qui intègre celles du succès, de la réussite professionnelle, de la beauté de la personne qui porte ce bijou, etc. ; en un mot, une expression de la richesse sous toutes ses facettes.

### ▨ Quel usage réel vos clients en font-ils ?

Un produit peut aussi se définir au travers de la destination ou de la mission que lui réserve son acheteur. Des « mandats » quelquefois fort éloignés de la vocation première du produit. *Thomas Cook* a observé qu'un nombre grandissant d'entreprises utilisait ses prestations pour organiser des séminaires, ou encore récompenser leurs meilleurs commerciaux. Pour notre part nous notons que les formations, au-delà de la montée en compétences des équipes, visent de plus en plus souvent à les prendre en main, à les faire adhérer ou encore à les motiver. En bref, un gisement d'innovations commerciales réside dans l'usage que vos clients réservent à vos produits ou services. Cet angle de vue compte parmi les plus prometteurs pour revisiter vos produits, découvrir de nouveaux gisements d'innovations commerciales et définir votre PAC.

### ▨ Comment les produits sont-ils réceptionnés ?

Nombreuses sont les documentations techniques de mise en service et de conseils d'entretien qui débutent par ces mots : « *Félicitations vous venez de faire l'acquisition d'un excellent matériel. Nous sommes sûrs qu'il vous donnera longtemps satisfaction…* » Cet aphorisme, si usité qu'il en est devenu banal, montre que la réception et la mise en service font partie intégrante du produit. Le vendre après la vente est l'une des règles d'or de la fidélisation. J'invite ceux qui en douteraient à observer leur comportement après un achat important. De retour chez eux, leur première tâche n'est-elle pas d'ouvrir le colis, de sortir l'appareil et de le mettre en service ? Certains sont si impatients qu'ils renoncent même à lire la fastidieuse notice d'installation ! Quelle que soit la nature du produit, batterie, bracelet de montre, formation, etc., la façon dont il va être réceptionné doit conditionner votre offre Produits. Tout doit être passé en revue pour que la fête ne tourne pas au désastre. Un désastre au coût psychologique important pour le client et qui s'avère catastrophique pour l'avenir du fournisseur et sa réputation.

## À propos de vos produits, à quoi les clients s'attendent-ils ?

Vous retenez une chambre dans un hôtel 3 étoiles. Vous imaginez tout naturellement un certain standing, c'est-à-dire une certaine superficie de chambre, une salle de bains attenante, une télévision, un accès à Internet, un minibar, un lit et des fauteuils confortables, etc.

Bref vous avez un *a priori*, c'est le *produit attendu*. Cette attente, juste ou erronée, est essentielle dans la formation de l'idée de satisfaction chez les clients. Un même service ou produit, sera perçu comme meilleur s'il apparaît supérieur à ce qui était attendu. Inversement, aussi bien soit-il, un produit aux qualités légèrement inférieures aux attentes, sera jugé plus sévèrement. Définir le produit *a priori* est de bonne tactique pour améliorer votre offre commerciale. C'est en effet pour vous un formidable moyen de séduction et de satisfaction de vos clients. Faites en sorte que vos clients s'attendent à ce que vos produits soient supérieurs à ceux de vos concurrents, mais aussi veillez à ce que ce qui leur est livré soit supérieur à leurs propres attentes. C'est de bonne tactique.

### ⮞ RÉFLEXIONS CONCERNANT VOTRE ENTREPRISE

Le tableau qui suit (figure 11) vous invite à considérer votre offre produits à partir des cinq critères que nous venons d'examiner: les problèmes ou difficultés que se propose de régler votre produit ou service, les satisfactions profondes recherchées par ses acquéreurs, le produit tel qu'ils l'imaginent (qu'ils l'attendent), le produit qu'ils réceptionnent, et enfin les usages inattendus qu'ils en font.

Au travers de vos produits ou solutions qu'achètent vos clients ?

Figure 11 : Tableau d'aide à la structuration d'une offre

| Produits ou services | Problèmes / Difficultés que vos clients désirent surmonter, résoudre | Satisfactions recherchées par vos clients : motivations, attentes, préoccupations | Produit prédéfini, attendu a *priori* par vos clients | Le produit tel qu'il est réceptionné par vos clients | Usages réels que vos clients en font |
|---|---|---|---|---|---|
| | | | | | |
| | | | | | |
| | | | | | |
| | | | | | |
| | | | | | |

## Concevez vos gammes de produits comme une nasse qui facilite les entrées clients et contrarie leur départ

Une gamme est un ensemble de produits qui tous concourent à satisfaire la même problématique, mais diffère par leur taille, leur puissance, leurs options, leurs caractéristiques ou les possibilités qu'ils offrent à leurs acquéreurs. Une gamme se juge par son étendue. À l'image d'une surface, nous dirons que cette étendue est le produit de sa largeur (écart entre le plus petit et le plus grand, le moins puissant et le plus puissant) par sa profondeur (correspondant au nombre de références intermédiaires). S'agissant du rayon visserie d'un magasin de bricolage, on parlera de la gamme vis bois, laiton à tête ronde. La largeur de cette gamme sera mesurée de la plus petite taille (2,5 mm × 10 mm) à la plus grande (6 mm × 60 mm). La profondeur indiquera le nombre de références intermédiaires proposées à la clientèle entre les deux tailles.

On appelle mix produit l'ensemble des gammes. La conception et la gestion des gammes sont complexes. Outre les problèmes de communication (dispersion des messages publicitaires) et d'administration (facturation, livraisons) ou de logistique (emballage), le choix concernant les gammes doit optimiser trois facteurs :

– Le **coût de la fabrication**. Plus une gamme comporte de références, plus le prix de revient de production de chaque référence (série économique) est élevé, et plus la gestion de production est complexifiée. L'immanquable hausse des prix de vente que sous-tend cette politique pèse sur la compétitivité des prix publics affichés.

– La **gestion du stock**. Plus le nombre de références proposées est important, plus la gestion des stocks est coûteuse et délicate. Le risque de rupture en est augmenté d'autant avec son corollaire commercial : l'insatisfaction des clients.

– La **réponse aux besoins de la clientèle**. Un produit, avons-nous vu, est la réponse apportée aux problèmes et motivations d'une clientèle. La suppression de tel ou tel article au sein d'une gamme peut entraîner la perte de clients, par ailleurs potentiellement acquéreurs d'autres produits. Les décisions de maintien ou suppression d'un article ne sauraient se faire à l'aune du seul prix de revient. L'analyse des gammes concurrentes permet de soupeser le risque commercial encouru par une suppression prématurée ou inappropriée.

Bâtir un PAC efficace et opérant impose de soumettre ses éléments constitutifs aux mêmes objectifs : conquérir, fidéliser ou sécuriser la clientèle en sont les maîtres mots. La conception d'une gamme ne fait pas exception à ce principe. La technique de construction de *gamme à effet de nasse* présentée ci-après y satisfait pleinement.

### La technique de gamme à effet de nasse

Dans *Le PAC du Vendeur*[1], j'observe que certains produits dans une gamme sont adoptés de manière rapide et facile par leurs acquéreurs. D'autres en revanche sont assimilés plus lentement et difficilement. En résumé, la *vitesse d'adoption* varie d'un article à l'autre au sein d'une même gamme. Il est plus aisé d'ouvrir un compte dans une banque que de s'engager à déposer chaque mois, durant quatre ans, une somme déterminée sur un Plan d'Épargne Logement.

De même, varie la *vitesse d'exclusion* des produits ou services que nos clients consomment. L'adoption de certains produits lie en effet durablement l'acquéreur à son fournisseur. *A contrario*, d'autres achats, par leur nature moins engageante, peuvent être aisément interrompus, voire abandonnés par les clients.

On ne clôture pas avec la même facilité un PEA[2] ou une assurance-vie, que l'on se décide à vendre une SICAV monétaire. Sous cet angle de vue, le *modèle des vitesses d'adoption et d'exclusion* permet d'organiser les produits au sein d'une gamme comme une nasse. Une gamme de produits doit en effet être conçue un peu (c'est bien sûr une image) comme une nasse. Tout doit être fait afin d'en faciliter l'entrée aux clients et tout doit leur en compliquer la sortie ! Créé par nos soins et mis en place avec succès dans de nombreuses entreprises, il leur donne le moyen d'analyser la consommation de leurs clients et d'améliorer la logique de leurs gammes de produits. Je reprends ci-après quelques-unes des lignes de l'ouvrage précité afin de présenter plus avant cet intéressant modèle.

Il s'inspire d'une technique comptable utilisée pour la valorisation des produits en stocks ou encore employée en gestion de production. Si le concept n'est donc pas nouveau, en revanche, son adaptation à l'analyse des produits que nous achètent nos clients est, elle, parfaitement nouvelle. La méthode revient à classer les produits du portefeuille selon leur *vitesse d'adoption* d'une part, et d'*exclusion*

---

1   *Le Plan d'Actions Commerciales du Vendeur.*
2   Plan d'Épargne en Actions.

d'autre part. En ce sens, elle est remarquablement bien adaptée aux deux préoccupations commerciales majeures. Quels produits faire acquérir à un prospect pour le conquérir ? Quels produits lui vendre pour consolider la relation et conserver sa clientèle ? C'est le problème de l'*In* et de l'*Out* qui est à la fois posé et résolu.

— Le **In**. L'observation montre que certains articles de la gamme sont généralement acquis en premier par les consommateurs ou acheteurs. Convenons de les appeler *First in*. Disons que leur achat ne pose aucun problème. D'autres sont au contraire achetés avec retard, dans un second temps. Tout se passe comme s'il fallait être déjà client du fournisseur pour concevoir se porter acquéreur. Ce sont des produits qui sont acquis dans un second temps. Je les appelle les *Last in*.

— Le **Out**. Pour des raisons aussi bien techniques que psychologiques, il est des produits dont l'achat n'engage pas son acquéreur à long terme. Le client peut abandonner son fournisseur aisément, quand bon lui semble. D'autres le lient au contraire durablement à lui. Nous appellerons les premiers *First out* (abandonnés facilement) et les seconds *Last out* (qui lient pour longtemps).

En associant deux à deux chacune de ces catégories, une gamme étoffée peut être divisée en quatre lignes :

- les produits *FiFo* (First in / First out) ;
- les produits *FiLo* (First in / Last out) ;
- les produits *LiFo* (Last in / First out) ;
- les produits *LiLo* (Last in / Last out).

Chacune de ces catégories porte en elle une appréciation du degré d'«engagement» et de «fidélité» que l'acquisition d'un produit sous-entend chez l'acheteur, à l'endroit de son fournisseur. Il en découle des éléments essentiels à l'appréciation des efforts de nos clients et la gestion des nôtres en retour. Regardons cela plus en détail.

### ▨ Les produits *FiFo*

Acquis facilement (en premier), abandonnés tout aussi aisément (en premier), leur achat n'est pas un gage de fidélité de la part du client. Souvent d'usage courant, leurs technologies sont banalisées et bien connues de l'utilisateur. Ce sont des *produits d'appel* par excellence. L'offre concurrente est abondante. Les sources d'approvisionnement sont multiples et connues de tous. La concurrence est vive et les compétiteurs nombreux. Pour ces produits, la préférence donnée à un fournisseur est un peu circonstancielle et souvent éphémère.

Dans ce contexte, l'argument commercial porte moins sur le produit que sur le prix et le service. Côté prix, ceux-ci sont bagarrés et il n'est pas rare de voir quelques centimes de différence emporter la décision. De là, les conditions générales de vente appliquées aux produits *FiFo* sont mouvantes et souvent négociables. Les marges des fournisseurs sont très faibles. Quant à la qualité de service, les produits *FiFo* nécessitent une débauche d'efforts. Grande exigence et faible fidélité entraînent une perte de clientèle à la moindre erreur. Pour ces produits, plus que pour tout autre, l'aphorisme de la *qualité totale* s'applique : «Zéro défaut, zéro délai, zéro prix !» Autant dire que le rapport de force est en faveur du client. C'est non sans un sentiment de bienveillance, mêlé quelquefois de condescendance, que ce dernier, après avoir tenté d'étrangler le représentant, lui concède momentanément sa préférence ! C'est pourquoi, la séduction exercée par les commerciaux est le dernier rempart à la mévente. De là, leur tendance à jouer sur le registre de la sensiblerie pour imposer leurs produits et à faire valoir des raisons affectives : «*Faites-moi plaisir…*», «*Soyez sympa…*», «*Cela ne vous engage à rien…*», «À prix égal, *donnez-moi la préférence…*», etc.

Notons que les produits *FiFo* sont bien adaptés à la prospection. Par définition ils aident les clients à entrer dans la nasse, dans la mesure où l'engagement est faible. La vente de produits banalisés est en effet aisée. Les clients jouissent d'une bonne information et d'une bonne capacité de jugement, leur permettant une décision rapide. Par définition faiblement engagés, ils sont toujours prêts à remettre en cause leur ancienne source d'approvisionnement pour quelques avantages supplémentaires concédés par un nouveau fournisseur. De là l'intérêt pour les chargés de clientèle de les avoir clairement identifiés, cela afin de privilégier leur mise en avant au cours de leurs opérations de «chasse».

▷ **EXEMPLES**

Dans la gamme des *produits bancaires*, le compte chèques est d'essence *FiFo*. L'offre est abondante, elle n'engage à rien, ne coûte pas (ou peu) et permet aux clients de cesser à tout instant la relation établie. Il en est même des banques sans guichet, offrant un service exclusivement par téléphone et correspondance qui, pour conquérir de nouveaux clients proposent mille euros à qui veut bien ouvrir un compte !

Parmi les *produits d'assurance*, la police automobile est de type *FiFo* : prestations peu différenciées, produit banalisé, engagement résiliable aisément, prix serrés, concurrence abondante et vive, etc.

## ▪ Les produits *FiLo*

Facilement acquis, mais abandonnés en dernier, les produits *FiLo* lient durablement le client à son fournisseur. Ce sont, au sein d'une gamme, ceux que les acheteurs distinguent par leur qualité, leur notoriété et/ou leurs caractéristiques techniques. Ce sont souvent les produits *phare* ou *vedettes* d'un programme de vente. Les produits *FiLo* permettent à l'entreprise (et à ses commerciaux) de se différencier des autres. Ils font la réputation des firmes. Ils offrent aux yeux des consommateurs des avantages substantiels qui leur donnent leurs caractères distinctifs. Cette différence confère un avantage compétitif aux fournisseurs. En somme, les produits *FiLo* forment le noyau dur de la gamme, la raison d'être de l'entreprise, sa finalité aussi. Il s'ensuit un rapport de pouvoir client/fournisseur mieux équilibré. Le client est moins attaché au prix qu'aux avantages conférés par le produit. Que ce soit pour des raisons psychologiques, techniques, juridiques ou stratégiques, cet attachement est durable et s'inscrit dans le long terme. Plus la différenciation est marquée, plus faible est la concurrence et le nombre de compétiteurs restreint. Dans ces conditions, des marges attractives sont préservées. Réunissant des qualités aussi nécessaires que peu banales, le produit *FiLo* oblige le vendeur à davantage de professionnalisme. La construction d'argumentaires solides et bien structurés, une parfaite connaissance technique, la mise en avant des solutions apportées par le produit aux problèmes de l'utilisateur, les performances intrinsèques, l'assistance et le suivi après-vente, etc. prennent le pas sur les prix et l'argutie affective.

Le produit *FiLo*, par ses avantages compétitifs offerts et reconnus, est propice à l'*ouverture des portes* des clients. En ce sens il est un produit *First in*. Mais il autorise en outre une stabilité relationnelle à long terme. La sortie de nasse se complique ! Les cartes de crédit, proposées par les banques, illustrent clairement ce phénomène. À l'occasion de l'ouverture d'un compte (produit *FiFo*) un chargé de clientèle pourra proposer une carte de crédit à son nouveau client. Contrairement au compte bancaire, qui n'engage nullement son titulaire à effectuer des opérations, la carte (onéreuse et vendue pour deux années) constitue un meilleur gage de fonctionnement et de pérennité de la relation établie. C'est pour une part en raison de ce souci de fidélisation que les banques rivalisent d'ingéniosité pour multiplier les avantages spécifiques attachés aux cartes.

▶ **EXEMPLES**

Dans le **secteur bancaire**, outre la carte de crédit, le crédit immobilier, le crédit-bail sont autant de produits dont l'acquisition peut être au départ de la relation et initialiser celle-ci. Tout quidam peut, sans en être client, pousser la porte d'une banque pour solliciter un prêt immobilier (*First In*). Ce prêt, s'il est consenti, engage le client dans une relation à très long terme (*Last In*).

En **assurance**, la multirisque habitation est d'essence *FiLo* (bien que chaque jour elle devienne un peu plus *FiFo* par le jeu de la concurrence des banques). La responsabilité civile des entreprises est également *FiLo*.

## ▪ Les produits *LiFo*

« *L'occasion fait le larron.* » C'est au fond l'esprit qui préside à la fourniture de produits *LiFo*, tant côté fournisseur que côté acheteur. Le découvert bancaire en est un des plus beaux exemples. Qui, parmi nous, pousserait la porte d'une agence bancaire dont il n'est pas client pour solliciter un découvert ? Le découvert, appelé facilité de caisse, est le fruit d'une relation préexistante. Il est par définition *Last In*. Dans la mesure où il s'agit bien d'une aide temporaire, limitée à un temps habituellement très court, il est aussi *First Out*.

Côté client, l'achat de produits *LiFo* répond souvent à une nécessité immédiate ou occasionnelle. Qu'il s'agisse d'un test, d'un dépannage ou d'un besoin exceptionnel, le coût et le temps d'une recherche de sources d'approvisionnement et d'une étude de prix sont souvent dissuasifs. C'est pourquoi le client s'adresse de préférence à un fournisseur avec lequel il est déjà en relation, auquel il achète déjà des produits de type *FiFo*, *FiLo* ou *LiLo*, et qui est susceptible de le « dépanner ». Disons que le critère de choix de sa source d'approvisionnement est principalement la facilité. Le prix, dans ce contexte, importe peu. C'est dire que le rapport de force est plutôt favorable au fournisseur. Sa crédibilité et son image de partenaire à long terme s'en trouvent renforcées. Le client s'en remet à lui pour une aide. C'est comme un service qui lui serait rendu.

Pour le fournisseur, les produits *LiFo* sont les produits périphériques au noyau dur de sa gamme. Ce sont plutôt ce qu'il est convenu d'appeler les compléments de gamme. Disons qu'ils font partie du métier de l'entreprise et celle-ci se doit de les offrir pour être crédible. Mais, par manque de volume, par souci de spécialisation, par absence de savoir-faire ou parce qu'elle les achète pour les revendre en l'état, elle est souvent insuffisamment compétitive. Quoi qu'il en soit, les forces de vente n'en font pas leur cheval de bataille. Elles ne les proposent qu'occasionnellement, dans le cadre de relations bien établies (*Last In*). Disons que ce n'est pas le cœur du métier. Pour un banquier, financer les découverts de ses clients n'est pas le cœur de son activité. S'il consent à le faire c'est pour aider momentanément tel ou tel de ses clients. S'il s'y refusait, ceux-ci s'adresseraient nécessairement à une banque concurrente et pour ce faire, ouvriraient chez elle un compte (*FiFo*), y domicilieraient le versement de leurs salaires (*FiLo*) et obtiendraient ainsi, quelque temps plus tard (*LiFo* oblige), les facilités dont ils ont besoin ! Dans ce contexte, prix et qualités comptent moins. Il s'ensuit d'excellentes marges pour le fournisseur[1]. Ainsi s'expliquent les taux pratiqués par les banques pour leur découvert. Les chiffres d'affaires générés sont hélas aussi modestes que rares sont les ventes. Car c'est bien là que le bât blesse. Le produit *Last in* est *First out*. La demande, par nature exceptionnelle, s'éteint une fois satisfaite. Si elle perdure, l'acheteur approchera rapidement une source mieux placée. Aussi, quand besoins et volumes du client se développent, le fournisseur d'un produit *LiFo* en perd immanquablement la vente, au profit d'un concurrent plus spécialisé et dans la gamme où ce produit est *FiLo*. À moins que le fournisseur ait l'à-propos de proposer un produit de substitution qui soit autre que *LiFo*.

Le banquier retiendra les clients dont le besoin de facilité de caisse est par trop permanent, par la fourniture d'une carte de crédit à la consommation de type *Aurore*, d'un contrat de prêt à réméré ou par un prêt personnel remboursable sur plusieurs années. Les banquiers qui me lisent objecteront peut-être qu'aujourd'hui les packs de l'offre d'entrée sont très complets et comportent, associés à l'ouverture de compte, cartes de crédit, engagement de découvert, CODEVI, etc. Partant de cette observation, l'engagement de découvert serait pour eux un produit *FiFo* et non pas *LiFo*.

Cette observation me permet de donner une précision qui doit aider le lecteur à mieux percevoir le concept de produit *LiFo*. À dire vrai, les banques, dans un contexte de concurrence accrue, poussent leurs chargés de clientèle à présenter tous les produits maison à l'occasion du premier contact. Cette tactique, pour

---

1    Il arrive toutefois que certaines entreprises, considérant la fourniture de produits *LiFo* comme un service obligé, pratiquent une politique de prix coûtant... Cette politique ne change pas la nature *LiFo* de ces produits. Elle vise simplement à ne pas donner une image de non-compétitivité qui pourrait, par assimilation, s'étendre à l'ensemble de la gamme.

judicieuse qu'elle soit, n'a pas pour conséquence, ni de vendre les produits proposés, ni de transformer la nature de ceux-ci en *FiFo*. Comprenons-nous bien. Les produits *First In* sont les mobiles d'entrée du prospect dans la gamme. Quand bien même celui-ci souscrirait à un CODEVI, ce n'est pas ce produit qui a motivé son entrée dans une agence dont il n'était pas encore le client ! En résumé, il serait erroné de croire que proposer et vendre un produit *LiFo* à un prospect en fait un produit *FiFo*.

Les avantages de disposer au sein d'une gamme de produits *Last in / First out* sont tout à la fois de pouvoir répondre favorablement à une demande exceptionnelle, d'entretenir une relation à long terme avec la clientèle, de retarder l'entrée d'un concurrent, d'approfondir et d'élargir la gamme offerte. Ils permettent également de rentabiliser les entretiens du commercial et de développer quelques affaires supplémentaires avec des clients en phase adulte ou de vieillissement. Grâce aux produits *LiFo* les sorties accidentelles de nasse se raréfient !

En revanche, les caractéristiques des produits *LiFo* les rendent impropres à la prospection (*Last in*). De même, ils sont peu adaptés à la vente aux clients en phase de démarrage. N'est-il pas préférable de conduire ceux-ci à adopter des produits *FiLo* ou *LiLo* pour consolider leur entrée et les fidéliser ?

▶ **EXEMPLES**

**Secteur bancaire** : l'assurance-automobile. Sauf exception, elle attire des acheteurs déjà clients de l'agence (*Last In*). En revanche la concurrence est si vive que ce produit est d'essence *First Out*…

**Secteur assurance** : l'assurance-automobile au kilomètre ou à la journée, la couverture exceptionnelle de risques à l'étranger, etc. sont des produits de type *LiFo*.

## ▪ Les produits *LiLo*

Sont *LiLo* les produits dont la vitesse d'adoption par la clientèle est la plus lente. Ils se font dans un second temps. Une fois adoptés, leur consommation est en revanche durable, et la sortie de nasse compliquée !

Les produits *LiLo* sont ceux dont l'acquisition nécessite une confiance préalable de l'acquéreur envers son fournisseur et, à tout le moins, une longue approche d'approvisionnement. Ils reflètent souvent le caractère stratégique du produit ou encore sa haute technicité. Quelquefois cette lenteur des *in* et des *out* se justifie par des raisons techniques. Par exemple, la modification des procédures de fabrication que le client doit opérer pour y incorporer un nouveau produit. Ou encore, ce sont des contraintes administratives qui soumettent l'acheteur à un effort de procédure. Celui-ci n'y sacrifiera que sur insistance du vendeur, armé de patience et d'opiniâtreté.

La vente d'alcool aux laboratoires et hôpitaux en est une bonne illustration. En France, celle-ci est contingentée. La Régie des alcools définit avec les utilisateurs un quota annuel. Elle en contrôle le respect et le bon usage. Mais les laboratoires et hôpitaux font librement élection de leurs fournisseurs. Ceux-ci sont simplement désignés auprès de la Régie des alcools. Ce sont eux qui deviennent garants du respect des quotas. Clients et fournisseurs sont bien sûr soumis à des contrôles périodiques tatillons[1]. Cette lourdeur de la procédure fait de l'alcool un produit *LiLo*. La résistance des clients à adopter une nouvelle source d'approvisionnement n'a d'égal que celle à exclure l'ancienne. C'est en « récompense » de nombreuses années d'une fructueuse collaboration avec un technico-commercial que l'utilisateur d'alcool consentira à braver les lourdeurs administratives et à effectuer les démarches pour le faire agréer comme nouveau fournisseur.

▷ **EXEMPLES**

**Secteur bancaire** : le PEA, le PEL, l'assurance-vie, la gestion de portefeuille, le sous-mandat, l'ingénierie juridique et financière, etc.

**Secteur assurance** : la retraite complémentaire, l'ouverture d'un PEP, les placements financiers. La séparation des activités IARD et Vie répond au besoin stratégique de « forcer » la nature *LiLo* de l'assurance-vie et de tenter non sans mal d'en faire un produit *FiLo*, à l'aide de méthodes commerciales musclées.

Ce modèle est riche de possibilités d'applications. Il permet d'élaborer des stratégies de contacts et de fidéliser ses clients en surveillant *leur degré d'engagement* au sein de la gamme. Les lecteurs désireux d'approfondir ce sujet sont invités à se reporter à mon livre précité. Pour l'heure revenons au concept de *gamme à effet de nasse.*

© Groupe Eyrolles

---

1   Cette procédure a pour objet de lutter contre les activités clandestines des bouilleurs de cru.

Une gamme peut être conçue comme un ensemble de produits aux *vitesses d'adoption* et *d'exclusion* harmonieusement réparties. Certains produits facilitant l'entrée des clients et d'autres participant à leur fidélisation. Portons cela sur un graphique. Chaque produit de la gamme peut être repéré sur ses deux axes. En abscisse est portée la *vitesse d'adoption* des produits par les clients et en ordonnée la *vitesse d'exclusion* de ceux-ci. Chaque produit est repérable précisément en fonction de la plus ou moins grande facilité des clients à les acquérir et à les exclure (figure 12). Ainsi, parmi différents clients d'un même type (*LiLo*, par exemple), certains s'avéreront plus engagés que d'autres. Ils pourraient être repérés sur une échelle de vitesses d'adoption et d'exclusion plus fine, par exemple à cinq échelons. Dans notre exemple (figure 12) les *produits* A et B sont tous les deux d'espèce *FiLo*. Mais A est plus aisément adopté que B par les clients. De plus A engage ceux-ci à plus long terme. On obtient ainsi un positionnement précis de chaque produit au sein de sa classe et de sa gamme. En outre, côté client, on en déduira un engagement plus stable du consommateur de produit A que celui de B.

Figure 12 : Graphe des produits d'une gamme à effet de nasse, à partir de leur vitesse d'adoption et d'exclusion par les clients

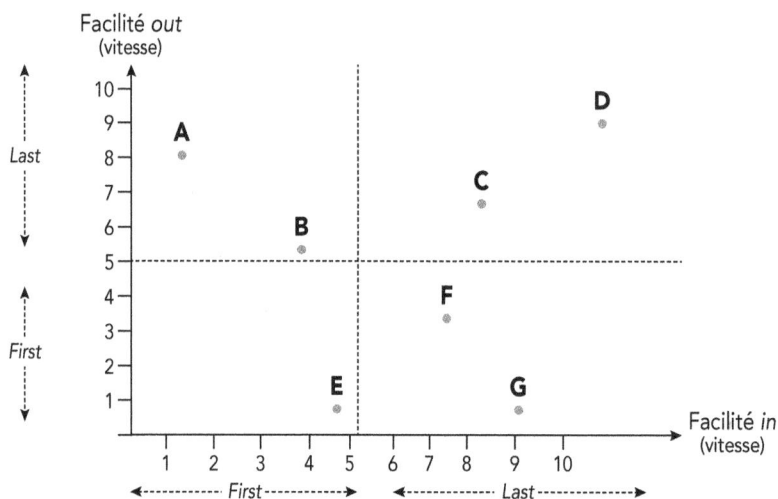

# Positionnez judicieusement vos produits face à ceux de la concurrence

Sans prétendre aucunement se substituer aux modèles d'analyse stratégique de portefeuille/produits, le modèle des *vitesses d'adoption* et *d'exclusion* de ForVentOr leur apporte un complément avantageux permettant de considérer sous un jour nouveau la gamme offerte par une entreprise à ses clients. Une gamme à effet de nasse offrira ainsi des produits *FiFo* pour faciliter la première affaire des produits *FiLo*, pour la consolider, et des produits *LiFo* pour éviter des départs intempestifs provoqués par la survenance de besoins exceptionnels, et enfin des produits *LiLo* pour verrouiller à long terme la relation.

Convenons que le client d'une banque qui dispose, outre son compte bancaire, d'une carte bleue, d'un crédit pour financer l'achat de sa maison et enfin d'une assurance-vie présente un risque de départ limité…

L'usage de ce modèle permet en outre de comparer deux gammes concurrentes. La gamme de produits est en effet une réponse stratégique faite par l'entreprise à ses concurrents, pour satisfaire au mieux les attentes de clients potentiels. Les modèles d'analyse visent à étudier le positionnement des produits tant par rapport aux différents segments du marché que par rapport aux offres concurrentes. C'est en ce sens qu'il est intéressant de comparer les produits d'une entreprise à ceux de ses concurrents, sous l'angle de leurs *vitesses d'adoption* et *d'exclusion* respectives. Une offre harmonieuse, équilibrée et bien conçue doit en effet présenter des produits dont l'*adoption* rapide favorise l'« entrée » des clients dans la gamme. D'autres produits seront conçus pour les fidéliser (*Last out*). De ce point de vue, une gamme est bien une nasse dont chaque rétrécissement favorise l'*adoption* et réduit les possibilités de sortie (clapets antiretour).

Cette démarche est bien connue des constructeurs automobiles. Il y a quelques années une campagne publicitaire de *BMW*, déclinait clairement les caractéristiques *FiFo* de véhicules d'occasion que la marque proposait. Ceux-ci étaient présentés, sans détour, comme la *clé d'accès à la gamme BMW*. Une fois conquis par un premier véhicule, le client donne quelque chance aux commerciaux pour le persuader de « monter » dans la gamme des véhicules neufs. N'y a-t-il pas que la première fois qui coûte ?

Pour procéder à l'analyse comparée des gammes de produits, il est nécessaire de porter sur le même graphique, les produits des différents protagonistes intervenant sur un marché (figure 13).

Figure 13: Positions comparées de deux gammes de produits (A, B, C, D, E et A', B', E') concurrents en fonction de leurs vitesses respectives *d'adoption* et *d'exclusion*

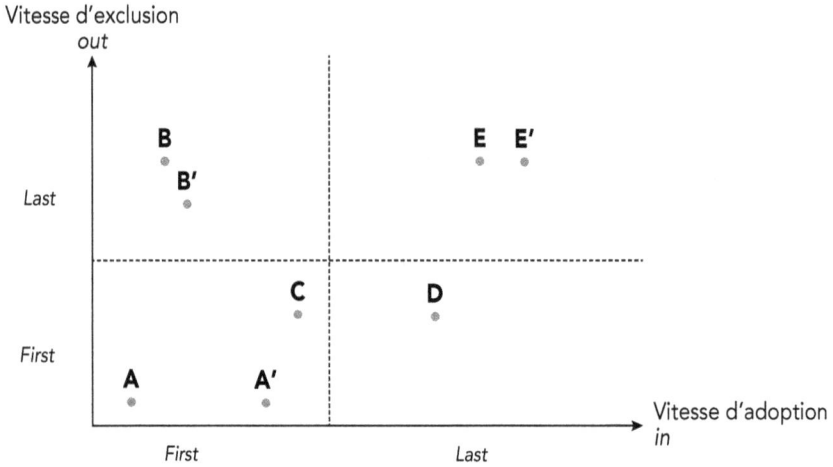

Figure 14: Caractéristiques des produits selon les vitesses d'adoption et d'exclusion des produits

| Produits | Rapports de force | Vente et prospection | Prix et service | Marges | Concurrence | Fidélité clients | Technicité | CA potentiel | Crédibilité fournisseur |
|---|---|---|---|---|---|---|---|---|---|
| **FIFO** | favorables au client | • aisées • favorables à la prospection | très bagarrés | • faibles • remises fréquentes | nombreuse et forte | très faible | souvent modeste | importants volumes | faible |
| **FILO** | équilibrés | • très professionnelles • assez techniques • adaptées à la prospection | sous surveillance mais pas prépondérants | bonnes | moyenne | fort ancrage | assez élevée | forme un important fond de portefeuille | déterminante (idem pour vendeur) |
| **LIFO** | favorables au fournisseur | • occasionnelles ou ponctuelles • répondent à des besoins spécifiques • inadaptées à la prospection | ne comptent que très peu | souvent excellentes | très faible | bonne mais circonstancielle | marginale ou originale | modeste mais temporaire | ambivalente et inadaptée |
| **LILO** | équilibrés | • très difficiles • longs travaux d'approche • nécessitent une bonne relation • pas de prospection | • un peu tirés LILO envié • nécessitent des garanties • place difficile à prendre, aisée à conserver | moyennes | • forte par à-coups • nécessite vigilance • perte LILO égale perte client | maximale | nécessite souvent un savoir-faire reconnu par le client | moyen | extrême |

Chapitre 2

# Reconsidérez vos choix tarifaires

Le prix est un vaste sujet. Si vaste, et sa matière si riche, que je lui ai consacré un livre tout entier : *Faire accepter son prix à ses clients*. Ici, je ne reprendrai que quelques points fondamentaux pour qui veut revisiter sa politique de prix dans le cadre de la construction de son PAC. Trois observations peuvent être faites.

**Le prix est la variable d'ajustement des entreprises et des commerciaux qui ressentent des difficultés à vendre**. Tout se passe comme s'ils renonçaient à l'usage d'une autre variable, celle du DÉSIR d'acheter. Pourtant, plus celui-ci est grand, moins grande est la résistance des clients à payer, et inversement. Le schéma suivant l'exprime clairement (figure 15). Si certaines entreprises parviennent à pratiquer des prix doubles de ceux habituellement observés sur un marché, c'est bien que certaines ont trouvé des solutions pour défendre leur prix. Votre PAC doit prévoir des actions qui visent spécifiquement à développer l'intérêt de vos clients ainsi que leurs désirs d'achats (valorisation de votre produit, développement d'une image de qualité, présentation avantageuse, emballage valorisant, etc.).

Figure 15 : La résistance à payer est inversement proportionnelle au désir d'acheter

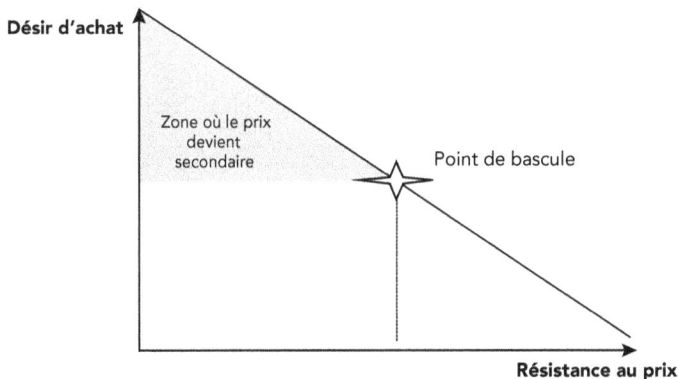

**La connaissance des prix par les acheteurs n'est pas aussi précise que beaucoup l'imaginent.** Des études aux résultats incontestables ont été réalisées sur la connaissance des prix par les consommateurs. Toutes aboutissent à la même conclusion.

Une enquête menée par l'IECS[1] à Strasbourg, portant sur un échantillon de 606 personnes fréquentant des hypermarchés et supermarchés de la région donne, à ce propos, des résultats éloquents. Les questions portaient sur des produits de consommation courante tels que sucre, lait, eau minérale, produit vaisselle, etc. 17 % seulement des prix indiqués par les personnes sondées à la sortie des magasins s'avérèrent exacts. Près de 40 % des indications de prix s'écartaient de plus de 30 % du prix réel ! Pour notre part, au cours de notre séminaire «Savoir vendre et négocier le prix et les conditions», nous effectuons des sondages auprès des participants. Tous aboutissent systématiquement au même constat: sur dix articles de consommation courante, les prix proposés par eux s'étendent du simple au triple !

**La certitude d'acheter à un bon prix est plus importante chez la plupart des clients que le prix lui-même.**

Les slogans des grandes surfaces s'engageant à rembourser la différence n'ont pas d'autres fondements. Elles rassurent ainsi le consommateur en affichant une grande sérénité dans leurs prix. Peu d'entre eux procèdent à des relevés de prix. La certitude d'un bon prix leur suffit.

Ces trois observations liminaires faites, voyons comment mener une réflexion approfondie sur vos politiques tarifaires et déterminer votre stratégie prix.

## L'échiquier des 9 stratégies tarifaires

Laurent Maruani[2] recense neuf stratégies de prix distinctes, définies à partir de deux critères: la qualité (entendue au sens large), et le niveau de prix. Parmi elles, cinq, plus saillantes et clairement différenciées, sont reprises ci-après. Elles permettent de définir ce que j'appelle l'«échiquier des stratégies de prix» (figure 16).

---

1   «Les consommateurs connaissent-ils le prix des articles courants ?», par Francis Hirn, *Revue Direction et Gestion* n° 4, 1985.
2   «Approche stratégique de la détermination du prix», *Revue française de gestion*, janvier-février 1989, pp. 1-19.

### Qualité supérieure / Prix élevé

C'est la stratégie élective dite de haut de gamme. Elle s'adresse à une clientèle aisée, à la recherche des produits prestigieux aux qualités de solidité, de sérieux, d'esthétique et d'images reconnues et admises par tous. Le prix élevé est indissociable de ce positionnement stratégique et fait partie de la définition même du produit. Il est pour son client l'apanage de son propre succès. Je veux dire de ses propres qualités… Une baisse éventuelle de prix serait sanctionnée par une perte essentielle d'attribut. Ici l'enjeu psychologique du prix est si puissant que le prix est devenu un facteur déterminant dans la décision d'achat. Un prix élevé est l'une des clefs de succès sur ce marché du luxe. *Christian Dior*, *Moët*, *Louis Vuitton*, *Givenchy*, *Rolls-Royce*, etc. en sont les plus vivants exemples. Concéder une remise promotionnelle (hors soldes pour l'habillement) serait une grossière et fatale erreur, banalisant la marque en l'évidant de son élitisme.

### Qualité médiocre / Prix bas

C'est la stratégie inverse de celle que nous venons d'examiner. C'est celle de bas de gamme. Populaire, au sens de la masse qu'elle entend séduire, elle est fondée sur la quête stratégique d'énormes volumes de consommation. La dimension psychologique du prix est tout autant clef de succès que dans la stratégie de haut de gamme. En revanche, le prix est ici toujours avantageux, exceptionnel, plus bas qu'ailleurs. Peu importe la satisfaction qu'apporte le produit acquis. Ce qui est assouvi, en priorité, c'est l'immense besoin d'acquérir et de consommer !

### Qualité médiocre / Prix élevé

Ce sont les stratégies d'exploitation. Elles sont le fait d'entreprises qui s'adressent à une clientèle captive dont elles entendent obtenir le maximum de rendement dans un minimum de temps. C'est le cas de certaines entreprises de tourisme saisonnier, à la clientèle éphémère et renouvelée en permanence. D'autres circonstances peuvent conduire des dirigeants à opter pour cette stratégie : chute de la demande, main-d'œuvre vieillissante, fermeture inéluctable à plus ou moins longue échéance de l'entreprise ou de l'un de ses départements… Des hausses de prix, l'allongement des délais, une baisse de la qualité des services sont autant de facteurs qui concourent à la stabilisation des bénéfices dans ces périodes de vaches maigres.

### ▦ Qualité élevée / Prix faible

Cette stratégie revient à faire (momentanément) un cadeau. Elle sollicite ainsi le bouche-à-oreille des clients. Elle est très usitée pour le lancement de produits par des entreprises qui manquent d'argent, comme l'ouverture d'un restaurant. Le bon rapport qualité / prix suffit à faire prendre en charge, par les clients, l'effort de promotion. Elle évite d'importantes dépenses de communication et permet de se rôder afin de parfaire sa connaissance de la clientèle, le temps du lancement.

### ▦ Qualité moyenne / Prix moyen

Stratégie de milieu de gamme, elle est probablement la plus «racoleuse» des politiques de prix. Ses tenants visent à séduire le plus grand nombre de clients. Ils y parviennent d'autant plus que certaines options du mix marketing vont satisfaire les clients aux quatre points cardinaux des quatre premières stratégies que nous venons d'évoquer. Un constructeur automobile tel que *Peugeot* pourra obtenir la faveur des conducteurs de la stratégie de haut de gamme en leur proposant la *607* en version grand luxe, avec toutes les options. Ici la psychologie du prix est celle d'une clientèle désireuse «d'avoir le beurre et l'argent du beurre». Elle ambitionne de rouler en *Mercedes* à un prix plus attractif…

### ▦ Les stratégies intermédiaires

À mi-chemin entre chacune des stratégies ci-dessus, quatre positionnements intermédiaires : associer avec un prix moyen, une qualité élevée ou médiocre ou encore associer à une qualité moyenne, un prix élevé ou très bas. Peu saillantes et souvent mal perçues ou mal comprises par les clients, je ne cite ces stratégies que pour mémoire.

Figure 16 : L'échiquier de stratégies du prix, selon Maruani

| Qualité \ Prix | Élevé | Moyen | Faible |
|---|---|---|---|
| **Élevée** | Stratégie élective | Stratégie de réputation | Stratégie de normalisation |
| **Moyenne** | Stratégie de rentabilisation | Stratégie de milieu de gamme | Bon rapport qualité / prix |
| **Médiocre** | Stratégie d'exploitation | Stratégie de la fausse économie | Stratégie de bas de gamme |

*Porsche* en a fait l'amère expérience dans les années 1980 avec son célèbre modèle *924*. Celui-ci ne connut pas le succès commercial escompté. La stratégie prix retenue par le constructeur fut celle de la réputation (qualité élevée *Porsche*, prix plus mesuré). La société visait là des séries plus longues et tentait de se trouver un relais de croissance à la *911*, déjà très ancienne. C'était sans compter sur la perception de la clientèle. Pour celle-ci une *Porsche* à bas prix ne pouvait pas être une vraie *Porsche*. Elle la bouda ! Vingt-cinq ans plus tard, elle continue à acquérir la fameuse *911* éternellement relookée et pourtant toujours prisée. L'adage se vérifie. Ce qu'achètent les clients c'est rarement ce que l'on croit leur vendre… Le prix n'est pas une maladie mais le fruit d'une politique. Opérer le choix de la case sur l'échiquier stratégique du prix est gage de succès… ou d'échec ! Une fois choisies, les politiques, stratégies et tactiques commerciales qui en découlent devront être nécessairement en cohérence. Ainsi, un champagne de grand renom devra, quelle que soit l'abondance de la récolte, demeurer un champagne à prix élevé. Sa distribution se tiendra à l'écart des *hard discounters* et nécessitera des réseaux spécialisés, tels que *Nicolas*, *Comtesse du Barry* ou *Savour Club*. Les actions promotionnelles ne porteront pas sur le prix, ni n'offriront de remise. Elles lui préféreront l'offre d'agenda couverture cuir pleine peau ou une carte accréditive auprès d'un club de dégustation.

## Définissez votre politique de prix : les 6 questions à vous poser

### ▨ Quels sont mes objectifs ?

Si votre PAC vise à augmenter de façon agressive vos parts de marché ou au contraire à faire connaître un nouveau produit (stratégie de normalisation et de réputation) ou s'il vous faut augmenter votre marge, la réponse déterminera le choix d'une case de l'échiquier stratégique du prix.

### ▨ Quelle est la sensibilité de mes clients aux variations de prix ?

Baisser un prix sans réponse claire et appropriée des consommateurs est inutile et de mauvaise politique. Pire, certains marchés tels que celui des produits de luxe, nous l'avons vu, ont des sensibilités négatives aux baisses intempestives de prix. À l'inverse, d'autres marchés sensibles aux prix enregistrent de la part des clients une hausse des achats en réaction à une baisse de prix. Pour ceux-ci, la qualité est un critère moins pertinent que le prix. C'est particulièrement vrai dans les marchés à faible différenciation tels que ceux des carburants ou du tabac. Alors comment apprécier cette sensibilité ?

La méthode la plus classique établit le rapport mathématique (appelé élasticité) entre une variation de prix et la variation induite de consommation. Si cette formule[1] est séduisante, force est de reconnaître, que faute de données, elle est très difficile à mettre en œuvre. Pour ma part je propose une autre méthode, certes plus subjective, mais plus praticable. Je la tiens de Thomas T. Nagle[2], qui a repéré neuf facteurs qui vous aideront à déterminer la sensibilité de votre clientèle, sur un marché donné :

– Le **facteur différenciation**. Plus un produit est unique, moins sensibles sont ses acquéreurs à son prix.

– L'**information de l'acquéreur** sur l'existence de solutions de rechange possibles. Plus réduite est cette information, plus grand est votre *pricing power*.

– La **possibilité de comparer**, qui donne des repères.

– La **ponction budgétaire occasionnée par le prix**. Les clients sont plus regardants pour les engagements importants que pour les plus modestes.

– Un **prix additionnel à un achat global** paraît d'autant moins élevé que l'investissement principal est élevé (par exemple une poignée en fer forgé pour une porte d'entrée en chêne massif).

– Le **partage d'un achat entre plusieurs personnes** permet souvent de vendre plus cher (par exemple une location de vacances à plusieurs familles).

– L'**amortissement d'un produit**, une fois achevé, diminue la sensibilité au prix des produits associés (le propriétaire d'une voiture ancienne est moins sensible à la consommation que celui d'une voiture neuve).

---

1    Volume / prix.
2    *The Strategy and Tactics of Pricing*, Englewood Cliffs, Prentice-Hall 1987.

– La **qualité**, si elle reconnue et pertinente, est un facteur inhibiteur de la sensibilité au prix.

– L'**achat en quantité pour stockage**. Une consommation immédiate rend moins sensible que les achats pour une consommation différée. L'acquéreur de vin, en quantité et destiné à être stocké, est plus sensible au prix que tout consommateur qui achète pour une dégustation immédiate.

Ces neuf critères peuvent être portés sur une matrice à double entrée. Une cotation, pour chaque produit ou service, permet de se faire une opinion assez précise de la sensibilité au prix de votre clientèle sur les marchés où vous opérez (figure 17).

## ▧ Quels sont mes prix planchers, mes minima tolérables ?

C'est une question que le dirigeant commercial doit souvent se poser. Le prix plancher n'est autre que celui en dessous duquel l'organisation qu'il dirige n'obtient pas une juste rémunération de son activité. Une fois cette vérité énoncée, il faut admettre que cette juste rémunération doit tenir compte du nécessaire délai temps pour l'obtenir. Une entreprise désireuse de prendre rapidement pied sur un marché sera encline à une politique momentanée de prix agressive. Elle peut légitimement espérer ainsi gagner des parts de marché et atteindre des volumes qui lui permettent une baisse de ses coûts et l'amélioration de sa marge.

▷ **RÉFLEXIONS CONCERNANT VOTRE ENTREPRISE**

Notez, pour chaque produit (par segment de marché ou de clients) chacun des critères de 1 à 5 selon son importance (1 faible ; 5, forte ou importante). Plus le nombre de points est grand, plus faible est la sensibilité au prix, et inversement.

Figure 17 : Grille de détermination de la sensibilité de vos clients aux prix pratiqués

| Produits Segment/ marché | Originalité | Absence de solution de rechange | Difficulté de la comparaison | Modestie des sommes en cause | Modestie de l'accessoire par rapport au principal | Nombre d'acquéreurs à partager l'achat | Montant de l'amortissement de l'actif sous-jacent | Importance de la qualité dans l'achat | Degré d'immédiateté de la consommation |
|---|---|---|---|---|---|---|---|---|---|
| | | | | | | | | | |
| | | | | | | | | | |
| | | | | | | | | | |
| | | | | | | | | | |
| | | | | | | | | | |
| | | | | | | | | | |
| | | | | | | | | | |
| | | | | | | | | | |
| | | | | | | | | | |
| | | | | | | | | | |

## ◼ Comment agencer le tarif des produits ou solutions ?

Un tarif est un ensemble structuré et logique de prix. Au nom de la logique, il doit non seulement tenir compte des prix de revient (variables en fonction des séries économiques), mais aussi de la perception que peuvent en avoir les clients. Une vis de 3 × 15 doit être moins chère qu'une vis de 3 × 20 quand bien même la première serait moins vendue que la seconde.

À propos de la structure, un tarif doit prévoir une réponse aux problématiques suivantes :

- barème des remises quantitatives prévues ;
- variabilité du prix en fonction du conditionnement (la vente par pack) ;
- bonification de fin d'année ;
- escompte de règlement accéléré ;
- prime de fidélité ;
- prime d'objectifs d'activités (convention de chiffre d'affaires avec les clients) ;
- vente à primes (bon de réduction ou à valoir sur une prochaine commande) ;
- récompense ou non pour la régularité des livraisons (commandes programmées) ;
- les éventuelles options sont-elles incluses dans les prix ou tarifées à part ?
- les prix varient-ils selon les clients (professionnels / particuliers) ?

## ◼ Quel est le *range* des prix pratiqués sur le marché ?

On appelle « range »[1] d'une série statistique, l'écart entre le plus petit chiffre de la série et le plus élevé. C'est en quelque sorte une « bande passante » qui permet de savoir comment et où se situe la tarification pratiquée par votre entreprise comparée aux concurrents. La connaissance de cette bande passante sécurise les choix de politique et facilite la prise d'une position sur l'échiquier des stratégies de prix.

---

1    Nom scientifique donné en statistique à la notion vague de « fourchette ».

## ▪ Mes prix sont-ils négociables ou non ?

La question est complexe. Elle ne saurait trouver ici que des bribes de réponses. Un prix ferme et définitif donne au dirigeant une bonne visibilité sur sa marge et, partant sur ses budgets. En revanche, à l'image d'un mur sans joints de dilatation, l'absence de latitude de négociation interdit tout ajustement tarifaire pour faire face aux réalités du marché. Une telle rigidité peut conduire à la perte de nombreuses affaires, pour peu que la politique des prix soit dans le haut de cette fameuse bande passante. À l'inverse, des remises excessives sont souvent déstabilisantes pour les clients et nuisibles à la crédibilité de l'entreprise et à son image de sérieux. De telles remises nuisent quelquefois à l'image de tout un secteur et conduisent la clientèle à une attitude négociatrice tous azimuts ! Le prix est une variable du succès commercial. Loin s'en faut, ce n'est pas la seule, ni même la plus importante. Revisiter l'offre commerciale nous conduit à réfléchir ensemble aux forces de vente que rendent nécessaires vos objectifs commerciaux.

# Chapitre 3

# Reprenez en main vos distributeurs

Accordons-nous. La distribution se définit comme l'ensemble des moyens aussi bien humains que matériels nécessaires à l'acheminement, au stockage et à la présentation de vos produits ou solutions afin que vos clients puissent en prendre la libre possession. En ce sens, la distribution est partie prenante au succès de votre PAC. Un produit peut en effet être le meilleur du marché et son prix compter parmi les plus attractifs, s'il est introuvable et vainement recherché par ses acquéreurs potentiels, l'échec commercial est certain. C'est dire le rôle et l'impact de la distribution. Cette observation suffit à lui réserver une place de choix dans la conception de vos actions commerciales. Il est vrai que, pour certains producteurs, les possibilités de faire élection librement de leur mode de distribution sont réduites, voire inexistantes (dans les métiers de l'alimentation, les grandes surfaces semblent incontournables et pour l'automobile, les concessionnaires le sont tout autant). En revanche, dans de nombreux métiers, les jeux ne sont pas faits à l'avance. Une réflexion bien menée à propos de la distribution de vos produits est de nature à vous aider à faire le *break* contre vos concurrents.

Votre réflexion, pour être motrice dans la conception de votre PAC, doit utilement porter sur les points suivants :

- fabricant / distributeur qui est client, qui est fournisseur ?
- quelles sont vos attentes en matière de distribution ?
- votre mode actuel de distribution est-il vraiment immuable ?
- comment rendre plus efficaces vos distributeurs ?

## Fabricant/distributeur, qui est client, qui est fournisseur ?

Nos séminaires sur l'*animation de réseau de distribution* s'ouvrent par une invitation des participants à débattre sur ce sujet. La plupart, trouvant la question saugrenue, avancent spontanément que le fabricant est fournisseur et le distributeur, son client. Prenant acte de leur réponse nous leur demandons alors de lister les qualités qu'ils confèrent à ce qu'il est convenu d'appeler un bon distributeur. S'ensuit l'énoncé de leur part d'une longue liste de critères tels que la modernité des locaux, l'existence d'une force de vente, la mise en avant des produits du fabricant, le retour d'informations, etc. Une question suffit alors à interpeller les plus inébranlables. Pourquoi, leur demandons-nous, votre entreprise ne choisit-elle pas de distribuer par ses propres soins – à l'aide de catalogues, site Internet de commandes en ligne, camions et livreurs – ses produits ou services ? Réponse quasi unanime : trop cher ! Trop cher par rapport à vos distributeurs actuels leur demande-t-on ? Le tour est joué ! Une réponse positive nous permet de faire observer que tous considèrent, dans leur for intérieur, rétribuer les distributeurs en raison des services qu'ils rendent. Que cette rétribution leur paraît moins coûteuse que tout autre forme de distribution. La marge abandonnée rémunère le réseau pour accomplir son travail de stockage, de promotion et d'acheminement des produits du fabricant. Force est de reconnaître que si toute peine mérite salaire, le versement d'une rémunération au distributeur fait *ipso facto* de celui-ci un fournisseur (du service de distribution). Le fabricant qui le paie pour ce service est quant à lui son client ! Mais alors me direz-vous, comment expliquer que les fabricants se battent aux portes des acheteurs de *Carrefour*, d'*Auchan* ou de *Castorama* pour leur vendre leurs produits ? La réponse se trouve dans le rapport des pouvoirs que les protagonistes se reconnaissent mutuellement. La puissance de certains groupes de distribution est telle qu'ils parviennent à être fournisseurs d'un service rémunéré (distribuer) et conquérir par la force la liberté de choisir leurs clients… Ce phénomène n'est pas rare. Le *Club* privé, très sélect, sélectionne lui aussi ses clients et la *Banque Rothschild* pratique de même !

Ceci emporte la nécessité de réfléchir à vos exigences en matière de distribution et de mesurer si le pouvoir, que vous avez sur vos distributeurs, est suffisant pour les astreindre à vous donner satisfaction, autrement dit à vous rendre les services que vous en attendez en contrepartie de la marge que vous leur abandonnez pour prix de leurs services.

# Définissez vos exigences en matière de distribution

La variété des métiers ne permet pas de proposer des exigences appropriées à chacun d'eux. C'est pourquoi, sous cet intitulé, je me contenterai d'évoquer les principaux problèmes soulevés par la collaboration avec des distributeurs. Les lecteurs, chacun dans leur métier, s'efforceront de trouver les réponses à y faire.

### ▨ Le niveau de transparence

Qui achète, qui utilise et qu'en pensent-ils, etc. ? La remontée des informations et l'identification des acheteurs sont d'une très grande importance pour le pilotage de vos actions commerciales. Beaucoup de distributeurs font écran entre producteurs et clients finaux, soit par stratégie (maîtrise de la clientèle), soit en raison d'un goût prononcé pour leur indépendance. Il vous faut définir votre besoin d'informations et manœuvrer afin d'obtenir satisfaction. La solution réside peut-être dans une modification de votre système de remises. Sans augmenter globalement le montant total de celles-ci, votre système de remises peut détailler la rémunération réservée à la fourniture des informations que vous êtes en droit d'attendre…

### ▨ La maîtrise du prix

Le régime qui prévaut en Europe est celui de la liberté tarifaire. Cette liberté, abandonnée aux distributeurs, les conduit souvent à une guerre des prix dont ils font eux-mêmes les frais, galvaudant votre image et détruisant de la valeur. En réaction, certains fabricants souhaitent conserver une légitime maîtrise. Des prix indicatifs et une veille permanente des prix pratiqués suffisent souvent à assurer un semblant d'ordre, pour peu que vous disposiez là encore d'un peu de pouvoir.

### ▨ L'ascendant sur les équipes

Le réseau de distribution, au-delà de l'entreposage, joue souvent un rôle dans le *process* vente (accueil clients, démarchage, démonstration, mise en avant, SAV). Dès lors le pouvoir de mobiliser ses équipes et de les former à la vente de vos solutions, systèmes ou produits, devient pour vous fabricant, primordial.

Ce pouvoir est d'autant plus essentiel que d'autres fabricants, quand bien même non concurrents, sont eux aussi dévoreurs d'énergie. Une énergie qui vous fera défaut le moment venu. Ici encore, aussi bien par le jeu de remises, que par celui de contrat ou la menace d'une marginalisation punitive, les solutions existent pour contraindre un distributeur à consentir à vous laisser prendre en main ses troupes, du moins en partie.

### ▣ Le maintien d'un standard de services

À tort ou à raison, les clients jugent une marque au travers des services rendus par les distributeurs de celle-ci. En cas de panne avec un téléviseur *Sony*, le délai de remise en état est-il imputable à *Sony* ou au magasin auquel le client a remis son téléviseur ? En clair, le non-respect des normes de stockage, de SAV, de mise à disposition peut conduire vos clients à inscrire ce coût au débit de votre image et porter un préjudice certain à vos actions commerciales.

Il existe bien d'autres problèmes que soulève le choix d'un distributeur. Sa solidité financière, la clause de réserve de propriété, la responsabilité juridique, les conditions de transport et de stockage, la concurrence entre distributeurs, etc. Leur examen doit se faire cas par cas pour découvrir et mettre en place les solutions compatibles avec vos exigences et votre pouvoir à les faire valoir. L'examen de ceux-ci nous éloignerait de notre sujet, le PAC.

## Votre mode actuel de distribution n'est pas immuable

Une entreprise de Saint-Nazaire, *Kriss Laure*, spécialisée en nutrition amincissante, a renoncé à vendre ses potages lyophilisés par les deux canaux traditionnels que sont les grandes surfaces et les pharmacies. Optant pour la vente en réseau et un marketing direct auprès des consommateurs, chargés eux-mêmes de convaincre de nouveaux adeptes, elle a connu en quelques années une fulgurante ascension.

Cet exemple montre que, même dans les métiers de l'alimentation où les surfaces spécialisées semblent difficilement contournables, les jeux ne sont pas faits. Sur Internet le commerce alimentaire explose. De la livraison de fromage par *Fromages.com* à la vente d'épicerie fine par Panier.com, il en va jusqu'à la langouste que vous pouvez faire venir vivante du Sénégal, grâce au Net !

Concevoir un PAC offre l'opportunité de rompre avec la routine et de repenser votre distribution. Réfléchissez à la façon de sortir des sentiers battus et ainsi faire le *break*. La vente par correspondance ou par téléphone présente des succès grandissants dans de nombreux domaines. Pourquoi pas le vôtre ?

## Comment rendre plus efficaces vos distributeurs

— Distribuer est un métier à part entière, difficile et exigeant beaucoup de compétences.

— Les réussites de groupes comme *Leroy Merlin* dans le bricolage, *Darty* dans l'électroménager, la *Fnac* dans le livre, la télévision et la musique, *Carrefour* dans l'alimentaire, etc. suffisent à nous convaincre. Il reste que le savoir-faire, fondement de cette réussite, récompense davantage la capacité à acheter, approvisionner, entreposer, mettre en rayons avantageusement et attirer le chaland, qu'à faire des actes de ventes, à proprement parlé. Trop d'articles et une main-d'œuvre insuffisamment qualifiée expliquent pour beaucoup la difficulté que les fabricants rencontrent pour utiliser les distributeurs comme leviers de développement de leurs ventes. Il est vrai qu'en considérant leurs distributeurs davantage comme des clients que comme des partenaires, fournisseurs d'un service de vente, une part de cet état de fait leur est imputable. Quoi qu'il en soit, pour rendre plus efficace votre réseau de distribution, voici quelques bonnes méthodes et astuces que j'enseigne dans mes séminaires d'animation de réseau :

— **Considérez votre distributeur comme un véritable partenaire** et non pas comme un client. Je n'insisterai pas davantage. J'ajouterai seulement que c'est au niveau de vos propres équipes que ce concept doit s'ancrer. Faites en sorte que vos vendeurs cessent de «fourguer» n'importe quoi aux responsables de rayons, assurant ainsi trop facilement leurs chiffres au détriment de leurs malheureux distributeurs. Leurs objectifs doivent porter sur les ventes faites PAR les distributeurs et non sur celles faites AUX distributeurs. J'imagine la révolution copernicienne à accomplir. Le jeu en vaut pourtant la chandelle. Le personnel du réseau sera plus motivé, un climat de confiance mutuelle s'établira et une relation de partenaires qui nourrit l'ambition commune de vendre plus et mieux s'établira. Les résultats ne se feront pas attendre.

– **Managez votre réseau**. Il en va d'un réseau comme d'une personne. Un management s'impose. Manager se résume, en consentant aux quelques nécessaires réductions qu'oblige ce livre, à fixer des objectifs au distributeur, lui indiquer les voies à suivre, lui donner les moyens pour réussir, résoudre ou aplanir les difficultés qu'il rencontre, calculer les écarts de résultats / objectifs et déclencher des actions correctives. Ceci astreint vos vendeurs à devoir opérer une mue pour devenir des animateurs de réseau.

– **Réunissez-les**. De fréquentes réunions et informations vont asseoir et crédibiliser votre management. Elles offrent de formidables opportunités pour prendre en main vos distributeurs, mobiliser leur énergie et développer leurs compétences sur vos produits.

– **Organisez des jeux concours**. Un réseau se mobilise comme une équipe de vente. Stimulez-le par des jeux, la publication de résultats nominatifs de vendeurs, etc. Ainsi sera-t-il énergisé et vous détournerez pour votre plus grand profit une part de leur énergie globale.

– **Soyez omniprésent**. « Loin des yeux loin du cœur. » Si un distributeur dispose de trente vendeurs, leur accompagnement en clientèle nécessite de votre part un animateur encadrant à temps plein ! À défaut, noyés dans un fatras de marques diverses ils se dispersent et limitent leur action commerciale à vendre ce qui leur est acheté !

– **Transmettez-leur des affaires**. C'est là une chose reconnue. Ce dont sont friands les distributeurs, ce sont des commandes qui leur arrivent sans effort ! S'ils pouvaient ne conserver que le seul devoir d'émettre les factures et de les encaisser, vos distributeurs vivraient un rêve. Alors faites-les rêver. Offrez-leur de temps à autre ce genre de friandises pour les remercier de leurs bons et loyaux services, ils adoreront !

– Etc.

D'une façon générale, aidez-les à réussir, à améliorer leurs compétences, à perfectionner leurs connaissances et stimulez leur envie de vendre et de privilégier vos produits, réglez les sources de problèmes ou de mécontentement, encensez leur réussite, dramatisez leurs échecs et enfin montrez-vous reconnaissant de leurs efforts. Vous en ferez de vrais partenaires. Vos ventes suivront…

# Chapitre 4

# Optimisez votre force de vente : les 7 grandes questions à se poser

La force de vente est, dans bien des cas, le bras armé de votre entreprise, pour mettre en œuvre votre PAC. Elle est sa parole (moyen de délivrer les messages à la clientèle, de faire valoir un point de vue), elle est son œil (moyen d'observer, d'enquêter) et son oreille (l'écoute et la compréhension). Quel corps, si intelligent soit-il, pourrait se passer sans peine de ces trois sens ? Dans les entreprises les plus éclairées, la force de vente, appelée non sans quelques justes raisons *front office*, est considérée comme une des clefs du succès commercial, tant il est vrai que l'entrée des commandes et le chiffre d'affaires sont le nerf de la guerre. Il n'empêche que pour beaucoup, en France, ce métier n'est pas encore totalement légitimé, un peu comme s'il était envisageable de vouloir gagner une guerre sans soldats pour la faire. Ici, je répondrai aux sept questions essentielles que tout dirigeant doit se poser à propos de sa force de vente pour construire son PAC :

- quel type de force de vente choisir pour mon activité ?
- la situation requiert-elle des vendeurs maison ou des vendeurs externes ?
- combien de vendeurs faut-il pour atteindre mes objectifs ?
- la rémunération de mes vendeurs est-elle efficiente ?
- mes vendeurs sont-ils réellement performants ?
- mes vendeurs sont-ils vraiment mobilisés ?
- les savoir-faire de mes vendeurs sont-ils à la hauteur des enjeux commerciaux ?

# Quel type de force de vente choisir pour mon activité ?

Vendeurs assis, vendeurs debout, vendeurs itinérants, télévendeurs, la palette des forces de vente qui s'offre à vous pour piloter et mener à bien votre plan d'actions commerciales, est importante. Investiguons ces diverses solutions. Toutes recèlent des avantages et charrient leurs lots d'inconvénients.

## ▣ Les vendeurs assis

Ce vocable réunit tous les commerciaux qui travaillent en agence et dont les moyens d'accueil à disposition sont : un bureau, des fauteuils, un ordinateur, etc. En bref, ils reçoivent leurs clients. Les avantages de cette manière de procéder sont de doter le commercial d'une image de sérieux qui lui confère de l'importance et lui permet ainsi d'asseoir sa crédibilité aux yeux de ses interlocuteurs. Cette alcôve favorise la confidence et invite les clients à se confier. Cette intimité, plus propice à la fidélisation qu'à la conquête de nouveaux clients, n'est en revanche pas porteuse de productivité. Les entretiens s'éternisent davantage, sans qu'augmente le temps de vente actif. Ce phénomène naturel conduit à préconiser cette solution pour les métiers dans lesquels l'accueil physique revêt une certaine importance dans la détermination du client. La haute finance, la vente d'automobile, le crédit ou l'immobilier en sont de bons exemples.

## ▣ Les vendeurs debout

*Orange* a ouvert de nombreuses boutiques pour recevoir ses clients. Dans un premier temps, les vendeurs conviaient leurs clients à s'asseoir, face à leur bureau. Depuis quelques années, *Orange* a supprimé tout bureau et opté pour l'entretien debout, tenu devant des bornes individuelles d'accueil. Deux grands avantages inclinent à cette formule. D'une part, l'entretien ne se tient pas en vis-à-vis (stigmate d'une opposition) mais côte à côte (image positive et consensuelle). Il est ainsi vécu plus agréablement par le client qui sent davantage de proximité et une meilleure écoute. D'autre part, l'entretien se tient plus rapidement. Ce procédé augmente la productivité commerciale et réduit les temps d'attente de la clientèle. Tout le monde semble gagnant. Hélas, peu de choses sont sans inconvénient. Au fil des heures, une immanquable fatigue gagne les vendeurs. Elle rend pénible le travail et amoindrit leur disponibilité, surtout en fin de journée. L'organisation de pauses ainsi que la mise à disposition d'un lieu de repos et de rafraîchissement sont incontournables.

De nombreux métiers, avec un peu d'audace et de sens de l'innovation, peuvent faire choix, pour leurs commerciaux, de la station debout. C'est cette réflexion qui a conduit l'Union des banques suisses (UBS) à recevoir les clients debout, du moins pour leurs opérations courantes. Il ne s'agit pas de guichetiers, mais bien de chargés de clientèle. Ceux-ci vous proposent, debout devant leur pupitre, des placements financiers, des assurances et tous les produits que les autres banques commercialisent traditionnellement derrière des bureaux !

### Les vendeurs itinérants

Non seulement ils sont debout, mais ils se déplacent en prime. Particulièrement bien adaptés à la prospection ou aux entretiens à gros enjeux, les vendeurs itinérants permettent, par leur présence physique, de renforcer ou consolider les relations commerciales avec les clients. En revanche, deux faiblesses, mettent de plus en plus en cause les déplacements en clientèle :

– Le coût des déplacements. Il est devenu prohibitif et si exorbitant que, dans certains cas, il dépasse le coût du poste du salarié transporté !

– Le manque de productivité commerciale. Le temps de vente actif (le TVA) est réduit à peu de chose. Non seulement une visite est plus dévoreuse de temps qu'un appel téléphonique, mais les distances, séparant deux clients limitent *de facto* le nombre de contacts possibles à trois ou quatre par jour : une misère comparée aux quarante ou cinquante appels par jour effectués par les télévendeurs.

Ces deux défauts rédhibitoires conduisent de très grands groupes à reconvertir, avec succès[1], leurs forces de vente itinérantes dans la télévente.

---

1   Mais non sans quelques réticences des intéressés ; réticences liées à leur sentiment de perte d'autonomie et de dévalorisation personnelle...

### ▓ Les télévendeurs

Le florilège des centres d'appels doit vous en convaincre : vendre par téléphone est non seulement possible, mais exploitable dans beaucoup de situations commerciales. Au contact des entreprises qui nous confient la formation de leurs commerciaux, aussi bien itinérants que sédentaires, en accueil physique ou au téléphone, j'ai acquis quatre convictions à propos de la vente par téléphone :

– Il est possible de tout vendre (ou presque) par le canal du téléphone. Les choses les plus inattendues, telles que de l'assurance-automobile, des produits financiers, de la prévoyance, l'ouverture d'un compte bancaire, des encyclopédies, ou encore des fromages, etc., n'en sont pas exemptes. Pour vous en convaincre, il vous suffit d'essayer et pour cela mettre au point un script efficace de vente par téléphone, puis de vous lancer. Le succès est garanti pour peu que votre script soit bien conçu et vos commerciaux opiniâtres.

– Les commerciaux qui vendent par téléphone ont de plus nombreux contacts que les itinérants. Ils font par conséquent mécaniquement plus de ventes.

– Les télévendeurs, en raison de leur plus grand nombre de contacts quotidiens – à l'image des pianistes professionnels qui jouent sept heures par jour – ont de meilleurs résultats que les itinérants, cela aussi bien mesuré par le taux de transformation (nombre de commandes / nombre d'appels) que par la valeur moyenne des commandes prises. Avis aux amateurs de résultats !

– Le prix de revient de l'activité d'un télévendeur est, quel que soit le mode de calcul, sans commune mesure avec celui d'un vendeur itinérant. Rapporté au nombre de contacts / jour, un télévendeur coûte cinq à six fois moins cher, alors que le coût d'une commande prise par ses soins est quinze fois plus faible !

Une question se pose : quand vous faut-il préférer le média téléphone ou opter pour un coûteux déplacement ? La réponse se trouve moins dans le niveau de sophistication du produit que dans la complexité du problème que veut résoudre le client. Par exemple un logiciel informatique est par sa nature un produit très élaboré. Pourtant rien n'empêche de le vendre par téléphone, pour peu que la problématique client soit clairement comprise par les deux parties, et que la crédibilité du fournisseur soit bien assise aux yeux du client. Une formule d'essai associée à celle d'un « *satisfait ou remboursé* » lèvera les dernières réticences. En revanche, si la problématique client est très complexe et nécessite un examen préalable de la part du vendeur, convenons qu'un produit, aussi élémentaire soit-il, est difficilement vendable par téléphone. Par exemple, les produits financiers à but de défiscalisation. L'éveil de l'intérêt pourra se faire par téléphone, mais conclure nécessitera un déplacement… La vente en *B to B* nécessite plus de déplacement que le *B to C*.

## La situation requiert-elle des vendeurs maison ou des vendeurs externes ?

Le dilemme est ancestral. Faut-il externaliser ou non la force de vente ? Lorsque la problématique majeure des entreprises était de produire, la question ne se posait pas. Produire faisait souci, alors que vendre non. Ceci explique que les industriels durant les décennies d'après-guerre sous-traitaient la vente, tâche subalterne par excellence. Le problème de production une fois réglé, place fut faite à celui de la surproduction. Écouler la production est devenu la difficulté majeure de notre temps et avec elle sont apparues les forces de vente internes. Moins coûteuses en cas de succès, plus malléables, plus fidèles, elles constituent, nous l'avons vu précédemment, le bras armé de l'entreprise, son œil, sa voix et son oreille. Le recours à une force de vente interne sécurise les ventes. L'entreprise se réapproprie son fonds de commerce et sa clientèle. Maîtrisable, contrôlable et gérable elle présente l'avantage d'être sous la main du dirigeant. Lui sait, à l'image d'un pays qui dispose de sa propre armée, qu'on ne gagne pas une guerre avec des mercenaires, prêts à changer de camp pour une poignée d'euros !

Est-ce à dire, qu'aucune place n'est à faire à une externalisation commerciale ? Certes, non. De l'agent multicarte à l'entreprise d'intérim, de nombreuses solutions de sous-traitance commerciale existent. Aujourd'hui des entreprises se sont fait une spécialité de « louer » des forces de vente. S'éloignant délibérément de l'organisation de l'agent commercial, elles se sont professionnalisées et structurées pour répondre aux besoins des entreprises.

*Bouygues Télécom* loue des forces de vente d'appoint pour assister les grandes surfaces dans la vente de ses abonnements.

Cinq circonstances peuvent conduire une entreprise à externaliser sa force de vente. Cette option, selon la situation, ne recèle pas les mêmes promesses. Examinons chacune d'entre elles.

### ▓ Une prise de rendez-vous

C'est le mobile le plus fréquent qui conduit à faire usage de forces d'appoint. Il fait la fortune des centres d'appels sortants. Ce phénomène s'explique par les difficultés que rencontrent beaucoup de commerciaux à se faire recevoir par leurs prospects. Pour parler sans détour, je déconseille cette solution. Elle s'avère coûteuse et détruit sans vergogne de la cible à votre préjudice. Un prospect raté est une cible perdue, au moins pour un temps. En vérité le savoir-faire à acquérir est très simple. L'accès à sa maîtrise réconcilie les vendeurs avec la prise de rendez-vous. Chez ForVentOr, une ou deux journées de formation / action suffit pour donner le tour de main qui consiste à vendre le rendez-vous et à se refuser de parler du produit – ce qui vide de tout intérêt l'entretien – à rédiger un script adapté à la logique de votre métier et à accéder à sa maîtrise en appelant des prospects de la salle de séminaire. L'enregistrement des appels permet de perfectionner les vendeurs à la démarche et d'améliorer le script conçu avec eux. Je n'ai pas d'exemple de commerciaux qui ne soient sortis de nos formations sans avoir obtenu de rendez-vous. La solution formation s'avère, sans commune mesure, plus rentable, plus pertinente et efficace que l'achat sans fin de rendez-vous à un centre d'appels[1].

### ▓ Une opération coup-de-poing

Dans le cadre de votre PAC, pour rattraper un retard de chiffre d'affaires, organiser une promotion ou contrer un concurrent, il peut être nécessaire de réaliser une opération ponctuelle et de « frapper vite et fort ». Un appoint externe de vendeurs peut faire merveille. C'est avec la prise de rendez-vous, le

---

1   Une solution plus économique encore, mais moins efficace, est de lire *Conquérir de nouveaux clients*. Je consacre huit chapitres aux techniques de prises de rendez-vous et propose en outre un modèle de script qui donne d'excellents résultats. Si vous n'obtenez pas au moins vingt rendez-vous pour cent appels aboutis, appelez-moi, j'ai quelque chose à vous vendre...

mobile le plus fréquemment observé pour expliquer un recours à la location des services d'une équipe de vente. Attention toutefois que le temps de formation et d'adaptation n'obère ni le budget ni le succès.

### ▣ Le lancement d'un nouveau produit

Le lancement d'un nouveau produit, auprès d'une nouvelle clientèle est dévoreur de temps. Cette observation est à ce point juste que nombre de dirigeants diffèrent le lancement de produits faute de disponibilité de la force de vente. C'est pourquoi, le lancement d'un nouveau produit est une assez bonne indication pour le recours à une force de vente externe. Grâce à elle vous ne dégarnissez pas votre front tout en conquérant de nouvelles contrées… En outre c'est un excellent moyen pour démontrer à vos vendeurs que le produit « marche » et surmonter leur *a priori*, roder les arguments et recueillir les premières objections de la part des clients sans entamer la motivation de vos forces de vente.

### ▣ Le test d'un produit ou la mise au point d'un argumentaire

La raison d'être des vendeurs est par définition de vendre. Leur confier des missions secondaires telles que recueillir l'avis de clients ou mettre au point un argumentaire, conduit à les détourner de leur mission de base. C'est pourquoi un apport extérieur est d'autant plus indiqué dans ce cas, qu'il est souvent emprunt de l'objectivité exigée par l'exercice et offre une meilleure confidentialité. Mon Cabinet en a fait l'expérience à l'occasion d'une tentative de commercialisation de ses outils pédagogiques. Une force de vente externe nous a permis, dans le plus parfait anonymat, de sonder le marché, de nous forger une opinion sur la réceptivité des entreprises, leurs attentes ou préoccupations et le prix qu'elles étaient prêtes à investir pour disposer d'outils professionnels de formation.

### ▣ Les ventes saisonnières

Il est des métiers dans lesquels la vente est limitée à de courtes périodes. Des chocolats aux jouets en passant par le machinisme agricole destiné aux particuliers et la grande distribution spécialisée en hi-fi, vidéo, télévisions et électroménager, l'appoint de vendeurs externes est une élégante solution pour résoudre le délicat problème de l'explosion conjoncturelle de la demande…

# Combien de vendeurs faut-il pour atteindre mes objectifs ?

S'il est une question d'apparence théorique c'est bien celle qui se pose à propos du nombre de postes de vendeurs. Les entreprises, généralement soumises à l'impératif des contraintes budgétaires, se posent rarement la question en ces termes. Leur démarche est inverse. Raisonnant *a contrario*, elles partent de leur budget. Combien pouvons-nous investir cette année dans les hommes pour assurer notre développement commercial ? Il n'empêche que la question telle qu'elle est posée mérite de trouver réponse. Comment bâtir un PAC, s'engager sur des objectifs et prévoir des actions si l'on n'a aucune idée des effectifs nécessaires pour les mener à bien. Cela revient à entrer en guerre sans idée des bataillons dont on doit disposer pour vaincre ! Que ce chiffre, une fois connu, se heurte aux nécessaires arbitrages financiers, c'est là une règle de saine gestion. En revanche, que la sentence arbitrale tombe *a priori* sans connaître le besoin en hommes pour mener bataille est pure hérésie.

Le problème de la détermination du nombre de vendeurs est complexe. Voyons comment procéder en pratique. Pour faire simple, le mieux est de décomposer la démarche en trois phases :

- Première phase : définissez le nombre annuel de contacts **possibles** par vendeur, compte tenu de leurs tâches administratives, des inévitables réunions, de leurs temps de formation et de leurs plus ou moins théoriques RTT…

- Deuxième phase : définissez le nombre de contacts **nécessaires** par type de clients et prospects. Les visites n'ont en effet pas toutes la même vocation. Certaines ont pour objet la prospection, d'autres visent à entretenir la relation avec la clientèle, etc. Il vous faut répartir l'effort de votre équipe en plate-forme de contacts, chacune correspondant à un type de visites.

- Troisième phase : rapprochez le nombre total de visites nécessaires et celui des visites possibles pour établir le chiffre **optimal** de vendeurs qu'il vous faudrait pour constituer votre équipe.

Examinons tour à tour ces trois phases.

Définissez le nombre de contacts **possibles** par vendeur. Déterminer le capital annuel de visites possibles peut paraître superflu. Les vendeurs semblent sans cesse sur le qui-vive. De là leur juste sentiment de toujours faire un maximum d'efforts. De là aussi, leur propension à refuser d'en discuter. Vous ne sauriez pourtant faire l'économie de cette étape. Malgré eux les commerciaux s'enlisent dans des tâches administratives et se laissent absorber par des travaux qui les éloignent du front. Une analyse serrée des différentes autres tâches effectuées par vos chargés de clientèle s'impose. Le tableau (figure 18, p. page 164) vous indique des pistes de réflexion. Au cours de nos séminaires portant sur le PAC du vendeur, nous remettons aux participants cette grille d'analyse et leur demandons de la renseigner individuellement. Puis nous affichons les réponses et examinons publiquement les écarts. Succès garanti ! C'est dire que certains vendeurs se chargent de tâches que d'autres savent déléguer, éviter ou à tout le moins réduire à leur plus simple expression. Mais il arrive aussi que tous s'accordent à dénoncer l'excessive importance prise par certains travaux, éloignés de tout souci de visites. Les entreprises sont souvent responsables, au moins en partie, de cet état de choses. Quelquefois c'est en raison d'un simple défaut d'organisation. Les vendeurs sont contraints, par exemple, d'assurer eux-mêmes le suivi de la bonne exécution de leurs commandes. D'autres fois, c'est par excès d'exigence que les managers éloignent les vendeurs de leurs clients. Ainsi certains sollicitent de leur part un service après-vente élémentaire, la mise en service de matériels chez les utilisateurs, la formation de ces derniers, etc. Toutes ces tâches, pour importantes qu'elles soient, n'en sont pas moins dévoreuses de temps et de possibilités de contacts commerciaux. Un examen périodique et systématique révèle efficacement les gisements de productivité encore disponibles pour développer le capital annuel des contacts clients.

Définissez le nombre de contacts **nécessaires** par client. Définir le nombre de contacts nécessaires ne résulte pas d'une arithmétique précise. Tout au plus elle peut être le résultat d'une somme de réflexions, de déductions, de conceptions personnelles, voire d'intuitions. Elle comporte souvent des arbitrages entre différentes approximations. À cette phase, réside le choix *politique* opéré par le dirigeant, à propos des visites (ou contacts), dans le cadre de son PAC. Quoi qu'il en soit, une fois les visites réparties, le manager devra veiller à ce que les vendeurs s'y tiennent et les assument… Les propos qui suivent ont pour objet d'aider le lecteur dans la conduite de ces réflexions.

Figure 18 : Analyse du temps hebdomadaire de travail d'un vendeur par tâche

| | Lundi | | Mardi | | Mercredi | | Jeudi | | Vendredi | | TOTAL | |
|---|---|---|---|---|---|---|---|---|---|---|---|---|
| | heures | % | heures | % | heures | % | heures | % | heures | % | heures | % |
| **Nombre moyen de visites totales** | | | | | | | | | | | | |
| **Temps passé à visiter** | | | | | | | | | | | | |
| **Temps de déplacement** | | | | | | | | | | | | |
| **Total activités principales** | | | | | | | | | | | | |
| **Total autres tâches** | | | | | | | | | | | | |
| **Détail des autres tâches** | | | | | | | | | | | | |
| > Établissement des devis | | | | | | | | | | | | |
| > Courrier | | | | | | | | | | | | |
| > Prise de rendez-vous | | | | | | | | | | | | |
| > Information téléphonique | | | | | | | | | | | | |
| > Rédaction des rapports | | | | | | | | | | | | |
| > Suivi des commandes | | | | | | | | | | | | |
| > Réunions | | | | | | | | | | | | |
| > Démonstration de matériels | | | | | | | | | | | | |
| > Mise en service de matériels | | | | | | | | | | | | |
| > Service après-vente | | | | | | | | | | | | |
| > Assistance des clients | | | | | | | | | | | | |
| > Assistance des collègues | | | | | | | | | | | | |
| > Suivi des règlements clients | | | | | | | | | | | | |
| > Relation avec les fournisseurs | | | | | | | | | | | | |
| > Livraisons des clients | | | | | | | | | | | | |
| > Autres tâches (à détailler) | | | | | | | | | | | | |
| > ............................ | | | | | | | | | | | | |

Il n'est pas une visite qui ne diffère d'une autre. Il est toutefois possible de les regrouper selon les cibles qu'elles visent, leurs finalités et l'initiateur de la démarche.

– Les visites selon leurs cibles : certaines visites s'adressent à des clients déjà en portefeuille. D'autres visent à accroître le nombre de ceux-ci. Les premières sont *internes* et ont pour objet la *gestion d'une population existante*, les autres, *externes*, sont à vocation expansive.

– Les visites selon leurs finalités : certaines démarches ont pour objet d'assurer la permanence de la relation client / fournisseur. Elles n'ont au fond pour seule ambition que de *sécuriser* et *maintenir* le portefeuille. Ce sont toutes ces visites que le vendeur effectue auprès de clients «*parce que cela fait longtemps qu'il ne les a pas vus*». D'autres démarches au contraire visent à *développer* le chiffre d'affaires. Plus offensives, elles s'adressent aussi bien aux clients internes (visites offensives) qu'aux clients externes (prospection).

– Les visites selon leur initiateur : la plupart des visites émanent d'une décision du vendeur. En ce sens, elles sont souhaitées et peuvent être prévues et planifiées. Mais il arrive que ce soit les clients, internes ou externes, qui sollicitent le vendeur ou sa direction pour être visités. Qu'il s'agisse de démonstrations, de besoins d'informations, de documentations ou l'expression d'un simple besoin d'être suivi, ces demandes sont inopinées. Leur immédiateté les rend difficilement programmables. Je les appelle les turbovisites. Le tableau de la figure 19 résume et définit ces différents types de visites.

Il ressort de cette analyse l'existence de quatre plates-formes distinctes :

- la plate-forme de prospection ;
- la plate-forme des turbovisites ;
- la plate-forme des visites défensives (fidélisation passive) ;
- la plate-forme des visites offensives (fidélisation active).

Partant des analyses précédemment effectuées, le manager commercial et ses chargés de clientèle doivent se poser trois questions à propos de l'allocation d'un budget de visites à chacune de ces plates-formes :

- la croissance doit-elle être recherchée en interne, auprès des clients existants, ou à l'extérieur chez les prospects ?
- quelle part sacrifier aux demandes inopinées de visites émanant des clients ?
- au sein de la clientèle existante, lui faut-il être plutôt offensif ou plutôt défensif ?

Figure 19 : Tableau récapitulatif des différents types de visites

| Type de clients / Initiateur | Interne | | Externe |
|---|---|---|---|
| | À but d'entretien | À but de développement | À but de développement |
| Vendeurs | Défensives | Offensives | Prospection |
| Clients | Turbovisites clients | Turbovisites clients | Turbovisites prospects |

## ▪ Quelle place faire à l'effort de prospection ?

Poser cette question revient à se demander si la croissance doit être recherchée auprès des clients actuels ou à l'extérieur, grâce à la conquête de nouveaux clients. Les moyens de l'entreprise ne sont pas extensibles à l'infini. La prospection coûte très cher. Cette interrogation trouve réponse dans la résolution de deux problèmes sous-jacents :

- La clientèle actuelle est-elle en nombre suffisant pour atteindre les objectifs assignés dans le PAC ?
- La pyramide des degrés de maturation est-elle équilibrée ? La clientèle actuelle est-elle suffisante pour atteindre les objectifs du PAC ?

Dans l'affirmative, et sous réserve que le développement de la clientèle existante occupe à temps plein la force de vente, point n'est besoin de prospecter. Il va sans dire que la nécessité d'accroître la population se fait sentir dans la mesure où l'entreprise ne peut espérer atteindre ses objectifs avec ses clients traditionnels. Dans ce cas, on devra déterminer approximativement le nombre de nouveaux comptes à ouvrir pour suppléer aux insuffisances de production des clients actuels.

Si la moyenne de chiffre d'affaires des nouveaux clients ressort à 5 000 euros et que vous souhaitez réaliser une croissance externe d'1 000 000 d'euros, ce n'est pas moins de deux cents prospects qu'il vous faudra convaincre. (1 000 000 / 5 000). Il reste à convertir cet objectif de conquête en objectif de nombre de contacts à prendre. Pour établir ce chiffre, vous devez apprécier le taux moyen de transformation obtenu par le ratio Nouveaux clients / Nombre de prospects contactés.

Si vous avez observé la nécessité de visiter trois prospects pour en convaincre un et que cela nécessite en moyenne deux visites à chacun, ce n'est pas moins de six visites à effectuer pour espérer obtenir un client, soit un budget de 1 200 contacts à envisager pour séduire deux cents nouveaux clients.

La pyramide des degrés de maturation est-elle équilibrée[1] ?

Quelle que soit la réponse faite à la première question, il reste qu'une population naît, se développe et vieillit. Par analogie avec une pyramide d'âges, quatre phases de maturité différentes expriment ce phénomène – les nouveaux clients (en démarrage), ceux qui se développent (en croissance), les adultes parvenus à maturité et les vieillissants qui déclinent. En un mot le niveau de maturité des clients d'une même entreprise n'est pas homogène. Il ne nécessite pas le même niveau d'effort et de suivi de la part des commerciaux. Par voie de conséquence, le dirigeant doit s'assurer des grands équilibres de la pyramide de maturité de sa clientèle. Il veillera tout particulièrement à deux aspects :

– Vérifier que le *remplacement des générations* (en nombre et en chiffre d'affaires) est assuré. À défaut, il lui faudra accroître son effort de prospection pour développer le nombre de clients en phase de démarrage (il en déduira également l'effort de visites d'entretien auprès des clients en phase de vieillissement).

---

1   Il ne m'est pas possible ici de développer plus avant les concepts des phases de maturation et de pyramide d'âges des clients. Je ne puis que conseiller aux lecteurs, que ce problème de maturation de clientèle intéresse, de se reporter à mon livre *Manager ses clients*. Ils y trouveront exposés en détail, outre ce modèle de la maturation, de nombreux autres modèles de gestion de clientèle et d'élaboration de stratégies de visites.

– La pyramide des âges doit, dans un souci d'équilibre, faire une large place aux clients en phase de maturité. Par analogie, celle-ci correspond à la classe des actifs d'une nation. Celle-ci produit plus qu'elle ne coûte. Les clients en démarrage et en croissance sont dispendieux en visites et grands consommateurs d'efforts des vendeurs. Il en va de même, dans une moindre proportion, des clients dont le chiffre d'affaires est déclinant. Ceux-ci produisent moins. Ils astreignent mécaniquement les forces de vente à les solliciter plus souvent. D'où la nécessité de prendre en compte les besoins de visites que sous-entend la pyramide des âges, pour éviter des décisions intempestives de prospection.

Par exemple, les figures 20.1, 20.2 et 20.3 à propos de prospection ne donnent pas les mêmes indications.

– La figure 20.1, représente une clientèle terriblement vieillissante, qui astreint le dirigeant à soumettre son équipe à l'ardente obligation de prospecter.

– La figure 20.2 dessine les premiers résultats des conquêtes opérées. L'effort de prospection doit se réduire. Les nouveaux clients sont dévoreurs de temps.

– La figure 20.3 profile une clientèle entièrement rajeunie. Une consolidation s'impose. Le dirigeant réservera de façon prioritaire les efforts de sa force de vente à la stabilisation des clients nouvellement conquis et à leur accompagnement jusqu'à la phase adulte. Par la suite la clientèle, devenue moins boulimique en visites, libérera du temps pour de nouvelles prospections…

– La figure 20.4 caractérise une clientèle parfaitement « normale ».

Figure 20.1 : Clientèle vieillissante, prospection incontournable

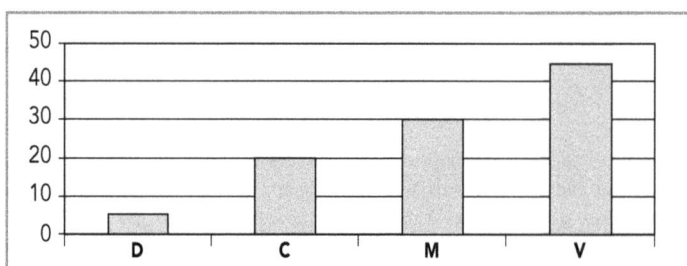

Figure 20.2 : Courbe de maturation en U,
premier résultat d'une prospection intense

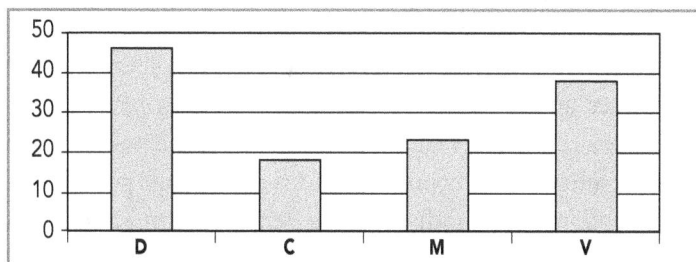

Figure 20.3 : Maturation descendante,
résultant d'une prospection intense et soutenue

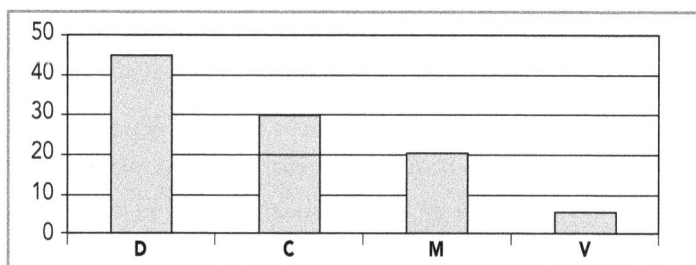

Figure 20.4 : Maturation normale,
courbe en cloche caractérisant une clientèle équilibrée

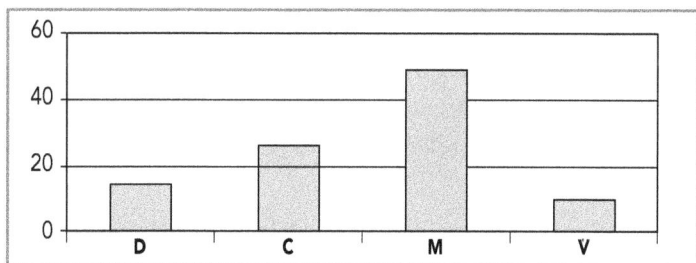

Ces quelques observations, qui ne sont en rien exhaustives, montrent le caractère très politique et réfléchi que revêt le choix de la part de visites à consacrer à la prospection. Un même aspect politique se retrouve dans la détermination des contacts à réserver aux turbovisites.

### ▪ Quelle part réserver aux turbovisites ?

Par définition, inopinées et imprévues les turbovisites émanent de besoins soudainement exprimés par les clients. Certains ont un réel souci d'informations, de démonstrations ou d'assistance. Le vendeur se voit contraint d'y déférer. D'autres demandes au contraire, bien que présentes, sont peu motivées. Par exemple, il n'est pas rare que les clients se plaignent de ne pas être suffisamment visités par le représentant (qu'ils ont pu refuser de recevoir par ailleurs…). Pour faire face à ce problème, il est indispensable de prévoir un *budget turbovisites*. Il correspond à un temps de disponibilité, alloué par semaine, décade ou mois, qui sera abandonné à la discrétion des clients. Élégante façon de planifier l'imprévu. Il reste à le quantifier. Cinq chemins d'approche peuvent y contribuer :

– Le temps moyen qui sépare deux visites chez le même interlocuteur : il est bien certain que les turbovisites seront très rares si ce temps est de deux ou trois semaines. Elles seront plus étoffées si plusieurs mois s'écoulent entre deux visites.

– Le degré de régularité des commandes : en règle générale plus un client commande régulièrement, moins son besoin d'assistance est fondé…

– Le type de vente influe également beaucoup. Les ventes par affaires, nécessitent des devis et génèrent de nombreuses turbovisites. L'appel d'offres et la demande d'informations sont les modes d'expression les plus habituels du besoin de turbovisites dans ce type de vente. *A contrario*, la vente régulière nécessite peu de turbovisites. Le client est rodé !

– Le degré de maturation du portefeuille de clients : il est bien certain que les clients en phase adulte sont moins générateurs de turbovisites que ceux au stade de l'enfance ou l'adolescence. Les premiers ont une autonomie que n'ont pas encore acquise les seconds. Entre personnes qui se connaissent, les contacts téléphoniques suffisent souvent à résoudre la plupart des problèmes.

– L'expérience enfin des vendeurs : il est frappant de voir combien, dans une même entreprise, le nombre de turbovisites varie selon les chargés de clientèle. Certains savent mieux que d'autres arbitrer entre les demandes des clients et leur programme personnel…

### Quelle part réserver aux visites défensives ?

L'objectif des visites défensives est d'assurer la *présence* de l'entreprise auprès de ses clients afin de garantir leur fidélité, de se prémunir contre l'action de prédateurs et de s'assurer plus particulièrement de :

- la permanence et la solidité de la relation avec la clientèle (maintien de liens affectifs aussi bien que professionnels) ;
- la veille marketing et technologique, surveillance des concurrents (prix, produits, innovations, parts de marché, etc.) ;
- la satisfaction des clients et la résolution des problèmes exprimés à l'occasion des visites.

L'importance de cette plate-forme est grande tant il apparaît absurde et stérile de conquérir de nouveaux clients et de perdre, dans le même temps, ceux qui nous honorent de leurs ordres. Quelle judicieuse allocation de contacts allons-nous opérer ? Cela dépend de quatre facteurs : le nombre total de clients en portefeuille, leur degré d'engagement, l'autonomie des acheteurs et enfin le service attendu par la clientèle.

### Le nombre total de clients

Celui-ci est à rapprocher du budget annuel des visites. Un vendeur qui dispose de huit cents visites annuelles pour quatre cents clients ne saurait effectuer, au titre des actions d'entretien, plus d'une visite par an à chacun. Un modeste portefeuille de quatre-vingt clients permettra deux ou trois visites d'entretien, sans que soit grevé significativement le capital de contacts.

### Le degré d'engagement des clients

L'approche *FILOU* semble un bon indicateur du degré d'engagement à plus ou moins long terme des clients. Il s'ensuit que le nombre de visites à prévoir sera d'autant plus important que les clients sont peu engagés (et inversement). Si la clientèle est trop étoffée, le vendeur pourra limiter ses visites d'entretien au seul client à risque (*FiFo*). Il pourra également moduler et pondérer celles-ci sur ce critère d'*engagement* (une visite par an aux clients *LiLo*, deux aux clients *FiLo*, trois aux *FiFo*…).

## Le degré d'autonomie des acheteurs

Nous avons déjà développé cet aspect. Les clients parvenus à maturité jouissent d'une autonomie supérieure à ceux en démarrage. Le vendeur aura à planifier d'autant moins de visites de type défensif que son portefeuille sera parvenu à maturité. Mais au-delà de cette observation, le métier opéré par l'entreprise conditionne le degré d'autonomie de la clientèle. Certains métiers permettent une si grande indépendance des acheteurs que les entreprises se dispensent de représentant. Un catalogue en couleurs ou un site Internet comportant des prix et une description technique leur suffit. À l'opposé, d'autres métiers assignent au vendeur un rôle prépondérant dans l'information et l'assistance. Que ce soit en raison de spécifications différentes attachées à chaque commande ou de la nécessité d'établir un devis, réaliser un prototype, etc., le degré de liberté des clients varie d'une branche à une autre. Plus faible est l'autonomie d'un client, plus important est le nombre de visites d'entretien à programmer.

## Le service attendu par la clientèle

D'un secteur à l'autre le service rendu par le vendeur à ses clients est très variable. Les fournisseurs des grandes surfaces de vente (hyper alimentaire, GSB, etc.) doivent souvent assurer le comptage des produits en rayons, l'inventaire avant chaque commande et soumettre eux-mêmes leurs propositions de réassortiment aux acheteurs. S'y ajoutent quelquefois la mise en rayons et l'étiquetage. Il va s'en dire que l'importance du service confère dans ce cas une part prépondérante aux visites d'entretien. Celles-ci pourront être modulées par type de clients, (par exemple, hyper : dix-huit contacts / an ; super : douze ; et détaillants : neuf visites par an).

Reste enfin à évaluer le **nombre de visites à allouer aux visites offensives**. À mi-chemin entre les visites défensives qui ont pour objet la **fidélisation passive** (autrement dit la sécurisation de la clientèle) et la prospection qui cherche à accroître le nombre de clients, les actions offensives visent une **fidélisation active**. Elle recherche des gisements de croissance chez les clients en portefeuille qui ne réalisent pas encore tout leur potentiel. La technique du P-R, que j'ai exposée à propos du ciblage, est particulièrement opérante pour déterminer le nombre de contacts à allouer.

## ▪ Rapprochez le nombre de visites *nécessaires* et *possibles*

Ultime phase, le rapprochement des visites nécessaires et le capital des visites possibles dont on dispose. Pour matérialiser les choses, voilà comment, à partir d'un exemple simple, effectuer le calcul du nombre de vendeurs à envisager. La société *Sofralab* vend des produits de haute technologie à trois types de clients : les laboratoires d'analyses médicales (LAM), les hôpitaux (CHU) et les centres de recherche (CR). Son portefeuille de clients se compose de 600 LAM, 120 CHU et 34 CR.

L'analyse des besoins de contacts par plate-forme clients fait penser que 1 600 visites de prospection sont nécessaires pour accroître le portefeuille de clients de 5 %, soit trente nouveaux clients. Par ailleurs, les turbovisites, auxquelles sont astreints les commerciaux par le jeu des demandes de leurs clients, sont évaluées à mille. Le dirigeant considère, compte tenu de sa connaissance de la concurrence, de la volatilité de la clientèle, de son autonomie qu'il est nécessaire de visiter au minimum deux fois par an les LAM, d'assurer une présence mensuelle auprès des CHU et CR. Enfin, les centres de recherches ont un très fort potentiel, et il s'est décidé pour une offensive auprès d'eux à raison d'un contact supplémentaire par mois. Sachant que le nombre de visites par vendeur est de quatre cents par an, le calcul du nombre de vendeurs devient simple.

Nombre total de contacts envisagés :

$$1\ 600 \text{ de prospection} + (2 \times 600) + (12 \times 120) + (24 \times 34)$$
$$= 5\ 056 \text{ visites nécessaires.}$$

Nombre total de besoin en commerciaux, compte tenu de 400 visites possibles par vendeur :

$$5\ 056 / 400 = 12{,}64 \text{ soit 13 vendeurs.}$$

# La rémunération de mes vendeurs est-elle efficiente ?

Ce n'est certainement pas à l'aune des incessantes pleurnicheries des commerciaux que l'on peut juger de l'efficacité ou de la rentabilité d'un système de rémunération. Pour qu'un système de rémunération réponde aux attentes d'un dirigeant commercial, encore faut-il que ces dernières soient clairement définies.

Commençons par dresser la liste, la plus exhaustive possible, des retours sur investissement que vous pouvez légitimement espérer du versement de salaires à vos commerciaux. Nous examinerons ensuite quelques grands principes à respecter pour vous protéger contre de mauvais choix concernant le mode de rémunération de votre force de vente. Nous étudierons enfin les différentes figures de rétribution qui s'offrent à vous pour satisfaire vos objectifs.

## ■ Les retours sur investissement d'un système de rémunération

Afin ici encore d'éviter un long et bien inutile discours, il est aisé d'admettre que les appointements constituent un investissement de la part de l'entreprise. Comme n'importe quel «placement» opéré par un investisseur, ce dernier exige de son investissement certaines qualités à défaut desquelles il n'investira pas. S'agissant des salaires et primes consentis à votre force de vente, les qualités d'une bonne rémunération sont au nombre de quatre.

### Une rémunération doit être un investissement rentable

Faut-il le rappeler, la rentabilité d'un émolument versé est le premier des retours espérés. Qu'elle soit mesurée au travers d'un chiffre d'affaires réalisé, d'une marge dégagée, d'un volume attendu ou d'un nombre de clients nouvellement conquis, il n'est de rémunération tenable que si elle est rentable.

### Une rémunération doit être centripète

Ici, le retour sur investissement élit domicile dans la stabilité de l'équipe. Convenons qu'une bonne rémunération participe largement à l'attachement des commerciaux et à leur longévité au sein de l'équipe. Cet enjeu fidélité et stabilité est essentiel dans la réussite d'un vendeur. Il faut souvent de nombreux mois pour qu'il se révèle. S'ajoutent à ce délai coûteux en salaires, charges, frais de poste – et immanquables clients perdus par maladresse ou manque d'expérience –, les dépenses en formation et celles liées au parcours d'intégration. Un *turnover* excessif au sein d'une équipe de vente est *a contrario* fréquemment la marque d'une rémunération centrifuge.

### Une rémunération doit être stimulante

Parmi les retours sur investissement qu'un système de rémunération doit offrir, la stimulation vient en bonne place. Intensifier les efforts des commerciaux et stimuler leur énergie constituent à coup sûr d'excellents facteurs de réussite commerciale.

### Une rémunération doit être incitative

Ici, ce n'est pas la capacité à développer l'énergie du vendeur qui est soulignée, mais la propension à orienter son action vers des buts précis, des cibles de clients définies, la promotion de certains produits, une opération de lancement, etc. C'est dans cette incitation à répondre aux volontés managériales que réside la quatrième grande qualité d'un système de rémunération efficace.

Rentable, centripète, stimulant et incitatif sont les quatre qualités essentielles qui matérialisent les dividendes de l'investissement que constitue le versement d'émoluments à une équipe de vente. Nous pouvons en déduire les dix grands principes qui président au choix d'une bonne rémunération.

## Dix principes pour concevoir une rémunération efficace

### Principe 1

La rémunération doit comporter une partie fixe et une autre variable. L'une et l'autre vont être ajustées pour assurer aussi bien la rentabilité définie ci-dessus (chiffre d'affaires ou marge dégagée) que l'incitation et la stimulation des commerciaux. Toute peine mérite salaire, dit-on. En vertu de ce premier principe, les rémunérations 100 % variables sont à bannir. Celles-ci conduisent à un *turnover* élevé chez ceux qui justement peinent à gagner leur vie, sans pour autant ménager leurs efforts.

En revanche, chez les commerciaux qui réussissent à tirer profit de leurs démarches, elles créent un détestable esprit de mercenaire. Il s'ensuit chez ceux-ci un fort individualisme qui les éloigne aussi bien de tout esprit d'équipe que du projet d'entreprise dont ils n'ont cure. À l'inverse, l'absence de part variable est très décourageante pour ceux et celles qui se donnent de la peine et n'en perçoivent aucun dividende…

## Principe 2

La partie fixe rémunère l'activité, autrement dit la bonne exécution de tâches définies (visiter ou accueillir des clients, prendre des rendez-vous, prospecter, rédiger des rapports de visites, participer aux réunions, rentrer tard chez soi, etc.). La part variable récompense, quant à elle, le résultat dudit travail, autrement dit son succès (chiffre d'affaires réalisé, objectifs atteints, marge dégagée, nombre de nouveaux clients conquis, etc.).

À l'aune de ce deuxième principe, le versement de primes pour inciter les commerciaux à exécuter les tâches pour lesquelles ils ont été recrutés, telles que prospecter ou participer à un salon, constitue une hérésie. Ce choix de rémunération est souvent l'indice d'une certaine fragilité managériale. Le manager qui emprunte cette voie avoue implicitement préférer « payer et faire mine de récompenser » afin d'obtenir son dû, plutôt que devoir « déranger et exiger ce dû ».

## Principe 3

Pour être centripète, une rémunération doit correspondre aux aspirations du vendeur et véhiculer une certaine reconnaissance. Le sentiment d'être « sous-payé » est à l'évidence centrifuge. En ce sens, les émoluments perçus doivent permettre de soutenir aussi bien le regard de l'entourage, celui des collègues que la convoitise suscitée chez le vendeur par l'offre alléchante d'un concurrent…

## Principe 4

Pour être incitative et stimulante, la rémunération doit être claire et bien comprise par le vendeur. À défaut, il attend la fin de mois pour connaître son gain et discerner *a posteriori* ce qui l'a conduit à gagner ou à perdre. Une rémunération n'est pas synonyme de bataille navale entre potaches. Il faut d'emblée savoir où taper pour réussir !

## Principe 5

Le système de calcul doit être aisé et transparent. Sont contre-productifs les systèmes complexes, véritables « usines à gaz » qui nécessitent de la part du vendeur des calculs longs, compliqués et qui débouchent sur d'immanquables contestations. Chez *Xerox*, il n'est pas rare qu'un commercial mette une demi-journée à vérifier le décompte de ses primes ! Certains types de rémunération créent plus de doute, de ressentiment et d'inquiétudes qu'ils ne stimulent.

### Principe 6

Une bonne rémunération doit se soumettre aux impératifs de la sécurisation du revenu (récurrence, prévisibilité, certitude) auxquels tout salarié est aujourd'hui naturellement attaché. De ce point de vue, la part variable fait partie intégrante du salaire. En conséquence, elle ne saurait être imaginée avec l'arrière-pensée de ne jamais avoir à la verser ! Un objectif doit être conçu dans le but d'être atteint et une prime envisagée afin d'être perçue. Toute autre conception génère désillusion et démobilisation.

### Principe 7

Pour être incitatif, le système doit faire montre de souplesse et d'adaptabilité. Des primes exceptionnelles doivent pouvoir être conçues et versées en cours d'année, sur des objectifs précis. De son côté, la part variable peut être répartie en deux ou trois primes spécifiques pour récompenser des objectifs managériaux spécifiques ou occasionnels.

### Principe 8

Les primes doivent susciter chez les vendeurs l'envie (de faire et d'obtenir) et non la jalousie ou l'amertume. En ce sens, des objectifs mal répartis ou des attributions peu claires sont sources de dissensions. Par exemple, les parts variables calculées en pourcentage du chiffre d'affaires créent la discorde, en raison de la différence des potentiels des secteurs ou des portefeuilles clients. *A contrario*, les primes fixes, calculées sur la base d'objectifs ajustés au potentiel de chaque secteur (ou portefeuille de clients) apparaissent plus justes aux commerciaux. C'est le succès qui se doit d'être récompensé (atteindre un objectif) et non le chiffre en lui-même (pour peu qu'il soit rentable).

### Principe 9

La rémunération doit aussi bien conduire le vendeur à participer au projet d'entreprise qu'à susciter en lui l'esprit d'équipe et de coopération. S'agissant du projet d'entreprise et du travail pour l'avenir, un fixe élevé représente une marque de confiance du management donnée *a priori* aux vendeurs, alors que la part variable délivre une confiance *a posteriori*, à la vue des résultats.

Une part fixe importante éloigne les comportements de *killer* et incite le commercial à travailler en profondeur son secteur et à développer une relation durable avec ses clients, gage de leur attachement et de leur satisfaction.

Quant à l'esprit de coopération, une prime collective récompensant le succès de l'équipe est souvent la bienvenue.

### Principe 10

L'argent, nous le verrons plus loin, n'est en aucun cas la seule manière de mobiliser les commerciaux, loin s'en faut. Si un commercial ne travaille qu'en raison de son salaire, il est un mercenaire peu enclin à porter les couleurs de l'entreprise.

Selon votre organisation, votre métier, la culture de votre entreprise, l'efficacité recherchée et la satisfaction de vos attentes managériales, le bon dosage entre fixe, commission (pourcentage) ou prime (montant fixe versé, à partir d'un seuil de déclenchement) s'avère éminemment complexe. Il est induit pour partie de l'extrême finesse prêtée à l'art culinaire et pour une autre partie de la vulgaire tambouille ! Voyons comment doser…

### ▦ Quelle rémunération choisir en fonction de vos objectifs ?

Naviguer entre les trois excès du tout en fixe, tout en commissions et tout en primes révèle des écueils. Le prix du naufrage s'acquitte en démobilisation, mauvais esprit, déloyauté et *turnover*… Je présente ci-dessous une boussole pour guider vos choix. Ce tableau apprécie, selon l'objectif visé, la pertinence ou l'adaptation de chacun des systèmes de rémunération.

| Rémunérations et attentes managériales | Fixe | Prime | Commission |
|---|---|---|---|
| Clarté, compréhension du système par le vendeur | *** | ** | * |
| Facilité de contrôle comptable par le vendeur | *** | ** | * |
| Impact sur la motivation et le dynamisme | * | *** | ** |
| Incitation au vendeur de travailler à long terme | *** | ** | * |
| Responsabilisation du vendeur vis-à-vis de la société | *** | ** | * |
| Fidélisation et loyauté du vendeur envers la société | *** | ** | * |
| Sécurisation du vendeur | *** | ** | * |
| Justification des différences de rémunération entre vendeurs | * | ** | *** |
| Nécessité pour le management de s'impliquer | *** | ** | * |
| Canalisation de l'énergie vers un but ponctuel et précis | * | *** | ** |

# Mes vendeurs sont-ils réellement performants ?

Il n'y a pas de guerre sans soldats ! Il n'y a pas d'actions commerciales sans que des personnes vendent ou assistent les clients au moins dans leur passage à l'acte, c'est-à-dire au moment de leur décision. Pour perpétuer la métaphore militaire, je dirais que la question de la performance des commerciaux est au PAC ce que l'état des troupes est au plan de bataille. Juger de la performance des vendeurs pour mieux la booster constitue l'une des clefs de la réussite d'un PAC.

La performance, que ce soit celle d'un sportif ou d'un vendeur (ou d'une équipe), est le fruit de deux grands facteurs : la **mobilisation** dont il est fait preuve pour réussir et la **compétence** pour ce faire. Cette observation peut se résumer en une simple équation. Désignons par **P** la performance du vendeur, par **C** ses capacités à vendre et par **M** sa mobilisation, et convenons que :

$$P = M + C$$

Cette équation peut être portée sur un graphique, librement inspiré de propos tenus par P. Gabillet[1] et dont l'abscisse représente l'évaluation des compétences et l'ordonnée le niveau de mobilisation des vendeurs (figure 21).

Figure 21 : Le graphique de la performance des vendeurs

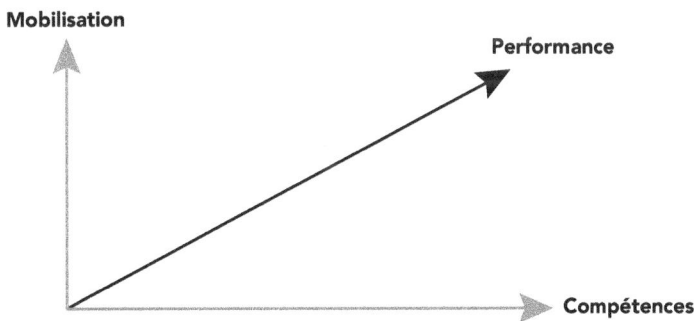

Partant de cette représentation graphique, il est possible de répertorier les commerciaux au sein d'une équipe, à partir des niveaux de mobilisation et

---

1   Rapportés par *Action commerciale* n° 66.

compétences dont ils font chacun preuve. Cette approche permet de dégager quatre types de vendeurs (figure 22) :

– Les **performants** : comme leur appellation l'indique, leurs résultats sont solides, fondés sur les deux grands paramètres de la performance ; ils font preuve d'un savoir-faire évident et sont mobilisés pour le faire valoir, autrement dit pour réussir et atteindre leurs objectifs.

– Les **blasés** : compétents mais hélas démobilisés, leurs performances sont amoindries. Que ce soit par usure des choses, en raison d'un problème de management ou d'un désaccord salarial, la mise au clair des causes de leur démobilisation, permet souvent de les booster.

– Les **jeunes chiens** : appelés ainsi parce que tout fous. Ils en veulent, hyper motivés, mais peu compétents, ils brûlent de la cible et perdent des occasions de vente. Pour eux, point n'est besoin de jeux concours. Ne les excitez pas davantage, apprenez-leur !

– Les **dépendants** : véritables fardeaux, pour le dirigeant comme pour l'équipe, leurs performances ne peuvent qu'être médiocres. Ni compétents, ni mobilisés, des choix s'imposent. Sortir le grand jeu, celui de la mobilisation ET de la compétence ou… les sortir du jeu !

Figure 22 : Pour rendre performants vos vendeurs, jouez selon le besoin sur la mobilisation et/ou leurs compétences

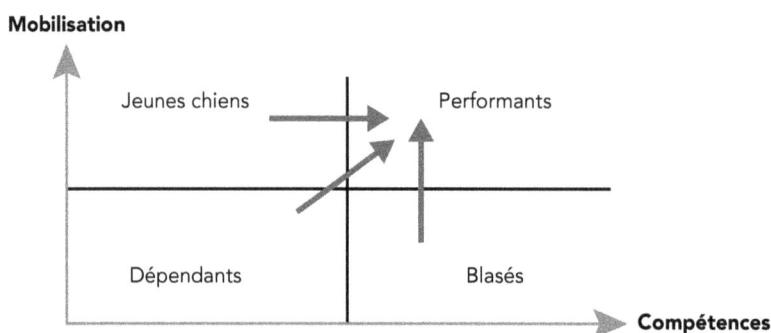

Étudions de plus près les deux termes de cette équation, mobilisation et compétence. Elle nous apprendra beaucoup en matière de stimulation des forces de vente.

Partant de cette équation fondamentale sur la performance, une première interrogation se fait jour : un vendeur peu mobilisé et peu compétent peut-il être performant ? L'expérience montre que certains commerciaux sont performants alors qu'ils ne comptent pas parmi les plus mobilisés de l'équipe ni davantage parmi les plus compétents. *A contrario*, certains vendeurs, travailleurs infatigables et dévoués, au savoir-faire indiscutable, sont à la peine. Cette observation entraîne-t-elle l'invalidation du modèle présenté ci-dessous ?

En vérité, coexistent au côté des deux facteurs fondamentaux développés ci-dessus d'autres paramètres explicatifs de la performance : la Disposition Générale à Vendre (DGV), le charisme, la séduction, la grande sociabilité, l'humour ou encore l'aptitude à obtenir la confiance d'autrui sont les plus probables. C'est pourquoi, avant de se poser les deux questions essentielles sur le degré de mobilisation de vos vendeurs et leur niveau de compétences en matière commerciale, il est nécessaire d'appréhender la performance intrinsèquement : autrement dit en elle-même. La réponse à quelques questions très simples suffit à se convaincre de la performance ou de l'insuffisance d'un vendeur.

– *Atteint-il ses objectifs aisément ou avec difficultés ?* Il s'agit là plutôt d'un indice que d'un indicateur, tant il est vrai qu'atteindre un objectif n'a pas grande signification.

– *Quel est le nombre de contrats signés ou de commandes prises ?* Une importante commande joue souvent le rôle de l'arbre qui cache la forêt. Nonobstant le chiffre d'affaires, le nombre d'ordres pris constitue un précieux indicateur de performance.

– *Quel est son taux de transformation des contacts en accords clients ?* Dans un marché porteur, l'écrémage est une tentation forte pour certains vendeurs… Le taux de transformation des contacts (ou des devis) en affaires signées et livrées matérialise convenablement la performance.

– *Quel est son taux de transformation contact prospect / client ?* Être bon éleveur n'a pas pour corollaire intangible d'être un bon chasseur. L'aptitude à la « chasse » est peu répandue. Quitter le confort de la relation douillette avec de bons et « vieux » clients pour les bourbiers de la conquête en terres hostiles se révèle chose ardue. Le taux de transformation des prospects en nouveaux clients donne une bonne mesure de l'aptitude à la prospection.

– *Comment sa performance le situe-t-il au sein de l'équipe ?* DGV, charisme, aptitude à se lier et à séduire, etc., confèrent à chaque vendeur un certain potentiel. Le repérage du potentiel de chacun de vos vendeurs en quartiles, potentiel du premier quart, du deuxième quart, du troisième et du quatrième quart confère à chacun d'eux une note : P = 1, P = 2, P = 3, P = 4. Partant de ce classement estimatif, il est possible de mettre à profit le modèle P-R utilisé pour le ciblage des clients (voir le point 4 de la deuxième étape). Il suffit pour cela de substituer aux chiffres des clients ceux des vendeurs, puis de déterminer leur rang R par quartile selon le chiffre d'affaires réalisé par chacun d'eux, et de calculer l'indice P-R. Dans l'exemple de la figure 22 bis, il est clair que Martin et Capelle n'enregistrent pas la performance que l'on est en droit d'attendre d'eux. À un degré moindre, les P-R = − 1 sont sous-performants. À l'opposé, Terrier, surmontant un potentiel faible, développe une performance remarquable.

Figure 22 bis : Le modèle P-R appliqué à l'évaluation
de la performance des vendeurs

| P - R | Nom des vendeurs | P | R |
|-------|------------------|---|---|
| − 2 | Martin | 2 | 4 |
| | Capelle | 2 | 4 |
| − 1 | Schlum | 3 | 4 |
| | Ivanovitch | 1 | 2 |
| | Besson | 2 | 3 |
| | Sorios | 3 | 4 |
| | Ginola | 2 | 3 |
| 0 | Petit | 4 | 4 |
| | Igonet | 4 | 4 |
| | Dugas | 4 | 4 |
| | Lelièvre | 3 | 3 |
| | Dubreuil | 4 | 4 |
| | Zhrihen | 4 | 4 |
| | Godeau | 4 | 4 |
| | Vassor | 1 | 1 |
| | Coudrin | 4 | 4 |
| | Quatresol | 4 | 4 |
| | Dupont | 4 | 4 |
| 1 | Yorvitch | 3 | 2 |
| | Smith | 3 | 2 |
| | Durand | 4 | 3 |
| | Walzer | 4 | 3 |
| | Bertrand | 2 | 1 |
| | Andrieux | 3 | 2 |
| | Schönfeld | 4 | 3 |
| 2 | Terrier | 3 | 1 |

DGV, charisme, séduction, sociabilité, humour, aptitude à obtenir la confiance d'autrui représentent des facteurs essentiels dans votre pronostic de réussite de ceux qui dans votre organisation vendent. Pour autant, le fait pour un vendeur d'être performant ne signifie pas forcément que celui-ci ne puisse pas faire plus et mieux. Les enseignants se posent souvent ce problème à propos des chères têtes blondes qui leur sont confiées. L'élève doué qui réussit aisément sans travail ne gâche-t-il pas son potentiel de réussite ? Être bon joueur de tennis, athlétique et habile, ne suffit pas pour devenir un champion. Encore faut-il en avoir l'ambition. Ce qui est vrai sur les bancs de l'école, vrai sur un court de tennis, l'est tout autant chez vos vendeurs. Cette observation débouche sur la question de savoir si vos vendeurs sont vraiment mobilisés.

## Mes vendeurs sont-ils vraiment mobilisés ?

Sans mobilisation, pas de PAC réussi. Le facteur mobilisation dans l'équation de la performance vu plus haut concrétise certainement un facteur clef dans la réussite commerciale. Un vendeur, aux compétences déficientes mais fortement mobilisé, enregistrera de meilleurs résultats qu'un expert de la vente qui a perdu tout désir de réussir et n'est plus dans la « gagne ». « *La gagne,* disait Aimé Jacquet à l'équipe de France, *c'est la mentalité, c'est le groupe. La gagne, c'est la solidarité. La gagne, c'est la générosité. La gagne, on va la chercher, on la provoque ou on la stimule…* » Recrutez des gagneurs, mobilisez leur énergie et vous opérerez votre *break* concurrentiel.

Afin de mieux cerner le facteur mobilisation, voyons de quoi il se compose. La mobilisation ressort de cinq éléments, dont le moyen mnémotechnique est simple comme 5 M.

### ▪ Les 5 M de la mobilisation

Les facteurs de mobilisation sont au nombre de cinq : la Motivation, le Management, la Monnaie, les Moyens et le Métier (ou marché). Passons-les rapidement en revue.

## M comme Motivation

Beaucoup de participants aux séminaires de construction d'un PAC avouent mal percevoir la distinction entre mobilisation et motivation. Pour la leur faire comprendre, nous faisons valoir qu'en 1914, si la *motivation* générale avait été décrétée, et non la *mobilisation* générale, bien peu de monde aurait répondu présent ! Autrement dit, point n'est besoin d'être motivé pour être mobilisé. Pour un vendeur, être mobilisé, c'est contacter un ultime client en fin d'après-midi alors que la fatigue le gagne et que l'envie de rentrer chez lui le tenaille. La motivation n'est que l'un des multiples facteurs de la mobilisation. La motivation est fille de la passion et de l'ardeur, alors que la mobilisation est mère du devoir et de la responsabilité. Bien évidemment, les quatre autres facteurs de mobilisation que nous allons examiner interagissent entre eux et par conséquent contribuent pour une large part à la motivation.

## M comme Management

Le rôle du manager, par son style, ses comportements, son image, sa présence, son objectivité et son savoir-faire d'encadrant s'avère essentiel dans le processus de mobilisation. Changer l'encadrement n'est pas sans influence sur le niveau de mobilisation des équipes. Cette observation vaut aussi bien pour une équipe de football (la Coupe du Monde de football nous l'a amèrement démontré) que pour une équipe de vente.

## M comme Monnaie

C'est l'argent, sous tous ses aspects, qui devient ici facteur de mobilisation. Aussi bien l'argent «gagné» par les commerciaux, leurs primes de succès, que l'adaptation de la politique tarifaire aux attentes et aux lois du marché. J'enregistre une démobilisation certaine des commerciaux quand ceux-ci rencontrent trop souvent l'objection prix sans pouvoir y répondre ou quand leurs interlocuteurs mettent en cause la compétitivité de leur entreprise. Tout ce qui touche à l'Argent est facteur de mobilisation ou… de démobilisation ! La rémunération, nous l'avons vu plus haut, en constitue bien évidemment l'un des multiples aspects.

## M comme Moyen

S'il est une rengaine reprise en chœur par les vendeurs et souvent entendue par les dirigeants commerciaux, c'est bien la sempiternelle «demande de moyens » : voiture, téléphone, fax, Internet, ordinateur portable, cédérom de présentation, etc. La liste est sans fin. Refuser ces moyens est démobilisateur. Une sage politique consiste à donner au départ le strict nécessaire, puis à en ajouter de façon parcimonieuse, mais très régulière. Ainsi, chaque nouvel apport de moyens se mue en une occasion événementielle de mobilisation. Les effets mobilisateurs seront d'autant plus puissants et durables que vous aurez eu la sagesse de les annoncer à l'avance… « *Plus les faits se reculent, plus le désir augmente* », écrivait coquinement le divin Racine.

### M comme Métier ou Marché

Certains marchés ou métiers s'avèrent à l'épreuve des faits plus mobilisateurs que d'autres. Tout se passe comme si, par le jeu de demandes incessantes des clients, des enjeux plus complexes ou un intérêt intellectuel stimulé, des métiers étaient plus énergisants ou passionnants que d'autres. La vente en *business to business* par exemple semble plus mobilisatrice que la vente en magasin, plus routinière. De même, les marchés en croissance sont plus stimulants pour les vendeurs que ceux en récession. Enfin, les marchés de l'économie sociale et de la santé (soins, protection de la personne) semblent plus « narcissisants » que ceux de la chaudronnerie.

## ▨ Comment apprécier le niveau de mobilisation de vos vendeurs

Avant de se demander comment mobiliser votre équipe commerciale pour concevoir d'éventuelles actions portant sur la stimulation de sa mobilisation (voir l'étape 6), l'évaluation de vos vendeurs est sous cet angle incontournable. Sont-ils oui ou non mobilisés ? Pour le savoir voici quelques indicateurs ou à défaut des indices qui en facilitent le repérage.

– *Le nombre de contacts* : il s'agit là d'un indicateur assez précis du degré de mobilisation. Là où le « blasé » (voir plus haut) minimise son effort, le « jeune chien » ne compte pas sa peine.

– *Le suivi des affaires et les relances* : à n'en pas douter, les affaires qui traînent en longueur sont de mauvais augure quant au niveau d'implication d'un commercial.

– *Suggestions pour améliorer les résultats* : certains vendeurs se montrent très peu concernés par l'amélioration de l'organisation commerciale alors que d'autres multiplient les suggestions, preuve de leur mobilisation.

— *La demande de formation ou de conseils :* à l'aune de ce critère, reconnaissons que si un vendeur sollicite des conseils de votre part ou une formation qui vise à perfectionner ses compétences en vente, il dénote par là un évident désir de mieux faire, preuve ici encore de sa mobilisation pour réussir. Réservez à ce type de demandes le meilleur accueil. Vous éviterez ainsi de décourager le vendeur et de le voir grossir les rangs de ceux qui écartent tout besoin de formation et de conseils de peur d'être accusés bien injustement d'incompétence.

— *La disponibilité, l'implication ou la réactivité :* être disponible, impliqué et réactif est l'apanage de toute personne mobilisée.

— *L'identification du « moi » au « nous » :* le sentiment d'appartenance à un groupe matérialise le fondement psychologique de la mobilisation. Partager les responsabilités, vivre les mêmes inquiétudes, aspirer à la réussite de l'entreprise sont d'évidents indices de mobilisation. *A contrario*, convenons que le franc-tireur, intéressé très égoïstement par sa seule production personnelle, n'est probablement pas parfaitement impliqué.

— *La prise de responsabilité :* il s'agit là d'un indice certain de mobilisation. Celui qui prend ou demande des responsabilités est par définition concerné. *A contrario*, un vendeur en retrait, attendant les instructions pour agir, peu empressé à devancer l'appel, est probablement moins engagé…

— *L'engouement et le dévouement :* se montrer enthousiaste, toujours partant, dévoué pour les autres, est une preuve d'une mobilisation naturelle. Ici, il s'agit d'un trait de caractère. Une aubaine au regard de l'ambiance au sein de l'équipe de vente. Face à l'adversité, elle s'avère du meilleur effet.

Cette liste des indices de mobilisation, pour abondante qu'elle soit, n'est pourtant pas exhaustive. Par exemple, en séminaire de formation, je remarque que les équipes les plus mobilisées sont fréquemment les plus critiques à l'endroit des politiques suivies. Leurs incessantes remarques travestissent leur mobilisation en une forme négative pour proposer, suggérer ou susciter des améliorations concernant l'organisation commerciale. En observant ce phénomène, je ne puis m'empêcher de penser qu'*« une équipe qui ne râle pas est une équipe qui dort »* ! Voici une grille d'évaluation de la mobilisation des commerciaux qui reprend les items énoncés ci-dessus, enrichie de quelques critères complémentaires.

Figure 22 ter : Modèle de grille d'évaluation de la mobilisation des commerciaux

| Grille d'évaluation de la mobilisation | | | | | | |
|---|---|---|---|---|---|---|
| Évaluateur : | | | | | | |
| Vendeur évalué : | | | | | | |
| Date de l'évaluation | | | | | | |
| **Critères de mobilisation** | **1** | **2** | **3** | **4** | **5** | **6** |
| Nombre total de contacts pris | | | | | | |
| Nombre de visites de prospection | | | | | | |
| Nombre de visites aux clients | | | | | | |
| Demande de conseils ou formation | | | | | | |
| Disponibilité | | | | | | |
| Prise de responsabilités | | | | | | |
| Suggestions d'améliorations | | | | | | |
| Niveau d'identification à l'équipe | | | | | | |
| Engouement et dévouement | | | | | | |
| Disponibilité | | | | | | |
| Réactivité | | | | | | |
| Tenue des rapports de visite | | | | | | |
| Dynamisme | | | | | | |
| Réactivité | | | | | | |
| Pugnacité | | | | | | |
| Autre | | | | | | |
| Autre | | | | | | |
| Autre | | | | | | |

L'examen du niveau de mobilisation des vendeurs ne nous retiendra pas davantage. Nous en savons assez pour nous déterminer quant à savoir s'il nous faut ou non concevoir et mettre en œuvre des actions de stimulation de l'équipe, objet de notre prochaine étape dans la construction du PAC. Désormais, nous allons nous attacher à l'évaluation de la seconde composante de la performance. Cette composante englobe toutes les méthodes, techniques et astuces commerciales que doit posséder un vendeur. En juger nécessite, ici aussi, la mise en œuvre d'un diagnostic, afin de répondre à cette légitime et dernière interrogation : les savoir-faire de mes vendeurs sont-ils à la hauteur de mes enjeux commerciaux ?

## Les savoir-faire de mes vendeurs sont-ils à la hauteur de vos enjeux commerciaux ?

Les constructeurs français font probablement des voitures techniquement aussi performantes que celles produites en Allemagne ou au Japon. Pourtant, un voyage en Chine suffit à persuader le visiteur que les Allemands se partagent avec les Japonais plus de cinquante pour cent des immatriculations ! En vérité, le savoir-faire commercial constitue l'autre facteur clef de la performance des entreprises. Fabriquer de bons produits c'est bien, les vendre c'est mieux.

À l'évidence, l'importance de ce facteur savoir-faire commercial est insuffisamment considérée en France. Pourtant, convenons que les hommes désignés pour mener à bien une mission délicate se doivent d'être surentraînés. Le GIGN, n'est-il pas un corps d'élite, endurci et formé pour opérer dans les pires conditions ? Alors pourquoi prendre le risque d'envoyer au front des commerciaux démunis de formation et d'entraînement ? Il s'agit là d'une plaie culturelle qui, contre tout bon sens, entretient chez beaucoup l'idée absurde que pour vendre, il suffit d'avoir un peu de charme et d'être beau parleur.

Dans *Les commerciaux descendent de Cupidon et leurs clients de Vénus*[1], j'observe que « *les vendeurs sont les victimes de la culture entrepreneuriale française, à prédominance technologique, qui gratifie davantage l'ingénieur que le chargé de clientèle. Pensant que la vente est un don inné, les dirigeants se refusent à intégrer que l'acte de vente met en œuvre un ensemble cohérent de savoir-faire, constitutif de ce que l'on appelle la compétence commerciale, une compétence à part entière. En fait, ils n'ont jamais appris, parce qu'ils ne savent tout simplement pas que cela s'apprend. Gageons que si les comptables étaient aussi peu formés que ne le sont les commerciaux dans notre douce France, bien peu de bilans seraient justes* » !

---

1    Maxima, 2008.

Beaucoup d'entreprises françaises sont les victimes de ce mode de pensée. Combien de fois entends-je dire par un entrepreneur en difficulté que l'heure n'est pas à la formation des commerciaux tant les affaires lui semblent maussades ! Point n'est besoin d'aller chercher plus loin la cause principale des échecs industriels et l'explication des trains de licenciements… La crise de 2012-2014 ancrera peut-être enfin cette saine idée qu'*il n'est pas longtemps de produits fabriqués s'ils demeurent invendus !* Notre corporation peut à bon droit y voir là poindre, peut-être, la reconnaissance tant attendue du professionnalisme commercial.

En vérité, prospecter, vendre, négocier, gérer et développer une clientèle sous-entend de nécessaires savoir-faire. Vos commerciaux en disposent-ils réellement et comment repérer les besoins de perfectionnement de ceux-ci ? Deux approches se conjuguent pour vous éclairer sur ce besoin : l'approche circonstancielle et l'approche bilancielle.

## ▪ L'approche circonstancielle

Il est des circonstances dans lesquelles le besoin de formation s'impose d'emblée.

### Le recrutement d'un nouveau vendeur

Intégrer un nouveau vendeur nécessite d'astreindre ce dernier à un apprentissage tant culturel que technique. Cet enseignement passe bien évidemment par une montée en compétences commerciales et une adaptation des connaissances anciennement acquises. La vente de vos produits aussi bien que la connaissance de votre clientèle ne s'improvisent pas !

### Le lancement d'un nouveau produit

Il en va de même pour le lancement d'un nouveau produit. Voilà une circonstance où le besoin de formation est certain. Fonctionnalité du produit, options, prix et conditions de livraison, mais aussi le besoin satisfait chez les clients, l'argumentation, etc., sont autant d'occasions de *training*, porteuses de succès.

### Un comportement mal adapté

Certains managers sont plus enclins aux reproches qu'au perfectionnement. C'est tout aussi dommage que dommageable. Un comportement mal adapté est le signe d'une insuffisance de compétence, d'un manque de savoir-faire.

L'enseignement du bon geste, du bon réflexe, est source de succès. Là où le reproche démobilise, la formation motive et incite. Par exemple, la gestion d'un mécontentement exprimé par un client est chose aisée. L'acquisition de ce tour de main ne nécessite que quelques heures d'apprentissage. Au regard des dégâts commerciaux occasionnés par une altercation avec un client, cette initiation se révèle aussi incontournable qu'elle est rentable. L'observation récente par les banques d'une augmentation de 26 % des agressions verbales des clients à l'endroit des chargés de clientèle suffit à s'en convaincre.

### L'observation d'une mission mal accomplie

Des objectifs non atteints, un taux de concrétisation faible (accords clients/nombre d'entretiens), des rapports insuffisants, des visites de prospection infructueuse, des prises de rendez-vous douloureuses, etc., sont autant de contrariétés qu'un bon *training* résout sans difficulté.

### Une simple demande de l'intéressé

Ainsi que nous l'avons vu plus haut, la demande de formation, en milieu commercial, est assez rare pour être l'indice d'un bon niveau de mobilisation. Après avoir approfondi les causes de la demande, le mieux est certainement d'y sacrifier quelque temps. Le refus constitue le meilleur moyen de dissuader le sollicitant de persévérer dans sa volonté de mieux faire !

### Les spécificités conjoncturelles

L'Accord National Interprofessionnel du 14 mai 2013, plus connu sous le sigle ANI, a bouleversé en partie la donne commerciale pour les mutuelles d'entreprises. L'AG2R-La Mondiale et le groupe Malakoff jouissaient préalablement à cette loi d'un avantage compétitif colossal par le jeu d'accords de branches les rendant seuls attributaires possibles des protections santé collectives obligatoires pour les salariés des entreprises rattachées aux branches en question. Ces deux acteurs auraient pu se réjouir de la généralisation de la complémentaire santé à tous les salariés d'entreprises en France à partir de 2016. C'était sans compter sur le Conseil constitutionnel qui a retoqué ladite loi, en assortissant cette bienveillante généralisation d'un nécessaire libre-arbitre des entreprises quant au choix de leur mutuelle. Cette perte de quasi-monopole contraint ces deux groupes aux affres de la concurrence et à devoir renforcer sérieusement leurs aptitudes commerciales…

### ▫ L'approche bilancielle

Ici, ce sont moins les circonstances qui déterminent le besoin d'actions de formation qu'un bilan délibéré des points forts et des points faibles de chacun en termes de techniques et méthodes commerciales. Voici brièvement résumées et regroupées en huit grands items les différentes compétences qu'un chargé de clientèle (hors les connaissances spécifiques liées à ses produits) doit réunir afin de maximiser sa performance.

Chaque item est lié à une problématique commerciale spécifique. La sixième étape, portant sur les diverses actions à inscrire à votre PAC, mentionne de façon détaillée les actions de formation à entreprendre pour pallier les insuffisances observées lors du présent diagnostic. Pour l'heure, contentons-nous de présenter ces huit principales problématiques.

### Savoir prospecter efficacement

Ce sont là toutes les techniques ayant trait à la conquête de nouveaux clients. Prospecter ne consiste pas, comme si souvent on l'observe, à frapper au hasard, au gré de sa chance. Pour que les actions de conquêtes prévues à votre PAC soient couronnées de succès, il vous faut tester les aptitudes de vos commerciaux à obtenir les faveurs de nouveaux clients.

Prospecter nécessite une démarche rigoureuse et une bonne préparation : savoir identifier des cibles, trouver et utiliser de bonnes bases de données, cerner les bons interlocuteurs et les décideurs, obtenir un rendez-vous, rechercher des informateurs, tenter de transformer ceux-ci en introducteurs (obtention d'un entretien avec le décideur), voire les métamorphoser en prescripteurs de nos solutions. Puis, face aux clients, savoir asseoir sa crédibilité et celle de son entreprise, lui faire reconnaître un besoin et tenter de l'engager dans un processus au moins partiel de passage à l'acte, sont encore autant de savoir-faire qui ne s'improvisent pas. Que de cibles gaspillées et d'opportunités gâchées par incurie ! Une incurie à laquelle quelques jours de formation suffisent à remédier.

### L'aptitude à questionner pour comprendre un besoin et le faire reconnaître

Au retour d'un essai du modèle 1007 dans une concession *Peugeot*, la commerciale sollicita mon avis sur la tenue de route de ce véhicule. Cette question saugrenue suffit à instiller le doute en moi sur les qualités routières du véhicule en question… En vérité, certaines questions tuent une vente et d'autres plus pertinentes font *a contrario* vendre.

Vos commerciaux savent-ils questionner convenablement leurs clients, analyser les problèmes vécus par les acheteurs potentiels afin d'appréhender leurs besoins, du point de vue des clients (projet, espoirs, soucis, difficultés et compréhension des fondements de l'intérêt pour un produit plutôt qu'un autre) et non du leur, à eux vendeurs (dimension, quantité, prix, date de livraison) ? Sont-ils à même de bâtir une stratégie de questionnement pour appréhender les attentes et les préoccupations profondes des clients, saisir leurs critères de décision et la raison de leur indécision, savoir engager les clients sur leur besoin et l'idée de le satisfaire (*closing* besoin) ?

L'acquisition de ces techniques de diagnostic des besoins est plus complexe qu'il n'y paraît et impose une formation de deux jours. Incontournable pour séduire les clients au travers de l'intérêt qu'on leur porte, elle permet en outre d'apprendre à découvrir chez le client les arguments qui font mouche, en application du premier principe de la vente : « *Dis-moi ce que tu veux entendre afin que je puisse te vendre.* »

### Posséder les techniques argumentaires et les réponses aux objections

Vos vendeurs maîtrisent-ils la technique de déclinaison des caractéristiques des produits à vendre en avantages et bénéfices pour leurs utilisateurs ? Savent-ils apporter la preuve de leurs dires, parler avec enthousiasme et conviction, se montrer persuasifs et convaincants, répondre aux objections par des questions et non par des arguments, etc. ? Ces compétences sont gage de succès. L'observation de la plupart des chargés de clientèle que je rencontre à l'occasion de mes achats me persuade de l'immensité de la tâche à accomplir.

### Maîtriser l'art du *closing*

L'observation des techniques de *closing* mises en œuvre par ceux qui entreprennent de recueillir l'accord de leurs clients démontre l'incurie en cette matière de nombreux commerciaux. Si quelques très bons vendeurs ont l'efficacité et l'élégance requises, d'autres renâclent, voire renoncent devant l'obstacle. Imaginez le prince charmant qui s'empourpre et bégaie en déclarant sa flamme à sa belle ! Comique et pourtant bien souvent aussi insuffisant que cela.

Emporter la décision de l'interlocuteur est un art. Vos chargés de clientèle savent-ils surmonter leur crainte du refus ? Connaissent-ils les bonnes formules pour engager leurs clients ? Disposent-ils de la bonne réponse aux ultimes dérobades du genre « *Il faut que je réfléchisse* » ou « *Je dois en parler à…* » ou « *Faites-moi parvenir une proposition* » ? Ou encore savent-ils conclure face à un groupe de décideurs, etc. ? Tout cela fait partie des techniques et astuces commerciales qui ne s'improvisent pas.

### Savoir « vendre » le prix et les conditions

À ce jeu, certains excellent alors que d'autres peinent. Nombreuses sont les techniques qui permettent d'amoindrir les résistances à devoir payer : savoir quand et comment annoncer son prix, comment l'argumenter, le mettre en perspective (comparaison à une autre grandeur), comment justifier les écarts de prix et les faire accepter ou encore négocier avantageusement. Tout cela économise de précieux points de marge, mais passe par un apprentissage intensif. Posez-vous la question de savoir où en sont les connaissances de vos commerciaux à ce propos et testez ces dernières. Surprises garanties !

### Gérer, fidéliser et animer son portefeuille de clients

Ici, le commercial apprend à devenir commerçant. Il a la charge d'une parcelle du fonds de commerce de votre entreprise. Il doit pouvoir gérer efficacement ce fonds de commerce, le rentabiliser, concevoir une stratégie de suivi de sa clientèle apprendre à proposer un objectif de business à chacun de ses principaux clients et préparer le discours à leur tenir, concevoir son plan de contacts, etc. Sur ce sujet, quel est le niveau de connaissances de vos vendeurs ? Comment gèrent-ils ce fonds de commerce que vous leur confiez sans appréhension ?

### Concevoir, organiser sa propre action commerciale et gérer son temps

Les commerciaux ont en charge la conception et la mise en œuvre de leur propre plan d'actions commerciales. Quelles actions de fidélisation mener ? Quelles actions de stimulation des achats de leurs clients prévoir ? Comment sécuriser leur clientèle ? Quelles actions de reconquête envisagent-ils ? Si le temps est de l'argent, alors celui des commerciaux est hors de prix ! Il n'empêche que beaucoup se dispersent entre de multiples tâches, ne sachant pas arbitrer entre l'urgent et l'important. Le succès de votre PAC en dépend. Optimiser l'usage du temps, apprendre à s'organiser, à gérer ses priorités, planifier ses tâches, etc., sont autant de compétences qui s'acquièrent pour le plus grand bénéfice du temps de vente actif de vos commerciaux.

## La communication et le savoir-être

Parler en public, exposer, captiver et persuader un auditoire, préparer, animer et mener à bien une réunion de travail, gérer et résoudre des conflits, juguler le mécontentement éventuel d'un client, rédiger une offre à un prospect et maîtriser de manière plus générale les écrits professionnels (mémo, courrier, rapport, etc.), développer une image valorisante et positive de soi, gagner en assurance, etc., sont autant de leviers de performance pour se faire accepter par autrui et mieux vendre. Encore faut-il que les compétences sous-jacentes soient au rendez-vous. Qu'en est-il pour votre équipe ?

Sur le site ForVentOr, vous pouvez obtenir gratuitement une auto-évaluation individuelle de vos commerciaux qui dévoile les différents domaines de leurs compétences commerciales, à partir d'un QCM. Si cette investigation est effectuée sous votre égide, le bilan de chacun vous est expédié gracieusement.

Par ailleurs, afin d'affiner votre évaluation des besoins en compétences de vos commerciaux (itinérants ou sédentaires) et prévoir les actions de formation correspondantes à votre PAC, vous trouverez ci-après le RCC (référentiel des compétences commerciales) de ForVentOr. Il s'agit du référentiel des **160 principales compétences commerciales** que nous avons mises au point pour détecter et formaliser les besoins de formation des équipes commerciales. Prenez le temps de réaliser ce diagnostic. La maîtrise des savoir-faire et des savoir-être déclinés par le RCC est garante d'un accroissement significatif des performances de vos vendeurs.

Le RCC
Le référentiel des 160 principales compétences commerciales
© 2005 ForVentOr

Niveau des connaissances

| Prospecter et conquérir de nouveaux clients | OK | Moyen | Faible |
|---|---|---|---|
| Créer et faire vivre un fichier prospects | | | |
| Hiérarchiser l'intérêt des prospects et leur disposition à travailler avec votre entreprise | | | |
| Concevoir une stratégie de prospection et bâtir un plan optimal de visites | | | |
| Vendre un rendez-vous à un prospect sans tenter de lui vendre le produit par téléphone | | | |
| Construire un script efficace de prise de rendez-vous par téléphone (6 phases) | | | |
| Rechercher les 5 W (Who, What, Why, When, Where) avant de rencontrer un prospect | | | |
| Identifier des partenaires (prescripteur, préconisateur, apporteur, facilitateur, etc.) | | | |
| Face au prospect, se présenter en gagnant et se faire valoir aux yeux de leurs clients | | | |
| Savoir définir clairement et avantageusement sa fonction | | | |
| Asseoir la crédibilité de la société, comme fournisseur incontournable pour le prospect | | | |
| En début d'entretien, éveiller l'intérêt, l'appétence, de leurs interlocuteurs | | | |
| Savoir créer un climat positif et chaleureux | | | |
| Face au prospect, conquérir le droit et le pouvoir de conduire l'entretien | | | |
| Maîtriser la technique d'engagement partiel pour décider un prospect à donner son accord | | | |

Niveau des connaissances

| Découvrir le besoin des clients | OK | Moyen | Faible |
|---|---|---|---|
| « Forcer » le passage par un nécessaire questionnement | | | |
| Savoir vendre un besoin, avant de vendre sa solution (produit ou système) | | | |
| Mener un diagnostic sur la problématique clients | | | |
| Mettre au jour les attentes et préoccupations qui motivent l'achat ou le non-achat du client | | | |
| Connaître les techniques de questionnement (ouvertes, fermées, réflexives, orientées, etc.) | | | |
| Bâtir une stratégie de questionnement efficace pour découvrir les besoins | | | |
| Écouter activement un client pour comprendre son point de vue | | | |
| Savoir conclure sur le besoin et le faire valider par l'interlocuteur | | | |
| Rechercher et découvrir les attentes et préoccupations cachées d'un client | | | |
| Prendre efficacement par écrit des notes exploitables | | | |
| Techniques de questionnement rapide qui débouchent sur la reconnaissance d'un besoin | | | |

**Niveau des connaissances**

| Argumenter les produits et solutions | OK | Moyen | Faible |
|---|---|---|---|
| Présenter ses produits comme une solution à la problématique exprimée par les clients | | | |
| Décliner les caractéristiques des produits en avantages et bénéfices client | | | |
| Apporter la preuve de leurs dires | | | |
| Habituer leurs interlocuteurs à passer progressivement du NON au OUI | | | |
| Parler avec enthousiasme et conviction face à leurs clients | | | |
| Construire un argumentaire | | | |
| Les bons mots qui font vendre et les mots noirs à éviter | | | |
| Rédiger des offres écrites motivantes | | | |
| Soutenir une offre en public, face à plusieurs décideurs | | | |

**Niveau des connaissances**

| Emporter la décision de commande | OK | Moyen | Faible |
|---|---|---|---|
| Savoir surmonter la peur du refus, du NON | | | |
| Solliciter l'accord des clients, quel que soit leur niveau d'intérêt pour la solution avancée | | | |
| Obtenir une décision partielle (début d'engagement) à défaut d'un accord total | | | |
| Utiliser les conclusions d'essai pour faire avancer un entretien | | | |
| Engager les clients sur leurs critères de décision et les leur faire respecter | | | |
| Repérer et utiliser les signaux passés par les clients prêts à passer commande | | | |
| Employer à bon escient des différentes techniques de conclusion (8 formules spécifiques) | | | |
| Répondre aux 10 ultimes barrages « faut que je réfléchisse », « faut que j'en parle à » etc. | | | |
| Conclure, obtenir l'accord, face à plusieurs décideurs | | | |
| La commande en poche, gérer la fin de l'entretien | | | |
| La commande en poche, savoir demander une introduction ou une recommandation | | | |
| Face au refus persistant, gérer sa sortie et préserver l'avenir | | | |

**Niveau des connaissances**

| Maîtrise de l'entretien de vente | OK | Moyen | Faible |
|---|---|---|---|
| Conduire ses entretiens de vente en respectant un déroulé rigoureux (étape par étape) | | | |
| Gérer convenablement les digressions et interruptions des interlocuteurs | | | |
| Rechercher et débusquer les objections non exprimées pour pouvoir mieux les combattre | | | |
| Maîtriser les différentes techniques pour répondre aux objections | | | |
| Anticiper les objections éventuelles et se préparer à répondre à toute objection | | | |
| Savoir comprendre et faire s'exprimer ce qui se cache derrière l'objection d'un client | | | |
| Gérer et annihiler le mécontentement ou l'insatisfaction d'un client | | | |
| Se « battre » pour convaincre et entraîner l'accord recherché | | | |
| Mener un entretien commercial à deux (présentation, répartition judicieuse des rôles, etc.) | | | |

**Niveau des connaissances**

| Savoir « vendre » le prix et les conditions – Négocier | OK | Moyen | Faible |
|---|---|---|---|
| Intégrer parfaitement l'incidence d'une remise sur la marge de l'entreprise | | | |
| Comprendre la stratégie prix de son entreprise face aux différents prix possibles | | | |
| Face à une demande de remise, emprunter la bonne attitude et limiter les revendications | | | |
| Savoir différer sa réponse à une demande de prix, afin de parler préalablement du besoin | | | |
| Repérer le bon moment pour annoncer son prix | | | |
| Savoir comment présenter son prix | | | |
| Connaître les 6 mobiles qui font dire à un client « c'est cher ! » et comment y répondre | | | |
| Maîtriser les techniques argumentaires d'un prix | | | |
| Savoir faire le tour de toutes les demandes clients avant d'entrer en négociation | | | |
| Apprécier la capacité d'un client à pouvoir refuser le prix proposé, avant toute négociation | | | |
| Au cours d'une négociation, gérer efficacement les concessions faites | | | |
| Construire une balance d'échanges avantageux pour l'entreprise | | | |
| Se préserver des marges de manœuvre, dans les négociations difficiles | | | |
| Astreindre les clients négociateurs à une logique de donnant-donnant | | | |
| Connaître les « trucs » des négociateurs (concurrents factices, fausses promesses, etc.) | | | |
| Savoir faire pression sur un acheteur et se défendre de la pression qu'il exerce | | | |
| Bâtir une stratégie d'échanges pour débloquer une négociation difficile | | | |
| Suivre un plan rigoureux pour mener à bien une négociation | | | |
| La négociation terminée, savoir formaliser un accord et se « réconcilier » avec son client | | | |
| Gérer les blocages et leurs sorties en cas d'échec des négociations | | | |

**Niveau des connaissances**

| Manager et fidéliser les clients sur le terrain | OK | Moyen | Faible |
|---|---|---|---|
| Élaborer et mener des actions personnelles de fidélisation | | | |
| Élargir l'espace relationnel avec ses clients | | | |
| Solliciter un client pour en obtenir un autre | | | |
| Transformer un informateur en introducteur, puis en prescripteur | | | |
| Savoir apprécier et hiérarchiser la fidélité des clients | | | |
| Les stratégies de fidélisation (prélèvement, abonnement, livraisons programmées, etc.) | | | |
| Les 4 phases pour traiter l'insatisfaction client (recueil, compréhension, solution, *feed back*) | | | |
| Savoir ordonnancer ses ventes de produits en tenant compte de leur degré de fidélisation | | | |

**Niveau des connaissances**

| Gérer un portefeuille de clients et organiser son action | OK | Moyen | Faible |
|---|---|---|---|
| Calculer le prix de revient d'une visite, d'un contact | | | |
| Dresser le bilan économique et financier de son secteur de vente (ou portefeuille clients) | | | |
| Repérer la phase de maturité d'un client (démarrage, croissance, maturité, vieillissement) | | | |
| Dans les ventes par affaires, situer le niveau de maturation du projet d'un client | | | |
| Calculer l'impact de ses visites ou contacts sur le CA, client par client | | | |
| Savoir hiérarchiser ses clients selon leur poids respectif au sein d'un portefeuille | | | |
| Apprécier les potentiels des différents clients pour organiser ses visites | | | |
| Estimer le degré de pénétration de chacun des clients en portefeuille | | | |
| Concevoir et optimiser sa stratégie de contacts au sein de son secteur | | | |
| Bâtir son propre plan d'actions commerciales | | | |
| Savoir différencier l'urgent de l'important et se déterminer en conséquence | | | |
| Identifier les pertes de temps | | | |
| Hiérarchiser et gérer ses priorités | | | |
| Planifier ses tâches, gérer son capital temps | | | |
| Savoir dire non et déléguer | | | |

**Niveau des connaissances**

| Vendre par téléphone | OK | Moyen | Faible |
|---|---|---|---|
| Savoir échanger au téléphone et maîtriser parfaitement l'outil | | | |
| Savoir mixer judicieusement contacts par téléphone et visites des clients | | | |
| Maîtriser l'échange commercial par téléphone | | | |
| Maîtriser la conclusion de vente et la prise d'ordres au téléphone | | | |
| Savoir bâtir un guide d'entretien (un script) téléphonique performant | | | |
| Savoir « jouer » un script pour gagner en efficacité (téléacteur) | | | |
| Les techniques spécifiques aux appels sortants | | | |
| Maîtriser les techniques de questionnement et d'argumentation rapides | | | |

**Niveau des connaissances**

| Communiquer et savoir être | OK | Moyen | Faible |
|---|---|---|---|
| Parler en public, exposer, captiver et persuader un auditoire | | | |
| Préparer, animer et mener à bien une réunion de travail | | | |
| Faire une offre professionnelle et tous les écrits professionnels (mémo, courrier, rapport...) | | | |
| Concevoir un mailing et les techniques de marketing direct | | | |
| Contrôler les processus émotionnels et relationnels en situation d'échange | | | |
| Repérer les processus de communication des interlocuteurs et s'y adapter | | | |
| Développer une image valorisante et positive de soi | | | |
| Savoir nouer aisément des contacts, se lier, sourire, faire une bonne impression | | | |
| Soigner son « look » et le mettre en phase avec son environnement | | | |
| Savoir gérer et résoudre un conflit | | | |
| Être sûr de soi | | | |

## Compétences spécifiques

**Niveau des connaissances**

| Animer un réseau de revendeurs | OK | Moyen | Faible |
|---|---|---|---|
| Percevoir clairement qui est client, qui est fournisseur | | | |
| Fonction, mission et tâches de l'animateur de réseau | | | |
| Comment asseoir son autorité sur un réseau de distribution | | | |
| Négocier des objectifs avec des revendeurs | | | |
| Assurer l'information et la compétence d'un réseau | | | |
| Motiver et dynamiser les membres d'un réseau de distribution | | | |
| Sélectionner, « recruter » et intégrer un nouveau distributeur | | | |
| Former les équipes des distributeurs aux produits et méthodes du fournisseur | | | |
| Piloter et contrôler un réseau de distributeurs | | | |
| Les méthodes et techniques du merchandising | | | |

| Animer une équipe de vente | Niveau des connaissances | | |
|---|---|---|---|
| | OK | Moyen | Faible |
| Différencier les missions et tâches du manager, animateur, formateur et coach | | | |
| Maîtriser et améliorer son style de management | | | |
| Définir un poste de commercial – activités, finalités, raison d'être, etc. | | | |
| Comprendre l'équation de la performance d'un vendeur et d'une équipe | | | |
| Fixer et négocier des objectifs avec des commerciaux | | | |
| Évaluer les résultats des vendeurs | | | |
| Réunir et parler à ses vendeurs, animer une réunion de vente | | | |
| Régler les problèmes et états d'âme des commerciaux | | | |
| Recruter et intégrer un nouveau vendeur | | | |
| Organiser un jeu concours | | | |
| Motiver et dynamiser une équipe – les techniques d'*incentives* | | | |
| Mener un entretien individuel | | | |
| Savoir complimenter et se montrer reconnaissant | | | |
| Contrôler l'activité des commerciaux | | | |
| Le suivi des affaires en cours | | | |
| Comment construire une équipe soudée et mobilisée (le *team building*) | | | |
| Organiser les retours d'expérience et la mise en commun des compétences | | | |
| Savoir juger du degré de mobilisation d'un commercial – les indicateurs de mobilisation | | | |
| Évaluer et diagnostiquer les compétences | | | |
| Appréhender les besoins de formation ou d'accompagnement chez un vendeur | | | |
| Planifier ses actions de formation et de coaching | | | |
| Comment transférer la compétence – les 4 voies | | | |
| Coacher les commerciaux et les accompagner en clientèle | | | |

**Niveau des connaissances**

| La vente par projet | OK | Moyen | Faible |
|---|---|---|---|
| Repérer les alliés d'un projet et ses adversaires | | | |
| La gestion des réunions et des échanges des différents participants au projet | | | |
| Concepts clefs du management de projet (projet, maître d'ouvrage, d'œuvre, phase, etc.) | | | |
| Les stades de maturation d'un projet en entreprise | | | |
| Concevoir un dispositif (offre complexe) | | | |
| Identifier et communiquer avec un spectre de décision complexe | | | |
| Méthodologie projet (montage, organigramme des tâches, ordonnancement, planning) | | | |
| La gestion des réunions (lancement, contrôle, closing, retour d'expérience) | | | |
| La mise en place et le suivi de signaux d'alerte | | | |
| Conclure face à plusieurs décideurs et emporter leur accord | | | |
| Répondre à un appel d'offres | | | |

Il existe de nombreux autres points de compétences. Les savoirs propres aux techniques de vos produits, à l'usage d'outils tels que l'informatique, la maîtrise de logiciels, etc. sont autant de points névralgiques dont la guérison s'accompagne d'un surcroît immédiat et tangible de succès commerciaux.

# Chapitre 5

# Adaptez votre stratégie de communication aux exigences de votre PAC

La communication est certainement aussi indispensable à la réussite des plans d'actions commerciales qu'elle peut s'avérer inutile parce que mal adaptée à ses objectifs. Sans devenir un publicitaire émérite, le dirigeant commercial doit se réserver les choix stratégiques que sous-entend la communication. Afin d'assurer la cohérence entre les actions commerciales et la communication, trois points doivent être examinés :

– Il est tout d'abord indispensable de repérer à quel stade, de la connaissance à la décision d'achat, les clients se trouvent dans le processus. Cela pour déterminer le message à délivrer afin de les aider à cheminer plus avant vers la décision d'achat.

– Ce repérage accompli, la stratégie de communication doit être adaptée pour y répondre.

– Enfin, choix doit être fait du canal approprié à véhiculer le message que l'on entend faire passer.

## Repérez à quel stade se trouvent vos clients dans le processus d'achat

Il est aisé de repérer les trois points de passage obligé pour qu'un individu soit conduit à passer à l'acte d'achat d'un produit. En effet, pour acquérir un produit il faut :

- avoir connaissance de son existence ;
- l'apprécier positivement ;
- se décider à en faire l'acquisition.

Les spécialistes de la publicité ont ainsi coutume de définir trois stades qui permettent d'opérer les choix de communication les mieux adaptés à faire cheminer les clients jusqu'à l'acte d'achat : le stade dit *cognitif,* le stade *affectif* et le stade *décisionnel.* Chacun de ces stades est divisé en deux niveaux. Cette division précise l'avancement des clients au sein du stade.

### ▦ Le stade cognitif

Pas de connaissance, pas d'affect. Pas d'affect, pas d'achat. Tout commence donc par la connaissance. Dès lors, pour concevoir une stratégie de communication, il faut appréhender le degré de connaissance que peut avoir le segment de clients cible du produit que l'on souhaite vendre ou de la marque dont on vante les mérites. Une échelle à deux niveaux rend repérable son avancée dans ce processus cognitif. A-t-il simplement entendu parler du produit ou de sa marque (vague conscience de son existence), ou dispose-t-il d'informations assez précises pour en parler correctement ? Le premier échelon est celui de la simple conscience, le second celui de la connaissance.

### ▦ Le stade affectif

Il ne suffit pas de connaître une chose pour souhaiter l'acquérir. Encore faut-il l'aimer, la convoiter, voire la désirer. À ce stade on prend la juste mesure de l'attrait des clients cible pour ce que nous avons à leur vendre. Une fois encore, deux échelons suffisent. Un attrait ou un intérêt est-il présent ? Si oui, est-il suffisamment développé pour emporter la préférence en situation d'achat ?

### ▦ Le stade décisionnel

C'est celui du passage à l'acte. Le problème sous-jacent à ce stade est de comprendre si l'acheteur est réellement convaincu de l'utilité et de la qualité de ce qu'il va acheter. Est en cause ici, l'existence d'éventuels doutes ou réticences à lever, ultimes obstacles qui empêchent son passage à l'acte. Cet obstacle levé, reste à gravir le dernier échelon. La communication doit être centrée sur son passage à l'acte d'achat. C'est l'objet des promotions et des offres avantageuses.

Le tableau de la figure 23 est une grille de repérage. Cette grille est destinée à comprendre à quel stade votre clientèle potentielle se trouve, d'en saisir les causes, de définir l'orientation des actions que vous envisagez et d'inventorier les obstacles ou contraintes que vous devrez surmonter pour les mener à bien.

# Déduisez la stratégie de communication à mettre en œuvre

La Fédération professionnelle des horlogers bijoutiers et orfèvres de France a eu besoin de notre aide pour concevoir sa stratégie de communication dans le but d'accroître le nombre de ses adhérents. Une rapide enquête téléphonique nous démontre que la plupart des professionnels ont une bonne connaissance de la Fédération. Ceux qui n'y sont pas inscrits expriment majoritairement leur préférence pour la Fédération par rapport aux syndicats concurrents. Tout indique que beaucoup, parmi les prospects sollicités, sont au stade décisionnel. À ce stade quelque chose pourtant bloque. Rares sont ceux qui sont convaincus qu'adhérer est une nécessité. La stratégie à conseiller devient alors claire. Le bon choix de communication passe par le recrutement d'un « commercial », qui nous paraît être le moyen idéal pour agir auprès des professionnels, les inviter à participer à des réunions régionales, lever leurs objections et les convaincre d'adhérer. Et le succès est au rendez-vous.

Cet exemple illustre combien le juste positionnement de vos clients cible sur cette échelle de repérage de leurs besoins de communication est de nature à éclairer le choix de la bonne stratégie. Au stade cognitif, les messages porteront plutôt sur l'entreprise et ses produits. Au stade affectif, vous orienterez votre propos davantage vers la performance des produits, leur qualité, leur esthétique et les comparatifs concurrentiels. Au stade décisionnel, les clients potentiels seront plus sensibles au prix, à la garantie, aux arguments du type « satisfait ou remboursé », à l'offre promotionnelle, etc.

# Faites le choix du bon canal de communication

Cette échelle, révélatrice des besoins de communication vous permet aussi de juger de la stratégie de vos concurrents et des problèmes de communication qu'ils rencontrent. Le groupe de conseil technologique *Accenture* a lancé, il y a une dizaine d'années, une campagne télévisuelle. Un média peu sélectif pour s'adresser à des professionnels qu'il est aisé de cibler à moindre coût peut apparaître un canal aussi inadapté qu'étonnant. L'analyse du message met fin aux interrogations sur la pertinence de cette action. Il fait apparaître que la problématique d'*Accenture* n'était pas tant de convaincre des clients que d'accéder à la notoriété et ainsi asseoir sa crédibilité comme acteur majeur dans son métier. Comparée aux autres opérateurs concurrents, comme *Altran* ou *Cap Gemini*, *Accenture* souffrait en effet d'un déficit d'image et de connaissance que la télévision a ainsi aisément corrigé. Cela en vertu du principe : ce que connaît le grand public, le bon professionnel ne saurait l'ignorer.

Cet exemple fait percevoir que le choix du canal de communication découle directement de la stratégie et des objectifs visés. Pour ce faire, les canaux de communication propres à résoudre votre problématique commerciale sont nombreux et peuvent être regroupés en quatre sous-ensembles homogènes :

- la presse, les relations publiques, le sponsoring, le mécénat, les réseaux ;
- la publicité et les différents médias et supports ;
- la force de vente (les commerciaux, itinérants et assis, portent la bonne parole) ;
- la PLV et le marketing direct.

Afin de faciliter le choix de votre canal de communication, vous pouvez vous reporter au tableau ci-après (figure 24). Il résume la pertinence et l'efficacité de chaque canal en fonction du stade cognitif, affectif ou décisionnel que vous souhaitez privilégier.

Figure 23 : Les trois stades de la communication

| | | Causes | Actions envisagées | Obstacles / écueils |
|---|---|---|---|---|
| **1er stade** **Aspects cognitifs** | 1.1 Prise de conscience | | | |
| | 1.2 Amélioration de la connaissance | | | |
| **2e stade** **Aspects affectifs** | 2.1 Augmentation de l'attrait et de l'intérêt | | | |
| | 2.2 Stimulation de la préférence | | | |
| **3e stade** **Aspects décisionnels** | 3.1 Entraîner la conviction | | | |
| | 3.2 Faire passer à l'acte d'achat | | | |

Figure 24 : Plus ou moins grande adaptation des différents canaux de communication aux stades cognitif, affectif ou décisionnel

|  | Relations publiques presse, sponsoring | Publicité tous les médias | Force de vente et personnel au contact | La PLV, promotion marketing direct |
|---|---|---|---|---|
| Stade cognitif | XXX | XXX | X | X |
| Stade affectif | X | XX | XX | XX |
| Stade décisionnel | 0 | 0 | XXX | XX |

# Sixième étape

## Concevez vos actions commerciales

Les 144 actions commerciales
pour transformer vos idées en chiffre d'affaires

La construction et la mise en œuvre d'un plan d'actions commerciales sont semées d'embûches. Là où nous en sommes il est un péril qu'il nous faut écarter. Disposant de lignes directrices d'actions à mener, gardons-nous des «*y a qu'à*» et de leurs cousins «*faut qu'on*». Ils mettent souvent à mal l'organisation et la réalisation des actions. Cette sixième étape a pour ambition de passer du rêve à la réalité. Elle vise à transformer vos idées en actions précises.

Pour que cette réalité soit à la mesure des espoirs nourris et que vos actions commerciales soient couronnées de succès, faut-il encore que toutes ces actions soient conçues avec l'obsession sous-jacente de créer (ou combler) un fossé concurrentiel avec vos concurrents.

Si toutes les actions commerciales convoitent la finalité ultime de vendre davantage, elles diffèrent selon leur objet. Certaines sont centrées sur *la relation avec les clients*, par exemple la fidélisation, alors que d'autres, telles que les offres promotionnelles, sont davantage axées sur *l'augmentation des achats de produits par les clients*. Qu'elles visent la relation clients ou la vente de produits, les actions commerciales ont besoin de soutiens, autrement dit de mesures d'accompagnement matériel, de logistique ou encore de communication, que l'on réunit sous le vocable *actions de supports*. Enfin un quatrième type d'actions est à examiner. Appelées *actions de préparation du moyen terme*, elles imputent au budget de l'année des actions futures, sans retour commercial immédiat. Elles sont destinées à préparer les PAC du futur.

Ainsi, cette étape va nous offrir l'opportunité d'investiguer en détail les quatre grands types d'actions à envisager dans le cadre de votre PAC :

- les actions portant sur les clients ;
- les actions portant sur les produits ;
- les actions de supports qui accompagnent ;
- les actions de préparation du moyen terme.

# Chapitre 1

# Les 59 actions portant sur les clients

Les actions portant sur les clients ambitionnent davantage de créer une *relation* que de rechercher coûte que coûte à vendre un produit ou une solution. Par exemple, les actions de sponsoring n'ont nullement pour objet la vente de produits, au moins dans un premier temps. De même, la prospection cherche à accroître le nombre de clients en portefeuille et à développer le nombre de comptes clients. Le chiffre d'affaires suit.

La relation avec les clients est susceptible de passer par cinq phases. Tout d'abord il nous faut les *conquérir*, afin d'obtenir leur faveur. Ensuite il est de bon aloi de les *fidéliser*, autrement dit les rendre constants, indéfectibles, dans leur attachement. Par ailleurs, aussi fidèles que puissent être nos clients, nous devons nous prémunir, nous *sécuriser*, contre toute séduction extérieure qui les détournerait vers des concurrents. Hélas ces précautions n'y suffisent toutefois pas toujours. Il est des circonstances dans lesquelles, malgré tous nos efforts de pérennisation de la relation, le sauve-qui-peut nous est imposé. Certains clients sont sur le départ. Il nous faut les retenir, autrement dit faire de la *rétention* ! Enfin, force est de reconnaître qu'il arrive que toutes les tentatives mises en œuvre aient pu échouer. Certains clients échappent et font le bonheur de nos concurrents. À bon droit, il nous faut tenter des actions pour les *reconquérir*.

Ceci nous conduit à inscrire au PAC cinq types d'actions portant sur les clients :

- les actions de conquête ;
- les actions de fidélisation ;
- les actions de sécurisation ;
- les actions de rétention ;
- les actions de reconquête.

# Les 13 actions de conquête de nouveaux clients

Les actions de conquête regroupent toutes les opérations commerciales qui visent à gagner les faveurs de nouveaux clients. Elles sont délibérément orientées vers l'accroissement du nombre de clients en portefeuille et non la vente de produits ou services particuliers. Cette observation entraîne deux conséquences.

Elles excluent de leur champ d'application les démarches de type *push*, qui véhiculent le souci de vendre davantage afin d'accroître le chiffre d'affaires ou atteindre à tout prix un objectif quantitatif, etc. Ici, la volonté est de conquérir, entendu au sens noble, c'est-à-dire gagner les suffrages, séduire, s'attacher. Ainsi les actions de conquête visent à s'attacher une clientèle nouvelle par le jeu du développement de liens. Elles travaillent sur l'établissement d'une relation. Partant, ces actions sont orientées *pull* – entendez attraction, séduction, développement d'intérêts, satisfaction. Une opération de dégustation gratuite auprès d'un nouveau segment de marché appartient au monde de la conquête. Elles sont nécessairement coûteuses dans un premier temps. Ce qui est recherché c'est davantage l'entrée des clients dans un processus d'*engagement* que l'abondement du chiffre d'affaires. Par voie de conséquence le retour sur investissement est lent. Lorsque *Thomas Cook* sponsorise une tombola dans le cadre d'une action caritative et offre un séjour aux heureux gagnants, la société ne vend rien. Elle conquiert ! Mais que conquiert-elle ? Un fichier ciblé de prospects, l'affection des organisateurs et des participants, une première prise de contacts, etc. autant de potentialité relationnelle riche d'opportunités qui n'attendent qu'à se développer. Les bons vendeurs savent le faire.

En clair, il en va des relations clients comme celles des partenaires d'un soir. Plus les choses sont rapides et moins, en règle générale, elles durent !¹

Dans mon livre *Conquérir de nouveaux clients*, j'expose les sept règles d'or qui conduisent un client à s'engager. Je ne peux ici faire l'économie de leur présentation en une forme très résumée. Elles nous éclairent sur les sens à donner à certaines actions de conquête.

---

1    Je recommande vivement la lecture de mon livre *Les commerciaux descendent de Cupidon et leurs clients de Vénus*. Dans cet ouvrage, je tire les arguments des relations de séduction hommes / femmes afin d'analyser et de résoudre les problèmes et les difficultés rencontrés aussi bien par les commerciaux que par les organisations qui vendent.

– *1.* **Seul ce qui est clairement exprimé a valeur d'engagement**. Le premier engagement d'un client est de consentir à parler. Les actions de conquête doivent créer ce climat de confiance et cette opportunité d'échanges qui permettent de travailler sur la relation et non sur la vente de tel ou tel produit. Tout au plus il s'agit de découvrir un besoin et de développer le désir de le satisfaire.

– *2.* **L'adhésion volontaire à un engagement lui donne de la force**. Un prospect qui achète librement, mû par un réel désir, est plus fidèle que celui qui se voit forcer la main ou dont le désir est exacerbé par l'attrait très éphémère d'une promotion (l'occasion fait le larron). Ainsi, les promotions ne constituent pas un moyen de conquête efficace, à long terme.

– *3.* **Un petit engagement en appelle un autre, plus grand**. Les actions de conquête doivent rechercher à faire entrer positivement les prospects dans un processus lent d'engagement, pris un à un. En ce sens, le modèle des *vitesses d'adoption et d'exclusion*[1] est un formidable outil qui répond à ce souci de conquête lente (faire adopter facilement, sans trop d'engagement[2]). Pour assurer le succès de vos actions de conquête, réfléchissez avec vos commerciaux aux engagements partiels qu'il est possible de faire prendre aux cibles prospectées. Nul ne va chez Monsieur le maire sans préalable… Mon expérience dans la vente et le management des commerciaux me persuade que les clients trop aisément conquis, s'avèrent finalement volages et décevants.

– *4.* **Disposer du droit de se rétracter favorise l'engagement**. Les portes les plus ouvertes sont au fond les mieux verrouillées. Ceci explique le succès des formules «essai gratuit», «satisfait ou remboursé» ou du délai de réflexion de quelques jours. Dans vos actions de conquête, prévoyez dans la mesure du possible une solution de rétractation pour les clients nouvellement conquis. Ils se laisseront d'autant plus aisément faire…

– *5.* **Une décision s'enracine par le jeu de sa répétition**. En ce sens la deuxième commande d'un nouveau client est une confirmation porteuse d'espoir d'une relation appelée à grandir. Pour conquérir durablement un client, trois achats de 100 euros valent mieux qu'un seul de 300. Conduisez vos commerciaux à contrôler leur appétit. Tout vouloir emporter en un seul coup ne crée pas une relation, mais plutôt une bonne affaire… et bien plus

---

1   *Conquérir de nouveaux clients,* page 147 et suivantes.
2   *Op. cit.* pages 139 et suivantes.

sûrement comporte le risque de gâcher l'occasion de s'attacher un client.

– *6.* **Une décision, bonne ou mauvaise, se rationalise *a posteriori*.** Pour rationaliser et justifier son achat, un client conquis est votre meilleur allié. Pour accéder à la certitude de son judicieux achat et en démontrer le bien-fondé il a tendance à le renouveler et à s'en vanter auprès de son entourage. Les actions de conquête gagnent en performance quand elles offrent des opportunités de parrainage et de renouvellement de commande (au besoin à prix circonstanciel).

– *7.* **La décision de s'engager est liée à la satisfaction procurée.** Soyez vigilant. Les actions de conquête ne visent pas à vendre mais, prioritairement à séduire. Il ne s'agit pas de « tuer » le client mais de donner vie à une relation avec lui. Ainsi le choix habituellement fait pour la prospection de « vendeurs chasseurs » (entendez prospecteur) n'est peut-être pas aussi judicieux qu'il n'y paraît de prime abord. Le choix de vendeurs appartenant au type des éleveurs (fidélisation) adeptes des médecines douces peut, leur réticence à la prospection surmontée, s'avérer quelquefois payant. Soucieux de satisfaire, ils savent mieux que quiconque construire des relations durables.

Les actions de conquête que peut programmer un plan d'actions commerciales, sont nombreuses. En voici treize, comptant parmi les plus fréquemment mises en œuvre :

- les actions de prospection ;
- les techniques d'*outdoor* ;
- les salons et expositions ;
- les opérations de sponsoring et de mécénat ;
- l'événementiel ;
- les journées portes ouvertes ;
- les actions d'intensification du trafic de clients potentiels ;
- les actions visant à susciter un engagement partiel ;
- l'essayage ;
- le parrainage ;
- l'intégration à des réseaux et cercles ;
- l'achat de contacts ;
- le détournement de contacts.

### ▦ Les actions de prospection

« À tout seigneur, tout honneur. » La prospection par visites ou contacts téléphoniques est le chemin de conquête le plus emprunté. Le sujet est si vaste que je lui ai consacré un livre tout entier. Les grands points que doit préciser votre PAC sont au nombre de trois :

- à qui confier la responsabilité de la prospection ?
- quelles cibles viser pour être efficace ?
- comment organiser une action de prospection ?

### À qui confier la responsabilité de la prospection ?

Deux voies s'offrent à vous.

La première consiste à spécialiser une force de vente dans la mission exclusive de conquérir. Principalement adaptée aux métiers de vente par projet, pour la réalisation de laquelle un intervenant prend le relais chez le client (*software* informatique, formation, conseil, vente de maintenance, etc.) ou encore pour les ventes *one shoot*, les avantages de cette voie ne sont pas négligeables. Cette façon d'opérer permet en effet de recruter des profils de commerciaux adaptés (forte personnalité n'ayant pas froid aux yeux, avec un goût plus prononcé pour l'obtention des choses qu'à profiter du plaisir que ces choses procurent, capables de nouer des contacts aussi rapidement qu'aisément, ayant une prédisposition *au closing*, etc.). Par ailleurs, le partage des efforts et des coûts entre les missions de conquête et celles de fidélisation est plus clairement établi ; une mission n'est pas délaissée pour une autre… Enfin, pour le dirigeant, le suivi de l'activité de prospection (problématique avec les forces de vente mixte), ainsi que le contrôle de ses résultats sont grandement facilités.

La seconde voie confie aux commerciaux une double tâche : conquérir et fidéliser. Conquérir consiste à créer une relation. Fidéliser en est le prolongement naturel, sorte de mise en « exploitation »… Or changer de « cheval » entraîne une rupture, une frustration déstabilisante pour nombre de clients. En outre, le *chasseur* n'a pas à assumer la responsabilité de ses erreurs de préconisation. Il en transfère la charge à l'éleveur. Enfin, on l'a vu, le chasseur a une tendance naturelle à vendre un produit ou une solution, alors que la conquête appartient au monde des actions portant sur la création d'une relation avec des clients.

## Quelles cibles viser pour être efficace ?

Votre PAC doit préciser les cibles prospects. Celui de *Renault Trucks*, conçu par région, comporte le nom des clients potentiellement acheteurs d'un tracteur (camion). Cela facilite le pilotage de l'action commerciale et le contrôle des résultats. En vérité, c'est tout le problème de la stratégie de contacts qui est posé. Dans *Conquérir de nouveaux clients*, j'expose les trois principes qui président à l'élaboration d'une stratégie de ciblage des prospects :

– Le *principe d'attractivité réciproque* : ce principe observe que les efforts des vendeurs et des acheteurs se conjuguent pour se retrouver et conclure une affaire. Optimiser sa stratégie de contacts consiste à orienter l'action de prospection vers des cibles aussi intéressantes pour le vendeur qu'elles sont elles-mêmes intéressées (figure 25).

– Le *principe de pertinence* : il soumet les visites de prospection à l'obligation d'avoir des solutions vraiment pertinentes à proposer pour résoudre les difficultés des prospects. À défaut, la démarche est probablement vouée à l'échec et risque fort de s'avérer inutilement coûteuse (figure 26).

– Le *principe de crédibilité* : la meilleure solution n'est envisageable, pour un futur client, que si celle-ci et celui qui la lui propose (le fournisseur) sont *a priori* aussi crédibles l'un que l'autre dans son esprit (figure 26).

Figure 25 : Le principe d'attractivité réciproque

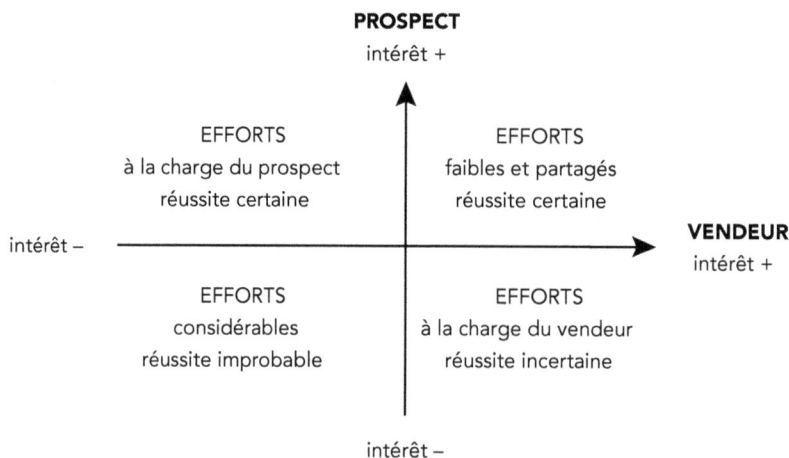

PROSPECT
intérêt +

EFFORTS
à la charge du prospect
réussite certaine

EFFORTS
faibles et partagés
réussite certaine

intérêt –

VENDEUR
intérêt +

EFFORTS
considérables
réussite improbable

EFFORTS
à la charge du vendeur
réussite incertaine

intérêt –

Figure 26 : Réflexion sur les stratégies de prospection gagnantes

| Pertinence de la solution<br><br>Crédibilité par marché | Solution proposée connue et éprouvée Adaptation nulle ou faible Pertinence maximale | Solution proposée mal connue ou maîtrisée Adaptation nécessaire Pertinence moyenne | Solution nouvelle pas connue effort d'adaptation élevé Pertinence peu évidente |
|---|---|---|---|
| Marchés habituels et connus à **crédibilité maximale** | Chance de réussite maximale | Bonne chance de réussite | Chance de réussite faible |
| Marchés connexes, voisins, pas étrangers à **crédibilité moyenne** | Bonne chance de réussite | Bonne chance de réussite | Faible chance de réussite |
| Marchés nouveaux peu familiers au prospecteur à **crédibilité faible** | Faible chance de réussite | Faible chance de réussite | Risque élevé d'échecs |

## Comment organiser une action de prospection ?

Sauf à se fier au hasard, nous l'avons dit, les actions de prospection prévues au PAC doivent respecter un protocole. Rapidement résumé, ce protocole se déroule en sept phases :

– 1. *Constitution du fichier de « suspects »*. J'appelle ainsi toutes les cibles, non encore clairement identifiées, susceptibles de devenir prospects.

– 2. *Création du fichier prospects*. Véritable fichier qui, à l'instar d'un fichier clients, est parfaitement renseigné. On y trouve pêle-mêle le nom de l'entreprise, ses coordonnées géographiques, téléphoniques, mail, etc. Le nom du décideur et tout ou partie de ce que j'appelle les 5W, *Who* (qui décide, qui travaille avec) ; *Where* (où les choses se passent-elles ?) ; *When* (quel est le bon moment ?) ; *What* (quoi, qu'achètent-ils ?) ; et *Why* (pourquoi cela et pourquoi à lui ?). De telles précisions nécessitent des appels préalables et le recours à des partenaires.

– 3. *Recherche de partenaires*. Simples informateurs ou introducteurs ou mieux encore préconisateurs voire prescripteurs, les partenaires facilitent grandement la prospection.

– 4. *La prise de rendez-vous*. Elle vise à vendre l'intérêt d'un entretien et non à vanter les vertus du produit. Cette phase s'avère souvent problématique pour de nombreux commerciaux. Il n'est pas sans intérêt de prévoir au PAC la conception d'un script de prise de rendez-vous. Destiné à améliorer l'efficacité des commerciaux dans leurs actions de prise de rendez-vous, ce script se décompose lui-même en cinq phases que je cite ici pour mémoire : présentation, motif d'appel (diffère du but et sert à le dissimuler), mise en avant d'un besoin fondamental à satisfaire, proposition de le satisfaire par le rendez-vous, suivie d'une proposition de rendez-vous[1].

– 5. *La première rencontre*. Elle vise à asseoir la crédibilité de l'entreprise et celle du commercial, à développer un contact, à comprendre la problématique des clients pour identifier un besoin.

– 6. *Faire une offre*. Qu'elle soit immédiate ou différée.

– 7. *Tenter de conclure*, après avoir levé, une à une, les objections.

Ce protocole, dit de prospection, se met en œuvre aussi bien en *B to B* qu'en *B to C*. Il est applicable lorsque les cibles, entreprises ou consommateurs, sont préalablement identifiables. Lorsque les prospects ne sont pas préalablement identifiables, il est possible de procéder à une technique de substitution dite d'*outdoor*.

## Les actions d'*outdoor*

C'est une des actions de conquête les plus anciennes remises au goût du jour sous une appellation anglo-saxonne. Sempiternelle manière de faire du neuf avec de l'ancien. Au fond des choses c'est la technique de l'homme-sandwich. Sortir pour faire rentrer ! Que ce soit à l'aide d'un écran géant qui projette ce qui se passe à l'intérieur d'un magasin, le défilé de jolies filles en scooter dans les rues passantes de la ville ou de simples rabatteurs distribuant des tracts ou les apposant sur les pare-brise des voitures en stationnement, les techniques d'*outdoor* regroupent tous les moyens pour aller au-devant de la clientèle et la convier à se rendre à un point de vente. Peu coûteuses, ces actions ne rapportent guère plus que ce que l'on y investit.

---

1  J'invite le lecteur à se reporter à mon livre *Conquérir de nouveaux clients*. Il y trouvera, amplement détaillées, ces phases ainsi que de nombreux exemples et scripts rédigés.

### ▓ Les salons, foires et expositions

Ces manifestations sont les vitrines qui permettent aux entreprises et fournisseurs de services de présenter leurs productions et savoir-faire dans un but de rencontres et d'échanges avec les visiteurs. Contrairement aux idées reçues, participer à ce type de rassemblement consiste à prioriser la prise de contacts, constituer une base de données clients, éveiller des désirs, améliorer l'image de l'entreprise, etc. et ce faisant, privilégier les relations clients sans viser de vente proprement dite. À l'occasion du Mondial de l'automobile, le porte-parole du Comité des constructeurs français d'automobiles a déclaré « *le Mondial de l'automobile ne contribue pas directement aux ventes, mais il est destiné à ouvrir l'appétit des clients* »[1].

Tentants pour l'entreprise, qui y voit une occasion de rentabilisation immédiate de son investissement, et trompeurs pour les vendeurs à l'affût de commandes faciles, les salons coûtent trop cher pour en faire un lieu de promotion des ventes. L'expérience fait aisément ressortir que les décisions d'achat réellement prises à cette occasion font exception. La plupart des ordres passés ne font qu'entériner des décisions antérieures à la manifestation.

Aux équipes qui me sont confiées aux fins de leur préparation à ce type de rassemblement, je fais valoir que le prix de revient de l'entretien dans de telles circonstances se calcule sur la base de 20 euros par minute ! Un prix exorbitant qui décourage les velléités de vendre des plus hardies. Plutôt que d'investir un précieux temps à prendre quelques coûteuses commandes, je les convaincs d'opérer un meilleur choix : éveiller les désirs chez leurs interlocuteurs, asseoir la crédibilité des solutions qu'ils proposent, sympathiser avec leurs visiteurs, renseigner leurs fichiers prospects et d'affaires en cours et prendre des rendez-vous toutes les fois qu'aucune urgence ne se fait jour. Comme brusquer les choses, en matière de vente, s'avère souvent néfaste, je les invite à passer rapidement au visiteur suivant, après avoir diagnostiqué l'urgence du besoin et obtenu l'assurance qu'une commande imminente ne s'échappait pas…

Parvenus à ce stade de notre réflexion, une question se pose : comment *booster* les résultats de vos salons ? Les salons et les expositions sont en effet très coûteux. Beaucoup d'exposants participent avec pour préoccupation

---

1   Source : journal *Le Monde* du 4 novembre 2004.

principale de ne pas en être absents. Sept actions bien menées s'avèrent génératrices de trafic et contribuent à rentabiliser cet investissement commercial :

– 1. Une *information préalable de vos clients*. L'existence de salons ne s'invente pas. La participation de votre entreprise, encore moins. La publicité faite par les organisateurs est rarement suffisante pour informer et séduire vos clients. Sollicitez tous les acteurs de votre entreprise. Des personnes chargées de l'accueil aux comptables, des commerciaux aux techniciens, faites en sorte que tous annoncent votre présence à vos clients et fournisseurs. La redondance ne nuit pas.

– 2. L'*organisation du « rabattage »*. Trois principaux moyens permettent de « rabattre » les visiteurs jusqu'à votre stand. Tout d'abord vous pouvez les inviter à l'avance dans le cadre de l'information dispensée sur votre participation. Pour que cette invitation ne serve pas seulement de droit d'entrée, remettez-la aux seuls clients qui consentent à prendre un rendez-vous ferme et précis. Envoyez des hôtesses d'accueil en ambassadrices. La distribution de prospectus, pour être trop courue, a perdu toute efficacité. En revanche, la remise d'un bon ouvrant droit à un cadeau ou une surprise remise sur le stand donne encore de fort honorables résultats. Enfin, mettez en chasse vos commerciaux, chacun à leur tour. Invitez-les à se promener dans les allées pour y repérer leurs clients et les convier à les suivre sur votre stand. La démarche est aisée et quelquefois rapporte gros.

– 3. Le *bon emplacement*. Certaines allées sont plus fréquentées que d'autres. Les allées centrales ne sont pas l'unique solution qui s'offre à vous. Celles proches des entrées, à proximité des restaurants ou des buvettes ou, nature oblige, qui conduisent aux toilettes, dénombrent des passages jusqu'à cinq fois supérieurs à certaines autres. À vous d'animer votre stand et d'être attractif pour profiter de cette manne.

– 4. L'*animation de votre stand*. Animer vient du latin *animare*, donner la vie. Faites en sorte que votre stand soit vivant. Créez l'événement et suscitez l'intérêt par des jeux, des concours, des démonstrations, la présence de mimes, de robots parlants, d'un animateur, etc.

– 5. Un *événement novateur*. Le mobile principal des visiteurs, hormis une tournée *by night* à Paris, est la recherche de nouveautés, d'innovation. Dans la mesure du possible, il est bon de réserver la primauté des présentations de nouveaux produits à vos salons, quitte à devoir différer leur sortie de quelques semaines. Ainsi vous créerez l'événement recherché. En y veillant chaque année, vous augmenterez mécaniquement les passages sur votre stand.

– 6. *Évitez le piège isolationniste.* Votre présence au côté d'une entreprise qui sait générer du trafic peut quelquefois ruiner vos chances de contacts. Des spécialistes de l'animation de stand ont développé un savoir-faire inouï, et chaque fois un peu plus créatif, pour détourner à leur profit l'attention des visiteurs. Au Salon du laboratoire, un exposant en vis-à-vis du stand animé activement par mon équipe, me confia avec humour qu'il avait vu beaucoup de monde cette année-là, mais de dos…

– 7. *Soyez souvent présent à proximité des stands de vos concurrents.* Vous y puiserez une mine d'informations sur vos concurrents, leurs offres, leurs manières de procéder mais aussi sur vos clients et leurs centres d'intérêt.

## ▦ Sponsoring et mécénat

Au risque d'être réducteur, le sponsoring s'entend comme la participation d'une marque ou d'une entreprise au financement de manifestations, qu'elles soient sportives ou artistiques.

Le mécénat, quant à lui, fonctionne sur le même principe à une nuance près, moins importante qu'il n'y paraît : le mécénat est, en apparence, sans but lucratif, autrement dit à fonds perdus… C'est pourquoi il est politiquement plus correct de parler de mécénat pour les expositions d'œuvres d'art, les actions caritatives, etc. Pour parler franc, la différence est modeste. Sponsoring et mécénat ont des ambitions aux finalités mercantiles ; le sponsoring les affiche ouvertement, le mécénat se soumet à quelques obligations de pudique réserve.

Le sponsoring, comme le mécénat, est un investissement publicitaire aux retombées commerciales floues. Il devient instrument de conquête toutes les fois que le sponsor organise, autour de sa participation, des échanges, des rencontres, une communication ou encore offre l'occasion de nourrir les bases de données. La rentabilisation de ce type d'actions est soumise aux conditions suivantes :

– Le public visé doit correspondre au ciblage souhaité par l'entreprise.

– Les médias doivent s'intéresser à l'événement et relayer auprès du grand public. La société agroalimentaire *Sodebo* sponsorise le *Vendée Globe*, course à la voile en solitaire autour du monde à partir des Sables-d'Olonne. À l'occasion de l'événement, la chaîne de télévision *BFM TV* a longuement présenté son histoire, ses dirigeants et ses domaines d'activités. Chaque bateau portait un pavillon de la marque *Sodebo*. Nul marin, même d'eau douce, ne peut désormais ignorer *Sodebo*.

– Les organisateurs doivent réserver un espace de temps et de lieu pour une présentation du sponsor et ses prises de contacts.

– Les équipes commerciales et dirigeantes doivent être présentes et inlassablement se mélanger aux visiteurs, serrer des mains, prendre des contacts, etc.

– Des places de choix doivent être réservées pour les invités privilégiés du sponsor. Merveilleuse occasion de développer des liens privilégiés.

– Le sponsoring est une opération de communication qui vise à créer et développer des opportunités relationnelles, une amélioration de l'image et de la connaissance que peuvent en avoir les prospects et clients. Ceci implique que le sponsor renonce à la prise de commandes immédiate, quand bien même expose-t-il ses produits (un musée ou une compétition de golf ne sont pas des coupe-gorge).

– Le sponsor doit impérativement disposer de la liste des participants, afin de pouvoir les convier (si possible) à participer ultérieurement, les remercier de leur venue et enfin disposer d'une base de données exploitable. Sur ce dernier point le simple tirage au sort d'un voyage à l'entrée de l'exposition suffit à obtenir les noms, adresses et professions (voire niveau d'équipement de chaque visiteur dans les domaines intéressant l'entreprise).

– Prévoir une exploitation postérieure à la manifestation, immédiate et cohérente avec son style relationnel.

## ◼ L'événementiel

Le sponsoring est à l'événementiel ce que le pique-bœuf est au rhinocéros. Entendez que le sponsoring et le mécénat se greffent sur un événement, pour le financer et en contrepartie pouvoir communiquer. L'événementiel lui, est une création complète à la charge de l'entreprise. Dans l'événementiel le sponsor crée l'événement et en devient l'organisateur. Le succès est à la dimension de l'effort. Gérard Denis, P-DG de *Denis & Co*, à l'occasion d'une interview donnée à la revue *Marketing Magazine*, fait justement valoir qu'« *organiser des événements permet de faire vivre des émotions à un groupe, d'apporter de l'énergie, de motiver, de fédérer, de créer des liens. (…) L'événement est le média de proximité qui permet à la marque d'échanger, de dialoguer avec un de ses publics* ». Tout est dit. L'événement agit sur la dimension émotionnelle de la relation. Il est organisé pour cela et autour de cela. En ce sens les salons ne sont pas de purs événements. Trop souvent orientés délibérément vers la vente, les, salons développent une relation individuelle fournisseur / client. En revanche les journées portes ouvertes, évoquées ci-après, sont plus proches du concept événementiel. La relation est davantage affective, relationnelle qu'elle n'est commerciale. Il s'agit de créer un mouvement énergétique qui fédère.

Revenons au *Vendée Globe*. C'est un événement qui unit un million de spectateurs autour du même amour de la voile et de la mer. Ceux-ci partent ensemble, dans un même rêve de quelques heures, autour du monde. Le reste n'est pour eux que basses besognes qu'ils délèguent bien volontiers aux navigateurs solitaires. Il n'empêche que tous seront à nouveau présents pour le prochain départ. Le lien est là, indéniablement fort et quasi définitif. Il a rapproché les hommes et les marques, au point de se rendre familiers les uns aux autres. *PRB, Hugo Boss, Bonduelle, Sodebo* ne sont plus entendus comme avant par nos marins de quais. Ils ont échangé, dialogué en personne avec ces marques. Eux seuls ont désormais autorité pour en parler.

### Les journées portes ouvertes

S'il est un événement dont la création est à la portée de tous, c'est bien une journée portes ouvertes. Le succès d'une manifestation annuelle telle que la journée du Patrimoine, conduit chaque année un nombre grandissant de Français à visiter des lieux publics, inaccessibles en temps ordinaire. Et c'est bien là que réside le succès. Satisfaire sa curiosité est un mobile qui anime beaucoup de clients.

*FluidExpert* est une société de 90 salariés dont le siège est à Chalon-sur-Saône. Elle est spécialisée dans les techniques hydrauliques et sous son enseigne se cache une expertise dans tous les matériels qui les utilisent : les ponts d'engins de chantiers, les pelles hydrauliques etc. Ses interventions se font le plus souvent chez les clients plutôt que dans ses ateliers. Elle décide d'inviter ses clients, techniciens, ingénieurs, chefs d'entreprise et directeurs d'usines, à une journée portes ouvertes. *A priori* rien de bien affriolant pour une activité qui, en elle-même, n'a pas grand-chose à montrer… Et pourtant ! Pas moins de 256 clients et prospects font le voyage. Venus de toute la France, leur curiosité fait le succès de l'événement. La visite est organisée par groupe de vingt personnes, chaque groupe guidé et animé par un commercial de l'entreprise. Les visites achevées, un déjeuner a offert l'occasion de fructueux échanges… un vrai succès !

Ces rencontres et toutes les formules où les entreprises s'exposent ou invitent leurs cibles à débattre, sont aisées à organiser. Elles nécessitent ni moyens ni savoir-faire. Si je les classe parmi les actions de conquête, c'est en raison de l'opportunité, insuffisamment exploitée, d'y convier principalement des prospects pour établir avec eux ce lien faisant défaut à l'obtention de leur clientèle. Quelques fidèles clients sont invités pour assurer les recommandations que la conquête de prospects impose.

### ▥ Les actions d'intensification du trafic clients

Si une bonne fée se penche sur votre bureau, ne lui demandez pas d'accroître vos ventes, la Direction de la concurrence vous épinglerait. Priez-la simplement d'augmenter le trafic d'appels ou de visites des prospects et clients. Et chargez-vous du reste ! Si les stations-service autoroutières de nos vacances l'ont repéré depuis longtemps, d'autres en ont depuis fait l'agréable expérience. *Orange* observe une forte intensification du trafic des appels vers le 10 14 et 10 16, lorsque ses factures, suite par exemple à une regrettable erreur informatique, laissent apparaître une imprécision. L'élévation du chiffre d'affaires qui s'ensuit est immédiatement objectivable. Si le trafic augmente, les ventes suivent mécaniquement :

– Les banques multiplient les automates pour opérer des gains de productivité. Ce faisant elles commettent l'erreur de diminuer le trafic aux guichets. Or, des guichetiers bien formés au diagnostic de besoins peuvent aisément suggérer et obtenir un rendez-vous pour un chargé de clientèle qui lui, saura conclure. En optant pour la productivité par une automatisation à outrance des opérations au détriment des contacts clients, les banques déshumanisent la « relation ». Qu'elles ne se plaignent pas que la clientèle devienne de plus en plus infidèle et exigeante quant à la tarification des services !

– *La Poste* l'a compris. Pour accroître le trafic dans ses bureaux, les timbres mariés deux à deux ne permettent pas de s'acquitter du montant de 3,85 euros demandé pour l'affranchissement des courriers de 500 à 1 000 grammes autrement qu'en se déplaçant. C'est l'occasion de proposer des services plus élaborés tel que *Chronopost*.

– *Honda* a invité les possesseurs de ses véhicules de plus de quatre ans à se rendre dans les concessions pour les faire réviser gratuitement sur 35 points. Des remises alléchantes sur des pièces et accessoires ajoutent une attractivité supplémentaire. Imaginez le trafic généré par 100 000 invitations !

Interrogez-vous pour savoir comment intensifier le trafic au profit de votre entreprise. C'est là une des actions de conquête (et de fidélisation) la plus fructueuse et comptant en outre parmi la moins coûteuse. Réfléchissez à l'idée de modifier la présentation de vos factures, de vos bons de livraison ou encore de demander à vos clients d'appeler pour telles ou telles bonnes raisons qu'une séance de *brainstorming* avec vos commerciaux n'aura aucun mal à découvrir. *Business* assuré !

### ▪ Les actions visant à entraîner un engagement partiel

*Axa* propose à tout client, d'offrir la somme de 120 euros en cadeau de bienvenue, déposée sur une assurance-vie à ouvrir dans leurs livres. En contrepartie le client s'oblige au dépôt d'une somme de 40 euros chaque mois, sans durée minimum. Un rapide calcul fait ressortir que la première année la rentabilité du placement est de 25 % ! Que cherche ce groupe d'assurances ? Simplement à engager des clients dans un processus d'épargne à son profit. Au-delà des quelques petits malins qui ont profité de l'offre puis retiré bien vite leur argent, il est peu probable que les clients ainsi conquis, s'évadent. Cela d'autant moins qu'un délai de huit années est rendu nécessaire pour bénéficier de l'avantage fiscal qui est attaché à ce type de placement.

À mi-chemin entre conquête et fidélisation, la technique de l'engagement partiel exploite la règle n° 3 vue plus haut et qui vise à faire entrer les prospects dans un processus d'engagement et dont la répétition (règle n° 5) ancre en eux, le bienfait de leurs démarches… De votre côté, faites l'investissement de rechercher quels engagements partiels vous pourriez proposer à vos prospects ou clients. Quand un banquier offre à des prospects à fort potentiel une carte bleue pour la première année, il ne prend pas de risques inconsidérés. « *Quand un banquier se jette par la fenêtre, suivez-le* », conseille un dicton helvète…

### ▪ L'offre d'essai aux prospects

La technique est ambivalente. Elle porte aussi bien sur la conquête, la fidélisation que sur la vente. Je développe plus loin la technique de l'essayage comme moyen de stimuler les achats, autrement dit les ventes de produits. Je ne la cite ici que pour mémoire. L'essai est en effet un précieux moyen de conquête, en vertu de la règle n° 7 édictée plus haut, selon laquelle la *décision de s'engager est liée à la satisfaction procurée ou recherchée*. Offrez un essai, faites goûter, laissez utiliser, donnez à emporter ou prêtez quelques jours vos produits ou services et les retombées ne se feront pas attendre. Vous vous attacherez les prospects ciblés par cette action. Satisfaits, ils deviendront vos clients. Alors essayez l'essai !

### ▪ Le parrainage

Souvent imaginée, rarement mise en œuvre, une opération de parrainage, convenablement montée, est sans conteste un moyen efficace et peu coûteux pour conquérir de nouveaux clients. Plus pratiqué dans les pays anglo-saxons qu'en France, le parrainage met à la disposition de l'organisation une force de vente complémentaire à la puissance sans équivalence : les clients eux-mêmes. L'observation du comportement de la plupart des personnes, à l'occasion d'un achat important, suffit à s'en convaincre : les clients vantent (vendent) quasi systématiquement à leur entourage leurs nouvelles acquisitions et tentent de convaincre leurs proches des avantages et bénéfices à en retirer. Tous cherchent en vérité à se rassurer du bien-fondé de leurs achats et sont poussés par l'instinct grégaire qui les anime. C'est dire combien le parrainage est un levier efficace. Il exploite simplement la propension naturelle des clients à faire adopter à leur entourage les produits qu'ils achètent. Toutefois, pour atteindre son objectif de conquête, l'usage de ce canal doit respecter quelques règles essentielles.

### Formalisme

On ne propose pas, entre deux portes, à ses clients d'en faire venir d'autres. La proposition doit être formalisée, les conditions du parrainage arrêtées, les procédures déterminées, les avantages proposés aux parrains et aux filleuls clarifiés.

### Attractivité de la rémunération des parrains

En matière commerciale, on ne répétera jamais assez qu'il est impossible d'«*attraper des mouches avec du vinaigre*». Les opérations de parrainage butent très souvent sur l'écueil de la «rémunération» du parrain. Au mépris de toute logique, les firmes sont prêtes à investir 150 euros pour le prix d'une visite d'un vendeur à un prospect sans garantie de bonne fin, alors qu'elles hésitent à offrir le dixième de cette somme à un parrain qui amène un client sur un plateau !

### Avantage promotionnel aux filleuls

Les parrains sont des ambassadeurs, pas des vendeurs. Cette observation suffit à emporter la conviction de leur donner un *silver bullet* en la forme d'un avantage à offrir en cadeau de bienvenue. Mieux, pour les aider à surmonter l'immanquable culpabilité ou gêne liée au fait de vendre à un ami, la réciprocité du bénéfice filleul / parrain est une bonne technique. Convenons qu'il est plus aisé pour un parrain de dire à un ami « *Abonne-toi à Canal+, en venant de ma part, nous gagnons tous les deux trois mois d'abonnement gratuit* » que de lui proposer : « *Canal+ c'est formidable, toi qui aimes le foot, tu devrais t'abonner et n'oublie surtout pas de faire savoir que tu viens de ma part…* ».

### Simplicité de l'offre

Les règles du jeu doivent être aussi claires qu'aisées à mettre en œuvre. Je parraine donc je gagne. Toute complication est source de démobilisation des parrains comme des filleuls.

### Constance

Le parrainage est une opération de longue haleine, à mener avec constance, détermination. Il nécessite un suivi, une attention permanente. Les parrains doivent être « managés », réunis, contactés, remerciés, félicités, etc. comme une véritable force de vente. La nomination d'un responsable du parrainage, doté de moyens, et dont les objectifs de vente, prévus au PAC, ne sont pas accessoires, est une des conditions du succès de cette action commerciale. Une dernière chose : les opérations de parrainage sont réalisables aussi bien en *B to B* qu'en *B to C*. La filiale *Chèque Restaurant* de *Sodexo* recrute la clientèle de soixante-dix nouvelles entreprises chaque année par le canal du parrainage, pour le prix de quelques chèques-cadeaux de 200 euros établis à l'ordre des parrains. Bien peu de choses au regard des bénéfices que rapporte un client.

### ▓ L'intégration à des réseaux et cercles

Jérôme Duthilleul, directeur commercial d'*ISS*, société spécialisée dans les domaines de la propreté et de l'environnement, souligne l'importance qu'il confère à la participation de ses équipes à la vie locale. «*J'insiste énormément*, dit-il, *pour que nos commerciaux s'impliquent dans la vie locale. Faire partie d'une association, être membre d'une Chambre économique, assister aux matches de foot en invitant des clients : tout cela fait partie intégrante de leur travail*»[1].

La réussite est rarement le fait d'un individu isolé. L'appartenance à des mouvances de tous ordres, clubs, associations, syndicats et quelle qu'en soit la vocation (artistique, sportive, caritative, etc.) est un exceptionnel moyen de conquête de nouveaux clients. Les grands groupes, dont les cadres viennent chaque année gonfler les effectifs des instituts de perfectionnement aux affaires comme le CPA, l'INSEAD ou l'IHFI, en sus du réel besoin de formation de leurs cadres d'état-major, cherchent à enrichir leurs réseaux. La force des liens qui unissent les centraliens, les Quat'z'Arts ou les polytechniciens laisse bien peu de place au doute.

Des stratégies relationnelles adaptées sont à mettre en œuvre. Dans une ville de province, intégrer un club professionnel (tel que les DCF[2], un cercle de qualité, l'ANDCP[3]), le conseil général, le MEDEF, un club sportif (le golf pour contacter les médecins) est de bonne mesure pour celui qui veut réussir.

À Tours, la cinquantaine d'entreprises qui gravite autour du club de basket forme une véritable confrérie. Quand on partage une même passion, que l'on participe au même mouvement, quand on vise des objectifs communs, comment pourrait-on refuser de faire des affaires ?

Que ce soit le développement d'un lien avec les Fédérations sportives pour *Adidas* ou la participation aux activités locales du MEDEF pour une PME, l'intégration aux réseaux compte parmi les plus sûrs leviers de la réussite dans la conquête de nouveaux clients. Il est aussi, et de très loin, le moins coûteux. Une modeste cotisation, un peu de temps et de sourires, permettent aux plus introvertis de gagner la confiance de nouveaux partenaires. *Business is business* !

### ▪ L'achat de contacts

Un peu à l'image de certains séducteurs qui espèrent que les femmes leur tombent dans les bras, le rêve de beaucoup de commerciaux, opérant en *B to B*, est d'être sollicités par des clients motivés, voire décidés à acheter. Ce rêve, si

---

1   Propos rapportés par *Action commerciale*, juillet-août 2002.
2   Dirigeants Commerciaux de France.
3   Association nationale des directeurs et chefs du personnel.

puéril soit-il, peut devenir réalité par l'entremise de trois types d'organisations génératrices de contacts : les organisations vendeuses de contacts, les tradition-nels apporteurs d'affaires, et les moteurs de recherche Internet. Les uns comme les autres sont rémunérés pour la fourniture de contacts motivés et qualifiés.

## Les vendeurs de contacts

Ce sont des organisations très innovantes dont le cœur de métier est de produire des contacts qu'elles « livrent » à leurs clients. Elles sont rémunérées aux contacts délivrés.

La société *Companeo* en a fait sa spécialité. Opérant en France et en Belgique, elle édite un catalogue dans lequel ses clients proposent leurs produits ou services. Ce catalogue largement diffusé auprès de PME et TPE, repris sur le site Internet de la société, conduit les lecteurs intéressés à contacter le centre de télé accueil de *Companeo*. Les demandes sont traitées en temps réel, les contacts qualifiés par une première analyse du besoin des interlocuteurs, puis répercutés auprès des forces de vente des entreprises annonceurs. Simplicité biblique et efficacité véridique. De la finance à la bureautique, du conseil à la fourniture de stands ou de logiciels de comptabilité, le spectre des contacts offerts est très large. Les vendeurs de contacts offrent aux équipes commer-ciales de leurs annonceurs des clients potentiels motivés et autant d'oppor-tunités de conclure aisément des affaires, pour peu qu'elles sachent le faire…

## Les apporteurs d'affaires

Ce sont toutes personnes ou organisations qui, par leur situation, sont en mesure d'amener un client potentiel à vous contacter. À la différence des vendeurs de contacts, les apporteurs d'affaires n'en font ni leur métier ni même une activité.

Les agents immobiliers sont des apporteurs d'affaires pour les banques. La signature de la promesse de vente leur donne une place très privilégiée pour connaître les besoins de financement des acquéreurs. Moment particulière-ment favorable pour glisser à l'oreille de son client qu'un ami banquier ne manquera pas de financer à des conditions avantageuses son acquisition…

Choisir et motiver des *apporteurs d'affaires* nécessitent quelques réflexions. Se posent en effet les problèmes de convaincre ces apporteurs et de les intéresser. Une grande banque à réseau nous interroge sur les raisons qui conduisent les agents immobiliers à préférer inciter les acquéreurs de biens immobiliers à prendre contact avec le *Crédit Agricole* plutôt qu'avec elle-même. En examinant de près les systèmes d'incitation des deux organisations en cause, il nous apparaît que ceux du *Crédit Agricole* sont parfaitement adaptés à la rémunération de l'activité d'apports d'affaires. Pour l'essentiel, l'intéressement du *Crédit Agricole* porte sur *le fait d'apporter*. Autrement dit, un agent immobilier qui persuade un client de solliciter cette banque perçoit un intéressement, que le prêt soit accordé ou non. En revanche, la banque qui nous mandate n'a pas la même conception des choses. Elle entend ne rémunérer l'apporteur d'affaires qu'en cas de bonne fin, autrement dit d'accord du prêt. Ce faisant, les apporteurs supportent le risque que le prêt ne soit pas octroyé… et par voie de conséquence que leurs apports d'affaires ne soient jamais rémunérés. Point d'étonnement à ce que ceux-ci soient conduits à apporter, dans une large mesure, leurs dossiers au réseau concurrent. Une simple modification du mode de rémunération suffit à changer le cours des choses…

En clair, pour motiver vos *apporteurs*, il est préférable de leur proposer une faible rémunération, fixe, sur tous les contacts procurés, plutôt que de leur promettre un pourcentage sur les affaires que vous pourriez réaliser par leur entremise. À chacun son métier ! À eux de fournir des contacts, à vous de les exploiter.

### Les fournisseurs de « clic » sur Internet

Les moteurs de recherche sur Internet proposent des liens dits sponsorisés. La mise en évidence par ces moteurs de l'adresse de votre site conduit l'internaute à privilégier mécaniquement celui-ci dans ses visites. Autant d'opportunités de contacts à mettre à profit.

### ▪ Le détournement de contacts

Beaucoup d'internautes observent que leurs recherches sur Internet, à partir de mots clés, débouchent souvent sur des offres de sites marchands plutôt que sur le site de la marque recherchée. En l'occurrence, il s'agit là d'un détournement de contacts. Par exemple, en sollicitant *Google* à propos des imprimantes *HP*, la marque *Samsung* arrive en tête de liste ! Un webmaster performant et débrouillard s'avère ainsi créateur de trafics… Pour détourner à son profit des contacts, il fait figurer au titre des mots clés de son site le nom d'une marque concurrente. C'est là une pratique de bonne guerre. Que ceux qui en doutent saisissent *Jacuzzi* (marque déposée de SPA japonais) sur le moteur de recherche de leur choix. Il leur faudra s'armer de temps et de patience avant de pouvoir consulter le site de ce fabricant. La plupart des sociétés concurrentes s'affichent en priorité. Allez comprendre… Une chose est sûre, le détournement de contacts constitue un détournement de «fonds» légalisé.

Le détournement «légal» de contacts n'est pas l'apanage du seul réseau Internet. Il peut tout aussi bien être le fruit des réflexions d'un commerçant astucieux. C'est ainsi qu'à Hambourg, l'ancien marché aux poissons est situé dans un magnifique bâtiment de grand caractère. Hélas, sa visite n'est désormais possible que le dimanche et rien ne l'indique aux visiteurs. Le tenancier d'une modeste boutique de souvenirs, située à proximité, invite les touristes à consulter les horaires des visites à l'intérieur de son magasin… Dans le même esprit, aux États-Unis, dans les très petites villes, l'information des touristes est assurée bénévolement par un dévoué commerçant ! Le contact est père de la prospérité…

## Les 29 actions de fidélisation

La fidélisation est un des termes le plus galvaudé du langage commercial. Véritable rubrique fourre-tout où l'on trouve confusément mélangés des opérations de promotion des ventes auprès des clients, des mailings, des opérations d'*up selling* visant à l'accroissement des achats ou la montée en gamme, etc. Toutes ces actions sont indifféremment étiquetées par de nombreux auteurs – bien à tort et au préjudice de leur succès – comme actions de fidélisation.

Dans *Le Marketeur*, ouvrage écrit par un collectif d'intervenants à l'ESCP, se trouve une première définition claire du comportement de fidélité: «*Dans l'idéal, le client fidèle ne devrait envisager aucune autre solution que sa marque habituelle. Plus un client est fidèle et plus le coût de transfert vers une autre marque (coût d'apprentissage de l'autre produit/service, risque d'une déception…) devient élevé*»[1].

Cette définition exclut, sans appel, du champ des programmes de fidélisation, les actions qui ont vocation à promouvoir l'achat d'un produit ou à en offrir un gratuitement pour dix payants ou encore toute action, comme il est si souvent écrit, bien à tort, de mailing ou de «faxing» qui ne sont que des actions de supports dont nous parlerons plus loin.

---

1   Pearson Education, 2003.

Avant de procéder à l'examen approfondi des différentes actions de fidélisation à programmer au sein d'un PAC, deux réflexions liminaires s'imposent :

- quels principes la fidélité présuppose-t-elle ?
- de quels leviers dispose-t-on pour agir sur ces principes afin de fidéliser une clientèle ?

## ▧ La fidélité obéit à quatre principes comportementaux[1]

Que signifie précisément être fidèle ? Voici la définition qu'en donne le dictionnaire encyclopédique *Larousse* : « *Qui remplit ses engagements, qui manifeste un attachement constant, (...) qui n'a de relation sexuelle qu'avec son conjoint.* » En clair, la fidélité est étroitement arrimée à quatre principes associés.

### Le principe d'*engagement*

Il est aisé de comprendre et d'admettre que celui qui s'engage de quelque manière à être fidèle, s'avérera à l'usage plus fidèle que celui qui refuse tout engagement. Par exemple, une carte de fidélité offerte sans contrepartie (un prix d'acquisition ou un certain délai ou encore un montant minimum d'achats pour y avoir droit) ne remplit pas le critère d'engagement et à ce titre est moins efficace qu'une carte nécessitant un investissement, si petit soit-il, pour son obtention.

— *Jardiland* vend quelques euros sa carte de fidélité. Son acquisition ouvre droit à une remise. Convenons que l'acquéreur d'une carte *Jardiland*, envisageant un nouvel achat, sera davantage enclin à privilégier ce pépiniériste, ne serait-ce que pour rentabiliser son investissement. Notons que l'engagement peut ne pas être de nature financière.

— Une carte de lavage de voiture offrant le cinquième lavage gratuit devient de plus en plus « fidélisante » chaque fois qu'un lavage vient s'ajouter aux précédents (règle n° 3).

### Le principe d'*attachement*

Plus une personne est attachée à une marque, par intérêt (moins cher) ou par sentiment (mieux), plus elle est fidèle à cette marque. Pourquoi chercher ailleurs ce que l'on a déjà ! Le bien-fondé de cette tautologie a été vérifié par de nombreuses enquêtes auprès de consommateurs.

---

1  Dans *Les commerciaux descendent de Cupidon et leurs clients de Vénus*, je consacre à ce sujet un important chapitre.

### Le principe de *constance*

Pour pouvoir se prévaloir de fidélité, l'exclusivité doit être associée à une répétition. En clair, la fidélité a une dimension temporelle. Elle se doit d'être durable. On ne saurait être fidèle un bref instant ou une fois. La fidélité oblige à des confirmations répétées d'achats et de contacts, étalées dans le temps.

Il faut comprendre que la fidélité sous-entend des résonances psychologiques aussi importantes que complexes chez les êtres. Preuve en est que les clients se prévalent et se vantent de leurs fidélités. Ces quatre principes – *engagement, attachement, constance* et *exclusivité* – doivent être à l'esprit de tous ceux qui ont en charge la conception et la mise en œuvre d'actions de fidélisation. Celles-ci gagneront en pertinence et en efficacité.

Passons à notre deuxième réflexion. De quels leviers disposez-vous pour agir sur ces quatre principes et fidéliser votre clientèle ?

### Le principe d'*exclusivité*

On ne saurait être fidèle à quatre traiteurs en même temps ! Être fidèle présuppose l'expression marquée d'une préférence plus ou moins exclusive ou pour le moins prononcée pour un fournisseur. En ce sens, la signature de contrats ou l'organisation de livraisons programmées s'appuie sur ce principe.

## ▪ Attractivité objective et attractivité émotionnelle, les deux grands leviers de la fidélité

La fidélité d'un client ressort de deux attractions majeures.

La première attraction est plutôt **objective**. Il s'agit de tous les bénéfices, vrais ou supposés, que retire le client de ses achats à un fournisseur et que ne lui offre pas, selon lui, une autre marque ou un produit concurrent.

La seconde attraction est plus **émotionnelle**. Elle est faite d'une somme d'affects, *instinctivo affectifs*, qui attache le client psychiquement, affectivement et quelquefois viscéralement à son fournisseur.

Cette observation permet une représentation graphique très simple (figure 27.1). De la même façon que nous avons représenté les facteurs de performance des commerciaux, nous pouvons positionner les facteurs de fidélité sur un repère orthonormé et ainsi mettre au jour une typologie de clients, composée de quatre catégories très distinctes selon les forces d'attractivité objective et d'at-tractivité émotionnelle auxquelles ils sont plus ou moins soumis :

– *L'inconditionnel* : mû aussi bien par une logique d'intérêt que par un lien affectif puissant l'unissant à son fournisseur, sa fidélité est à toute épreuve. Il apprécie son fournisseur, il y a ses habitudes, il est connu et reconnu. Côté produits ou services, il trouve un intérêt fort à en perpétuer l'usage et la consommation. Inconditionnel, il est en bonne logique préconisateur auprès de son entourage.

– *L'affectif* : c'est le sentiment qui l'anime. Il est par définition plus attaché à la relation entretenue avec le fournisseur et aux résonances psychoaffec-tives que déclenchent ses produits, que mû par l'obtention d'un bénéfice objectif retiré de l'achat des produits / services considérés. Pour lui la rela-tion est prioritaire et les produits, secondaires. S'il est une cible à privilégier pour les actions portant sur la relation, le développement de sa fidélité passe par la captation de son intérêt.

Figure 27.1 : Quatre types de clients, plus ou moins fidèles, selon l'attractivité objective et l'attractivité émotionnelle

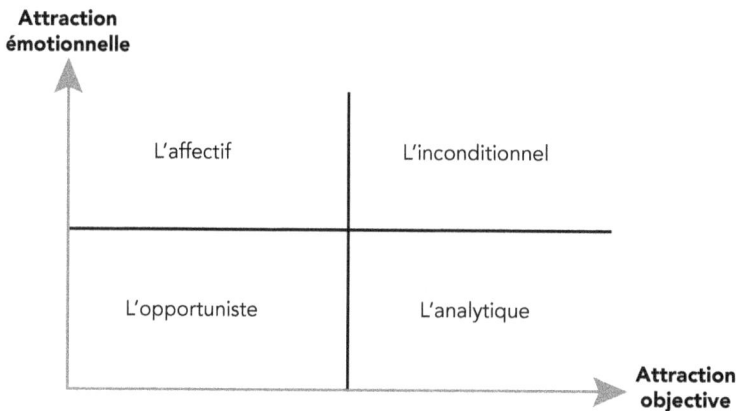

– *L'analytique* : plus profiteur que sentimental, il achète et consomme en fonction du bénéfice obtenu. Il est fidèle à tel fournisseur parce que cela l'« arrange », qu'il est le plus proche et non parce que l'accueil y est chaleu-reux ou qu'il le préfère à tout autre. Il est centré sur son intérêt et sa fidélité y est étroitement corrélée. Établir une relation plus intime, plus affective, est de nature à accroître sa fidélité.

– L'*opportuniste* : volage par nature, l'occasion fait de lui un larron. Peu fidèle, il opère le choix de son fournisseur simultanément à son achat. Ce faisant, il présente une propension marquée à s'en remettre au vendeur qui se trouve là et au bon moment. Sensible aux prix et développant une appétence faible, il n'a pas d'attache, ni de forte attractivité pour ce qu'il achète. Autant dire que sa fidélité est toute relative.

À la vue de ce graphique, il est clair que stimuler la fidélité chez vos clients nécessite d'agir sur les deux composantes : l'émotionnel et les intérêts objectifs de vos clients. De nombreuses études démontrent qu'un client qui a de bonnes raisons d'acquérir un produit et qui de plus, développe une sympathie affective pour ce produit ou pour l'entreprise qui le fabrique, ou encore pour son personnel, fait montre d'une fidélité à toute épreuve. À vous de jouer. Voyons comment.

Chacune de ces attractions, qu'elle soit objective ou émotionnelle, regroupe un ensemble de facteurs qui constituent les variables d'action favorisant la fidélisation. Ce sont ces variables d'action qui vont vous permettre de renforcer la fidélité chez vos clients. Examinons-les rapidement avant d'étudier en détail comment les exploiter dans le cadre de vos programmes de fidélisation.

### Les variables favorisant l'attraction objective

Cette composante réunit toutes les différences objectives de votre offre commerciale qui présentent un avantage significatif, un intérêt aux yeux de votre clientèle. Plus votre entreprise et les solutions ou produits qu'elle propose se différencient avantageusement de sa concurrence, plus intéressés, et par conséquent fidèles, seront vos clients. Les traiteurs *Lenôtre* ou *Hédiard* peuvent en parler en connaissance de cause. N'ont-ils pas convaincu au point de fidéliser le Tout-Paris ? Les principaux facteurs constitutifs de cette composante sont :

* la satisfaction procurée par vos produits ou vos solutions ;
* le « surclassement » ;
* l'existence de services associés (livraison, installation, remboursement, etc.) ;
* la qualité et réactivité du service après-vente ;
* la compétitivité du prix acquitté par vos clients ;
* la proximité ;
* la richesse du choix offert (profondeur et largeur de gamme) ;

- la promotion des produits (ou solutions) à exclusion lente ;
- la mise en valeur des compétences de vos équipes ;
- et divers autres modes de différenciation, objectivement intéressants.

## Les variables favorisant l'attraction émotionnelle

Les éléments, source d'attachement affectif les plus fréquemment rencontrés, sont :

- l'avantage statutaire (passe-droit réservé aux meilleurs clients) ;
- être connu et reconnu ;
- se reconnaître soi-même comme client, et en être fier ;
- la qualité des relations avec le personnel de vente et d'accueil ;
- la confiance ;
- l'assiduité et l'habitude ;
- la différenciation subjective.

À partir de ces éléments, il devient possible de concevoir clairement des actions de fidélisation efficaces et de pouvoir les mener à bien. Commençons par examiner les actions jouant sur le registre de l'attraction objective.

## ■ 3 actions sur la satisfaction procurée

La satisfaction que procure un produit ou un service joue un rôle moteur dans l'attachement de celui qui l'achète. Pourquoi chercher ailleurs ce que l'on a sous la main… Cette litote débouche sur trois possibilités d'actions envisageables dans le cadre de votre PAC.

## Améliorer le diagnostic sur le besoin de vos clients

Vendre le meilleur produit fabriqué au monde, le plus solide, le plus beau, le moins cher, n'a pas pour conséquence obligée de satisfaire celui qui l'achète. Encore faut-il qu'il corresponde à son besoin ! Partant de ce constat, les nouvelles démarches ISO ont intégré le diagnostic du besoin client pour parfaire la démarche de satisfaction clients. Cette intégration du besoin comme levier de la satisfaction du client et par là de sa fidélité est différente selon que vous agissez en *Business to Business* ou *Business to Customer*.

En *B to B*, les commerciaux doivent prendre en charge le diagnostic du besoin de leurs interlocuteurs. Si besoin est, une formation adéquate apprendra aux commerciaux à se positionner en cliniciens des besoins de leurs clients, et à mener à bien un diagnostic.

En *B to C*, les études de marché et une segmentation très fine des besoins des clients, de leurs attentes et préoccupations spécifiques, au travers d'enquêtes de consommation, de panels, de rencontres organisées et d'échanges suffiront à affiner votre offre et à mieux satisfaire vos clients.

La compagnie aérienne *Swiss* a observé que ses concurrentes délaissaient le segment des PME, dont le budget voyages par définition leur apparaissait limité. Une analyse fine du comportement des chefs d'entreprise, souvent actionnaires majoritaires de leur société, a permis de développer une offre attractive et satisfaisante, parce que répondant parfaitement à leur besoin : des points ouvrant droit à des voyages personnels gratuits, cela en franchise fiscale…

### Améliorer la qualité globale des produits

J'entends par là toute élévation de performance, en termes de longévité, de coût d'exploitation du produit, de solidité, d'esthétique, etc. Certains constructeurs automobiles, privilégiant les segments haut de gamme, dans un souci légitime d'économie, rognent sur les épaisseurs de disques des freins. Ce choix de gestion est contre-productif en matière de fidélité à leur marque. Les propriétaires astreints au changement de leurs disques avant le seuil psychologique des 100 000 kilomètres, ne peuvent qu'être déçus et le fondement même de leur choix (la solidité) invalidé.

### Satisfait ou remboursé

Ce type d'action tend à se généraliser. Servant prioritairement à sécuriser les entreprises contre une évasion de leur clientèle, elles sont un palliatif à la mauvaise analyse du besoin. Elles permettent l'amélioration, par le jeu d'ajustements itératifs essais / erreurs, de la satisfaction finale des clients. La proposition est en outre un argument facilitant l'engagement « *Essayez-le. Si cela ne vous convient pas, nous vous l'échangerons* ».

### ▨ Le « surclassement »

Excellent facteur de fidélisation des clients le « surclassement » a été mis au point par les loueurs de voiture. Le procédé consiste, comme chacun sait, à proposer en cas d'indisponibilité, un véhicule de la classe supérieure à celle demandée par le client. Ce geste commercial, très apprécié, peut être étendu à de nombreux produits ou services pour un coût généralement faible. Cette solution est souvent plus avantageuse pour l'entreprise que refuser de satisfaire un client et de faire ainsi le lit d'un concurrent !

## Le développement de services associés

Les services associés donnent l'opportunité de faire le *break* contre vos concurrents en fidélisant vos clients. Ce sont tous les « petits plus » en services complémentaires, gratuits ou payants qui, avant l'achat, pendant ou après, tendent à faciliter l'acquisition, la livraison, l'installation, la mise en route, la reprise, etc. Les services associés :

– assistent l'utilisateur lors de l'installation, comme *Philips*, pour aider à celle de ses lecteurs / enregistreurs DVD.

– améliorent l'usage des produits (ou solutions) achetés, avec par exemple une assistance *hotline*.

– élèvent leurs performances, telles que la mise à jour *up grade* de *Microsoft* ou, chez *Nokia*, le téléchargement de nouvelles sonneries.

– offrent des « plus », ainsi que le propose aux médecins le *Laboratoire Roche* avec son site d'informations médicales et d'aide au diagnostic en ligne.

– contribuent à faciliter la vie de l'utilisateur, comme l'aide fournie par *Xerox* pour le déménagement éventuel des copieurs précédemment vendus ou la priorité donnée par *Air France* aux parents d'enfants en bas âge.

– proposent à l'utilisateur un financement pour faciliter l'acquisition du produit.

## L'amélioration de la qualité et de la réactivité du SAV

Le propre d'un service après-vente est de ne rencontrer que des clients qui, par définition, ont à connaître l'affliction d'une panne. Selon que cette panne est comprise ou non, admise ou pas, la fidélité de l'utilisateur affligé sera entamée ou renforcée. Sorte de quitte ou double qui permet de gagner gros ou de perdre tout… *Darty*, avec son célèbre contrat de confiance et ses interventions 7 jours / 7, a su faire le *break* avec son SAV.

Que de ventes perdues, de clients déçus, de réputations défaites et de ressources commerciales gâchées par un SAV défectueux ! Si le SAV est rarement sous l'autorité des directions commerciales, force est de reconnaître qu'il doit être, d'une façon ou d'une autre, partie prenante à l'élaboration du PAC. Des visites préventives, un carnet d'entretien ou un rappel anticipé des interventions à prévoir, arrangent souvent bien les choses.

## ▨ Agir sur l'attractivité générale des prix

Le prix est, nous l'avons remarqué plus haut, la variable d'ajustement des organisations qui ne savent pas vendre. Il n'en demeure pas moins que les actions visant à renforcer la compétitivité des produits stimulent la variable intérêt chez les clients et viennent renforcer leur fidélité. L'action la plus commune pour faire usage du prix comme levier de fidélité est la carte dite de fidélité. Gratuite ou payante, offrant des points transformables en bons d'achat ou des remises, elle est un des moyens les plus galvaudés pour fidéliser les clients au travers d'un prix attractif. Elle a pour avantage de s'autofinancer par le donnant-donnant qu'elle sous-entend. En revanche, à en croire le nombre de cartes de fidélité que collectionnent les consommateurs, le succès n'est pas toujours au rendez-vous. Est-ce la poule qui fait l'œuf ou l'œuf qui fait la poule ? Le client décidé à un achat, choisit-il un magasin (ou un fournisseur) en fonction de sa carte de fidélité ou sort-il sa carte parce qu'il se trouve être dans le magasin dont il a par chance la carte ? Tout indique que les points fidélité sont efficients pour les produits de base pour lesquels le prix est déterminant (lavage auto, produits de base alimentaires, teinturerie, etc.). En revanche, pour les produits plus élaborés, dont le goût, l'image ou l'esthétique entrent en ligne de compte dans la détermination des acheteurs, les cartes de fidélité sont moins attractives et pertinentes que ne le seront les autres facteurs objectifs ou émotionnels.

## ▨ Action sur la proximité

C'est une tautologie que de reconnaître que la proximité, en ce qu'elle offre la possibilité au client d'avoir son fournisseur sous la main ou à deux pas, est cause objective de fidélité. La désaffection actuelle, toute relative, des hypermarchés au profit des petites surfaces de proximité ou encore la facilité pour une firme de vendre aux sociétés installées dans la zone industrielle où elle-même a élu domicile, suffit à s'en convaincre.

Mettre en œuvre cette proximité n'est pourtant pas chose aisée. Comment faire ? Si se rapprocher physiquement n'est pas effectivement chose facile, agir sur la proximité est toutefois possible par le jeu de livraisons à domicile, de commandes passées par Internet ou par la fréquence des contacts téléphoniques. Que ceux qui en doutent observent que proximité et familiarité se confondent en partie. Ne dit-on pas de quelqu'un qui nous est familier, qu'il est un proche… La proximité psychologique devient ici une composante émotionnelle. Ainsi la régularité des commandes et la facilité avec laquelle celles-ci sont passées, sont sources de proximité.

La BNP, annonce que sa filiale Cortal (banque par téléphone) conquiert chaque année, plus de 200 000 nouveaux clients. Un tel succès démontre que le téléphone est un média qui rapproche et que la familiarité qu'il engendre suscite la fidélité. L'augmentation de la présence sur le terrain par le jeu du nombre des visites assurées par les commerciaux est un des meilleurs véhicules d'accroissement de la proximité. Dans certains métiers, les ventes se réalisent par affaires. Chaque affaire nécessite une offre spécifique dévoreuse de temps. D'une façon plus générale, l'analyse du temps hebdomadaire de travail d'un vendeur (voir figure 18) fait ressortir qu'une réorganisation des tâches ou la mise en place d'un *middle office*, capable de décharger les équipes de vente des missions qui les éloignent du terrain fait partie intégrante des actions commerciales à privilégier pour agir sur la proximité. Inverser les proportions deux tiers de bureau et un tiers de terrain est certainement l'une des plus rentables actions commerciales à mettre en œuvre.

### Augmenter et diversifier le choix proposé

Au cours de la cinquième étape, je vous ai invité à revisiter votre offre commerciale et plus spécifiquement à réfléchir à la redéfinition de vos gammes de produits. Pour cette sixième étape, la gamme devient un moyen d'action commerciale et de développement d'un atout concurrentiel favorisant le *break*. Le succès de *Castorama* ou de *Leroy Merlin* est, pour l'essentiel, lié au choix offert par ces deux enseignes, à la profondeur et l'étendue de leurs gammes (« *Chez Casto, y'a tout ce qu'il faut*»). L'intérêt objectif des clients pour une gamme étendue et profonde est à ce point considérable qu'il constitue un avantage compétitif de première importance pour le séduire et développer le réflexe de sa fidélité objective.

### La promotion de produits à exclusion lente

À l'étape précédente nous avons observé que certains produits au sein d'une gamme engageaient leurs acquéreurs à long terme, alors que d'autres, dont l'exclusion pouvait être rapide, étaient peu engageants. En ce sens, la promotion des produits de type *FiLo* et *LiLo* de la gamme est un des meilleurs instruments de fidélisation objective d'une clientèle. Je ne puis ici que renouveler mon invitation à classer vos produits et solutions selon le critère des vitesses d'adoption et d'exclusion par les clients. Vous y puiserez de bonnes idées pour fidéliser vos clients.

## ▨ Action de mise en évidence des compétences de vos équipes

Creuser l'écart face à vos concurrents passe aussi par la reconnaissance qu'ont les clients de la compétence de votre personnel. La *Fnac* l'a compris au point d'en faire un outil de fidélisation. Il est reconnu qu'en règle générale les vendeurs de la *Fnac* apparaissent souvent plus professionnels que ceux d'autres enseignes concurrentes. Des dossiers techniques émanant de ses laboratoires présentent des essais comparatifs rigoureux, des jugements sur les performances respectives des matériels et ceci pour de nombreuses familles de produits, telles que téléviseurs, caméscopes, appareils photo. Ils sont à la disposition gracieuse de la clientèle sans obligation d'achat. Ce type d'action donne un intérêt objectif à la clientèle à être fidèle à la *Fnac*.

## ▨ 11 autres actions développant l'attractivité objective

Au-delà de tous les facteurs d'intérêt que nous venons d'évoquer – satisfaction procurée par les produits ou les solutions, existence de services associés, qualité et réactivité du service après-vente, compétitivité du prix acquitté, proximité, richesse du choix offert (profondeur et largeur de gamme), mise en valeur de la compétence des équipes – il existe, dans chaque métier, des facteurs de différenciation objective susceptibles de fidéliser la clientèle par captation de son intérêt objectif. Sans prétendre à l'exhaustivité, citons pêle-mêle :

- les délais (livraison, paiement, réponse, obtention d'un devis, etc.) ;
- le conseil avant et après-vente ;
- la formation (la *Fnac* et *Castorama* proposent de véritables séances de formation : l'informatique ou la photo pour la première enseigne, les différents corps de métier du bâtiment pour la seconde) ;
- la possibilité de pouvoir réparer à moindre coût un produit défectueux plutôt que de devoir le jeter (contrairement aux calculettes) ;
- le prêt de matériel en cas de panne ;

- le devis gratuit ;
- l'échange standard ;
- les plages horaires d'ouverture ;
- l'engagement de rachat ;
- la reprise d'un produit usagé à l'occasion de l'achat d'un neuf en remplacement ;
- le crédit (« *Achetez maintenant, payez plus tard* ») ;
- etc.

Poursuivons notre énoncé des actions de fidélisation, en portant notre attention sur les facteurs émotionnels de la fidélisation que sont : l'avantage statutaire attaché à la fidélité, être connu et reconnu, se reconnaître dans l'entreprise, la qualité des relations entretenues par les clients avec le personnel de vente et d'accueil, l'image de l'entreprise (et de ses produits), la confiance ressentie, y avoir ses habitudes, et diverses autres différenciations subjectives. Regardons-les en détail. Vous y puiserez de bonnes idées pour consigner dans votre PAC quelques actions complémentaires destinées à jouer cette fois sur la corde affective pour fidéliser vos clients.

### ▪ L'offre d'avantages statutaires

Action hybride, jouant aussi bien sur l'intérêt objectif que sur l'aspect émotionnel, elle regroupe tous les avantages, vrais ou supposés, que vos clients retirent du statut de clients fidèles. *À quoi bon être fidèle si cela ne me donne pas quelques avantages personnels* !

– Chez *Carrefour*, la carte *Pass* offre, entre autres privilèges, un passage rapide aux caisses réservées ostensiblement à leurs possesseurs.

– Les marques *Giorgio Armani* ou *Hugo Boss* (et beaucoup d'autres) envoient à leurs fidèles clients une invitation à profiter des soldes en avant-première.

La fidélité appelle nos clients à devoir se soumettre aux contraintes des quatre principes ci-dessus énoncés (engagement, exclusivité, attachement et constance). Il est dès lors aisé de comprendre que, dans l'esprit de beaucoup, elle soit érigée en qualité. Cette qualité n'est-elle pas revendiquée par les clients eux-mêmes – Sachez que je vous suis très fidèle – ? Rien d'anormal qu'ils en attendent en retour une réciprocité en la forme d'un statut.

Ces présupposés admis, définissons le concept d'avantage statutaire. Ce sont tous les privilèges, passe-droits ou bénéfices que les clients retirent de leur fidélité. Une fidélité consacrée par un statut; un statut qui ne doit pas être galvaudé. Son accès doit être associé au respect ou à la reconnaissance d'un ou plusieurs des quatre principes évoqués plus haut – *engagement, attachement, exclusivité* et *constance*. Le Groupe *Accor* a créé la carte *Accor Favorite Guest Ibis*. Son prix est de 160 euros. Ce montant est un investissement, qui pour être amorti, contraint à la fidélité. En contrepartie cette carte offre à leurs titulaires les avantages statutaires suivants, jouant aussi bien sur l'attractivité objective qu'émotionnelle :

- une remise de 10 % sur leurs séjours (chambre et repas) ;
- un hébergement garanti ;
- une nuit gratuite le week-end ;
- une tarification particulière dans les autres hôtels du groupe *Accor* ;
- une remise chez *Europcar*.

Au-delà des bénéfices objectifs offerts, l'avantage statutaire est une des meilleures variables d'actions sur l'attractivité émotionnelle. Les privilèges ne laissent pas indifférents. Ceux qui n'en jouissent pas les jalousent à ceux qui les possèdent et les conservent… jalousement !

Aujourd'hui cette somme de préséances que véhiculent les cartes *VIP, Premier, Gold* ou la bouteille de whisky nominative dont les habitués de chez *Régine* se prévalent, ou tout autre système qui matérialise un statut privilégié constitue l'un des tout premiers facteurs de fidélisation émotionnelle.

Je vous invite à définir quels avantages vous pourriez octroyer à vos clients les plus constants. *Canon France* a invité sur le circuit de Magny-Cours ses plus importants clients ; pourquoi ne pas faire de même ?

### ▪ Agir pour que vos clients se sentent connus et reconnus…

Le client privilégie les enseignes qui le connaissent, le reconnaissent et semblent l'apprécier :

– On s'en souvient, la publicité du *CCF*, devenu banque *HSBC*, présentant le voyage en Indonésie de monsieur Langlois, un client, n'a pas d'autre fondement. Dans ce pays, tout le monde, de l'aéroport à l'hôtel, écorche le nom de ce malheureux Langlois et l'appelle Langlou, Longo ou encore Liglou. Seul, dans toute l'Indonésie, le personnel de l'agence *HSBC* démontre bien le connaître en lançant un majestueux : « *Bonjour, monsieur Langlois !* »

– À plus modeste échelle, l'exemple de mon cas personnel avec le magasin *Boulanger*[1] de Tours, qui m'accueille avec un chaleureux « *Bonjour, monsieur Py !* » et dont les vendeurs s'avancent pour me serrer la main ne me laisse pas indifférent… Les autres enseignes quant à elles m'ignorent (il est vrai que je les fréquente avec moins d'assiduité).

Une rapide formation associée à un peu d'entraînement, une veille managériale et le tour est joué. Vos commerciaux deviennent des commerçants ! Voilà encore une belle façon de faire le *break* dans un monde où l'individualisme gagne chaque jour un peu plus de terrain et dans lequel pourtant l'individu peine à se singulariser.

### ... Et se reconnaissent en vous

À l'occasion des campagnes présidentielles américaines, vous avez peut-être observé que les candidats et leurs épouses faisaient ostensiblement mine de connaître des personnes dans leurs auditoires. Ils jouent là d'un levier émotionnel bien connu en communication de masse. Pour le décrire simplement, le mécanisme psychologique fonctionne ainsi : *le président salue mon voisin dans la salle. Autant dire qu'il le connaît. Il n'est donc pas très différent de ce voisin (qui se ressemble s'assemble). Quant à moi, je ne diffère pas non plus de mon voisin (je suis dans la foule comme lui, pour la même raison que lui). Par conséquent puisque le président se reconnaît dans mon voisin et que moi je suis comme mon voisin, alors je peux me reconnaître dans le président ! Au fond le président et moi, sommes sinon pareils du moins très proches.* Enfantin et pourtant efficace.

Appliquez ce mécanisme psychologique. Faites en sorte que vos équipes soient par leur tenue, leurs attitudes et leur langage à l'unisson de vos clients. À Lomme, cité banlieusarde de Lille, le meilleur vendeur en téléphonie d'une force de vente externe de *Bouygues Télécom* est un « Beur ». Il maîtrise parfaitement, outre le français, l'arabe et le portugais. Cela lui suffit à emporter la confiance et la clientèle exclusive des communautés maghrébine et portugaise de la localité.

---

1    Magasins de hi-fi, informatique et électroménager.

### Quelques astuces pour personnaliser la relation clients

Les contacts noués entre les personnes, ainsi que leurs préférences affectives, sont des leviers à forte dimension émotionnelle, de nature à les fidéliser profondément. «*Je vais chez les Untel, parce que je les connais bien et qu'ils sont sympas !*» Ici, l'accueil, l'amabilité, les petits services rendus et tous ces amicaux «petits plus» font la différence. Cette litote ne s'impose pas d'elle-même. Une formation et des réflexions collectives avec le personnel contribuent souvent au succès.

Si le personnel d'accueil et de vente porte un badge sur lequel sont inscrits leur prénom et leur département d'origine, cela suffit souvent à créer un lien avec les clients d'une provenance ou origine voisine. Dans le même sens, parce qu'ils parlent notre langue et partagent nos origines, nous nous sentons proches des Québécois et nous nous reconnaissons davantage en eux que dans les autres Canadiens.

Dans le même esprit, laissez à vos vendeurs quelque liberté pour remettre un cadeau ou faire une faveur. Demandez-leur de s'intéresser à leurs interlocuteurs, d'écouter le récit de leurs petites misères. Pourquoi ne téléphoneraient-ils pas après chaque livraison pour demander (à titre personnel bien sûr) si tout va bien ? Les personnes en relation avec les clients sont les principaux vecteurs de la relation. Cette vérité s'applique avec le même succès en *B to B*.

### Le développement de marques de confiance[1]

Cheval de bataille des banques, les marques de confiance du fournisseur à ses clients sont facteur de fidélité. Ceux qui s'interrogent sur le rôle de la confiance dans l'attachement, autrement dit dans la fidélité, peuvent observer les effets dévastateurs de son antonyme : la défiance. Ce phénomène s'observe aisément à l'occasion des relances de paiement opérées par les services comptables. Elles génèrent fréquemment des réactions épidermiques et des pertes de clients. Un proverbe chinois nous invite à nous « *méfier de ceux qui se méfient*». La confiance entraîne la confiance. S'il est un avantage statutaire à développer (avec toutes les précautions d'usage) c'est la marque de confiance réservée aux bons clients.

---

1    Sur ce sujet, lire p. 303 « Les 10 actions pour professionnaliser vos vendeurs ».

Du paiement sur relevé fin de mois (les opérateurs téléphoniques, *Gaz de France*, *Électricité de France*, etc. le pratiquent depuis toujours et sans discrimination) à la commande verbale (la *Banque Populaire* accepte des ordres de Bourse par téléphone de la part de ses meilleurs clients alors que le *Crédit Lyonnais* exige une confirmation écrite), les moyens de développer des marques de confiance sont multiples.

Prêt de matériel, absence de caution, absence d'empreinte de carte de crédit pour les bons clients, réservation verbale, etc. sont autant d'élégantes façons de montrer à vos meilleurs clients qu'une relation très privilégiée, fondée sur la confiance, vous unit à eux. Tentez de dresser un inventaire des marques de confiance à extérioriser dans votre métier et vous y puiserez de fabuleuses idées de fidélisation. Pour quelques clients qui en abuseront, et que vous repérerez aisément, un grand nombre vous en sera redevable.

### ■ Les actions de stimulation de l'assiduité et de l'habitude

Les magasins *Carrefour* remettent, aux seuls clients titulaires d'une carte de fidélité, un bon d'achat de 3 euros pour 20 euros de carburant. En outre, cette opération est aléatoire et imprévisible (en moyenne une fois par mois). Ainsi elle récompense la constance, la régularité, l'assiduité des clients fidèles. Dans le même esprit, *Carrefour* fait des offres promotionnelles de courte durée (en général une semaine). Seuls les clients qui fréquentent régulièrement le magasin peuvent, en profitant de ces offres éphémères, engranger des points crédités sur leur carte de fidélité et voir ainsi récompensée leur assiduité. La répétition, que suscitent l'habitude et la régularité, est source de fidélité. À l'image des animaux qui dans les champs et forêts tracent des sentiers, les acheteurs, les consommateurs et les utilisateurs développent des réflexes d'itérations. Ceci explique que les fonds de commerce se développent dans le temps d'une façon quasi-mécanique. Cette observation permet de mettre en garde les marchandiseurs. Pour stimuler les ventes des magasins, ils changent, à un rythme de plus en plus élevé, l'emplacement des marchandises en rayon. S'il est vrai que cette astuce incite les clients à découvrir de nouveaux produits, convenons qu'exagérément mise en œuvre, elle est contre-productive. Les clients perdent leurs repères, leurs habitudes et de là leurs attaches. Le mieux est une fois encore l'ennemi du bien.

### ▧ L'amplification des différences subjectives

La différence subjective fait vendre. Gageons qu'elle fidélise aussi. Parmi ces facteurs nous trouvons :

- l'image de marque ;
- les attributs et vertus que l'on prête à un produit ou à un service ;
- le goût ;
- la beauté ;
- la mode ;
- le fait d'être actionnaire ou salarié de l'entreprise ;
- l'atmosphère qui crée un environnement psychologique particulier ;
- le sentiment de propreté ;
- etc.

Autant de différences subjectives qui contribuent à l'affirmation répétée d'une préférence et par là développent l'attachement fidèle de vos clients.

Rendre vos clients inconditionnels de votre marque, c'est interdire *de facto* aux prédateurs concurrents toute conquête opérée à votre détriment. Cette vérité permet d'affirmer que les actions de fidélisation, quand elles sont bien conçues et menées avec détermination, sont un formidable moyen pour opérer votre *break* concurrentiel. Pour ce faire, il demeure une question à traiter : comment choisir, parmi l'ensemble des actions ci-dessus présentées, celles à retenir et à mettre en place, pour réussir votre campagne de fidélisation ?

### ▧ Une grille d'aide à la conception et à l'évaluation de vos actions de fidélisation

Nous avons vu que, par définition, la fidélité soumettait la clientèle au respect de quatre grands principes ou présupposés qu'il est ici nécessaire de rappeler :

    — Un engagement, autrement dit un processus psychologique ou contractuel qui peu ou prou conduit le client à consentir à une relation durable.

    — Un attachement, un lien moral, affectif ou contractuel, qui fait vivre, renouvelle, pérennise son engagement et le soumet au désir, ou à l'obligation, de fidélité.

– Une exclusivité, au moins relative, qui conduit à réserver sa clientèle à un fournisseur principal.

– Une constance, qui sous-entend la persistance, la répétition ou la régularité des achats.

Par ailleurs, nous avons établi que deux leviers ou moteurs sont générateurs de fidélité :

– Un moteur composé de facteurs d'intérêts objectifs, somme des bénéfices et d'avantages retirés par le client.

– Un moteur constitué de facteurs émotionnels, affectifs et plus ou moins subjectifs.

Ce rappel fait, il nous faut observer qu'il en va des facteurs de fidélité comme des pixels d'une photo numérique, plus leur nombre est grand, meilleure est la définition de la photographie. À l'aune de cette métaphore, en croisant dans un tableau à double entrée les quatre principes que présuppose la fidélité et les deux leviers extériorisés ci-dessus, nous disposons d'une *grille d'aide à la conception et à l'évaluation de vos actions de fidélisation* (figure 27.2). Plus une action de fidélisation génère un nombre d'impacts élevé, plus pertinente et efficace sera l'action que vous entendez mener. En outre, l'usage de cette grille vous permet de découvrir comment ajuster vos actions et les enrichir d'éléments complémentaires afin de maximiser leurs impacts.

Figure 27.2 : Grille d'aide à la conception et à l'évaluation des actions de fidélisation

|  | **Facteurs d'intérêts objectifs** | **Facteurs Affectivo/émotionnels** |
|---|---|---|
| **Engagement** | • | • |
| **Attachement** | • | néant |
| **Exclusivité** | • | néant |
| **Constance** | • | néant |

Le journal *Le Figaro*[1] a offert aux lecteurs de ses éditions du week-end le premier tome d'une encyclopédie *Universalis* en vingt-deux volumes. Ce cadeau était

---

1   En l'espèce cette action, au-delà de la fidélisation, s'apparente à une opération de *cross selling* (voir ci-après cette action).

accompagné d'une proposition commerciale : acquérir au fil des semaines les autres volumes de la collection, un à un. S'il est trop tôt pour juger du succès commercial de cette action de fidélisation, celle-ci nous fournit une excellente occasion d'illustrer l'usage de la grille proposée figure 27.2. Observons tout d'abord que cette action s'adresse prioritairement aux lecteurs du supplément hebdomadaire du *Figaro*. En clair, il s'agit principalement d'une action de fidélisation de clients existants, plutôt que d'un instrument de conquête de nouveaux clients. Celle-ci met en jeu cinq des huit facteurs pris en compte. Les quatre facteurs d'intérêts objectifs sont sollicités :

– L'*engagement* est obtenu par l'offre du premier volume en cadeau. La collection se doit désormais d'être complétée.

– L'*attachement* est déclenché par le simple jeu de la perte d'opportunité que constitue l'abandon de la collection naissante.

– L'*exclusivité* est obligée (l'achat du *Figaro* est la seule issue pour perpétuer l'acquisition à bon compte).

– La *constance* est également requise. À défaut, la sanction est immédiate…

Enfin, et c'est probablement là que cette action est perfectible, un seul facteur émotionnel est activé en la forme de l'impressionnant cadeau du premier tome, remis à tout lecteur du *Figaro* du samedi. Il s'agit là du facteur d'engagement affectif, comme l'est tout cadeau, rendant d'une certaine manière redevable celui qui le reçoit et lui signifie que s'il est digne de recevoir ce magnifique cadeau, il est jugé digne et capable d'en faire la collection… Remarquons que l'attachement émotionnel, l'exclusivité affective, ou encore la constance comportementale, ne sont aucunement sollicités. Le nombre d'impacts aurait pu facilement être augmenté par une remise de 50 % sur le second volume. Ainsi la constance, l'engagement et l'attachement auraient été efficacement renforcés. Gageons que l'incontestable qualité rédactionnelle de ce journal permettra aux lecteurs de trouver les relais émotionnels pour intensifier leur fidélité.

Observons que cette grille, au-delà de l'évaluation de vos actions de fidélisation, peut être mise à profit pour apprécier le niveau de fidélité d'un segment de clientèle ou encore d'un seul client grand compte. Cet usage complémentaire vous permettra de repérer les éléments manquants aux clients considérés pour les élever à la qualité d'*Inconditionnels* (figure 27.1). Partant, vous pourrez concevoir des actions spécifiquement destinées à renforcer tel ou tel fondement de la fidélité mise en examen, par exemple récompenser la constance (développement d'un intérêt objectif supplémentaire) ou augmenter l'attachement par l'invitation à un week-end golf (renforcement du facteur émotionnel).

## Les 8 actions de sécurisation de la clientèle

Dans le monde, quelquefois ingrat, de la vente, il advient que des clients, réputés parmi les plus fidèles, changent de fournisseur. L'attrait d'une offre concurrente (tentative de *break* d'un concurrent)[1], un mécontentement passager, l'envie de regarder ailleurs, un changement d'habitudes de consommation ou tout simplement d'adresse ou enfin le besoin d'éprouver la solidité du lien avec leur fournisseur (est-ce que je compte pour lui ?) conduisent à la perte subite, imprévue et irrémédiable de clients. Une défection souvent détectée trop tard. En un mot, les actions de fidélité suffisent rarement à nous assurer que nos clients le sont pour toujours.

Les actions de sécurisation regroupent toutes les actions commerciales qui visent à prévenir les départs intempestifs, individuels ou collectifs, de clients. La conquête et la fidélisation sont des investissements très lourds, créateurs de valeur. Les actions de sécurisation mettent en œuvre les cordons de sécurité nécessaires à la sauvegarde de cette valeur constitutive du fonds de commerce de l'entreprise. On dénombre principalement huit actions de sécurisation :

- les trois actions de contractualisation de la relation, sous différentes formes ;
- l'action de contournement des décideurs ;
- les deux actions de recueil et de traitement de l'insatisfaction individuelle ;
- l'exploitation individuelle des enquêtes d'insatisfaction ;
- la protection contre le *benchmark* des clients.

---

1    De là découle la propension de certains clients à faire valoir qu'ils sont de «petits clients». Ainsi ils éprouvent l'attention que nous leur portons. On comprend que la réponse si souvent entendue «*Il n'y a pas de petits clients*» (perçue comme «*Il n'y a pas de petit profit*») est contre-productive. En séminaire nous apprenons aux commerciaux à répondre simplement «*Je souhaite travailler avec vous*» (efficacité garantie).

## Les différentes formes de contractualisation de la relation

La conquête de clients et leur fidélisation sont dévoreuses de ressources commerciales. On comprend que beaucoup d'entreprises rêvent légitimement de quelques havres de paix. Sécuriser la relation, par le biais de sa contractualisation, en constitue une bonne opportunité. Trois actions commerciales permettent d'y accéder.

### La signature de contrats

À l'image du contrat de travail, la mise en place de contrats de prestation de services, tels que les contrats d'entretien ou de maintenance ou encore d'exclusivité, comme les concessions, sont de nature à sécuriser votre clientèle contre les agissements d'éventuels prédateurs. En rêver ne suffit pas. Encore faut-il les concevoir, les rédiger et les promouvoir dans le cadre d'une action commerciale spécifique inscrite à votre PAC. Action pour laquelle les vendeurs seront mobilisés au travers d'objectifs (nombre de contrats signés) et de primes incitatives.

### La mise en place d'abonnements

Dans le même esprit, la vente d'abonnements consiste à contractualiser la fourniture de vos produits. Ce procédé, qui a les faveurs de la presse, est applicable à beaucoup de domaines. Ainsi une société qui régénère le sel des cartouches pour la déminéralisation de l'eau dans les laboratoires a mis en place un abonnement. Les laboratoires clients s'abonnent à la régénération de cartouches pour une année tacitement renouvelable. Payable en début de terme, l'abonnement sécurise l'entreprise contre tout départ intempestif de sa clientèle, au moins pour la période couverte. L'abonnement présente l'avantage d'apporter un complément de trésorerie. Ces avantages s'argumentent comme n'importe quel produit : une seule commande, une seule facture, un seul paiement et une seule écriture comptable. En clair, une économie de temps et d'argent pour les deux parties, l'abonnement se vend aisément pour peu qu'une démarche commerciale soit conçue et inscrite à votre PAC.

### La programmation des livraisons

À mi-chemin entre le contrat et l'abonnement, la pratique de la commande globale, aux échéances de livraisons programmées, sécurise le risque de perte des clients, pour la durée couverte. La programmation de livraisons diffère de l'abonnement par le mode de règlement. Celui-ci, moins rentable, s'entend sur mémoire à réception des marchandises.

La réussite commerciale des opérations de contractualisation est étroitement corrélée à la conception d'actions spécifiques à inscrire au PAC. Il ne suffit pas en effet de faire observer à vos vendeurs qu'il *« serait souhaitable que »*, *« dans le but louable de sécuriser les relations avec la clientèle »*, *« ils essaient, autant que faire se peut »* de signer des abonnements ou d'obtenir des accords de livraisons programmées. La mobilisation des énergies ne s'obtiendra qu'au prix d'une action clairement définie, consignée dans votre PAC et indiquant le mode opératoire, des incitations commerciales, un objectif par vendeur, un planning, une durée, une documentation adaptée, etc. Ici encore le PAC joue son rôle de rouleau compresseur et oblige à réunir tous éléments pour opérer votre fameux *break*.

### ▨ L'action de contournement des décideurs

Dans beaucoup d'entreprises ou de professions, l'utilisateur joue un rôle prépondérant dans le choix des fournisseurs ou pour la décision d'en changer. Celui qui détient le pouvoir de décision doit, peu ou prou, tenir compte de son avis. La préconisation des chauffeurs de camions auprès de leurs employeurs est difficilement contournable pour les constructeurs. En faire fi expose le vendeur d'un camion à se voir évincé. Sécuriser la clientèle c'est par exemple pour *Scania* ou *Volvo*, astreindre chaque vendeur à être présent pour accueillir le chauffeur à l'occasion de la première révision et prendre contact avec lui régulièrement. S'en faire un allié est un facteur clef de succès pour ses prochaines ventes.

Certaines actions de sécurisation visent à contourner l'écran opaque que de nombreux distributeurs dressent entre leurs fournisseurs et leurs clients. Du refus de communiquer les coordonnées de leurs clients au développement de marques distributeurs, les intermédiaires ne manquent pas de moyens d'actions pour sécuriser leur clientèle, et contrarier les convoitises de leurs fournisseurs.

À l'inverse, une entreprise de la région Centre, importatrice de matériels et consommables pour la découpe et le meulage destinés aux professionnels du bâtiment et de l'industrie, a mis en place une solution de sécurisation originale, dans le but de se protéger de l'appétit de ses distributeurs. Observant un nombre grandissant de fusions au sein de son réseau de distribution et la menace d'une montée en puissance de certains distributeurs, elle décide une action directe auprès des utilisateurs. Grâce au croisement de cette menace et d'une opportunité (mettre à profit son passage aux normes de qualité ISO) elle a l'idée de créer un numéro vert à l'usage des clients utilisateurs. Ceux-ci sont invités à téléphoner pour recevoir toute information. En outre, l'usage de ce numéro donne droit à une garantie de reprise en cas d'insatisfaction. Merveilleuse aubaine pour bénéficier d'un contact direct avec les utilisateurs de ses produits et se constituer à bon compte un fichier en or massif ! Puisse l'évolution des choses faire pour cet importateur qu'il n'ait jamais à s'en servir autrement que pour développer son image de marque, multiplier les liens avec ceux qui l'apprécient au quotidien et annihiler toute velléité de son réseau de pactiser avec un concurrent. Sinon, gare !

## ▓ Les 2 actions de traitement de l'insatisfaction des clients

L'un de vos pires ennemis, dans la relation client, est probablement la non-expression d'un mécontentement. Pour se prémunir contre lui et conduire les clients à exprimer leur insatisfaction, faut-il encore les y inciter par la promesse alléchante d'une contrepartie avantageuse. À défaut, le mécontent, drapé dans son silence, disparaîtra à tout jamais pour le plus grand profit de votre concurrent direct.

Lorsque la chaîne hôtelière *Ibis* affiche sur les murs de ses établissements qu'elle se donne trente minutes pour donner satisfaction à tout éventuel manquement à sa charte de qualité et promet un remboursement dans le cas contraire, elle se sécurise ainsi contre toute perte de client.

La mise en place d'une organisation destinée au traitement de l'insatisfaction, voire du mécontentement, ressentie par vos clients dans le cadre de votre PAC est à fort levier de succès. Elle offre la chance de pouvoir convertir le mécontentement de ses clients en force d'adhésion et de fidélisation. Les clients étant, de très loin, le bien le plus précieux de l'entreprise et le plus convoité par ses concurrents prédateurs, examinons comment procéder[1].

---

1    Par l'intermédiaire de notre site, vous pouvez obtenir, sur simple demande, un schéma plus détaillé du traitement de l'insatisfaction.

Il existe deux modes d'expression du mécontentement, la *réclamation* et la *plainte* :

– La réclamation est factuelle : le client a un fait précis à reprocher, il peut le décrire et le commenter. Elle vient naturellement aux oreilles de l'entreprise – le mécontent a quelque chose à dire et veut le dire – pour peu qu'elle ait mis en place un système pour l'entendre.

– La plainte est plus diffuse : c'est une insatisfaction dont l'objet est imprécis, qui se nourrit d'une somme de petits désagréments indescriptibles. La plainte, *a contrario* de la réclamation, nécessite une démarche proactive. C'est l'entreprise qui doit prendre l'initiative d'aller vers ses clients et de vérifier leur satisfaction.

Ceci impose la mise en place de deux gestions distinctes, l'une pour les réclamations, l'autre pour les plaintes.

### S'organiser pour éradiquer les réclamations

Quatre opérations sont successivement nécessaires pour mettre en place un système d'éradication de l'insatisfaction chez les clients : recueillir, comprendre, traiter, communiquer :

– **Recueillir**. Une insatisfaction n'est recueillie et entendue que dans la mesure où elle est exprimée ! D'où la nécessité de mettre en place une hot line, avec un numéro largement diffusé et une plage horaire élargie (nous sommes à la disposition de nos clients et non l'inverse). Des interlocuteurs responsables sont désignés. Un engagement de satisfaction est prononcé et des indicateurs de gestion sont créés.

– **Comprendre**. Un client qui appelle pour « réclamer » n'est pas une personne qui importune. Il y est porté par une bonne raison. L'écouter et le questionner pour appréhender la problématique sous-jacente est essentiel. Cela nécessite une formation spécifique au questionnement, à l'écoute et à la reformulation. Ne pas répondre sur le registre de la culpabilité, « *Ce n'est pas ma faute* », mais sur celui de la satisfaction, « *Que puis-je faire qui vous donnerait satisfaction ?* », donne à la discussion une tonalité positive et résolutive du problème.

– **Traiter et éradiquer**. À cet effet, rechercher les causes, les comprendre, en faire part et communiquer en interne pour que les choses ne se répètent pas, et en faire ainsi une formidable source de progrès.

– **Communiquer après avoir réparé**. Une fois cet indispensable travail d'investigations accompli, donnant satisfaction au réclamant et éradiquant les causes du problème, il est temps de capitaliser sur le plan commercial. Revenir vers le client, savoir s'il est satisfait, le remercier d'avoir pris la peine de nous informer, lui réserver une faveur que le PAC peut prévoir à son budget et le tour est joué. Voilà un mécontent transformé en fidèle client et pourquoi pas en préconisateur…

## S'organiser pour traiter les plaintes

Le traitement des plaintes ressort d'un processus analogue à celui des réclamations à une différence près et non des moindres. La plainte ne s'exprime pas spontanément, et pour cause. Par définition, elle est insuffisamment factuelle. Diffuse, elle tient davantage du râle, et de la mauvaise humeur qu'elle charrie, que d'une contestation formalisable en une requête précise et fondée. « *Si tu ne viens pas à Lagardère…* » Recueillir les plaintes nécessite une organisation spécifique pour aller au-devant des clients au travers de démarches individuelles ou collectives :

– **Individuelles**. Elles emportent l'obligation de prendre l'initiative de contacts périodiques et réguliers avec chaque client visant à évaluer la satisfaction, objet du fameux « *Je vous appelle pour voir si tout va bien* ». Ici, le commercial se fait psy ! Par bonheur, la chose est aisée. Bien souvent, l'insatisfaction de l'interlocuteur cache un sentiment d'abandon. Il se sent délaissé. Quelques minutes d'échange et de compassion suffisent bien souvent à le réconforter. Fondée ou non, l'insatisfaction, une fois révélée, doit faire l'objet d'une réflexion mutuelle, client / vendeur. Des solutions acceptées par les deux parties et un suivi périodique auront raison des plus récalcitrants. Le mécontentement est, j'insiste, une aubaine pour qui veut s'attacher les faveurs d'un client.

– **Collectives**. Il s'agit là de toutes les enquêtes de satisfaction. Leurs défauts de conception les rendent souvent impropres à satisfaire aux buts qui leur sont assignés. Souvent conçues par les services marketing, peu résistent à l'insidieuse tentation de l'autosatisfaction. À dire vrai, et au risque de développer à ce sujet quelques incompréhensions, ma préférence m'incline en faveur de la mise en place d'enquêtes d'INsatisfaction. Faire bien, ou pour le moins mieux, nécessite à consentir à se faire un peu mal… Pourchasser ce qui ne va pas apparaît préférable à la quête pathétique du compliment. Les vieux hôteliers qui affichaient dans le passé l'aphorisme « *Si vous êtes content, faites-le savoir à vos amis. Si vous êtes mécontent, dites-le nous* » l'avaient compris en leur temps. Ce qui doit être exprimé c'est bien l'INsatisfaction ! Ainsi plutôt que de demander à vos clients si votre SAV leur apparaît « *très satisfaisant* », « *satisfaisant* », « *moyen* » ou « *médiocre* », il apparaît plus productif de leur demander comment améliorer votre SAV, vos délais, comment faire pour que vos techniciens soient perçus plus aimables et compétents, etc. On ne cherche plus un compliment mais un conseil. Le client n'est pas un juge distant mais un partenaire actif de nos progrès.

Ce livre n'étant pas un ouvrage destiné aux hommes de marketing, je limiterai mon propos sur l'organisation d'enquêtes d'INsatisfaction à quelques règles d'or dont le respect est porteur de réels progrès commerciaux :

– 1. L'entreprise n'est pas juge et partie. Le questionnaire est élaboré, si possible, par un cabinet extérieur et indépendant. De ce fait, le piège narcissique est évité et l'insatisfaction plus aisément révélée.

– 2. Le concepteur de l'enquête associe impérativement à sa démarche un panel de clients. Eux seuls peuvent définir leurs attentes et préoccupations, qui servent de base pour établir les critères de leur satisfaction.

– 3. Tous les services de l'entreprise sont nécessairement associés, et leur rôle dans la chaîne de la satisfaction mis au jour. Combattre l'insatisfaction est en effet l'affaire de tous.

– 4. Les résultats périodiques sont analysés, publiés et commentés, aussi bien en interne qu'auprès des clients qui ont consenti à y répondre. Ainsi, *Leroy Merlin* tient compte de l'indice de satisfaction des clients dans le calcul de la part variable de la rémunération de son personnel. Quant à la *SNCF*, elle publie ses statistiques de retard des trains.

– 5. Un emplacement est réservé à la libre expression de l'insatisfaction du client. Pouvoir se plaindre est la moindre des choses à consentir à une clientèle dont on sollicite l'avis.

– 6. Des actions correctives sont recherchées et mises en œuvre.

L'enquête d'INsatisfaction qui respecte ces six règles devient un fabuleux gisement de progrès commercial qui facilitera votre *break* concurrentiel.

## L'exploitation individuelle des enquêtes d'INsatisfaction

Les enquêtes dites de satisfaction appartiennent aux outils traditionnels des spécialistes du marketing. Elles tentent d'évaluer, statistiquement, un indice de satisfaction collective d'une clientèle ou d'un segment de clientèle. Dans ce schéma, le client en tant qu'individu n'a pas sa place. Il en découle une incompréhension mutuelle, source de désillusions pour l'insatisfait qui remplit consciencieusement l'enquête qui lui est remise. En répondant, il acquiert la certitude d'être individuellement entendu et compris. Il n'en faut pas plus pour nourrir en lui l'espoir, voire l'attente, d'un retour qui ne viendra par définition jamais ! Une immanquable déception suit et s'inscrit *a contrario* de l'effet recherché. Si l'on n'y prend pas garde les enquêtes se muent en machines à désespérer nos clients : « *Je leur ai dit, mais ils n'ont rien fait !* ».

Pour prévenir cette inévitable bévue et ses effets désastreux, le PAC doit prévoir une action d'exploitation systématique des réponses, du moins quand celles-ci transportent l'expression d'un mécontentement. Sont alors déclenchées des démarches proactives, émanant de l'équipe commerciale ou d'un service spécialisé entraîné à opérer en milieu hostile…

### ▦ Les protections contre le *benchmark* des clients

Dans un monde où la communication est omniprésente et dans lequel les informations foisonnent, mener un comparatif est chose aisée. Certains consommateurs en font leur activité favorite du samedi : courir les magasins pour se garantir de l'achat à meilleur compte. Des acheteurs professionnels n'agissent pas différemment. Ce *benchmark* permanent mené par nos clients, louable pour juguler l'inflation, s'avère souvent coûteux pour les entreprises.

L'exemple des achats sur le Net l'illustre. L'acquéreur potentiel, porté par sa crainte naturelle de l'erreur, consulte le fournisseur qui lui semble le plus représentatif ou le mieux placé pour le matériel ou le service convoité. Il examine le produit, sollicite les conseils d'un vendeur et compare les performances pour opérer le meilleur choix. Vient enfin le sempiternel « *Je vais réfléchir* », auquel bien peu de commerciaux savent répondre par l'obligatoire « *Il y a quelque chose qui vous fait hésiter ?* »[1].

---

1  Vous trouverez les réponses en retour gagnant aux dix barrages fréquents tels que « *Il faut que j'en parle à…* », ou « *Faites-moi une proposition* », etc., dans l'ouvrage *Faire signer ses clients*.

Le client, ainsi libéré par l'incurie du vendeur, court bien vite acquérir, à moindre prix, sur le Net ou ailleurs le matériel choisi.

Pour se protéger contre ce *benchmark*, l'action la plus fréquemment mise en place se matérialise par la fameuse proposition : « *Si vous trouvez moins cher ailleurs nous vous remboursons la différence.* » Cette formule est devenue si usuelle qu'elle laisse croire à certains consommateurs qu'elle a force de loi. Autant dire que d'usuelle à usée il n'y a qu'un pas de trois lettres, pas qui semble pourtant difficile à franchir à beaucoup d'entreprises. Entendez que la protection contre le *benchmark* client ne doit pas se limiter au seul prix. Si celui-ci est un critère pertinent il n'est pas, loin s'en faut, le seul. De nombreuses enquêtes montrent que le prix est moins déterminant que ne le sont la qualité du produit et celle des services associés (livraisons, *hotline*, SAV). Alors il faut oser ! Osez proposer à vos clients « *Si vous trouvez mieux ailleurs, faites-nous en part, nous aurons toujours, pour vous, une solution* ». Ainsi, vous ne limiterez pas votre invitation au seul critère prix et vous inviterez les futurs acquéreurs à vous faire part du contrat d'entretien qui leur est proposé ou encore de l'aide à l'installation auxquels ils sont attachés.

La protection contre le *benchmark* des clients n'est pas une fin en soi. Telle la forêt cachée par l'arbre, il en est une autre moins apparente et plus importante : une contribution à la veille marketing et concurrentielle de son fournisseur. Une veille, aussi riche en informations et en promesses de progrès qu'elle est rendue, par la stimulation de leur gracieuse et active participation, peu coûteuse…

## Les 6 actions de rétention des clients sur le départ

Aussi sécurisée que soit votre clientèle, il n'empêche que certains clients se décident à vous quitter. La partie n'est pourtant pas perdue. Certaines actions peuvent être programmées dans votre PAC pour y faire barrage ou pour le moins ralentir le processus de départ. Ces actions sont au nombre de cinq :

- l'ultra-transparence ;
- l'obligation de préavis ;
- la facturation de frais de clôture ;
- la facturation de frais de transfert ;

- la perte d'avantages acquis ;
- la formalisation d'une procédure de rupture.

## L'ultra-transparence

Elle consiste à se rendre injoignable par les clients désireux de dénoncer leur contrat ou mettre fin à la relation qui les lie à leur fournisseur. En clair, pas de service auquel s'adresser, pas davantage d'adresse où le client peut écrire ni de numéro de téléphone. Aussi détestable que peu commerciale, cette pratique est pourtant le fait d'entreprises de grande notoriété et d'excellente réputation. Pour s'en convaincre les lecteurs abonnés à Canal+ reçoivent par courrier l'annonce d'une hausse tarifaire. Cette dernière, dûment signée par le directeur du service clients, ne comporte aucune coordonnée qui permettrait à l'abonné d'exprimer son désaccord ou de résilier son abonnement… Attrape-moi si tu peux !

## L'obligation de préavis

De nombreux contrats prévoient un renouvellement périodique par tacite reconduction. La dénonciation de cette clause astreint les cocontractants au respect mutuel d'un préavis.

Les assureurs prévoient deux mois, les baux commerciaux six mois et la plupart des contrats de maintenance de matériel stipulent un préavis de trois mois.

Quel que soit le délai retenu, il présente l'avantage de faire souvent obstacle au départ impulsif de clients. Ce délai passé, la reconduction est rendue incontournable. S'ajoute, à cet obstacle juridique, un mécanisme psychologique qui joue en la faveur du fournisseur. Les clients peinent à anticiper la prochaine échéance et à prendre des dispositions immédiates. On observe une propension à attendre le dernier moment, laissant ainsi courir de précieux mois durant lesquels les choses peuvent s'arranger, pour peu que vous consentiez à y contribuer.

Ne croyez pas qu'en l'absence de tout contrat il est impossible de retarder le départ des clients. Pour les fêtes de fin d'année, la célèbre chaîne *Marks & Spencer* aménage un endroit réservé aux maris accompagnant leurs épouses en shopping. Sofa, télévision et vidéo foot remédient à la sempiternelle habitude masculine de presser leurs compagnes. Retenir les conjoints augmenterait-il les ventes ? Les Anglais n'en doutent pas !

## ▪ La facturation de frais de clôture

Spécialité des banques, les frais de clôture appartiennent aux mécanismes de rétention.

Prélèvements impayés, chèques présentés sans provision et risque d'interdiction bancaire sont autant de moyens de rétention qui quelquefois s'apparentent à de la rétorsion. Appartiennent à cette catégorie les pénalités à régler et correspondant à plusieurs mois d'échéances pour décourager le remboursement anticipé d'emprunt.

Observons que les avocats, les experts-comptables, les commissaires aux comptes ne sont pas exempts de ce genre de pratique pour décourager les départs de clients.

## ▪ La facturation de frais de transfert

Ici encore les organismes financiers font figure de pilote. Une enquête menée par le journal *Le Monde*[1] auprès de divers établissements financiers fait ressortir, pour l'exemple, que chez AXA, le transfert d'un PEA à un autre organisme est facturé 60 euros auxquels s'ajoutent 10 euros par ligne de titres détenus. Autrement dit, quitter AXA pour le titulaire d'un PEA de vingt lignes revient à la modique somme de 260 euros !

Qu'il s'agisse de la BNP, de la BRED ou de tout autre organisme soumis à l'enquête du *Monde*, tous font aussi bien en matière de rétention. De quoi décourager les plus combatifs.

D'autres professions pratiquent les frais de transfert, motivés officiellement par le travail qu'engendre ledit transfert. Là encore nous retrouvons les experts-comptables, les avocats, les architectes, etc.

---

1    Édition du 1er novembre 2004.

### ▦ La perte d'avantages acquis

Lorsque la *Matmut* offre une bonification supplémentaire de 15 % à tous les clients bons conducteurs avérés, elle fait acte de fidélisation active. En revanche, l'avantage une fois acquis joue comme facteur de rétention de celui qui souhaite convoler avec un autre assureur automobile.

Si les frais de transfert ou les coûts de clôture ne sont pas toujours aisés à faire admettre aux clients volages, la perte irréversible d'avantages acquis a le mérite d'être plus facile à mettre en œuvre. La simple mise en place d'une récompense associée à la fidélité devient sanction à l'infidélité de celui qui veut partir...

### ▦ La formalisation d'une procédure de rupture

Dans l'esprit, cette formalisation tient par quelques côtés de la procédure de divorce. Cette action de rétention consiste à faire obligation aux clients de formaliser par courrier, auprès d'un service désigné, leur demande de résiliation. Les avantages de cette procédure sont au nombre de trois :

- L'obligation d'écrire rebute certains clients, dont le caractère impulsif ou velléitaire, les conduit, l'orage passé, à différer voire à renoncer.

- Elle permet à l'entreprise de bénéficier d'une procédure d'alerte qui, bien que tardive, lui permet de comprendre, de comptabiliser et de réagir.

- Elle offre une opportunité de constat amiable et d'ultime négociation pour conserver le client. Un discours très structuré, quelques bonnes questions telles que « *Qu'est-ce qui vous conduit à vouloir nous quitter ?* », « *Que faut-il que je vous dise pour vous convaincre de rester ?* », suffisent à conserver un nombre non négligeable de clients. Ajoutons que les repentis, qui renoncent à partir, nourrissent le sentiment que l'on tient réellement à eux. Cette dimension émotionnelle est un facteur d'accroissement de leur fidélité.

Il demeure que malgré tous les efforts de rétention certains clients nous échappent. Le *set* est perdu, pas le match. Les actions de reconquête, pour peu qu'elles soient bien menées, font miracle. C'est l'objet de notre prochaine section.

## Les 3 actions de reconquête des clients perdus

*Néopost*, société de services spécialisée en affranchissement postal et autres matériels bureautiques a mis en place une force de vente entièrement dédiée à la reconquête des clients perdus. Appelées *win back* par les Anglo-Saxons, ces actions visent à tenter de renouer une relation avec d'anciens clients. Bien conçues, les actions de reconquête donnent d'excellents résultats. Les opérations que nous montons pour nos clients enregistrent jusqu'à 20 % de retour gagnant. Avant de les présenter et pour mieux comprendre le mécanisme psychologique que sous-tendent départ et retour, un petit détour par la recherche en psychologie appliquée s'impose.

La psychanalyste suisse Germaine Guex, dans son ouvrage *La névrose d'abandon*[1], classe les individus dans leur quête d'affection auprès de leurs proches en deux grands types comportementaux, dont les extrêmes sont à l'évidence pathologiques : « *(...) Le sujet en qui domine la rancune de ne pas avoir été aimé, que j'appellerai le type négatif/agressif, et celui qui, avant tout, recherche l'amour* (activement N.D.L.R.), *que je nommerai le type positif aimant* ». En clair, face à l'insatisfaction affective, là où le positif aimant s'active et met tout en œuvre pour obtenir et mériter l'affection d'autrui, le *négatif/agressif* agit négativement, avec violence mais ingéniosité. Réaction fréquemment objectivable chez certains enfants qui, plutôt que d'emprunter une démarche de séduction pour obtenir ce qu'ils souhaitent, font choix de la colère et des pleurs... Ils optent pour une stratégie de rupture afin de soumettre leur entourage à un test d'amour, argue Germaine Guex. La preuve par l'épreuve, en quelque sorte. « *Toutefois, poursuit-elle, il ne faut pas perdre de vue que cette agressivité, si forte et si tenace soit-elle, n'a pas son but en elle-même et qu'elle constitue l'envers d'un besoin d'amour et de sécurité extrêmement intense.* »

Revenons à nos clients. Qui peut douter que beaucoup parmi eux entendent être aimés, chouchoutés et bénéficier de quelques privilèges ou attentions personnelles ? Il est aisé de comprendre qu'un client insatisfait et dont l'attachement est essentiellement émotionnel, peut réagir par un mécanisme de révolte ou de rupture fort, de type *négatif/agressif* dans le secret espoir d'éprouver le lien avec son fournisseur et obtenir ainsi la preuve que celui-ci tient à lui et à sa clientèle. « *On ne tient jamais trop compte des souffrances*

---

1    Presses Universitaires de France, 1950.

*profondes que masquent et qu'impliquent ces mécanismes de révolte (...) »*, affirme Germaine Guex. La gestion psychologique du *win back* revêt donc une grande importance. Elle se fait dès lors par le jeu de trois actions, qui peuvent se conjuguer, pour reconquérir les faveurs de clients perdus :

- le constat d'insatisfaction et son mode opératoire ;
- le courrier personnalisé en six points ;
- le contact direct, déroulé en huit étapes.

## ▦ Le constat d'insatisfaction et son mode opératoire

Si un client nous soumet à l'épreuve du « Si je te quitte, t'occuperas-tu enfin de moi ? », encore faut-il qu'il puisse être entendu et pour cela le verbaliser. Sauf circonstances exceptionnelles, il est en effet bien rare qu'un client quitte un fournisseur sans quelques ressentiments à son endroit. Un meilleur prix obtenu ailleurs, une livraison défectueuse, un recouvrement contentieux hâtif… les motifs qui nourrissent la dynamique de rupture ne manquent pas. De là l'intérêt de cerner le moteur principal de l'attachement du client que l'on veut reconquérir. Est-ce un analytique, sensible aux intérêts objectifs ? Ou plutôt un affectif à la propension relationnelle ou émotionnelle développée[1] ? En bonne logique, plus l'attractivité objective est évidente, plus les réponses à lui faire (prix, remise, amélioration du service) doivent être orientées vers les bénéfices. À l'opposé, les arguments du type *« Cela fait vingt ans que nous travaillons ensemble »* ou *« Nous tenons à votre clientèle »*, sont à réserver à ceux pour qui être fidèle se conjugue au mode sentimental.

Le constat d'insatisfaction vise donc à solliciter l'infidèle sur le motif de son départ. Le constat se présente comme une enquête d'INsatisfaction, délibérément orientée vers l'analyse des causes de votre mise à l'écart. Un courrier d'accompagnement fait un constat clair de la perte du client. Après avoir présenté vos regrets d'usage, vous demandez au client de vous aider à comprendre ses raisons. Le questionnaire tente de mettre au jour les mobiles et circonstances du départ. Il doit dégager clairement si le mobile est plutôt de nature émotionnelle ou rationnelle. Ce tri indiquera la sensibilité du client à une argumentation affective ou plus matérielle.

---

1   Voir plus haut les leviers de la fidélité des clients et la typologie qui en ressort.

Quelques astuces feront gagner en efficience ce constat d'insatisfaction :

– Une enveloppe T de réponse, si possible portant l'adresse et le nom du directeur commercial ou du directeur général.

– Le constat doit demander aux clients la probabilité de son retour (10 %, 25 %, 50 % ou 75 % ?). Tout client qui laisse la moindre petite ouverture pourra être la cible des actions exposées ci-après (courrier et / ou contact direct).

– Deux questions fondamentales, aux réponses libres, doivent en outre être posées : « *Qu'est-ce qui vous conduirait à l'avenir à travailler à nouveau avec nous ?* » et « *Souhaitez-vous que nous vous supprimions définitivement de nos fichiers ?* » Une réponse positive ne vous engage pas à obtempérer. Elle a en revanche le mérite de donner une mesure de vos chances de reconquête, et de mettre votre client au pied du mur.

### ▪ Le courrier personnalisé en 6 points

Quand un client prend la peine de répondre au constat d'insatisfaction, il faut être bien peu psychologue pour ne pas comprendre qu'il nous fait un signe : « *Je ne suis pas perdu, si vous tenez à moi, prouvez-le moi et bougez !* » Le mailing, préparatoire au contact direct, est un support adapté au traitement de masse. Son envoi est d'autant plus efficace qu'il est l'objet d'une simple lettre person-nalisée et dûment signée par le directeur commercial, sans publicité ni offre commerciale. Faut-il le répéter, cette action, comme toutes celles portant sur les clients, travaille prioritairement sur la relation et non sur la vente d'un produit particulier. Pour être opérant le courrier doit :

* présenter vos regrets ;
* accepter votre entière responsabilité ;
* faire valoir au mécontent qu'il a bien fait de vous en parler ;
* le remercier ;
* annoncer que vous diligentez quelqu'un pour lui donner satisfaction et que ce responsable va prendre contact avec lui dans quelques jours ;
* signifier que vous allez suivre personnellement cette affaire avec vigi-lance…

L'effet est positif auprès de plus de la moitié des clients. Il reste à mettre en œuvre la troisième action, le contact direct.

## ▧ Le contact direct, déroulé en 8 étapes

Selon la dimension de la population à traiter, une ou plusieurs personnes doivent prendre en charge les appels (ou visites) de *win back*. Les personnes retenues pour cette mission doivent bénéficier d'un caractère trempé (taux d'échec élevé, environ 75 % de refus), d'une bonne maîtrise émotionnelle (agressivité de certains mécontents oblige), d'une sociabilité à toute épreuve (pour réussir à séduire et à trouver un terrain d'entente) et d'une formation spécifique à ce type de contacts (le savoir-faire à mettre en œuvre est d'une technicité plus importante qu'il n'y paraît de prime abord). Très schématiquement, la démarche se déroule en huit points :

– 1. Présentation : «*Je suis Mr. X ... de chez Y. Ma mission est d'appeler les clients, très rares, que nous ne sommes pas parvenus à satisfaire.*»

– 2. Motif : «*Vous nous avez fait part de votre mécontentement (ou de votre changement de fournisseur). Et je prends contact avec vous pour tenter de trouver une solution qui permettrait de travailler à nouveau ensemble.*»

– 3. Autorisation de questionnement : «*Pouvons-nous en parler ?*»

– 4. Questions fondamentales : «*Qu'est-ce qui vous a conduit à changer de fournisseur ? Qu'est-ce qui vous ferait revenir ?*»

– 5. Closing besoin[1] : «*Vous voulez dire que si je vous propose cela, vous seriez prêt à nous rendre votre confiance et à travailler à nouveau avec nous ?*»

– 6. Proposition spéciale : Pouvoir d'accéder, en cadeau de bienvenue et à titre exceptionnel, aux demandes du client (dans des limites prédéterminées).

– 7. Conclusion finale : «*Est-ce que ce que je vous propose vous convient ? Puis-je enregistrer le plaisir de vous compter à nouveau parmi nos clients ?*»

– 8. Prise de congé : Remerciements portant sur le renouvellement de la confiance.

Les clients sont la première richesse de l'entreprise. Les actions de conquête, de fidélisation, de sécurisation, de rétention et, enfin, de reconquête portent toutes sur la relation entretenue. En matière commerciale, cette relation,

---

1   Le closing sur le besoin joue un rôle majeur dans les processus d'engagement des clients ou dans leur décision d'achat. Pour la maîtrise du closing sur le besoin et de toutes ses techniques, je vous invite une nouvelle fois à vous reporter à *Faire signer ses clients*.

aussi fondamentale qu'elle est, n'a d'intérêt ultime que de vendre. Ce n'est qu'au travers du développement de cette relation, de l'enrichissement et de la consolidation du lien qui unit les clients à leurs fournisseurs, que l'activité des entreprises prospère. D'autres actions portent plus directement sur les produits et visent à l'intensification des achats de produits ou de solutions de la part de la clientèle. Nous allons les examiner à présent.

# Chapitre 2

# Les 17 actions portant sur les produits

Sous cette rubrique nous étudierons toutes les actions commerciales portant sur la vente de produits. Toutes ces actions sont délibérément orientées vers la *stimulation des achats* des clients. Ceci exclut du champ de cette section les actions de stimulation des ventes par le biais de challenges de la force de vente ou visant à l'incitation du réseau de distribution. Ces dernières sont trop souvent définies par les auteurs comme un moyen de promotion alors que dans les faits elles visent davantage à stimuler les vendeurs et les distributeurs que leurs clients. Nous en parlerons à propos des actions dites de supports. Les actions portant sur les produits et visant la stimulation des achats ou le lancement d'un nouveau produit peuvent se regrouper en cinq sous-ensembles :

- les actions promotionnelles avec primes ;
- les actions de promotion tarifaire ;
- les essayages ;
- le *cross selling* ;
- l'*up selling*.

## Les 4 actions promotionnelles avec primes

Ce sont toutes les offres promotionnelles qui proposent un avantage, une prime, à l'acquéreur d'un produit ou d'un service. Le versement de cette prime peut revêtir diverses formes.

### ▨ Un cadeau

L'avantage est versé sous la forme d'un cadeau, attaché au produit acheté ou livré. Très pratiquées par les lessiviers – le célèbre cadeau *Bonux* – les possibilités de primes sont généralisables à la plupart des produits et déclinables en de nombreuses offres. Leur effet sur la stimulation des achats est efficace, du moins à court terme. Le risque que cette prime devienne la condition obligée de l'achat est grand. La presse en est la première victime. En 2013, le magazine *Le Nouvel Observateur* propose à ses nouveaux abonnés 52 numéros hebdomadaires au prix de 108 euros. De plus, cette revue offre gracieusement, comme si le compte n'y était pas, une montre Lip ou un réveil au choix…. Ce type de prime, dont la valeur faciale est plus élevée que le prix du produit lui-même, fait peser quelques doutes sur la réalité de l'attachement du client au produit acquis… Il n'en demeure pas moins que la prime est un excellent véhicule de stimulation des ventes. L'usage intensif (ou abusif) qu'en fait la presse se comprend. L'abonné est une « denrée » rare, vendue très chère aux annonceurs, la véritable cible convoitée. En outre, nous l'avons vu plus haut, qualité et répétitivité sont deux facteurs de fidélisation. Ainsi, la souscription d'un abonnement à une revue permet à son éditeur d'espérer une fidélisation ultérieure de ce nouveau lectorat grâce à la création d'une habitude de lecture et à la qualité rédactionnelle des articles.

## Un contenant attractif

Il s'agit là d'utiliser l'emballage comme véhicule d'attraction. Les fabricants de condiments et autres moutardes en sont les premiers utilisateurs. Cette prime est à double effet. Le premier suscite l'achat par l'aubaine qu'offre l'emballage. Le second entraîne la fidélité. Le consommateur, désireux de se constituer un service complet, est en effet astreint à répéter son achat au fil du temps. Ce type de prime pourrait connaître à l'avenir un plus grand succès auprès des professionnels de la conception des actions de promotion. Avec un peu d'imagination il est en effet possible de concevoir qu'un téléviseur pourrait être livré dans une petite armoire plastique servant de meuble de rangement de jardin par exemple, ou encore qu'une imprimante à jet d'encre soit emballée dans une boîte plastique facilitant son transport.

## Plus de produit

C'est la version généralisée de *Monsieur Plus*. Une offre d'un supplément de produit sans bourse délier. Du vaporisateur de laque à la bouteille de *Coca-Cola*, c'est souvent 20 %, voire 25 %, de produit en plus qui est ainsi offert.

L'usage de cette prime est trop souvent limité aux produits de grande consommation. Il est parfaitement imaginable de l'utiliser dans de nombreux domaines. Rien n'interdit à un fabricant de logiciel d'offrir une maintenance gratuite pour tous les acquéreurs durant une période donnée. Proche du « surclassement » (l'offre lie à l'acte d'achat la livraison d'une version supérieure), la technique du supplément de produit en diffère par son objectif. Le «surclassement» est en effet une politique à long terme visant à fidéliser par le jeu de la satisfaction. La vente à prime, quant à elle, est une opération promotionnelle à court terme visant à promouvoir les ventes (quand bien même se prolonge-t-elle).

### La prime différée

Il s'agit là d'avantages obtenus grâce à un achat, mais différé quant à sa livraison, par exemple sur demande expresse adressée à un service clients. Certaines compagnies de location de parc automobile offrent la possibilité aux utilisateurs de disposer durant deux semaines l'été d'un véhicule ludique ou familial. Excellente opportunité d'identifier les clients utilisateurs, de créer un contact et d'enrichir les bases de données…

## Les 5 actions de promotion tarifaire

Faites de remise, de baisse de prix ou de toute autre présentation, ces actions portent sur la variable d'action prix. Elles proposent peu ou prou une baisse occasionnelle de tarif. Destinées à stimuler les achats en offrant une opportunité tarifaire, elles peuvent revêtir différentes formes. En voici les principales, présentées avec leur mode d'emploi ainsi que leurs avantages respectifs.

### Le bon de réduction

Il ouvre droit à une réduction sur le service ou le produit lui-même. Si cette réduction porte sur un autre produit que celui acquis, il s'agit alors d'une opération dite de *cross selling* ou d'*up selling*, évoquée plus loin. Ce type d'action contribue efficacement au lancement d'un produit, ou favorise sa découverte par les clients, ou encore facilite l'écoulement d'un stock momentanément trop élevé. Son efficacité est moins probante pour la stimulation des achats à long terme. Trop usité, il conduit en effet les clients à refuser tout achat non accompagné d'une réduction.

### L'offre de remboursement

Il s'agit d'un avantage tarifaire différé, dont l'obtention est subordonnée à un envoi au service consommateurs. Son avantage pour l'entreprise qui la propose est d'enrichir ses bases de données et d'établir un contact avec les utilisateurs, occasion de les sonder ou de réaliser une enquête de satisfaction. En ce sens, l'offre de remboursement est un des moyens les plus efficaces pour mener à bien une action de sécurisation de la clientèle par le biais d'un contournement des décideurs (par exemple un réseau de distribution). Le remboursement, ou le versement de la prime, est proposé aux seuls utilisateurs offrant ainsi l'opportunité de contacts directs à l'insu du distributeur ou du décideur en *B to B*[1]. En revanche, l'effort demandé aux clients pour profiter de l'offre (écrire ou téléphoner) en rebute beaucoup. Cet effort en réduit sensiblement l'efficacité. En conséquence, pour mettre en œuvre ce type d'actions, il vous faut rembourser une somme attractive, dûment calculée en fonction de votre enjeu.

### L'offre de remise en produit

En soi, l'offre de produit est une vente à prime. La prime est versée en la forme d'un produit entier et identique à celui acheté, par exemple, *un gratuit pour dix achetés*. L'avantage de cette formule est d'être en trompe-l'œil. Elle est en effet moins avantageuse pour les clients qu'elle ne le semble de prime abord. Un simple calcul permet de le mettre en évidence. Un gratuit pour dix achetés laisse entendre que la remise est de 10 %. En vérité onze sont achetés alors que seulement dix sont payés. La remise n'est donc que de $1/11$ soit 9,1 %. En outre, elle s'avère finalement d'autant moins coûteuse pour son promoteur que le coût réel se limite au seul prix de revient du produit et non à son prix de vente.

### L'offre de reprise

Depuis toujours pratiquée dans le monde de l'automobile, l'offre de reprise tente à se développer dans divers secteurs. Sans être destiné à nourrir un marché de l'occasion, ce type d'offre se rattache aux promotions tarifaires. La reprise présente l'avantage de donner un fondement objectif à la baisse de prix, évitant de véhiculer dans l'esprit de ses clients l'idée que l'on brade les prix. Des enseignes comme *Boulanger* font de l'offre de reprise un instrument complémentaire de fidélisation. Lors de la vente de matériels neufs elles vendent une extension de garantie. Cette extension inclut dans son prix un engagement de reprise ferme pour l'achat d'un nouveau matériel. Elles associent ainsi la stimulation des ventes (vente d'une extension de garantie) à la fidélité (l'acquéreur revient naturellement en fin de période pour faire valoir

---

1   Voir ci-dessus les actions de contournement des décideurs.

son droit à la reprise et renouveler son matériel devenu obsolète ou défectueux). Le prix a en outre pris en charge le coût de la reprise (inclus dans son extension de garantie) qui sera faite au client plus tard. Bien joué !

Un conseil aux lecteurs désireux de mettre en œuvre une action de ce type, méfiez-vous des pertes de mémoire. Apposez une petite étiquette sur le matériel rappelant que « *Cet article bénéficie d'une garantie de reprise chez…* ». Le moment venu, ce judicieux aide-mémoire servira vos intérêts…

### ▨ Les remises de fin d'année

Sous ce vocable, j'entends toute formule de remise tarifaire dont le paiement est différé à la fin d'une période (trimestre, année) et subordonné ou non à la réalisation d'un objectif en valeur ou en volume. Très usitée dans la grande distribution, friande de ce mode de remise, au point d'en faire un passage obligé pour être référencé par les centrales d'achats, elle est moins fréquemment appliquée dans d'autres secteurs. En quelque sens, c'est regrettable. Cet avantage tarifaire présente l'avantage du donnant-donnant et évite de payer pour voir, c'est-à-dire faire une remise sans contrepartie.

## Les 4 formules d'essayage

Si un client ressent un besoin et dispose du budget nécessaire à sa satisfaction, seuls trois obstacles peuvent faire barrage à son passage à l'acte : la méconnaissance « *Je ne savais pas que cela existait* », le préjugé « *Je n'ai pas essayé, mais je préfère un autre produit…* », le doute « *Comment est-ce possible ?* ». L'essayage, sous ses différentes formes, constitue le moyen privilégié pour lever ces trois obstacles. Il peut revêtir les formes suivantes.

### ▨ L'échantillonnage

Le produit est proposé sous une taille réduite. Il est généralement gratuit. Cette gratuité oblige à s'interroger sur les mobiles sous-jacents à une demande d'échantillons. Les pharmaciens et les parfumeurs savent de quoi ils parlent ; ils confirment le fort engouement de leur clientèle pour les échantillons.

Si le côté poupin de l'échantillon séduit, les ventes qui s'ensuivent sont faibles. C'est pourquoi certains échantillons sont vendus pour un prix symbolique, garantissant la motivation des clients échantillonnés. Une formule intermédiaire consiste à solliciter l'envoi d'une demande écrite d'échantillonnage, gage motivationnel nécessaire à la bonne fin de l'essai. Il est également possible de solliciter simplement un engagement des personnes à qui sont remis les échantillons, par exemple devoir répondre à un questionnaire après l'essai. Si tous ne tiennent pas parole, beaucoup prennent conscience de la finalité de l'échantillonnage : essayer et non pas consommer sans bourse délier ! Ajoutons, cela va sans dire, que les échantillons doivent correspondre en tout point, odeur, saveur et qualité, aux produits qui sont ultérieurement livrés.

### ▦ La démonstration

Par vidéo ou par démonstrateurs, la démonstration lève les trois obstacles (méconnaissance, préjugé et doute) qui empêchent la vente aux clients potentiels. Menée dans les endroits à fort passage, chez les distributeurs, sur les marchés ou encore à l'occasion de manifestations professionnelles, elle donne des résultats très supérieurs aux autres formes d'essayage, grâce à des ventes immédiates. Un succès obtenu non sans la contrepartie d'un coût nécessairement élevé (réalisation d'une vidéo ou salaires des démonstrateurs, frais de déplacement et de vie, usage intensif d'un matériel, etc.).

### ▦ L'essai

Entre démonstration et échantillon, l'essai est en quelque sorte une démonstration que se fait l'utilisateur à lui-même. Par définition inexpérimenté, l'essayeur ne remplit pas les garanties de compétences et d'impartialité nécessaires à sa persuasion. L'encadrement de l'essayeur par un vendeur est souvent une des conditions du succès. Les concessionnaires automobiles, tout autant que les SSII concepteurs de logiciels l'ont compris.

### ▦ Le prêt

C'est un essai de longue durée, allant de quelques jours à quatre ou cinq semaines. Le prêt présente le double avantage de créer l'accoutumance (mère de la dépendance) et de déboucher sur une vente par la simple absence de restitution de l'article prêté… Il a pour inconvénient majeur d'être coûteux en cas de non-vente (produit dégradé, frais de livraison ou d'expédition, frais de reprise, etc.).

# Les 3 opérations de *cross selling*

Lorsque *Le Figaro Magazine* nous propose une formule incluant un DVD, il met en œuvre une opération dite de *cross selling*. Si deux supports s'entendent pour offrir un couplage de passage des publicités à leurs annonceurs, ils font du *cross selling*.

En clair, il s'agit d'associer à l'achat d'un produit ou d'une machine, une proposition d'acquisition d'un second produit à un prix généralement avantageux. À mi-chemin entre les techniques de l'essayage et celles de promotion des ventes, la technique du *cross selling* est un formidable moyen de promouvoir les ventes, de lancer un produit ou convaincre de nouvelles couches de clientèle de l'acquérir. Les articles peuvent appartenir à une même famille (un séchoir et un fer à friser) ou sans relation entre eux (*Le Figaro* et un DVD). Le *cross selling*, très pratiqué dans la vente au grand public, est parfaitement applicable en *B to B*.

Une banque peut proposer des conditions de financement privilégiées aux sociétés clientes de ses services conseils.

Le *cross selling* convainc les clients de différentes façons.

## ▦ La vente groupée

Les produits sont proposés ensemble sous un emballage unique. Il n'en faut pas davantage pour que le *cross selling* puisse devenir contre-productif, par le rejet global des deux articles. Pour s'en prémunir, le produit principal doit pouvoir être acquis séparément. On évitera ainsi d'emprunter la révoltante image de la vente forcée.

## ▦ Le bon d'achat

Il s'agit d'un bon, d'une valeur déterminée, remis à l'occasion de l'achat d'un article donné dont le montant est déductible de l'acquisition d'un autre article prédéfini.

De nombreux hôtels américains offrent des bons à leurs clients pour le petit-déjeuner ou le dîner, afin d'accroître l'attractivité de leur restaurant au détriment de l'extérieur.

### ▪ L'avoir

Proche dans l'esprit d'un bon d'achat, l'avoir a pour fait générateur la réalisation d'un chiffre d'affaires global ou d'un certain volume d'achats. Cet avoir, objet d'un geste commercial et non pas comptable, ouvre droit à une déduction sur une prochaine facture, cela pour une commande portant sur un autre produit ou service de la même gamme ou d'une autre gamme. Cette manière de calculer ajoute à l'avoir une dimension psychologique que le bon d'achat n'intègre pas. Il donne le sentiment à son titulaire d'un dû, véritable crédit ouvert dans la comptabilité du fournisseur, dont il est dommage de ne pas profiter.

## Les opérations d'*up selling*

L'*up selling* réunit toutes les techniques qui tentent d'obtenir des clients une montée en gamme ou en quantité achetée :

- Les quotidiens qui proposent un supplément week-end, en contrepartie d'une hausse de prix font de l'*up selling*.
- Les constructeurs automobiles qui regroupent leurs principales options en un pack, font également de l'*up selling*. Certaines options sont ainsi plus souvent vendues qu'elles ne le seraient indépendamment l'une de l'autre.

Les discounters sont d'excellents praticiens de l'*up selling*. La clientèle se rend dans leurs magasins, attirée par des publicités présentant des prix extrêmement attractifs. Les vendeurs tentent ensuite d'orienter les clients vers des produits plus chers ou offrant une meilleure marge.

# Chapitre 3

# Les actions hybrides Produit / Clients

Il existe des actions, mi-chèvres mi-choux, qui mixent avec plus ou moins de bonheur un fin dosage de plusieurs d'entre elles. Ici, donnons-leur le nom d'«action hybride». Bien évidemment, il en va de l'action commerciale comme de la nouvelle cuisine. Certains mélanges, jusqu'ici incorrects voire barbares, s'avèrent à l'aune de l'expérience une extraordinaire réussite. Nous allons en passer deux en revue.

La première ne trouve sa place ici que parce qu'elle est inclassable. Ne pas la citer m'exposerait au reproche de l'impardonnable oubli… J'ai nommé les actions de lancement de produits.

La seconde, plus moderne, semble porteuse de succès en ces temps de crise que le monde connaît à l'heure où j'écris ces lignes : le *cross selling* en partenariat.

## Les actions de lancement

Les actions de lancement sont par essence même hybrides.

D'une part, elles portent, par définition, sur des produits nouveaux (ou solutions). En ce sens, un lancement suppose de faire appel aux différentes actions portant sur les produits que nous venons de passer en revue. En effet, pour lancer un produit avec quelques chances de réussite, il est nécessaire de le faire connaître par une campagne de communication, puis de favoriser son essai par les acheteurs potentiels, de le promouvoir sur le lieu de vente et auprès de la force de vente et / ou des distributeurs, etc.

D'autre part, lancer un nouveau produit oblige à mener des actions portant sur les clients et à leur ciblage en fonction des objectifs commerciaux visés. Selon que vous souhaitez conquérir un nouveau segment de clientèle ou fidéliser vos clients actuels, votre action différera. Par exemple, il est clair que les clients en compte sont plus sensibles aux opérations de *cross selling* et d'*up selling* que les prospects. Les premiers ont déjà confiance et la crédibilité de votre entreprise est en partie acquise. L'essayage donne de meilleurs résultats en conquête qu'en fidélisation. Ainsi, l'essai d'un nouveau modèle *Renault* sera plus percutant auprès des habitués d'une marque concurrente.

## Les actions de *cross selling* en partenariat

L'action de *cross selling* en partenariat consiste à proposer des offres conjointes, émanant de deux marques exerçant des métiers différents et sollicitant une même clientèle. C'est en ce sens qu'elles sont hybrides. Par exemple, l'achat d'un produit d'une marque donnée ouvre droit à une remise sur un produit d'une autre marque non concurrente. Ce type de partenariat se multiplie dans la publicité. Une publicité pour promouvoir le tourisme au Maroc comportant une brève image d'un hôtel Hilton en constitue un exemple.

# Les 10 actions pour renforcer votre *Pricing power*

Le *Pricing power* est la capacité d'une organisation commerciale à s'affranchir de la compétitivité par le prix et à faire admettre à sa clientèle les prix auxquels elle entend lui vendre. Autrement exprimé, le *Pricing power* détermine le niveau d'autodétermination d'une entreprise à fixer librement ses prix sans perdre de parts de marché. Ce pouvoir varie beaucoup d'une entreprise à une autre. Certaines savent mieux que d'autres défendre leurs prix de vente.

Michelin bénéficie sans conteste d'un *Pricing power* plus élevé que celui de l'allemand Continental. Continental, quant à lui, dispose d'un *Pricing power* plus élevé que le Sud-Coréen *Kumho Tires* qui, pour vendre, pratique des « casses de prix » considérables. Réjouissons-nous que le *Pricing power* le plus fort soit détenu, une fois n'est pas coutume, par une entreprise industrielle française.

Notons enfin qu'au sein d'une équipe de vente le même différentiel s'observe. Les divers commerciaux qui la composent n'ont pas individuellement le même *Pricing power*, autrement dit la même capacité à imposer à leurs clients, au cours d'une négociation par exemple, un niveau de prix avantageux pour leur entreprise. En clair, certains parviennent à respecter les conditions tarifaires générales et d'autres pas.

De nombreux groupes français ont su renforcer au fil du temps leur *Pricing power*. Pernod Ricard, Moët et Chandon dans les vins et spiritueux, Mont Blanc et Waterman dans les stylos, Kering (ex-groupe PPR) dans la mode, Vuitton dans la maroquinerie, Hermès et Chanel dans les accessoires de mode et les parfums sont des marques qui ont développé un art pour imposer leurs prix et en faire un des leviers de leur succès. Ce phénomène n'est pas l'apanage exclusif du secteur du luxe ou de la mode. Dans le monde industriel, de

---

1   J'emprunte l'essentiel du propos de ce chapitre à mon livre *Savoir vendre ou mourir*.

grands noms ont renforcé leur *Pricing power* : Vallourec, membre du club très fermé des entreprises composant le CAC 40, dont l'approche premium a fait de lui le leader mondial du pipeline ou encore Schneider dans les équipements électriques, la connectique et l'automatisme, se prévalent d'un *Pricing power* comparativement élevé au regard des pratiques de leur secteur. Observons que point n'est besoin d'être un groupe puissant ou opérant sur plusieurs continents pour amplifier son *Pricing power*. La société THG, du nom de ses fondateurs Messieurs Tétard, Haudiquez et Grisoni, inconnue du grand public, est un fabricant français de robinetterie de très haut de gamme. Cette PME de la Somme officie à Béthencourt-sur-Mer, une commune de 1 000 habitants. Elle n'employait fin 2012 que 223 personnes. Il n'empêche ! Les luxueux robinets que THG réalise atteignent des prix incommensurables et n'ont rien à envier à ceux de Rolex ! Présente dans 65 pays elle s'est taillé une formidable réputation en équipant des yachts de milliardaires avec des séries dessinées par Lalique, Chantal Thomass, ou encore Alberto Pinto et Jamie Drake des architectes d'intérieur en vogue dans la jet-society. En cinquante ans elle a su développer son *Pricing power* de façon vertigineuse.

Développer son *Pricing power* constitue le principal levier pour s'affranchir de la compétitivité-prix. Nous allons passer ici en revue les diverses pistes qui favorisent, pour une entreprise, le renforcement de son *Pricing power*. Dix leviers pour affirmer son *Pricing power*, enjeu majeur de la compétitivité hors-prix.

## Pratiquer des prix audacieux

Dans son livre *Psychologie du consommateur*[1], Nicolas Guéguen écrit : « *Il existe une relation linéaire entre le prix du produit et son évaluation : plus le prix augmente, plus l'évaluation devient positive* ». Il rapporte dans ce livre l'expérimentation de Woodside menée auprès d'ouvriers dans le secteur du bâtiment. Il a été ainsi demandé à ceux-ci (répartis en plusieurs groupes) d'évaluer la qualité d'un réchauffe plat dont ils faisaient usage pour leur déjeuner. Il ressort de cette expérience une relation très étroite entre prix et sentiment de qualité ; en l'espèce, plus le prix de l'appareil annoncé à un groupe d'ouvriers

1    Nicolas Guéguen, *Psychologie du consommateur*, Dunod, Paris, 2ᵉ édition 2011.

était élevé plus les ouvriers évaluaient positivement et fortement la qualité de celui-ci.

La promotion tarifaire est le pire ennemi du *Pricing power*. Orange a un *Pricing power* incontestablement plus fort que celui de Free. Alors que ce dernier communique essentiellement sur des prix bas et des offres avantageuses d'abonnements, les messages publicitaires d'Orange véhiculent les concepts de vitesse d'accès à Internet, de fiabilité de communication et de jeunesse connectée. Les constructeurs français axent à tort leur communication commerciale sur des offres promotionnelles excessives. Ce faisant, ils détruisent de la valeur et de l'image tant il est vrai que ce qui n'est pas cher « *ne vaut rien* », autrement dit est de mauvaise qualité ; contrairement aux constructeurs allemands qui optent pour la mise en avant de la qualité, du confort et des performances et font choix d'une politique de prix audacieuse pour renforcer la conviction de qualité chez les clients.

## Veiller à la qualité des produits livrés

Performance et qualité sont les leviers les plus pertinents du *Pricing power*. Vendre cher se mérite et pour ce faire la qualité s'impose. Colbert, surintendant des Bâtiments et manufactures, le présageait déjà en son temps, faisant valoir le 3 août 1664 : « *Si nos fabriques parviennent à obtenir une qualité supérieure de nos produits, alors les étrangers trouveront avantage à se fournir en France et leur argent affluera dans tout le royaume* ». *Trois cent cinquante ans n'auront pas suffi à en convaincre pleinement nos concitoyens. Les industriels allemands, japonais et suisses, probablement moins novateurs que les industriels français, se sont taillé une réputation hors pair en matière de qualité.* À la *Deutsche Qualität*, nous autres Français n'opposons qu'un modeste *made in France*, qui géolocalise la fabrication mais ni ne la garantit, ni même n'évoque d'une quelconque manière la qualité.

## Asseoir la crédibilité des produits proposés

De nombreuses entreprises proposent des produits de grande qualité mais n'en rapportent pas la preuve. À défaut de lever le doute aucun *Pricing power* ne saurait se développer. La publicité, le marketing viral, les blogs, les normes

ISO 9001 d'AFAQ et NF d'Afnor, la démonstration, l'essayage, les références clients sont autant de vecteurs de communication pour asseoir la crédibilité. La crédibilité, du latin *crédibilis* (croyable) emporte la conviction des clients que ce que met en avant l'entreprise pour vendre est incontestable, qu'il s'agisse de la performance, de la qualité, de la pérennité ou de tout autre aspect spécifique à une fabrication. EFJM, fabricant français de joints d'étanchéité de très haute qualité, fait valoir à ses clients que ses joints se prévalent de toutes les certifications aéronautiques et sont utilisés par la direction des constructions navales (DCNS) dans la construction des sous-marins nucléaires.

## Façonner l'image externe des produits

Plus communément appelée «image de marque» l'image externe est déterminante quant à l'assise du *Pricing power*. L'image d'un produit, d'une marque ou encore d'une entreprise correspond à la façon dont celle-ci est perçue (populaire, jeune, riche, etc.) par la clientèle et ce qu'elle évoque pour elle (la fraîcheur, le dynamisme, l'élitisme, etc.). Cette perception est souvent très subjective et se «façonne» afin de renforcer le *Pricing power*. En ce sens, des actions de communication multimédias portent d'une part sur la *notoriété* (la connaissance de la marque et ce qui lui est attribué par les clients) et d'autre part sur la *réputation*[1] auprès de la clientèle (ce qui se dit de la marque par le bouche à oreille). Toutes ces actions, propres à valoriser l'image externe (ou encore image donnée), comptent parmi les meilleurs contributeurs à la pratique de prix délibérément plus élevés que ceux enregistrés sur le marché.

Le constructeur automobile Skoda rencontrait des difficultés pour pénétrer le marché chinois, marché en pleine expansion dont la clientèle est très attachée aux marques et à la qualité de l'image. Pour surmonter ces blocages, les vendeurs Skoda ont reçu instruction de mettre en avant, au cours de leurs entretiens de vente, la tradition industrielle de la Tchéquie, de faire valoir son expérience industrielle très renommée, enviée par le monde entier et ainsi de façonner *ex abrupto* une image de grande qualité en matière automobile dans l'esprit encore néophyte des chinois en matière automobile. Les ventes de Skoda en Chine ont tout bonnement explosé depuis 2010.

---

1   Notoriété et réputation sont des concepts distincts et complémentaires. Un produit peut être très connu (notoriété) mais être tenu par exemple pour fragile (réputation).

## Valoriser l'image interne de votre entreprise

Est en cause ici l'impact de l'image dont bénéficie l'entreprise au sein de ses propres équipes sur son *Pricing power*. On est fier de travailler chez Kenzo ou chez IBM. Cette fierté rejaillit indirectement mais fortement sur le comportement des individus et partant sur le *Pricing power* de leur entreprise. La célèbre expérience de Miller, Brickman et Bolen[1] nous en persuade. En l'espèce il a été demandé à un groupe d'enfants de faire un effort de propreté en veillant à ne pas jeter les papiers de bonbons dans leur aire de récréation. À un second groupe, il a seulement été transmis des compliments « appuyés » concernant leur propreté au regard du peu de papiers de bonbons se trouvant dans leur cour. On l'a compris, là où le premier groupe fut simplement invité à se conformer à une directive extérieure, les enfants du second groupe se voyaient par le jeu d'un compliment catalogués « enfants propres ». Ce catalogage, appelé « étiquetage » par le psychosociologue Robert-Vincent Joule, a conduit ces enfants à internaliser l'image positive d'« enfants propres » et en conséquence à s'y conformer mécaniquement. Il fut en effet observé que l'aire de jeu des enfants du second groupe (étiqueté propre) comptait infiniment moins de papiers jonchant le sol que celle réservée aux enfants du premier groupe. Au travers de cette expérience, on comprend que l'internalisation par les salariés des images de qualité et d'exigences professionnelles, partagées par tous, a un impact sur le *Pricing power*. Ici, le slogan de l'Oréal « parce que je le vaux bien ! » prend en interne toute sa dimension.

## Centrer vos réflexions et communications commerciales sur le besoin des clients

Ce ne sont pas les produits qui manquent sur le marché ; plus sûrement, les besoins identifiés chez les clients (et reconnus par ceux-ci) font souvent défaut. Parler produit est une erreur commerciale aussi répandue que coûteuse au regard du *Pricing power*. Les chirurgiens, les anesthésistes, l'ont compris. Plus un patient craint pour sa santé moins il est enclin à discuter leurs dépassements d'honoraires. De même, les avocats savent que plus une affaire est à gros

---

1   L'expérience de Miller, Brickman et Bolen a été menée en 1975 aux États-Unis sur des enfants de 8 à 11 ans.

enjeu moins le client est porté à mettre en cause le prix de leurs prestations. Ce paradigme appliqué à l'entreprise et à sa démarche marketing ouvre la voie à l'amélioration de son *Pricing power*. Il est en effet essentiel de conduire la chaîne marketing-vente à travailler prioritairement sur la compréhension des problèmes et difficultés rencontrés par les clients et moins sur la mise en avant des produits proposés, fussent-ils meilleurs que les autres. C'est par la résolution efficace et rapide des problèmes et difficultés en question que le *Pricing power* s'amplifie. Lorsque les managers qui « débriefent » les entretiens de vente des commerciaux, ne demanderont plus « *est-ce que tu as vendu ?* », mais « *quels problèmes et difficultés ton client souhaite résoudre et quelle solution lui as-tu proposée ?* », alors votre *Pricing power*, à l'image du chirurgien, de l'anesthésiste et de l'avocat vous permettra de pratiquer sans ciller le dépassement d'honoraires…

## Développer le savoir-faire commercial de vos équipes marketing-vente

Cette action est amplement développée au chapitre suivant. Ici contentons-nous d'observer que celui qui a mission de gagner une coupe sportive, par exemple de football, n'a de cesse d'entraîner les joueurs à courir, à *dribbler*, à savoir marquer aussi bien de la tête que des deux pieds, à se positionner pour mieux se démarquer, etc. Il sait d'instinct qu'une compétition se gagne ou se perd sur le terrain avec les joueurs et par les joueurs ; et que cet entraînement est bien évidemment quotidien et obligatoire. Mieux, tout joueur qui s'en affranchirait serait relégué *ipso facto* sur le banc de touche ! Or, il est un paradoxe dont le dirigeant commercial doit s'affranchir : l'entreprise française attend de ses équipes commerciales une impérieuse victoire et en revanche ne consent ni temps ni argent pour l'entraîner à mettre des buts et à l'encadrer en permanence pour qu'elle y parvienne. Apprendre à visiter (*courir*) chez les clients, à les rencontrer coûte que coûte (*dribbler*), à prendre aussi bien des commandes par téléphone que *de visu* (*marquer aussi bien de la tête que des deux pieds*), à asseoir la crédibilité de l'entreprise (*se positionner pour se démarquer*) et en tout point être supérieur aux autres afin d'emporter la compétition, est l'évidente clef de la réussite. Mieux un commercial est formé et encadré, plus grand est le taux de transformation de ses entretiens de vente en bons de commande. La vérité est que l'entreprise française répugne tant à la vente qu'elle confond le savoir-faire commercial et la compétence métier. Cette confusion est si répandue que celles et ceux qui vendent n'en font pas eux-mêmes une claire distinction. Une bonne connaissance des produits suffit pensent-ils. Cette confusion entraîne toutefois des conséquences qui entament le *Pricing power*. Les commerciaux en effet disposent pour seules techniques de vente de quelques arguments portant sur les produits et bien peu suivent des *trainings* de vente intensifs. C'est bien peu pour défendre un *Pricing power* et garantir que le match sera gagné.

## Responsabiliser et intéresser les commerciaux aux prix de leurs ventes

Intéresser celles et ceux qui vendent au prix pratiqué ou à la marge que dégagent leurs ventes entraîne *ipso facto* une élévation de celles-ci. Le souhait de protéger la confidentialité des marges ne fait nullement obstacle à la mise en œuvre de cette pratique. Les systèmes d'intéressement sur la marge prennent souvent pour base un prix de revient normalisé ou encore le retraitement de leurs chiffres d'affaires[1] pour garantir une marge constante. Ces systèmes produisent un fort effet de levier sur la marge et participent à l'amélioration du *Pricing power,* pour peu que les commerciaux soient de bons profession-nels de la vente et de la négociation.

## Élargir le besoin des clients à d'autres satisfactions potentielles

Si un consommateur limite l'achat d'une montre au seul besoin de disposer de l'heure, il ne saurait envisager un achat coûteux. Seul l'élargissement du désir à la possession d'un objet ostentatoire le conduira à s'offrir une Rolex ou une montre Hermès. L'élargissement du besoin est l'un des plus puissants leviers pour renforcer votre *Pricing power*. Dans le monde du spa un client n'investira pas 10 000 € pour se contenter de prendre le champagne entre amis ou pour

---

1   Par exemple, une remise de 10 % pour une affaire de 10 000 €, facturée 9 000 €, n'incrémentera le chiffre d'affaires du vendeur que de 7 500 €.

simplement décorer sa terrasse. Ici, l'élévation du *Pricing power* passe par l'élargissement du besoin du client à la qualité thérapeutique des massages, la valorisation et l'embellissement de la maison avec un spa mosaïque ou encore la qualité du SAV. Les fabricants de Smartphones en ajoutant appareil photo, caméra et Internet ont élargi la satisfaction du besoin et partant, leur *Pricing power*.

## Développer et entretenir un lien émotionnel avec les clients

Le lien émotionnel que le client entretient avec l'entreprise au travers de ses commerciaux est d'une importance primordiale quant à l'accroissement ou l'affaiblissement du *Pricing power*. Diverses études de psychologie comportementale l'attestent. L'une d'entre elles a été menée par Brendl[1]. Ce scientifique a pu établir que les consommateurs étaient davantage attirés par les marques qui comportaient un grand nombre de lettres contenues dans leur prénom… Cette étude a établi en outre que l'on a trois fois plus de chance d'aboutir à l'accord d'une personne (et pourquoi pas d'un client), si l'on porte le même prénom. Une autre étude, réalisée en 1990 aux États-Unis par Howard[2], confirme l'impact du lien émotionnel sur la décision d'achat des clients. En l'espèce, Howard proposait par téléphone l'achat de cookies au profit d'une œuvre de bienfaisance. Son expérience a consisté tout simplement à faire précéder sa demande d'achat d'une formule du genre « *comment allez-vous ?* ». Il découvrit que le seul fait de poser cette question (laissée sans réponse par l'interlocuteur) suffisait à faire passer le taux d'accord de 10 % à 25 % ! Howard a découvert que le développement d'un lien émotionnel, par l'obtention d'une réponse de la part de la personne sollicitée, « boostait » significativement le taux d'accord ; et cela proportionnellement à l'importance de la réponse. En effet, si la personne répondait par un simple « *ça va* », le pourcentage d'acceptation à la requête d'achat de *cookies* passait à 30,8 %. Si la personne était plus loquace et exprimait les raisons pour lesquelles tout allait bien (réussite ou bonne nouvelle), alors les ventes de *cookies* explosaient littéralement avec 46 % de réponses positives !

1   M. C. Brendl, « Advances in Consumer Research ».
2   Howard, « The influence of verbale responses to common greetings on compliance behavior », *Journal of Applied Social Psychology*, 1990, pp. 1185-1196.

Les expériences de psychologie comportementale portant sur le lien sont nombreuses. Toutes convergent : les décisions d'achat ou la construction de système de préférence des individus au profit d'autrui ou d'une marque sont fortement conditionnées par l'intensité des liens émotionnels tissés. Les entreprises qui savent entretenir et développer un lien solide avec leurs clients (rencontres, invitations, image de marque, satisfaction, etc.) sont de toute évidence plus aptes à les retenir et cela malgré la pratique d'un prix plus élevé que leurs concurrents (meilleur *Pricing power*). En revanche, ces études invalident la « raréfaction des échanges avec la clientèle », mise en œuvre tout particulièrement par les banques. La « numérisation des échanges par Internet » entraîne *ipso facto* une perte de substance émotionnelle dans la relation commerciale avec les clients. Pareillement, la trop fréquente modification de périmètre des portefeuilles clients des conseillers aboutit à la même déshérence de la clientèle. Il est dès lors peu étonnant que celle-ci se fasse beaucoup plus volage et que la compétitivité-prix soit devenue son premier critère de choix d'un établissement bancaire. Cette négligence relationnelle a fait le lit d'AXA Banque ou d'ING DIRECT qui opèrent désormais aisément sans agence… Ici encore, la logique de baisse de coûts suggérée par la compétitivité-prix est contraire aux intérêts de l'entreprise. Cette logique comptable détruit du lien alors que la compétitivité hors-prix imposerait l'entretien d'une relation de qualité avec les clients afin de renforcer le *Pricing power*[1] et sortir par le haut.

Être cher n'est en rien une pathologie mais le fruit d'une politique commerciale délibérée dont le bien-fondé est reconnu quasi unanimement par les clients. S'il est une chose dont une entreprise doit s'enorgueillir, ce n'est pas tant de produire moins cher que les autres et à moindre coût (approche technico-financière de la compétitivité-prix), mais de vendre davantage et plus cher que ses concurrents des produits plus satisfaisants et prisés par les clients (Vision commerciale de la compétitivité hors-prix).

© Groupe Eyrolles

---

1   Un client qui nourrit un lien émotionnel avec une entreprise est généralement beaucoup plus fidèle et moins enclin à comparer les prix.

Chapitre 5

# Les 43 actions
## pour améliorer l'efficacité commerciale
## de votre équipe

Il faut savoir, dit-on, balayer devant sa porte ! Pour être performant et assurer le *break* concurrentiel auquel tout dirigeant aspire légitimement, un PAC ne saurait réunir les seules actions *externes* développées à l'endroit des clients. Il doit, pour être complet, prévoir des actions *internes* visant à améliorer et à stimuler l'efficacité de l'ensemble organisationnel que constitue l'équipe commerciale dans son ensemble.

Conquérir de nouveaux clients et atteindre ses objectifs de part de marché ne se fait pas sans volonté affichée, ni formation. Les fidéliser oblige à la même détermination et contraint à l'acquisition de savoir-faire exigeant. Pour ce faire, ainsi que nous l'avons vu plus haut, l'élévation de la performance d'une équipe nécessite d'actionner deux grands leviers (voir figure 22) : d'une part stimuler sa mobilisation pour gagner ; d'autre part perfectionner les savoir-faire. Cette observation conduit à examiner deux nouvelles familles d'actions :

- les vingt-huit actions de mobilisation de la force de vente ;
- les onze actions de professionnalisation des commerciaux.

Bien évidemment, ces deux facteurs (mobilisation et professionnalisation) interagissent entre eux et contribuent, par un effet boule de neige, à se *booster* mutuellement. Par exemple, une formation réussie *entraîne* un indéniable effet mobilisateur. De même, une action visant à mobiliser les commerciaux, telle qu'une réunion de vente, contribue à leur donner envie de mieux faire.

# Les 28 actions de mobilisation de la force de vente

Nous l'avons vu plus haut, la Mobilisation de la force de vente se décompose en cinq facteurs : la Motivation (l'envie), le Management (le soutien de l'encadrement), la Monnaie (l'attractivité de l'argent), les Moyens mis à disposition et le Marché plus ou moins porteur de sens pour les commerciaux. Ces cinq leviers recèlent autant d'opportunités d'actions dont votre PAC doit se faire l'écho. Nous allons examiner tour à tour :

- les 4 actions sur la Motivation de l'équipe ;
- les 13 actions de Management ;
- les 2 actions portant sur la Monnaie ;
- les 4 actions donnant des Moyens ;
- les 5 actions de promotion du Métier.

## ▪ Les 4 actions pour stimuler la motivation de vos vendeurs

À en croire l'observation des commerciaux, la motivation semble issue de «gènes» dont tous n'ont pas bénéficié à la naissance au même niveau de dosage ! Pour autant, ces déficits génétiques ne sont pas irréversibles. Les jeux concours, les remerciements, les félicitations publiques, la pratique des encouragements, une bonne ambiance ou encore la réussite recèlent d'importants gisements de motivation.

### Le *team building*

Une équipe ne se crée pas d'emblée. Elle se réunit en un premier temps. Dans un second temps, elle se construit de manière cohérente et méthodique. Une équipe construite et cohérente coopère de manière dynamique autour d'un projet commun.

Les avantages de cette coopération sont multiples : pas de perte de temps en conflits inutiles ; l'information circule, rendant tous les membres plus efficaces ; l'apprentissage de l'un sert à tous par le partage de la connaissance ; enfin le travail en commun devient plaisir, source d'une formidable motivation.

Au risque d'être réducteur, le *team building* s'apparente à l'art de faire en sorte que vos commerciaux viennent travailler le lundi matin avec l'immense plaisir de retrouver leurs collègues, en vue de porter ensemble des projets professionnels à court, moyen ou long terme, avec une ambition de succès partagée par tous.

Pour donner corps à ce légitime idéal, les psychosociologues s'accordent à penser que les individus au sein d'une équipe passent par trois stades. Le premier est celui de son inclusion, autrement dit de son entrée dans l'équipe. C'est l'étape au cours de laquelle le nouvel entrant souhaite se faire connaître et apprécier par les autres membres de l'équipe. Serviable, souriant, complaisant et arrangeant, il est mû par la crainte d'être rejeté par le groupe et met tout en œuvre pour se faire accepter par les autres. Une fois son inclusion accomplie, l'individu entend au deuxième stade se faire reconnaître. Il marque alors son territoire, veille à se faire respecter, à défendre ses valeurs et son périmètre de pouvoir. Il cherche à se faire valoir ! Mais une somme d'individualités, aussi importante soit-elle, ne saurait constituer une équipe. Pour ce faire, les membres de l'équipe doivent accéder à un troisième stade, celui de la coopération. Ici règnent solidarité, confiance, patience, engagement, humour et altruisme. Accéder à la coopération est la finalité première de toute action de *team building*.

Afin de rester pragmatique voici les dix principales clés pour construire votre équipe :

- *Entretenir sympathie, respect et affection entre les membres.* Une équipe ne saurait se construire si ceux qui la composent ne s'estiment pas ni ne s'apprécient et n'ont aucun plaisir à se retrouver ou à travailler ensemble. C'est pourquoi des conventions de ventes, des réunions (voir plus loin) qui favorisent la naissance et le développement d'un courant amical entre les commerciaux matérialisent les premières pierres à poser pour construire votre équipe.

- *Convenir d'objectifs communs.* Une équipe dont les membres ne partagent pas un projet commun, des ambitions et des objectifs identiques, ne saurait en constituer une. Votre PAC doit impérativement prévoir une ou deux réunions annuelles, visant à définir le projet de l'année. En ce sens, la participation de l'équipe à la construction du PAC lui-même représente un excellent facteur d'intégration et de cohésion.

- *Créer des pôles d'intérêts communs.* Si le partage d'un même objectif est constitutif d'une équipe, convenons qu'au-delà, un même intérêt, un goût, une passion pour quelqu'un (un leader) ou quelque chose (un projet) sont de formidables ciments pour unir les membres de l'équipe. Afin d'illustrer la différence entre le partage d'objectifs et des pôles d'intérêts communs, il faut comprendre que pour une équipe de football, l'objectif de remporter la Coupe de France se doit d'être partagé par tous ses joueurs. Mais cette équipe sera d'autant plus capable d'accéder à cette ambition si, en outre, tous les joueurs sont animés par un même amour du football et désirent ensemble faire gagner leur club.

— *Créer des mécanismes d'entraide.* Si la réussite des uns contribue à l'échec des autres, le groupe se disloque irrémédiablement. La solidarité doit régner pour que le groupe développe une attractivité auprès de ses membres.

— *Disposer de règles acceptées par tous.* Sans règles communes, pas d'équipe ! Une société ou un groupe qui ne se soumet pas à des lois reconnues et acceptées par ses membres n'a aucune chance de survivre en milieu concurrentiel. Si le bénéfice personnel est privilégié face au respect de l'ordre établi, si le but individuel l'emporte sur le but collectif, les chances d'une bonne cohésion du groupe dans l'adversité sont réduites. Le franc-tireur est l'une des pires forces centrifuges au sein d'une communauté.

— *Apprendre ensemble et partager le savoir.* L'association par l'agrégation des acquis, des connaissances et des expériences de chacun, est de toute évidence créatrice d'équipe. Les cachotteries et autres mesquineries sont en revanche centrifuges.

— *S'entraîner ensemble et mutuellement.* Dans une équipe qui coopère, le succès individuel devient la préoccupation de tous. Les laissés pour compte du succès ne sauraient longtemps participer activement à la vie de l'équipe. En ce sens, le coaching des uns par les autres constitue une solution sensationnelle de *team building*.

— *Pouvoir discuter et échanger.* Une équipe se soude quand ses membres peuvent exprimer leur avis et être entendus par les autres. Elle se décompose en raison de l'incompréhension réciproque. Les discussions et les échanges favorisent cette indispensable intelligence entre équipiers.

— *Offrir des activités extérieures communes.* Veillez à ce que les échanges ne se cantonnent pas au seul besoin de coordination des tâches et des missions confiées à chacun au sein de votre organisation commerciale. Randonnées pédestres, voyages, week-ends, sorties, etc., sont autant d'occasions d'élargir la relation professionnelle et le plaisir de travailler ensemble. L'esprit d'équipe s'ensuivra immanquablement.

— *-Développer les attitudes ludiques.* Les jeux, les compétitions, les amusements et autres plaisirs ludiques contribuent pour une large part à créer la bonne ambiance qui préside à l'union sacrée des vendeurs. La tristesse, la platitude et la monotonie ne sont en rien source de productivité ou d'efficacité dans le travail.

### Action portant sur la réussite

Le plaisir de réussir n'a d'égal, en intensité, que le déplaisir d'échouer. Faites en sorte que vos commerciaux réussissent et ils seront de suite motivés. Une équipe qui gagne et remporte des victoires est une équipe enthousiaste. Prenons un exemple.

> #### ▷ FACTEURS D'ENTHOUSIASME
>
> Le directeur d'un plateau de télémarketing, à la recherche d'une solution pour remotiver ses équipes, me contacte. Ses télévendeurs ont la charge, pour le compte d'une entreprise cliente de son plateau, d'une grande campagne de reconquête de la clientèle perdue. Las, le taux de réussite ne dépasse pas 4 % des appels ; 96 % de refus suffisent à anéantir la motivation des plus déterminés au sein de son équipe. La démotivation gagnant, un climat délétère s'installe sur le plateau et l'absentéisme grandit. Plus d'un tiers de l'équipe déserte le plateau ! Un rapide diagnostic révèle que le script de télévente est inadapté à la mission de reconquête et présente beaucoup de défauts, annihilant tout espoir de succès. On reconstruit alors un script efficace d'appels. Quelques tests de mise au point suffisent. Sans délai, le taux d'accord des clients contactés est porté à 17 %. Ceci suffit à remettre en selle les plus démotivés qui se rétablissent miraculeusement bien vite…

On l'a compris, l'action portant sur la réussite vise à élever directement la performance des commerciaux par une aide directe, interne ou externe, gage de succès dans les démarches de vente des commerciaux, au prix de « quelques artifices ». En ce sens, l'accompagnement sur le terrain, une promotion ou des objectifs aisément atteints sont autant de moyens pour conduire à la réussite vos vendeurs. Là où l'échec accable, la réussite gagne !

### Les conventions ou *kick off* : six conseils pour les réussir

Les conventions annuelles ou semestrielles, dites *kick off*, qui réunissent les vendeurs et leurs encadrants, génèrent un fort effet de levier sur la mobilisation de tous, soudés autour des objectifs commerciaux du PAC. Une minorité d'entreprises en fait une pratique régulière. Crainte d'échouer, manque de savoir-faire, réticence budgétaire ou méconnaissance des avantages à en retirer expliquent probablement cet état de fait. Quel dommage ! Les conventions offrent une formidable opportunité de cohésion d'équipe; elles développent un fort attachement des commerciaux à leur entreprise, à leurs managers et envers leurs collègues. Dans ce concert commun, les esprits se comprennent, se détendent et apprennent à collaborer. Du voyage touristique aux activités ludiques, des séminaires hôteliers aux universités d'été en villages de vacances, les idées et les lieux ne manquent pas pour assurer au moindre coût une opération de support à gros succès. Le respect de quelques règles suffit à en assurer la réussite:

– Une convention est une *occasion de détente et de retrouvailles*. Elle fait tomber les conventions, aussi bien celle de la tenue vestimentaire que celle de la distance protocolaire ! Les esprits se libèrent et les propos aussi. Voilà un excellent moyen de créer un climat d'échanges, de sympathie et de compréhension mutuelle, qui préside au *team building*, autrement dit à la construction d'une équipe.

– Les lieux et l'activité choisis doivent *véhiculer une part de rêve*. À défaut d'être exceptionnels ou inhabituels, lieux et activités se veulent dépaysants ou amusants. Camper en moyenne montagne ou se déhaler en péniche sur les canaux du Nivernais: voilà de quoi enchanter longtemps vos équipes sans rien retirer au sérieux d'un *kick off*. Ajoutons que les dernières réticences à ce que vos conventions englobent un week-end tombent d'elles-mêmes…

– Des *soirées organisées*. Le pire ennemi d'une convention est l'ennuyeuse soirée, si souvent inhérente à ce genre de réunion. Souvent, les femmes vont se coucher tandis que les hommes refont le monde autour d'une bière. C'est méconnaître l'esprit festif des commerciaux. Une soirée à thème costumé, un night-club à proximité (*open bar* conseillé), suffit à écarter tout risque de morne ambiance.

– *L'omniprésence des dirigeants*. Les réunions, comme la formation, ne sont pas faites que pour les autres. Les managers y participent au premier chef. Zéro distance, zéro absence sont les maîtres mots de la réussite d'une convention.

– *L'équilibre des informations descendantes et remontantes*. Faites en sorte de limiter l'information descendante à l'essentiel. Une sélection de quelques messages forts à faire passer, clairement exprimés, accompagnés de vidéos ou de documents PowerPoint bien conçus ont une meilleure efficacité qu'un discours fleuve et soporifique. Place à l'information remontante, composée d'échanges et d'interactivité. Une convention est synonyme de moment privilégié pour solliciter l'avis de vos commerciaux, leur proposer des ateliers, construire des argumentaires, organiser des sondages, et, comme nous l'avons vu précédemment, rechercher des forces et des faiblesses, des menaces et des opportunités. Agréables surprises garanties !

– *Équitable partage entre le travail et le ludique.* Les commerciaux portent en eux une part juvénile apparemment inextinguible. De là découlent deux travers à éviter pour naviguer entre les écueils et accéder au succès : le tout ludique et le tout travail. Le premier n'est qu'une récompense, modeste et inutilement coûteuse, sans réel fondement. Il laisse entendre que l'entreprise se doit d'amuser son monde. À l'opposé, le tout travail est aussi peu motivant qu'énergisant. Les très nombreuses conventions que nous organisons pour nos clients me persuadent que la bonne mesure pour une satisfaction maximale des participants et des dirigeants se situe à mi-chemin, moitié travail, moitié ludique, savamment mélangés.

Reste une dernière question. Que penser de l'intervention des Edgar Grospiron, Loïc Peyron, Yannick Noah… invités en vedette américaine des *kick off* à grand spectacle ? Destinés à séduire les forces de vente et à prêcher la bonne parole, leur rapport efficacité / coût est plutôt médiocre. Il est vrai que l'impact psychologique auprès des vendeurs est non négligeable pour la valorisation de l'image de l'entreprise et de ses dirigeants. En revanche, l'effet sur la mobilisation des équipes, sur les ventes et le *team building* est marginal. Pour ma part, je préfère proposer aux dirigeants qui me font confiance un Gérard Depardieu ou un Nicolas Hulot, astucieusement doublé, qui félicite dans un film vidéo projeté en public, les meilleurs commerciaux, houspille les retardataires, ou encore présente les grandes opérations commerciales de l'année et leurs enjeux. Efficacité et succès garantis !

## Les challenges et jeux concours : les dix conditions de leur succès

Que ce soit à l'occasion de la retransmission d'un match de football ou du Tour de France ou de toute autre manifestation à forte audience, les chaînes de télévision invitent les téléspectateurs à jouer ! Jouer par SMS en répondant à des questions aussi futiles que peu intéressantes et pour cela devoir s'acquitter de 2 fois 0,60 euro par message !

Voilà de quoi persuader les plus dubitatifs d'entre nous : les jeux et concours divers connaissent un succès aussi incompréhensible qu'intarissable. Sans doute mus par le besoin de prouver leurs connaissances ou appâtés par un improbable gain, les clients, les vendeurs et les distributeurs répondent positivement à toutes les sollicitations de jeux ou de challenges. Pour que ce type d'action commerciale soit couronné de succès, il est indispensable de veiller au respect de quelques règles et conditions. Voici l'exemple vécu d'un jeu portant sur la prospection.

### ▷ LES CONDITIONS DU SUCCÈS

*Renault Trucks* nous sollicite, dans le cadre de l'élaboration de son PAC, pour conduire ses commerciaux à sacrifier une part plus importante de leurs efforts à la prospection. Une tâche ingrate qui rebute souvent les vendeurs. Pour répondre à cet objectif, nous concevons un vaste jeu concours en la forme d'une bataille navale géante. Le navire amiral incarne un voyage de rêve pour deux personnes, les sous-marins représentent des téléviseurs, les frégates des Ipad, etc. Partis du principe que les commerciaux saisissent toute opportunité de vendre pour peu qu'on la leur fournisse, ce jeu récompense toutes les démarches de prospection et non pas leur succès. Alléchant, non ? Le seul fait de rencontrer un prospect et de pouvoir renseigner la base de données donne droit à un tir et cela autant de fois que des fiches parfaitement renseignées parviennent à la direction commerciale. Une fois par semaine, durant les trois mois que dure le jeu, un journal interne publie le résultat des tirs. Chacun peut ainsi savoir où il se situe dans cette course à la destruction de navires qui l'oppose aux autres ; précisons qu'une grille originale est établie par vendeur et que toute destruction intervenue sur l'une se répercute *ipso facto* sur les autres. À mi-parcours, un cocktail réunit tous les joueurs : belle occasion de réajuster quelques comportements mal adaptés, de stimuler tout le monde, de féliciter les vendeurs en tête et de secouer les derniers ! À la fin du jeu, les commerciaux sont conviés à la remise des prix dans un cabaret où un dîner spectacle est organisé pour eux seuls. Au préalable sont disposés sur la scène tous les prix, billets d'avion, VTT, caméscopes, tables de ping-pong, etc. Un vrai Noël… Le directeur commercial appelle un à un les heureux gagnants, étant entendu que tous sont parvenus, à des degrés divers, à couler quelques navires… Énoncé du palmarès, félicitations, applaudissements et enfin remise des lots… La soirée est couronnée de succès pour un coût modeste.

Au travers de cet exemple, regardons les différents éléments qui conduisent au succès du jeu et permettent à *Renault Trucks* d'identifier plus de 3 000 nouvelles cibles qui, cette année-là, suscitent une croissance importante des ventes. Pour réussir, un challenge doit satisfaire à dix conditions.

– *Avoir des objectifs clairs*. Il doit être étroitement associé à ce que vous voulez obtenir. Une réflexion approfondie avec la direction commerciale de *Renault Trucks* a conduit à assigner pour objectif à cette action un changement d'attitude des vendeurs au regard de l'effort de prospection. Il fallait les amener à réorienter leurs contacts, leur en démontrer l'efficacité et les réconcilier avec l'effort de prospection. Le choix de cet objectif est apparu plus pertinent que la vente de tracteurs ou la conquête de nouveaux clients qui immanquablement allait suivre :

– *Définir précisément une cible.* Un challenge peut être conçu dans le but d'agir sur les clients (stimuler leurs achats), mobiliser les distributeurs ou motiver les commerciaux, appâter des apporteurs d'affaires ou réunir des prescripteurs. Définir avec précision les cibles s'avère une impérieuse nécessité.

– *Être ludique.* Tautologie me direz-vous. Pourtant, il ne suffit pas de faire jouer des individus pour que mécaniquement ceux-ci s'amusent. Ludique signifie en l'espèce amusant, divertissant et distrayant. Le jeu doit consister à organiser un concours pour offrir l'occasion aux participants de se mesurer, de se prouver à eux-mêmes et à leur environnement immédiat (famille, amis, collègues et managers) qu'ils sont « de bon niveau ». Pour ce faire, il doit ménager un certain suspense (la bataille navale géante) et inviter à une compétition.

– *Introduire une part de chance.* Un jeu pour réussir doit incorporer une dose de chance. On évite ainsi que ce soit toujours les mêmes qui gagnent et de décourager à l'avance les autres. En ce sens, la bataille navale ne donne pas la victoire aux meilleurs, mais les crédite seulement de plus de chances (plus de tirs).

– *Être richement doté.* Plus un concours est doté, plus il est attractif. Exposez dans le hall de votre entreprise la *208 CC* qui est à gagner. Soyez assurés que vos commerciaux ne ménageront pas leurs efforts pour peu que vous invitiez au cocktail de lancement leurs conjoints…

– *Éviter les rapports d'argent.* À l'occasion de la présentation d'une nouvelle action commerciale, les dirigeants sont souvent sollicités par leur équipe de vente sur le plan des primes qui l'accompagne. Le challenge offre l'exceptionnelle opportunité de pouvoir sortir de cette relation pécuniaire et renouvelle avantageusement le genre. Veillez à ne pas le réintroduire par le biais des chèques cadeaux, des bons d'achats ou toute autre forme de récompense. Un voyage gagné est une aventure à vivre, à raconter à ses collègues et non à rembourser en espèces !

– *Optimiser le rapport valeur psychologique / coût réel.* La mise en jeu d'un écran plat conduit certains esprits à se dire que bientôt les prix auront tellement baissé qu'ils pourront se l'offrir sans jouer… Les cadeaux doivent présenter la valeur faciale la plus élevée possible pour un coût réel le plus faible. En ce sens, les voyages, à certaines saisons, se négocient à de fort bonnes conditions, laissant intacts l'imaginaire et le rêve.

– *Bénéficier d'un règlement simple, clair et précis.* Les règles du jeu, pour être comprises par tous, doivent être simples. Dans le même esprit, leur clarté est de mise afin d'éviter litiges et palabres. Enfin, il leur faut être précises, ce qui facilite les arbitrages éventuels. Ce règlement, une fois rédigé et remis à tous, doit être déposé chez un huissier. On accède ainsi au formalisme nécessaire à la confiance, et l'on évite les doutes et les perplexités que charrie chez certains l'amertume de l'insuccès.

– *Avoir une durée optimale.* Certains participants ont plus d'inertie que d'autres à jouer. Le goût du jeu est un peu comme l'appétit, il vient en jouant. En foi de quoi un minimum de six semaines s'impose. Une durée de douze semaines semble maximale. Au-delà, les participants se lassent et les animateurs s'essoufflent.

– *Prévoir un lancement, une clôture et des relances.* Les challenges, jeux et concours ressemblent à bien des égards à des produits. Qu'ils invitent au jeu des vendeurs, des distributeurs ou des clients, ils se doivent d'être lancés, avec cérémonie et publicité, cela en vertu du vieil adage paysan « *On n'attrape pas les mouches avec du vinaigre !*». Un responsable doit se charger de l'animation. Sa fonction est d'assurer le bon déroulement du jeu, le respect des règles, et de relancer fréquemment les participants. À défaut, la mobilisation autour du challenge décroît. La clôture quant à elle, incarne le bouquet final pour les participants. Là encore, le cérémonial est d'usage avec son lot obligatoire d'applaudissements, de cocktail, de félicitations et de publicités internes ou externes. Hélas, les organisateurs y sacrifient rarement ou pour le moins pas suffisamment. Ayant atteint leur fin, ils ont souvent tendance à négliger cet aspect pourtant essentiel au succès du prochain jeu.

Lors de la convention nationale d'une équipe de vente dont j'ai en charge l'amélioration de la performance, le directeur du marketing monte subitement et de façon impromptue à la tribune. Il ressent visiblement le vif désir de stimuler les commerciaux en vue du lancement d'une nouvelle famille de produits. Il promet à celui qui obtiendra les meilleurs résultats dans la vente de cette gamme porteuse d'espoir un voyage d'une semaine à New York. L'un des meilleurs commerciaux me glisse alors à l'oreille être encore dans l'attente du voyage gagné l'année précédente… Gageons que celui-là aura certainement quelques difficultés à faire des efforts une nouvelle fois, tant il est vrai que chat échaudé craint l'eau froide !

## ▪ Les 13 actions mobilisatrices de management

L'action du manager sur son équipe est l'un des facteurs clefs de réussite. Ce livre n'ayant pas pour objet le management des forces de ventes, je limite ici mon propos à quelques conseils afin d'aider les managers à mobiliser leurs équipes.

### Communiquez votre propre motivation, votre foi !

Pour enthousiasmer, il faut se montrer enthousiaste et pour convaincre, encore faut-il être convaincu soi-même. Alors n'hésitez pas, contre vents et marées, montrez-vous persuadé du succès, confiant dans l'équipe et son avenir. Ne participez pas aux sempiternelles critiques que portent les commerciaux sur les insuffisances commerciales de leur entreprise. Si cette dernière était parfaite, disposait des meilleurs produits aux prix le plus bas, on n'aurait nul besoin d'eux pour convaincre les clients. Toute force de vente est la variable d'ajustement des carences des entreprises face à leur marché.

### Présentez-leur les enjeux, problèmes et difficultés à surmonter

Montrez sans cesse ce qu'il y a à gagner ou à perdre. Vantez et agrandissez les objectifs. Invitez vos commerciaux à tout mettre en œuvre pour sortir victorieux de ce grand combat qu'est le gain de part de marché. La survie de leur entreprise et la sécurité des emplois dépendent de leur succès.

### Faites-les participer à la recherche des solutions, sollicitez leurs avis

Une équipe commerciale se construit autour d'un projet. Ce projet est le fait de tous et non d'un seul, fût-il le chef ! L'appropriation par votre équipe de vos plans et desseins est un levier de mobilisation de l'énergie de celle-ci.

### Faites-les participer aux grandes décisions dont ils auront à assumer les conséquences sur le terrain

Pour qu'une décision soit admise et éclaire l'action des vendeurs en clientèle, il est indispensable qu'elle soit comprise et porteuse de sens. La pédagogie est une qualité chez les bons managers.

### Réglez efficacement et rapidement les petits soucis de vos commerciaux

La lenteur est un mur de désespérance. Les choses qui traînent en longueur, les problèmes irrésolus, les demandes qui n'aboutissent pas, les promesses non tenues, sont source de démobilisation.

### Désamorcez rapidement le mécontentement

Quand le mécontentement gronde, la démotivation suit.

### Encensez la réussite de chacun et dramatisez les échecs

N'hésitez pas à dire les choses et exprimez vos exigences. Un chef est d'autant plus apprécié qu'il tient des discours qui priorisent le *but* sur la *séduction*. Alors montrez-vous aussi enthousiaste du succès de chacun que vous êtes déçu par leurs échecs. Faites-le leur savoir ! Soufflez le chaud et le froid ! Mettez la barre haute et soyez exigeant. La victoire d'abord, la fête après !

### Établissez une relation personnelle avec les membres de votre équipe

Pour cela, faites-vous connaître sur le plan humain, en instaurant une relation de confiance et de respect mutuel. Trop de distance ou un manque de distance dénotent souvent une faiblesse ou un trouble de l'affirmation.

Chez *Orange*, le tutoiement est de rigueur aussi bien entre collègues qu'entre subordonnés et hiérarchiques. L'autorité ne vient pas, contrairement à ce que pensent beaucoup, de la distance. De plus, se rendre inaccessible ne constitue pas une solution en management. Sachez créer un lien amical avec vos collaborateurs et aborder des sujets désintéressés (sports, loisirs, vacances, etc.), en vous découvrant des points communs, en évoquant leurs problèmes personnels. Le dompteur doit entrer dans la cage aux lions sinon ils sont indifférents.

Les Romains ont depuis longtemps découvert les deux sources de l'autorité. La première est le *potestas*. Le pouvoir provient du statut de celui qui l'exerce. En clair, on est chef parce que nommé à ce poste. C'est en quelque sorte la légitimité. Mais cette source se tarit rapidement. Des erreurs répétées, des conflits perdus, un manque de compétence, etc., suffisent à l'épuiser en quelques semaines. La seconde source est l'*autoritas*. Elle résulte pour l'essentiel de l'aptitude à s'imposer aux autres, ceci autant par la compétence que par une capacité réelle à résoudre les problèmes d'autrui.

La distance, quant à elle, si souvent empruntée par ceux qui dirigent, contribue simplement au respect par la crainte ou la froideur. Elle ne saurait être mobilisatrice. À l'occasion d'une convention de vente en Afrique du Sud qui réunissait cinq cents visiteurs médicaux de Sanofi, le directeur général demanda à trois d'entre eux, au départ d'un parcours de golf, s'il pouvait se joindre en toute simplicité à leur partie. Gageons que ceux-ci en conserveront une sympathie indélébile.

## Conduisez votre équipe au succès

Ceci suppose de lui indiquer la marche à suivre, les conduites à tenir, en édictant un référentiel de vos exigences afin que nul n'ignore vos attentes ni ne soit surpris par vos demandes. Savoir « où l'on va » est une exigence psychique fondamentale de tous à l'endroit de celui qui tient les rênes.

## Faites-vous reconnaître unanimement comme celui qui commande

Endossez l'habit du chef de guerre. Omniprésent, faites régulièrement la tournée des popotes et occupez le centre en toutes circonstances. Ne ménagez pas votre équipe. Manager c'est déranger. Alors habituez les vendeurs à vous voir, vous entendre, vous écouter, vous parler… bref à vous sentir présent et au fait de tout ! Demandez-leur en permanence où ils sont et où ils en sont… Incitez-les sans cesse à se dépasser, à faire plus et mieux pour la cause de l'entreprise qu'ils servent. Et ne soyez pas familier, mais devenez-leur familier.

## Encouragez-les dans les moments difficiles et jugulez leurs états d'âme

Mauvaise image du métier, isolement ou éloignement, lassitude ou découragement, évolution du métier, manque de réactivité de l'entreprise, difficultés de l'entreprise, rémunération insuffisante, mauvaise ambiance, soucis personnels ou familiaux, ces passes délicates de la vie sont peu propices au succès dans la vente. S'il est un métier qui nécessite disponibilité totale, énergie, implication et dynamisme, c'est bien celui de commercial. Alors soyez là pour les soutenir lors des coups de tabac que la vie réserve à tous.

## Sachez les féliciter et être reconnaissant

La reconnaissance, c'est la motivation humaine de base. Pour vous montrer reconnaissant, cinq voies s'offrent à vous :

– La pratique des *encouragements*. Ici, il ne s'agit pas de complimenter, mais simplement d'encourager, en montrant votre confiance dans l'avenir ou dans les progrès.

– Les *félicitations*. Voilà une pratique qui se perd. Quel dommage, les commerciaux sont plus sensibles que d'autres populations aux compliments…

– Les marques de *respect*. Montrez-vous respectueux et vous serez en retour respecté. Il en va en effet du respect comme de la confiance : elle est mutuelle ou elle n'est pas.

– Les *honneurs*, au travers de pin's, distinctions, voire diplômes, applaudissements publics ou tout autre symbole électif qui fait chaud au cœur de celui qui le reçoit.

– L'*amélioration des statuts*. Prévoyez plusieurs statuts tels que commercial junior, senior, expert. Associez à chacun d'eux des avantages significatifs. L'accès à ces statuts véhicule une reconnaissance de la part de l'entreprise et de vous-même. Elle impose cette reconnaissance aux yeux de tous. L'accès au statut supérieur contribue largement à mobiliser et à fidéliser vos vendeurs.

### Réunissez-les efficacement

Réunir ses vendeurs est un art. Les réunions soporifiques, au cours desquelles les managers tiennent des discours fleuve, sont parfaitement démobilisatrices et contre-productives. Que d'ennui, de temps perdu et de propos inutiles sont suscités par une information descendante. Il en va en tout point d'une équipe comme d'un client. Les vendeurs apprécient le professionnalisme du manager qui prépare ses réunions et son discours, qui respecte les horaires de début et de fin, qui évite d'accaparer la parole, qui ne se joint pas au chœur des pleureuses, qui sait les écouter, les comprendre, les mobiliser sur des objectifs clairs, pour au final s'imposer à eux comme le leader de l'équipe.

## ▪ Les 2 actions portant sur la monnaie

Les actions portant sur la monnaie visent à utiliser le pouvoir de l'argent pour élever la performance des commerciaux, et ceci par deux grandes voies.

### L'offre promotionnelle

La première voie est celle de l'offre promotionnelle. Elle vise à doter vos commerciaux d'un argument choc portant sur le prix, les rendant ainsi attractifs aux yeux de leurs interlocuteurs. « Être placé » constitue un formidable levier de mobilisation de la force de vente et partant, de ses performances.

### L'appât du gain

La seconde voie passe par la sollicitation de l'appât du gain chez vos commerciaux. Une dotation spéciale à une nouvelle prime, aussi exceptionnelle qu'inopinée, fait souvent merveille pour canaliser et remobiliser les vendeurs. Pour peu que cette prime spécifique soit suffisamment attractive, aisée à obtenir, son obtention limitée dans le temps, se produit le miracle de la multiplication des petits pains (entendez l'accroissement de la performance).

Un bon conseil toutefois : évitez de multiplier ce genre d'action. Les choses s'usent rapidement chez les vendeurs et l'accoutumance à des gains aussi faciles qu'inespérés les conduira à réclamer sans délai que l'extraordinaire devienne bien vite… ordinaire ! S'ensuivra alors l'impossibilité d'obtenir quoi que ce soit d'eux sans l'octroi d'une prime supplémentaire. Les partisans de la *cosa nostra* deviennent alors de vulgaires mercenaires. L'équipe se délite et l'individualisme renaît de ses cendres.

### ▪ Les 4 actions portant sur les moyens

Les actions portant sur la dotation de nouveaux moyens participent aussi bien au succès de votre PAC qu'à la mobilisation des commerciaux. Recevoir un nouvel ordinateur ou le tout nouveau Nokia s'apparente à Noël pour nombre de commerciaux ! Les quatre actions les plus fréquemment rencontrées dans les PAC sont :

- l'informatisation des forces de vente ou de l'administration des ventes ;
- l'édition d'un nouveau catalogue ou cédérom de présentation aux clients ;
- la création ou l'amélioration d'un site internet ;
- l'achat de bases de données.

Bien que ces actions soient de grande importance, je n'en parlerai pas davantage ici. Chacune d'elle mérite un livre tout entier ! Il en existe de nombreux. Je ne puis qu'inviter le lecteur à s'y reporter.

### ▪ Les 5 actions de promotion de l'image du métier chez vos vendeurs

L'opinion que nourrissent les commerciaux quant à la branche économique dans laquelle ils opèrent et l'image qu'ils ont de leur entreprise, l'éthique qu'impose celle-ci, grandissent ou rapetissent leur souci de performance. Tout se passe comme si, par le jeu de demandes de conseils émanant des clients, des enjeux plus complexes ou un intérêt intellectuel stimulé, certains métiers se faisaient plus énergisants ou passionnants que d'autres.

Dans le monde des mutuelles santé, les commerciaux qui possèdent une vision de leur mission élargie à la protection de leurs interlocuteurs et qui s'en sentent responsables, seront souvent infiniment plus performants que ceux qui « fourguent » coûte que coûte des contrats de « complémentaire santé ». Il en va de même chez les conseillers en gestion de patrimoine. Ceux qui prennent en charge la problématique d'ensemble de leurs clients afin de leur proposer des solutions qui ne se limitent pas aux seuls biens immobiliers qu'ils ambitionnent de leur vendre, sont plus performants que ceux qui bornent leurs propositions aux frontières de leurs intérêts ! Dans le même esprit, la vente de véhicules *Porsche* ou *Rolls-Royce* est certainement plus narcissisante pour les commerciaux de ces firmes que ne le sont *Seat* ou *Mazda* !

Voici quelques actions pour développer l'image, la crédibilité et la confiance de votre équipe dans la société qui les emploie.

### Montrez-leur qu'il existe une vraie organisation derrière eux

L'entreprise ne s'arrête pas à une force de vente et à quelques assistantes à l'abri des bureaux. Son usine, le sérieux de ses fabrications, sa taille, son histoire, ses ambitions sont autant de concepts à développer pour asseoir la foi de vos commerciaux dans le sérieux de leur entreprise. Un commercial qui croit est un commercial qui vend. Inscrivez à votre PAC, si les circonstances s'y prêtent, une visite des sites de votre société ou toute autre action qui développe en eux une image valorisante de leur entreprise.

### Mettez en évidence l'expertise de votre organisation

Un stage de quelques jours au service qualité ou au service contrôle fabrication ou encore au laboratoire de recherches et développement suffit souvent à donner confiance aux plus dubitatifs de l'équipe quant à l'expertise développée par l'entreprise dans son domaine de prédilection.

### Soignez la forme : propreté, habillement, rangement, luminosité, etc.

Propreté des lieux, tenues vestimentaires de bonne facture, dossiers qui ne traînent pas sur les étagères, locaux lumineux sont autant d'atouts pour développer la fierté et l'admiration au sein de l'équipe. *A contrario*, l'insalubrité, un habillement négligé, des bureaux encombrés de paperasse dans des locaux sombres éveillent le dédain et le désamour au sein de l'équipe.

### Présentez-leur votre PAC et faites partager vos ambitions

*« Ce qui se conçoit clairement s'énonce facilement et les mots pour le dire arrivent aisément »*, écrivait Boileau. Des stratégies floues, changeantes et incomprises nourrissent le doute de l'équipe et sont dangereusement démobilisatrices.

### Soyez exigeant quant à leur professionnalisme

La rigueur des méthodes et des démarches inculquées à vos commerciaux, aussi bien que la conscience des enjeux de leurs missions et responsabilité dans la réussite ou l'échec de leur entreprise, jouent un rôle immense dans leur détermination à bien faire.

Cette dernière réflexion nous conduit à examiner de plus près le second secret de l'accroissement de la performance chez vos vendeurs : l'amélioration des savoir-faire et la certification individuelle de leur professionnalisme.

## Les 10 actions pour professionnaliser vos vendeurs

Si les chirurgiens étaient aussi peu professionnels pour assurer le succès de leurs interventions que ne le sont les vendeurs, gageons qu'il y aurait des morts ! Vendre n'est pas un art mineur, contrairement à ce que l'on pense si sottement dans les pays latino-chrétiens.

Cela nécessite un savoir-faire de haute technicité, associé à de nombreuses qualités que sont la rigueur d'esprit, la capacité d'écouter et de comprendre, une intelligence relationnelle, des aptitudes pédagogiques pour expliquer, de la souplesse d'adaptation pour réagir dans le bon sens, une disposition à convaincre et à persuader autrui, des talents de séducteur, une capacité à s'imposer et pour finir de l'opiniâtreté avec un zeste de combativité.

Tout cela s'acquiert, se développe, se perfectionne. Il n'est pas un domaine (jusqu'au *look* par le *relooking*) qui ne puisse se perfectionner ou s'améliorer. Il serait présomptueux de les passer ici tous en revue. Dix actions de perfectionnement aux résultats puissants trouvent naturellement leur place dans ce livre :

- l'action de formalisation d'un protocole rigoureux de vente ;
- l'action de coaching des commerciaux ;
- les huit actions de formations commerciales à déployer en priorité.

## La formalisation d'un protocole rigoureux de vente autour des 5C du succès

Nombre de commerciaux se comportent comme un site internet parlant, sur lequel le client « cliquerait ». Le client pose ses questions, demande un prix, une documentation, un renseignement et obtient la réponse du vendeur. Derrière chaque interrogation d'un client se cachent pourtant un problème, une motivation, un souhait, une préoccupation dont la mise au jour débouche souvent sur une vente.

Prenez un peu de temps pour accompagner vos vendeurs en clientèle. Pour peu que vous n'interveniez pas, l'observation est riche d'enseignements. Elle vous persuade brutalement qu'un bon nombre parmi eux ne dispose d'aucun fil guide ni de méthode pour la tenue de ses entretiens. Ceux-ci se déroulent sans réelle préparation, au gré de leur humeur, ou pire, de celle de leurs interlocuteurs. Certes, la connaissance technique des produits et des solutions est importante dans le processus de vente et beaucoup y excellent. Mais elle ne saurait pallier l'impréparation des entretiens de vente, l'absence de stratégie pour découvrir le besoin du client, le lui faire reconnaître, l'inviter à le satisfaire.

La présentation des produits et l'argumentation en aveugle des solutions règnent en maître. Les arguments tombent à plat tant ils sont éloignés des attentes et des préoccupations du client. Si l'on veut faire adopter la carte *Visa Premier* à un client, le mieux est sans nul doute de commencer à demander à l'intéressé s'il voyage, s'il souscrit en ce cas une assurance annulation ou rapatriement, s'il loue de temps à autre un véhicule, etc. En clair, lui faire ressentir et reconnaître son besoin est un préalable indispensable à toute proposition. À défaut, celle-ci, faite en aveugle, s'avère au final si impropre à le séduire que le *closing* de fin est rendu impossible et l'entretien débouche sur le sempiternel « *Je vais réfléchir* » ou l'illusoire « *Faites-moi une offre, un devis* ». Quel gâchis !

L'ordonnancement idéal d'un entretien de vente doit être conçu autour de cinq facteurs psychologiques que doit satisfaire tout entretien de vente. Chacun de ces facteurs commençant par un «C», appelons-les tout simplement les 5C du succès dans la vente.

### La crédibilité

Le client a besoin de croire en l'entreprise ou la marque pour pouvoir envisager d'acheter. Des bouteilles d'Évian proposées sans étiquette, trouveront moins aisément acquéreur que celles dûment estampillées Évian. Si les marques ou produit prémium se vendent si bien, c'est en raison du facteur crédibilité. Tout protocole de vente doit en conséquence veiller à assurer la crédibilité de votre entreprise aux yeux des clients pour donner quelque chance à l'entretien d'aboutir.

### La confiance

Le dictionnaire encyclopédique *Larousse* définit la confiance comme « *le sentiment d'assurance, de sécurité de celui qui se fie à quelqu'un ou à quelque chose* ». La confiance présuppose une attente d'autrui. Ainsi, éveiller l'intérêt du client pose d'emblée la question de confiance. On ne saurait à l'évidence acheter à un commercial, objet de méfiance.

Développer la confiance de l'interlocuteur est un facteur clef de réussite dans la vente. Votre protocole de vente doit y sacrifier quelques instants. La mise en œuvre de quelques techniques psychologiques suffit à y accéder.

### La certitude

Pas de certitude d'avoir besoin, pas de désir d'achat. Ce ne sont pas les produits qui manquent pour satisfaire les clients. C'est bien plus sûrement la certitude d'en avoir besoin ! Par des méthodes que je développe en séminaire ou encore dans mon ouvrage *Faire signer ses clients*, votre protocole de vente doit permettre de révéler aux acheteurs potentiels de vos produits ou solutions leurs besoins et de les faire accéder à cette certitude absolue d'en avoir réellement besoin.

### La conviction

Nombreuses sont les personnes qui ne doutent pas devoir se faire hospitaliser en vue d'une opération. Elles ont la certitude que seule l'opération chirurgicale sera salvatrice. Mais au tréfonds d'elles-mêmes, sont-elles parfaitement convaincues de devoir le faire ? À leur entourage, elles confient qu'il leur faut se faire opérer et pour autant n'agissent pas en ce sens. En vérité, leur fait encore défaut l'absolue conviction ! Seul l'accès à cette conviction les fera passer des familiers « *Y'a qu'à, faut que* » à la décision de se faire hospitaliser ! Ici encore, à l'image de cette métaphore, un protocole de vente bien rôdé doit stimuler la conviction du client de la nécessité de devoir passer à l'acte.

### Le *closing*

Ultime étape à franchir mais non des moindres : l'engagement. Donner son accord et apposer sa signature. Pour reprendre la métaphore chirurgicale, le patient convaincu doit encore décrocher son téléphone pour prendre rendez-vous avec son chirurgien ! Un entretien de vente sans tentative de *closing* est un repas sans dessert. Un protocole pertinent, pour être efficace, doit proposer aux commerciaux quelques bonnes formules toutes faites pour conclure « mécaniquement » et donc plus aisément.

Partant de ces 5C du succès, la formalisation d'un protocole rigoureux de vente doit prévoir les sept étapes majeures de l'entretien gagnant :

– *La prise de contact.* Cette phase vise à faire connaissance et à se faire agréer par le client. Elle nécessite de mettre au point quelques formules de présentation afin d'asseoir la **C**rédibilité de l'entreprise aux yeux du client, d'obtenir sa **C**onfiance et enfin d'éveiller son intérêt, tant il est vrai que le problème de la confiance ne se pose que s'il y a une relation d'intérêts.

– *Solliciter l'autorisation de poser des questions,* afin de prendre en main l'entretien et veiller ainsi à sécuriser son déroulé. Ne dit-on pas « mener un entretien » ? À défaut d'être « mené », l'entretien se tient sous les impulsions désordonnées du client (qui clique sur le vendeur à la manière d'un internaute) et conduit à une confusion préjudiciable à l'acte de vente.

– *Questionner pour mettre au jour le besoin et les motivations profondes de l'interlocuteur.* En clair, comprendre la problématique du client de son point de vue à lui (son projet, ses souhaits, les difficultés qu'il rencontre, où il en est dans sa démarche d'achat, ce qui pourrait faire avancer les choses, etc.) et non du point de vue du commercial (dimensions, dates de livraison, quantité, matière, couleurs, etc.). C'est sous cet angle que le client accède à la **C**ertitude que non seulement il lui faut bien tel ou tel produit, mais que le vendeur s'intéresse à lui et le comprend parfaitement.

L'auscultation avant la prescription est tout autant nécessaire pour le client qu'elle ne l'est pour un patient chez son médecin.

– *Engager le client sur son besoin et l'idée de le satisfaire* (**C**losing besoin). En clair, prendre la commande du besoin et s'assurer avant toute présentation de produits ou de solutions que le client est réellement acheteur. À défaut, il faut différer toute présentation de produit et de prix. À quoi bon proposer de la nourriture à quelqu'un qui n'a pas faim ?

– *Présenter la solution argumentée en déclinant ses avantages* (« plus » produit) et bénéfices clients (« plus » client), afin de développer la **C**onviction d'achat.

– *Répondre aux interrogations du client* et à ses objections par des questions et non des arguments qui finissent quelquefois en véritable bataille rangée. L'objection est l'expression du doute, autrement dit de la nécessité d'un retour sur la **C**ertitude.

– Le *Closing* final, afin de tenter de conclure par des formules professionnelles et dignes. Les « *On y va* » (on va où ?), « *On fait comme on a dit ?* » (on a dit quoi ?) sont la marque des commerciaux au savoir-faire commercial pour le moins primaire et peu évolué.

Chacun de ces points doit être préparé dans le détail. De la phrase d'accroche, qui éveille l'intérêt, aux formules de conclusion pour solliciter l'accord du client, en passant par les bonnes questions à poser pour mettre au jour le besoin et le faire découvrir, les bénéfices à vanter, les preuves à apporter, tout est examiné, défini précisément, puis rédigé en commun et enfin joué deux à deux.

L'impact d'une formalisation de l'entretien client sur les ventes est considérable. Si les champions de tennis se préparent pour une compétition, pourquoi les vendeurs ne feraient-ils pas de même pour leurs entretiens ? Les dirigeants commerciaux se reposent trop sur l'intuition et la bonne volonté de leurs vendeurs. La vente est un savoir-faire d'une grande technicité. Les groupes importants investissent des sommes considérables pour professionnaliser la démarche de leurs commerciaux. La réussite est à ce prix. Un prix au demeurant bien modeste au regard du salaire, des charges sociales et des frais de postes d'un vendeur !

L'objectif de ce livre n'est évidemment pas de développer des techniques de vente, ni davantage celles de conclusion. Il ambitionne seulement d'appeler les dirigeants commerciaux à développer chez leurs chargés de clientèle des réflexes qui éclairent leurs démarches commerciales et les aident à se repérer dans la relation de vente. Si ces thèmes vous intéressent, je vous renvoie, une fois de plus, à mon livre *Faire signer ses clients*. Vous y trouverez, amplement développées, toutes les formules permettant de construire un protocole rigoureux et efficace de vente. Ainsi, vos commerciaux accéderont à une démarche structurée, cohérente qui débouchera plus sûrement sur l'accord des interlocuteurs rencontrés et cela mieux que par toute autre intuition commerciale qui laisse trop de place aux fantaisies, fussent-elles d'un surdoué de la vente…

## ▦ L'action de coaching sur le terrain : les trois erreurs à éviter

À mi-chemin entre formation et mobilisation, l'action d'accompagnement des vendeurs par le manager ou un consultant extérieur est un puissant levier de réussite commerciale. Faut-il que nous soyons un pays hyper-régulé et technocratique pour que les organismes collecteurs des fonds de formation refusent sans appel de prendre en charge le financement de ce type de formations pratiques. Tout se passe comme si l'on refusait à des apprentis cuisiniers d'apprendre la cuisine en cuisine ! Pour la formation des commerciaux, seul le tableau noir est admis… Quel manque de réalisme et d'esprit d'à-propos.

Le coaching offre en effet l'occasion à l'accompagnant d'être proche des troupes, de les écouter, d'entendre leurs petites misères, de se rendre compte *in vivo* des problèmes et des difficultés rencontrés sur le terrain afin d'y pallier. Par ailleurs, le coach astreint au respect du protocole de vente et inculque des techniques et des méthodes commerciales qui échappent rapidement à ceux qui vendent en solitaire. L'œil était dans la tombe et regardait Caïn…

Pour être efficace, le manager qui coache ses commerciaux doit se départir de trois erreurs majeures de comportements.

### Accompagner le vendeur en qualité d'encadrant

La première erreur à ne pas commettre consiste à accompagner le vendeur en votre qualité de dirigeant. Le manager a en effet pour mission de fixer les objectifs, de définir les conduites à tenir, de donner les moyens, de contrôler les résultats, de les commenter et enfin d'indiquer les actions correctives à mettre en œuvre. Pour ce faire il impose, reproche, juge, critique, voire sanctionne.

Il s'ensuit qu'il constitue dans l'inconscient du vendeur une menace. Ce sentiment de menace est impropre à l'apprentissage que sous-tend une séance de coaching. C'est pourquoi une explication préalable est à dispenser au vendeur. Elle permet d'établir une relation de confiance au terme de laquelle le dirigeant doit s'engager à conseiller, analyser, évaluer et non pas juger, critiquer ou reprocher. À défaut, les séances de coaching susciteront l'inquiétude, tourneront au psychodrame et s'avéreront finalement contre-productives.

### Faire des reproches

La seconde erreur fréquemment commise, directement associée à la première, consiste à dispenser vos conseils de façon négative sous la forme de reproche ou de blâme. Bannissez les formulations négatives du genre « *Tu n'as pas dit ou fait cela…* ». Préférez les expressions positives qui invitent le commercial à pratiquer son métier de telle ou telle manière pour mieux vendre. Montrez-lui les avantages commerciaux à en retirer. Son adhésion sera ainsi plus puissante, le sentiment de menace s'estompera au fil des séances et l'amélioration de son savoir-faire deviendra perceptible sans délai.

### Remplacer le vendeur

La troisième erreur est de céder à la tentation de mener l'entretien à la place du vendeur. Apprenez-lui à pêcher et ne lui donnez pas de poisson ! En raison d'un louable désir de porter aide et assistance au vendeur ou sous la pression du client qui préfère « *avoir affaire au bon Dieu plutôt qu'à ses saints* », le dirigeant intervient en qualité de super-vendeur. Il agit alors comme l'entraîneur d'une équipe de football qui, pénétrant sur le terrain, irait lui-même marquer les buts. Son métier est de « les faire mettre » !

Alors renoncez à marquer des buts, restez en retrait, valorisez votre commercial aux yeux de l'interlocuteur, puis contentez-vous d'écouter, d'observer et d'enregistrer pour débriefer l'entretien une fois celui-ci terminé. Limitez vos interventions pour pallier une ou deux insuffisances ou fautes grossières. Ainsi, votre « coaché » les repérera plus aisément et vos explications ultérieures seront infiniment mieux comprises. Pour frustrante que soit cette façon de procéder pour l'accompagnant, les bénéfices de vos séances de coaching seront immédiats et vos commerciaux se professionnaliseront à vue d'œil, vous libérant pour d'autres tâches avec quiétude.

Afin de faciliter vos actions d'accompagnement vous trouverez ci-après la grille de coaching que mes collaborateurs et moi-même utilisons pour mener à bien nos missions de coaching.

| Grille de coaching des vendeurs en clientèle | Tb | Bi | Ab | Pa | In | Me |
|---|---|---|---|---|---|---|
| **Démarrage :**<br>• La prise de contacts<br>• La position physique face au client<br>• A-t-il (ou elle) lié connaissance avec son client ?<br>• Mission et désir de traiter exposés clairement et avantageusement ?<br>• Sait-il (ou elle) susciter l'intérêt, stimuler l'attention ?<br>• Obtenir l'accord pour le questionnement | | | | | | |
| **Diagnostic et acceptation des besoins :**<br>*Par questionnement sur les points de vue du client :*<br>• Analyse du point de vue du client (souhaits, problèmes, motivations)<br>• Approfondissement (recherche des causes, conséquences et buts)<br>• Qualité du questionnement : questions ouvertes, neutres, réflexives<br>• Questions portant sur le besoin du point de vue du produit<br>*Par argumentation du besoin :*<br>• Par la technique des 3P (Produits, Problèmes, Préoccupations) | | | | | | |
| ***Closing* besoin :**<br>• Les critères de décision ont-ils été forgés (demandés, discutés, validés) ?<br>• La reformulation transcende-t-elle le besoin ou est-elle un résumé ?<br>• Le *closing* sur le besoin a-t-il été tenté ? | | | | | | |
| **Présentation des produits et solutions :**<br>• L'utilisation des CAB[1] est-elle allée jusqu'au bénéfice ?<br>• L'enthousiasme, l'assurance, la conviction<br>• La preuve par liaison logique a-t-elle bien été rapportée ?<br>• Le *closing* sur le bénéfice a-t-il été effectué ?<br>• Les solutions concurrentes ont-elles été discutées (technique des CIP) ? | | | | | | |
| **Recherche de la décision :**<br>• La conclusion a-t-elle été vraiment tentée ?<br>• Le respect des silences (attente de la réponse du client)<br>• Les réponses aux objections échappatoires sont-elles appropriées ?<br>• Recherche d'engagements partiels | | | | | | |
| **Maîtrise de l'entretien :**<br>• Les objectifs sont-ils clairs ?<br>• Le déroulé des différentes phases a-t-il été respecté ?<br>• Réponses aux objections par répétition, questions ou *closing* du besoin | | | | | | |
| **Qualité de l'écoute :**<br>• Réceptivité et compréhension de l'interlocuteur<br>• Adaptation des arguments en fonction de ce qui est entendu | | | | | | |
| **En résumé, les 5C du succès ont-ils été travaillés ?**<br>• La crédibilité de l'entreprise et du commercial est-elle assise ?<br>• La confiance est-elle installée ?<br>• Le client a-t-il accédé à la certitude sur son besoin ?<br>• Sa conviction sur un produit ou une solution est-elle faite ?<br>• L'entretien a-t-il été mené dans un esprit d'engagement, de *closing* ? | | | | | | |
| **Observations :** | | | | | | |

©ForVentOr Tours 2013

1. Caractéristiques – Avantages – Bénéfices.

## Les 8 actions de formations commerciales à déployer en priorité

Au cours de la cinquième étape, nous avons repéré les deux facteurs de performance des équipes de vente : la mobilisation et la compétence. La formation est à la compétence ce que les challenges et les jeux concours sont à la mobilisation. La formation est donc l'action de support de la compétence comme les jeux le sont pour la mobilisation. Nous pouvons identifier – hormis le développement de l'expertise technique sur les produits et leurs accessoires, l'usage d'outils tels que l'informatique, la maîtrise de logiciels, etc. – huit groupes de compétences commerciales génériques.

### L'action de formation à la prospection et à la conquête de nouveaux clients

Une clientèle est, à l'image d'une population, constituée d'individus (ou d'organisations) qui naissent, se développent, vieillissent, puis disparaissent… Prospecter et conquérir de nouveaux clients, c'est assurer le nécessaire renouvellement des générations de votre clientèle. À défaut, celle-ci se réduit rapidement à une peau de chagrin.

Face à cet enjeu, il faut bien reconnaître que les commerciaux n'ont pas, en règle générale, une inclination naturelle à la prospection. Celle-ci est ingrate et coûteuse en efforts quelquefois inutiles et souvent décevants. Si la mission d'*élevage*, entendez de fidélisation, se pratique en milieu connu, balisé, protégé et souvent sympathique, la mission de *chasse* (prospection) oblige à travailler, sans repères ni appui, dans un environnement incertain, voire hostile. La pérennité de l'entreprise s'obtient pourtant à ce prix. Investir dans une formation à la prospection pour aguerrir vos commerciaux aux missions de conquête concrétise certainement l'un des investissements en compétences commerciales parmi les plus lucratifs !

Détaillons les différents items à leur faire développer :

– Pour prospecter efficacement, les commerciaux se doivent d'apprendre à identifier des « suspects », autrement dit à repérer des clients susceptibles d'être prospectés. Ils éviteront ainsi des déplacements inutiles tout en accroissant leur champ d'investigations. La largeur de l'ouverture de l'entonnoir est ainsi portée à son maximum.

– Ce repérage des suspects effectué, créer, renseigner, enrichir et gérer un fichier de prospects conditionne la qualité de leur suivi.

– Concevoir une stratégie de prospection et bâtir un plan optimal de visites ne s'invente pas. Les prospects ne recèlent pas tous le même potentiel. Apprendre à hiérarchiser l'intérêt des prospects et leur disposition potentielle à travailler avec votre entreprise est l'un des facteurs de succès d'une prospection pertinente.

– La prise de rendez-vous par téléphone s'avère l'un des points névralgiques des compétences commerciales. Que de perte de temps, de démobilisation et de cibles gâchées en raison de demandes de rendez-vous infructueux ! Le recours à des plateaux téléphoniques ne fait pas pour autant solution. C'est en effet reculer… mais pas pour mieux sauter. Les personnes qui y travaillent font de l'abattage ! Rémunérées au rendez-vous, elles multiplient les appels, indisposent souvent les prospects, dispensent une mauvaise image et au mieux ne qualifient pas l'intérêt de l'entretien, conduisant ainsi à des déplacements inutiles et rendant les commerciaux mécontents. En vérité, la solution consiste à apprendre en deux jours aux vendeurs à construire un script efficace de prise de rendez-vous par téléphone. Ce script entièrement centré sur le besoin de l'appelé, développant son intérêt à recevoir l'appelant et évitant soigneusement de parler du produit ou de l'intérêt du vendeur, réalise un score minimal de vingt-cinq rendez-vous accordés pour cent appels aboutis.

– Plutôt que d'errer, nez au vent, dans les couloirs d'une entreprise, apprendre à investiguer un compte, à rechercher des informations pour identifier les décideurs, comprendre ce qu'ils achètent, pourquoi ils l'achètent, quand et où les choses se passent avant de rencontrer un prospect se doit d'être acquis en stage. Identifier des partenaires (prescripteur, préconisateur, apporteur, facilitateur, etc.) s'acquiert également aisément.

– Face au prospect, se présenter en gagnant et se faire valoir aux yeux de ses clients se travaille tout autant. Savoir définir clairement et avantageusement sa fonction, asseoir la crédibilité de la société, comme fournisseur incontournable pour le prospect, éveiller son intérêt et son appétence s'inculquent aisément.

– Savoir également créer un climat positif ainsi que chaleureux et adopter de bons comportements pour gagner la confiance sont incontournables.

– Des jeux, des vidéos, des mises en situation concrète permettent de préparer vos commerciaux à une prospection efficace et rentable.

## L'action de formation au diagnostic besoin

Ce ne sont pas les produits qui manquent, tant l'offre concurrente est abondante. Ce sont bien davantage la perception et la reconnaissance des besoins par les clients qui font plus sûrement défaut. Les comprendre, faire naître et développer le désir d'achat constitue l'une des meilleures voies du succès commercial. Une voie pourtant délaissée ou incomprise par les commerciaux qui préfèrent l'argument produit (leur terrain de prédilection) au questionnement besoin (le terrain du client). Pour cela, il leur faut travailler les points suivants :

— Savoir vendre un besoin à un client et lui faire admettre la nécessité de le satisfaire, avant de lui vendre une solution (produit ou système) : voilà l'un des fondamentaux de la vente. Savoir approfondir la demande d'un client et comprendre la problématique sous-jacente par le biais de questions pertinentes.

— Mettre au jour les attentes et des préoccupations qui motivent l'achat ou le non-achat du client et définir ses critères de décision.

— Connaître les techniques de questionnement (ouvertes, fermées, alternatives, réflexives, orientées, etc.) afin de conduire le client à « se livrer » et conquérir sa confiance.

— Bâtir une stratégie efficace de questionnement pour enchaîner les questions dans un ordre implacable afin de découvrir les besoins et de les faire admettre.

— Accéder à la maîtrise des techniques d'écoute active et d'empathie pour appréhender le point de vue du client.

— Savoir conclure sur le besoin, le faire valider par l'interlocuteur et obtenir son accord de principe avant de lui présenter une solution.

— Prendre efficacement et rapidement des notes exploitables sur le plan commercial.

— Maîtriser enfin les techniques de questionnement rapide qui débouchent sur la reconnaissance d'un besoin.

Tels sont les principaux items d'une formation à l'analyse et à la vente d'un besoin.

## L'action de formation aux techniques argumentaires, aux réponses aux objections et à la maîtrise de l'entretien

L'argumentation, pourtant au cœur des méthodes habituelles des commerciaux, laisse bien souvent à désirer, tant elle est éloignée des préoccupations de leurs interlocuteurs. Ce phénomène est particulièrement objectivable à propos du traitement des objections émises par ces derniers. L'objection leur fournit plus souvent l'occasion d'une bataille d'arguments au lieu d'être saisie comme une opportunité de rapprochement des points de vue et de meilleure compréhension des attentes et des préoccupations profondes de celui qui objecte.

Voyons les différents items à développer au cours d'une session de formation à l'argumentation et à la gestion des objections :

— Présenter ses produits comme une solution à la problématique exprimée par les clients est un art qui se travaille en déclinant les caractéristiques des produits (ou solutions) en avantages et bénéfices apportés aux clients.

— Le doute représente le pire ennemi du vendeur. Il est nécessaire d'apprendre à apporter la preuve de ses dires pour rassurer son interlocuteur et le convaincre.

— Habituer les interlocuteurs à passer progressivement du NON au OUI.

— Parler avec enthousiasme des produits ou des solutions face aux clients pour entraîner leur conviction.

— Construire un argumentaire cohérent, parfaitement adapté.

— Éviter les mots noirs tels qu'« évidemment », « normalement », « coût », etc., et utiliser les bons mots qui font vendre en engageant le client.

— Rédiger des offres motivantes, structurées et claires qui augmentent les chances de succès ; puis soutenir cette offre en public, face à plusieurs décideurs afin d'obtenir un accord collectif.

— Gérer convenablement les digressions et interruptions des interlocuteurs pour les recadrer sur les buts de l'entretien : résoudre les problèmes de l'interlocuteur par l'achat d'une solution adaptée…

— Rechercher et débusquer les objections non exprimées pour pouvoir mieux les combattre et maîtriser les différentes techniques pour répondre aux objections afin d'éviter de faire d'une objection un *casus belli* ; anticiper les objections éventuelles et se préparer à répondre à toute objection en comprenant ce qui se cache derrière chacune d'elles :

- Gérer et annihiler le mécontentement ou l'insatisfaction d'un client.

- « Se battre » pour convaincre et entraîner l'accord recherché.

- Mener un entretien commercial à deux (présentation, répartition judicieuse des rôles, etc.).

## L'action de formation à l'art du *closing*

Trop d'entretiens se tiennent sans réel but d'aboutir. Dans cette période de crise économique, l'action de formation au *closing* offre l'opportunité d'entraîner les commerciaux aux choses suivantes :

- Savoir surmonter leur peur du refus, du NON, qu'ils vivent à tort comme un échec alors que demeurer dans l'expectative du « peut-être » est le seul vrai échec au regard de la finalité de leur métier (décider leurs interlocuteurs).

- Solliciter systématiquement l'accord de leur vis-à-vis, quel que soit son niveau d'intérêt pour la solution avancée, afin de l'astreindre à prendre position. Autrement dit, mener les entretiens de vente de manière active et non passive, délibérément centrés sur l'obtention de la décision et non sur l'information du client.

- Jongler avec les huit formules de conclusion afin d'exprimer celle qui convient aux circonstances du moment (proposition test ; conclusion directe ; offre alternative ; invitation à se lâcher ; mise en balance – validation logique ; l'astuce de la patate chaude ; la technique du petit chien). Ces formules ne s'inventent pas et les maîtriser est gage de réussite dans la vente.

- Apprendre à obtenir une décision partielle de la part d'un client (début d'engagement) à défaut d'un accord total, en vertu du bon principe qu'une majorité de personnes qui s'engage partiellement ne remet pas en cause son engagement.

- Forger les critères de décision des clients afin d'influer (sorte de lobbying psychique) sur leurs décisions et les leur faire respecter. Une majorité de clients achète en effet sans réels ni rationnels critères de décision et se borne à chercher un prix, source de désillusions en vertu du bon principe de Lavoisier : « *Rien ne se perd, rien ne se crée, tout se transforme.* »

- Repérer et utiliser l'un des sept signaux exprimés par les clients prêts à passer commande (les objections qui se transforment en questions, le client qui argumente à la place du vendeur, la gestuelle qui persuade qu'il se détend, la projection dans le futur achat réalisé, des questions portant sur des points de détail, etc.).

– Répondre aux treize ultimes barrages : «*Il faut que je réfléchisse*», «*Il faut que j'en parle à...*», «*Faites-moi un devis ou une proposition*» «*Il faut que j'étudie d'autres offres*», «*Je prendrai ma décision dans quelques jours*», «*Je ne peux pas faire ce mauvais coup à mon fournisseur actuel*», etc. Toutes ces objections, dilatoires et souvent faux-nez, doivent recevoir une réponse adaptée qui mette au pied du mur l'interlocuteur et lui interdise toute fuite.

– Conclure, obtenir l'accord, face à plusieurs décideurs. Comprendre le rapport de force entre décideurs, identifier et clairement différencier l'organigramme officiel du sociogramme qui masque derrière des apparences, fonctions ou titres trompeurs, la réalité des pouvoirs d'influence et de décision.

– Une fois la commande en poche, gérer la fin de l'entretien, remercier, apaiser les craintes, savoir demander une introduction ou une recommandation et préparer la prochaine rencontre.

– Face au refus persistant, apprendre à gérer sa sortie et savoir préserver l'avenir. Le refus d'aujourd'hui est souvent le ferment de l'accord de demain. Préparer ce futur accord s'avère un atout pour l'avenir de la relation avec un prospect.

## L'action de formation à la défense du prix, des conditions et à la négociation

Au cours de nos stages intensifs de formation à la vente du prix – stage visant à développer le savoir-faire pour argumenter et imposer son prix et faire accepter ses conditions – nous observons que cette aptitude varie fortement d'un individu à l'autre. Opérant sur un même marché, un segment de clientèle analogue, avec des produits parfaitement identiques, les participants ne parviennent pas à vendre à un prix similaire. Leurs niveaux de marges et les prix de vente pratiqués varient selon les vendeurs, et les écarts entre ceux-ci s'avèrent souvent démesurés. Dans certaines équipes l'amplitude du différentiel entre les commerciaux peut avoisiner 45 % ! La vérité est que leur *Pricing power* respectif – aptitude à imposer son prix et ses conditions dans la vente – n'est pas de même niveau. Certains, par expérience et tâtonnements successifs ou grâce à une intelligence commerciale aiguisée, ont développé un *Pricing power* important alors que d'autres n'ont pas su le faire. La baisse de prix, la remise et / ou des concessions diverses sont les seules réponses qu'ils fournissent aux incessantes sollicitations de leurs interlocuteurs et quelque fois même, sans aucune sollicitation de ceux-ci ! L'action de formation à la défense du prix et à la négociation passe par différents apprentissages :

– Saisir l'incidence d'une remise sur la marge de l'entreprise et l'importance de l'enjeu marge pour l'entreprise est incontournable. Faire comprendre aux commerciaux que produire des volumes est sans doute une bonne chose mais « faire de l'argent » est infiniment meilleur et répond mieux aux impératifs financiers de leur employeur.

– Comprendre la stratégie de prix de l'entreprise face aux différentes cotations pratiquées par les concurrents. Être cher n'est pas une pathologie mais un choix politique qu'il leur faut comprendre et admettre.

– Face à une demande de remise émanant d'un client, emprunter la bonne attitude pour limiter les revendications est de bon aloi.

– Savoir différer sa réponse à une demande de remise, afin de parler préalablement du besoin et pour cela repérer le bon moment pour annoncer son prix.

– Jongler avec les différentes façons de présenter un prix en y associant soit les bénéfices perçus par l'acquéreur, soit en énonçant la liste des biens ou services qui lui sont attachés ou encore en sachant mettre en perspective le prix en le comparant à une troisième grandeur (l'abonnement à Canal+, le prix d'une baguette de pain ou un nombre de cigarettes). Ici encore les entreprises sont souvent défaillantes et laissent les vendeurs se déterminer trop librement par le jeu d'un chacun pour soi, au final extrêmement coûteux. Leur accompagnement en clientèle met au jour leur incurie dans le domaine.

– Connaître les six mobiles qui font dire à un client « *c'est cher !* » – budget, prix attendu, manque d'appétence, rentabilité insuffisante, concurrence et appel à la négociation. Savoir réagir à une telle assertion, quelles réponses fomuler pour faire admettre le bien-fondé de votre prix sont des gages de réussite.

– Savoir faire le tour de toutes les demandes clients avant d'entrer en négociation ; apprécier la capacité d'un client à pouvoir refuser le prix proposé, avant toute négociation.

– Au cours d'une négociation, suivre un plan rigoureux pour mener à bien une négociation et gérer efficacement les concessions faites.

– Construire une balance d'échanges avantageuse pour l'entreprise.

– Se préserver des marges de manœuvre, dans les négociations difficiles.

– Astreindre les clients négociateurs à une logique de donnant-donnant afin d'obtenir une contrepartie à tout avantage concédé.

– Connaître les « trucs et astuces » empruntés par les bons négociateurs (concurrents factices, fausses promesses, absence de budget, etc.) afin de résister à la pression exercée par les clients et en revanche savoir faire pression sur un acheteur pour décrocher sa décision.

– Bâtir une stratégie d'échanges pour débloquer une négociation difficile.

– La négociation terminée, savoir formaliser un accord et se « réconcilier » avec son client.

– Apprendre enfin à surmonter les blocages inhérents à toute négociation difficile et à s'exercer à gérer les sorties, fausses ou réelles, en cas d'échec de la négociation.

### L'action de formation à la gestion, à la fidélisation et à l'animation d'un portefeuille de clients

Le management de force de vente conduit à un constat. Les commerciaux les plus performants, en termes de résultats, sont rarement ceux dont les capacités intrinsèques à convaincre et à séduire leurs clients sont les plus développées. En matière de succès commercial, l'un des fondements de la réussite se situe ailleurs, dans une aptitude à maîtriser la relation que chacun nourrit et entretient avec sa clientèle pour la conduire à *produire* davantage et à moindre coût.

L'action de formation à la gestion, à la fidélisation et à l'animation d'un portefeuille de clients vise précisément à acquérir cet art de créer, développer, réparer les relations avec les clients. Cela se traduit par les actions suivantes :

– Comprendre et admettre que le coût de conquête d'un prospect est trois fois supérieur aux coûts commerciaux générés par un client fidèle.

– Savoir apprécier et hiérarchiser la fidélité des clients afin d'élaborer et de mener des actions de fidélisation pertinentes et adaptées aux clients selon leur degré de fidélité.

– Savoir élargir l'espace relationnel avec ses clients, autrement dit créer du lien, le développer et le restaurer en cas de mécontentement ou de menace de rupture.

– Savoir solliciter un client pour en obtenir un autre et transformer un informateur en introducteur, puis en prescripteur.

– Mettre en place une stratégie de fidélisation par le jeu de techniques telles que la contractualisation, les prélèvements automatiques, l'abonnement, les livraisons programmées, etc.

– Maîtriser les cinq phases permettant de traiter l'insatisfaction d'un client : recueil, compréhension, éradication des causes, mise en place des solutions, validation avec le client.

– Savoir ordonnancer ses ventes de produits en tenant compte de leur impact sur la fidélité. Certains produits sont en effet aisément accessibles et leur consommation n'engage nullement le client à perpétuer son achat (pour une banque, il s'agit du compte-courant). D'autres nécessitent un engagement à plus long terme (pour une banque, le PEA ou l'emprunt). Il s'ensuit que le degré de fidélité d'un client dépend des produits acquis chez son fournisseur et procure un levier de fidélisation aux commerciaux, pour peu qu'ils sachent interpréter l'influence des achats opérés par leurs clients en portefeuille sur le niveau d'attachement de ceux-ci.

## L'action de formation à l'organisation de l'action commerciale et à la gestion de son temps

À ce stade de compétences, le problème se pose de savoir comment obtenir plus de performance des commerciaux ? C'est ici qu'intervient le facteur organisation, puissant levier d'un supplément de performance pour le vendeur. C'est ce levier qui donne la victoire à la tortue sur le lièvre de la fable. C'est la prime offerte au bon usage des moyens et non aux moyens eux-mêmes. C'est le facteur organisationnel de l'effort.

Développer ce facteur, c'est faire adopter des conduites rationnelles qui font place à la réflexion. C'est faire reculer l'instinct, l'intuition et le psychoaffectif dans les choix opérés par les vendeurs. C'est accéder à l'ensemble des méthodes, outils et démarches logiques qui conduiront le vendeur à gérer son effort en vue de développer le fonds de commerce que vous lui confiez. Plus précisément, les commerciaux doivent connaître les points suivants :

– Calculer le prix de revient unitaire de leur visite ou de leur contact. Ce prix est souvent exorbitant et oscille selon les métiers, les salaires et la quantité de contacts entre 50 euros et 450 euros ! La prise de conscience suffit souvent à donner envie aux commerciaux de gérer efficacement l'attribution à leurs différents clients de leur capital global de contacts.

– Dresser le bilan économique et financier de son secteur de vente (ou portefeuille clients) afin de devenir un véritable commerçant, gérant le plus petit centre de profit de l'entreprise.

– Apprendre à calculer à quelle phase de maturité se trouvent les différents clients en portefeuille (démarrage, croissance, maturité, vieillissement), en déduire le nombre de contacts optimal dont chacun a besoin et adapter son discours en conséquence ; pratiquer de même dans les ventes par affaires.

– Calculer l'impact de ses visites ou contacts sur le chiffre d'affaires, client par client, et le retour sur investissement. Ici, le vendeur doit prendre conscience qu'il agit, comme pour un capital-risqueur en droit, d'espérer que ses contacts fructifient.

– Savoir hiérarchiser ses clients selon leur poids respectif au sein de son portefeuille et ne pas se contenter d'un classement sommaire en « gros » et « petits » clients.

– Apprécier les potentiels des différents clients pour organiser de manière pertinente ses visites.

– Estimer le degré de pénétration de chacun des clients en portefeuille.

– Bâtir son propre PAC, conçu à l'échelle de son secteur ou de son portefeuille de clients et devenir ainsi le gestionnaire efficace, avisé et responsable de la plus petite parcelle du fonds de commerce de l'entreprise qui lui est confié.

– Savoir différencier l'urgent de l'important et se déterminer en conséquence pour un usage plus pertinent de son précieux temps ; pour cela, apprendre à identifier ses pertes de temps, leurs principales causes.

– Apprendre à hiérarchiser et gérer ses priorités au sein d'une journée qui, par définition, ne compte qu'un nombre limité d'heures.

– Planifier ses tâches, gérer son capital temps.

– Savoir dire non et déléguer des tâches subalternes plutôt que de se noyer dans des tâches administratives infécondes.

### L'action de formation à la communication et au savoir-être

Par essence aussi bien que par définition, les commerciaux doivent être de bons communicants. L'observation montre, que ce soit par écrit ou par oral, que nombre d'entre eux sont pour le moins perfectibles en la matière.

Voici les principaux items d'une formation pour les aider à mieux communiquer :

– Parler en public, exposer, captiver et persuader un auditoire constitue un métier à part entière dont les fondements de base s'acquièrent en quelques séances. Il s'agit de poser et jouer avec sa voix (timbre, débit, intonation, articulation, élocution), prendre la bonne posture, regarder son public dans sa globalité plutôt que fixer son regard sur la même personne, adopter la bonne gestuelle.

– Contrôler les processus émotionnels et relationnels en situation d'échange, autrement dit savoir contrôler son trac et juguler ses émotions par de nombreux trucs et astuces dont l'apprentissage est aisé, pour peu qu'on le souhaite.

– Préparer, animer et mener à bien une réunion de travail.

– Faire une offre professionnelle et rédiger tous les écrits professionnels (mémo, courrier, rapport, etc.) en développant la richesse de son vocabulaire, en apprenant à utiliser le mot juste, en adoptant le réflexe du synonyme qui évite l'usage répété d'un même mot, en bannissant autant que possible les mots populaires tels que « faire » ou « dire », en travaillant son style, sa syntaxe, la concordance des temps, etc.

– Concevoir un mailing efficace, accrocheur et de façon plus générale maîtriser les techniques de marketing direct.

– Repérer les processus de communication des interlocuteurs et s'y adapter afin d'échanger en phase et de manière harmonieuse.

– Développer une image valorisante et positive de soi – fondement des bonnes attitudes – comme sourire, soutenir le regard, savoir nouer aisément des contacts, se lier, faire une bonne impression, être sûr de soi, dominer sa culpabilité, dépasser ses complexes, accepter ses insuffisances, etc.

– Soigner son *look* et se mettre en phase avec son environnement afin de n'être ni trop ni pas assez et que l'interlocuteur se reconnaisse en lui.

– Savoir gérer et résoudre un conflit ; identifier ses causes pour apprendre à les prévoir, les contourner ou les éviter ; développer les comportements

© Groupe Eyrolles

assertifs, comprendre le soubassement psychologique de l'agressivité chez un client et les demandes sous-jacentes ainsi véhiculées ; apprendre à gérer ses propres colères ou irritations…

Ces actions portant sur la mobilisation et sur la professionnalisation constituent le socle de la performance commerciale. Afin d'être complet, nous allons approfondir quatre autres actions clefs pour votre réussite commerciale. Ces actions visent à ajuster l'effectif de votre équipe de vente aux besoins de votre entreprise et de votre marché afin de satisfaire à vos objectifs commerciaux.

## Action sur l'image et la crédibilité interne et externe des vendeurs

Dans mon livre « Savoir vendre ou mourir » j'observe que l'un des principaux enjeux commercial de la décennie est sans nul doute de sauver d'une mort annoncée les métiers de la vente. En vérité, plus de 3 millions de demandeurs d'emploi n'endiguent en rien la désertification des professions commerciales en France. La méfiance que nourrit la quasi-totalité des couches professionnelles françaises à l'endroit de la vente et des vendeurs est le fléau de l'économie française (*contrairement à l'Allemagne, en France vendre est soupçonné de malhonnêteté et le gain supposé n'est pas bien vécu*). Faut-il que la situation soit très grave pour que le Crédit Agricole décide d'investir des dizaines de millions d'euros en publicité télévisée pour convaincre les Français que ses conseillers sont intègres, dignes de confiance et n'ont aucun intérêt à vendre. Ce mal prospère dramatiquement et constitue l'un des handicaps quasi insurmontable qui mine notre culture économique. Il n'est pas jusqu'aux chaînes de télévision qui ne captent à intervalles réguliers l'audience du moment en persuadant les Français que les commerciaux sont des manipulateurs aussi mal intentionnés que malhonnêtes. Enfin, au sein même des entreprises, les commerciaux sont souvent décriés et ont une réputation de mauvais professionnels, dont la vie est facile et les rémunérations injustement avantageuses.

Cette inaptitude française à la vente conjuguée au mépris grandissant que génère cette fonction prend probablement racine dans les profondeurs de notre judéo-christianisme qui dénonçait, il y a déjà plus de vingt siècles, le détestable lucre des marchands du temple. À cette aune on comprend mieux les difficultés croissantes rencontrées par les entreprises pour recruter des commerciaux.

# La certification « Interlocuteur commercial de confiance, excellent professionnel »

Cet épineux problème est résolu de manière puissante et efficace par la certification individuelle « *Interlocuteur commercial de confiance, excellent professionnel* » ISO 17024 d'Afnor Certification. Ces effets sont infiniment riches et durables pour un investissement financier modeste. Elle vise trois objectifs :

- Le premier objectif est purement commercial : asseoir la crédibilité des commerciaux et regagner la confiance des clients et prospects, dans un contexte au sein duquel les relations entre clients et entreprises se tendent et où les commerciaux sont soupçonnés d'être intéressés et de porter davantage attention à leurs primes qu'à la satisfaction de leurs clients.
- Le deuxième objectif, à visée interne, est stratégique en matière de gestion des ressources humaines. Il aspire, au travers d'une réparation des blessures narcissiques que le métier de vendeur occasionne, à cajoler les commerciaux en redorant leur image au sein de l'entreprise elle-même.
- Le troisième objectif est purement managérial. La certification des commerciaux tranquillise le manager par le jeu d'une « auto-exigence » que le commercial certifié développe mécaniquement sous l'effet des visites mystères d'auditeurs Afnor.

Cette certification entérine le travail d'un collège d'experts réuni par l'Afnor qui s'est attaché à définir ce qu'est un commercial digne de confiance du point de vue des clients, et un excellent professionnel en matière commerciale du point de vue de l'entreprise.

# Du point de vue du client, qu'est-ce qu'un « interlocuteur commercial de confiance » ?

« Du point de vue du client, un interlocuteur de confiance dans la vente est défini par l'Afnor en cinq points : 1. c'est un commercial qui l'écoute et comprend ses attentes ; 2. lui propose au juste prix le produit ou la solution qui lui donnera satisfaction ; 3. le guide dans son choix avec honnêteté ; 4. l'aide à prendre la bonne décision ; 5. sa confiance une fois donnée, le client espère en retour disposer d'un conseiller en cas de difficultés dans l'usage du produit acquis et d'un soutien en cas de problèmes afin de faire valoir son point de vue dans l'entreprise. Le Code de déontologie commercial auquel adhère le candidat garantit tant à l'employeur qu'au client le respect de cette éthique. Une éthique qui permet aux commerciaux certifiés de se démarquer des vendeurs hâbleurs qui discréditent trop souvent cette noble profession. »

## Du point de vue de l'entreprise, qu'est-ce qu'un « excellent professionnel » dans la vente ?

Dans toute profession, l'excellence professionnelle privilégie le *comment* sur le *combien*. Le chirurgien s'intéresse au *comment* opérer afin de garantir à ses patients la réussite de ses interventions. Le boulanger s'attache au *comment* faire du bon pain dans le but de satisfaire sa clientèle et la voir prospérer. Le comptable s'attelle au *comment* comptabiliser pour certifier l'exactitude de ses comptes. Tous conçoivent et respectent des processus rigoureux. « En matière commerciale, contrairement aux autres professionnels, les managers sont enclins à définir l'excellence commerciale au travers du *combien : combien* de vente, *combien* de produits, *combien* de clients ou *combien* de marge ?». « *Sous la pression concurrentielle et du nécessaire dépassement de leurs objectifs, ils délaissent trop souvent le comment.* En résumé un bon vendeur est celui qui vend et un mauvais vendeur est celui qui n'y parvient pas ! Pourtant, ce raisonnement fondé sur le résultat et non sur la manière de l'obtenir est réducteur de succès. La qualité des *process* opératoires (d'entretien de vente et de négociation pour le vendeur) est en effet le premier facteur clef de réussite pour tout professionnel. (…) »

En ce sens, le commercial certifié s'engage auprès d'Afnor à :

- établir une relation de qualité avec les clients qui garantisse la création et l'entretien d'un lien ;
- à valoriser et à défendre en toute circonstance l'image de son entreprise ;
- à appliquer scrupuleusement le *process* de vente défini par l'entreprise ;
- à contribuer à la satisfaction des clients par une préconisation produits pertinente ;
- à assurer la remontée de toutes informations nécessaires.

Afnor évalue régulièrement par client mystère les commerciaux certifiés. Cette évaluation satisfait à quatre objectifs, à haute valeur ajoutée pour le manager :

- s'assurer de la bonne mise en œuvre du savoir-faire du commercial en relation clientèle ;
- s'assurer de la bonne application du *process* de vente de son entreprise ;
- s'assurer de sa compétence technique (celle qui est propre à son métier dans la banque, l'assurance, la protection de la personne, la vente de logiciel, de machine-outil, etc.) ;
- vérifier le respect du Code de déontologie Afnor.

## Les 7 bénéfices de la certification de vos commerciaux

De nombreux bénéfices commerciaux sont à retirer de cette action de certification de vos commerciaux. Voici les sept principaux :

– Être certifié Afnor permet au commercial d'obtenir de ses clients leur confiance personnelle (critère clef dans la décision d'achat). C'est une réalité tangible qui s'exprime au client par le jeu d'une multitude de visuels qui portent à sa connaissance que l'interlocuteur qu'il rencontre est certifié « Interlocuteur commercial de confiance, excellent professionnel ».

– Mobiliser les commerciaux autour d'un projet d'excellence et les recentrer sur leurs missions fondamentales.

– Recentrer le management des vendeurs sur le *comment* (*comment* je vends, *comment* je conclus, etc.) au lieu de l'éternel *combien* qui les conduit à vendre n'importe quoi à n'importe qui.

– Gagner en efficacité commerciale en élaborant et en maîtrisant le *process* de vente des produits et solutions de leur entreprise.

– Intégrer les commerciaux dans la chaîne de satisfaction des clients (à quoi bon mettre en place une chaîne de satisfaction client et des processus ISO 9001 si, au bout du compte, le client est insatisfait par le jeu d'une mauvaise préconisation du commercial ?).

– Faciliter et alléger le travail des encadrants. Le confort de celui qui manage des commerciaux certifiés est formidablement accru. Tant au travers du respect du Code de déontologie que des évaluations par client mystère (objet d'un rapport à l'entreprise) les commerciaux certifiés sont infiniment plus vigilants et appliqués que les commerciaux non certifiés.

– Redorer l'image d'une profession (qui en a bien besoin) dont le savoir-faire n'est pas suffisamment reconnu aussi bien par le client que par l'entreprise. Cette reconnaissance se matérialise par un «diplôme», objet de leur fierté et qui leur redonne du cœur à l'ouvrage.

## Les 4 actions d'ajustement des effectifs de vente

La cinquième étape nous a conduits à mener une réflexion approfondie sur le nombre idéal de vendeurs auquel obligent vos ambitions. Pour donner corps à la décision d'ajuster l'effectif de l'équipe qui s'ensuit, il vous faut désormais passer de la réflexion à l'action. Nous allons ici examiner quelles actions sont à mettre en œuvre pour répondre à votre souci d'ajustement de votre effectif commercial. Quatre cas de figure se présentent à vous. Au cours de la vie commerciale d'une entreprise, il est tout d'abord des circonstances qui engendrent l'ardente obligation de recruter de nouveaux vendeurs. Pour satisfaire à ce bienheureux événement deux voies s'offrent à vous : le recrutement *externe* ou la cooptation *interne*. Quelle que soit la voie retenue (externe ou interne), un parcours d'intégration doit faciliter l'incorporation du nouveau venu au sein de l'entreprise. Enfin convenons que votre devoir d'ajustement ne s'exerce pas toujours à la hausse. Il arrive hélas que les nécessités vous conduisent à une révision des effectifs à la baisse… Les difficultés du moment aussi bien que les contreperformances de certains peuvent vous astreindre à devoir vous séparer de ceux qui ont injustement profité de votre mansuétude ou d'une erreur de *casting* !

Ces observations nous conduisent à développer ci-après les quatre actions d'ajustement de votre équipe :

- l'action de recrutement d'un bon vendeur ;
- l'action de cooptation d'un salarié de l'entreprise ;
- l'action d'intégration du nouvel entrant ;
- les spécificités de l'action de licenciement d'un commercial.

### ▪ L'action de recrutement d'un bon vendeur

S'il est une action complexe, dont les résultats sont hasardeux, c'est bien celle du recrutement, et tout particulièrement celui d'un commercial ! Par définition, un vendeur sait vendre. Cet art appliqué à la vente de sa propre candidature peut aisément vous conduire à de regrettables illusions et aux erreurs de *casting* dont je fais état plus haut. Cette observation fait du recrutement d'un nouveau vendeur l'une des plus aventureuses et, en cas d'échec, des plus onéreuses actions qui soient. Sans empiéter sur le domaine des nombreux ouvrages spécialisés qui traitent de ce vaste problème, je voudrais ici prodiguer d'impérieux conseils que mes collaborateurs et moi-même respectons scrupuleusement à l'occasion de nos missions de recrutement.

La procédure à suivre pour opérer un bon recrutement ressort en cinq étapes.

### Étape 1 : L'élaboration de la fiche de poste, véritable contrat de management

Pour lever l'hypothèque de l'incompréhension mutuelle lors d'une opération de recrutement et éviter ainsi l'immanquable déception qui s'ensuit de part et d'autre, la conception d'une fiche de poste est incontournable. Il est fréquent qu'une telle fiche préexiste au recrutement. En l'espèce méfiez-vous des faux amis. Créée par les services Ressources humaines de l'entreprise, la description de poste des commerciaux n'a souvent qu'un lointain rapport avec les attentes d'un Responsable commercial. Il s'agit ici, sans faire ombrage au service RH, d'élaborer une sorte de « contrat de management » (figure 28.1) qui décrit de façon détaillée et pourtant concise vos conceptions de manager. Elle porte généralement sur les points suivants :

– **La raison d'être du poste** : c'est la raison fondamentale pour laquelle le poste a été créé. Cet item résume en une ou deux phrases la raison profonde et intangible pour laquelle vous avez décidé de recruter un vendeur. Un simple remplacement n'en est bien évidemment pas une ! Développer un secteur, lancer une nouvelle gamme de produits, gagner des parts de marché, conquérir de nouveaux clients sont en revanche autant de bonnes raisons de se décider à recruter un chargé de clientèle. Le faire savoir au nouvel entrant est un facteur clef de réussite.

Figure 28.1 : Exemple de contrat de management à passer avec vos commerciaux

| Exemple de contrat de management pour les commerciaux d'une minoterie | |
|---|---|
| **Poste**<br>**1. Titulaire :** Jérémy DAVEAU<br>**2. Division :** Vente<br>**3. Dirigée par :** Laurent RABERTI<br>**4. Dimensions :** 150 Clients / 4 départements | **Date**<br><br>**1. Signature titulaire :**<br><br>**2. Signature manager :** |

| Raison d'être |
|---|
| **Pourquoi le poste a-t-il été créé ?**<br>Développer le CA de la minoterie sur le secteur confié et assurer la permanence du lien entre les boulangers et la minoterie. |

| Environnement | Contexte |
|---|---|
| **1. Rattaché à :** Laurent RABERTI<br>**2. Organisation subordonnée :** Une assistante partagée avec 2 vendeurs<br>**3. Localisation :** Châteauroux<br>**5. Secteur couvert :** 36 et départements limitrophes | **1. Type de clients :** boulangers installés et ouvriers boulangers<br>**2. Enjeux :** maintenir et intensifier la présence de la minoterie sur le secteur<br>**3. Contraintes :** adaptation des horaires de travail à ceux des boulangers (ouverts le samedi, fermés le lundi)<br>**4. Moyens spécifiques :** automobile, un ordinateur, un GPS |

| Les activités du poste |
|---|
| **Les actions à mener par le vendeur**<br>• Visiter régulièrement les clients afin d'entretenir de bonnes relations commerciales, les tenir informés sur le moulin et régler tout problème commercial dans les meilleurs délais.<br>• Participer activement aux animations programmées chez les boulangers.<br>• En cas d'éventuelle rupture de stocks chez les clients, assurer le réapprovisionnement.<br>• Veiller aux paiements des factures et, le cas échéant, en accord avec la Direction commerciale, planifier les remboursements des arriérés des clients et assurer le suivi des engagements obtenus.<br>• Prospecter régulièrement de nouveaux clients.<br>• Informer la Direction commerciale de tout changement de situation, juridique, personnelle ou financière des clients du secteur.<br>• Conseiller les boulangers afin de contribuer à l'amélioration de leur CA.<br>• Mettre en relation les acheteurs de fonds de boulangerie et les vendeurs sur le secteur.<br>• Tenir informée la Direction commerciale des résultats des visites chez les boulangers par des rapports de visites.<br>• Tenir une comptabilité précise de ses justificatifs de frais.<br><br>▼ |

| (suite)  Exemple de contrat de management pour les commerciaux d'une minoterie |
| :--- |

### Les finalités du poste

**Principaux domaines de résultats**
- Maintenir de bonnes relations commerciales afin d'assurer la fidélité et la stabilité de la clientèle.
- Participer à la satisfaction complète des clients existants.
- Accroître le nombre de clients servis par la minoterie.
- Accroître le tonnage de farines vendu aux boulangers du secteur.
- Éviter le préjudice d'impayés de clients du secteur.
- Participer à la réussite des boulangers de son secteur.
- Contribuer à la bonne information de la Direction commerciale concernant le secteur confié, la concurrence, les prix pratiqués, etc.
- Faciliter l'installation de boulangers au profit de la minoterie.

– **L'environnement du poste** : à quel service ou division le poste est-il rattaché, quelles organisations subordonnées ou transverses sont en relation, réside-t-il sur son secteur et, si oui, où et quels sont les départements couverts.

– **Le contexte** : préciser les différentes familles de clients, les grands enjeux du poste (ce que permet le poste à l'entreprise de gagner ou de perdre), les contraintes liées au poste, tels que diplôme nécessaire, permis de conduire, horaires spécifiques, etc. Enfin il est utile de préciser les moyens caractéristiques que le vendeur devra posséder ou faire usage tels que véhicule, ordinateur, téléphone portable, etc.

– **Les activités du poste :** sont décrites par des verbes d'action. Cette description répond à la question « que fait le vendeur ? » (il rédige, établit, anime, visite, recueille, assiste, prend des rendez-vous, organise son planning, rédige ses rapports, etc.). Plus tard, cette description vous permettra de contrôler son activité.

– **Les finalités du poste** : constituent les principaux domaines de résultats attendus des activités du vendeur. À quoi bon visiter s'il ne fait pas de chiffre d'affaires, à quoi bon prendre des rendez-vous avec des prospects, s'il ne conquiert pas de nouveaux clients. Précisez ici les résultats concrets attendus du teneur du poste et ce que son titulaire doit garantir. Pour le comprendre, convenons qu'un arbitre de football doit garantir le respect des règles du jeu et son bon déroulement. Un comptable garantit la fiabilité des comptes de l'entreprise. Un commercial doit garantir un chiffre d'affaires, une marge, un volume, la fidélité de ses clients, etc. Utiliser des verbes comme garantir, assurer, maintenir, veiller, (impact direct) ou encore des verbes comme contribuer, participer, concourir, etc. (impact indirect) est de bonne politique. L'énoncé de ces finalités facilitent votre évaluation des résultats.

## Étape 2 : La définition du profil idéal

La fiche de poste dûment remplie, le profil idéal va pouvoir être défini en répondant à un certain nombre de questions. Chacune d'elle recèle un critère pertinent de décision :

- Quel âge idéal doit avoir le candidat ?
- Quel est le niveau d'études souhaité ?
- D'un homme ou d'une femme, qui supporterait le mieux les contraintes du poste ?
- De quelle autonomie devra faire preuve le commercial retenu ?
- Quelles qualités particulières sont requises pour ce poste ?
- Expériences professionnelles nécessaires, dans la branche et dans la fonction ?
- Le niveau de rémunération auquel peut (et devrait) prétendre le candidat ?
- L'allure générale, afin que celle-ci soit compatible avec la clientèle ?
- Le degré d'ambition, en fonction des postes à venir ?
- Les capacités d'adaptation dont le candidat devra faire preuve ?
- Les facilités de locution et d'expression de la pensée ?
- L'acceptation des contraintes exercées par l'encadrement ?
- L'esprit d'initiative ?
- Le sens des responsabilités ?
- De quelles compétences spécifiques le commercial doit-il faire preuve ?

Cette liste n'est en rien exhaustive. Pour autant, ces seules questions suffisent souvent à mettre en harmonie vos attentes et vos critères de décision afin d'opérer un bon recrutement.

## Étape 3 : L'évaluation des compétences commerciales

Au risque de le répéter excessivement, le métier de commercial exige l'accès à des compétences spécifiques et pointues. Vendre, conquérir des prospects, fidéliser des clients, gérer un portefeuille de clients, récupérer un client perdu, argumenter le juste prix, négocier, préparer et organiser ses visites ne s'invente pas. Lorsque les entreprises intégreront cette vérité première et n'abandonneront plus le devenir de leurs ventes ou de leurs parts de marché à des personnes recrutées sur les seuls critères d'une bonne présentation ou d'une aptitude « au baratin » alors un grand pas sera fait ! Autant dire que l'étape de l'évaluation des connaissances commerciales est incontournable pour opérer un bon recrutement.

Le responsable commercial peut concevoir lui-même des tests de connaissances commerciales. Pour guider vos pas sur ce terrain, il est nécessaire de conserver à l'esprit que point n'est besoin d'être forcément assureur pour vendre des assurances ni d'être banquier pour être chargé de clientèle. Ce propos iconoclaste aux yeux de beaucoup prend racine dans cette observation : vendre est un vrai métier qui ne se rapporte nullement à un produit mais bien davantage suppose des techniques relationnelles, un savoir-faire pour analyser un besoin, questionner pour comprendre un client de son point de vue à lui, faire admettre un besoin à son interlocuteur, élever son désir d'achat, répondre aux objections par des questions et non en livrant une bagarre d'arguments tous aussi facétieux les uns que les autres, etc. Ce préambule pour éclairer votre démarche étant posé, trois voies s'offrent à vous pour évaluer les connaissances des candidats au poste de commercial :

– **Acquérir quelques vidéos de formation commerciale.** Les entretiens présentés par ces vidéos offrent souvent matière à discussion. Excellente opportunité de sonder les connaissances réelles de vos candidats. Pour notre part, lors de nos séances de recrutement, nous en faisons visionner plusieurs aux candidats aux fins d'évaluation. Leur visionnage en groupe et l'organisation d'une discussion sont révélateurs du niveau d'expérience de chacun.

– **Tester sur Internet les connaissances de vos candidats.** Il existe divers sites internet qui proposent la réalisation de bilan de compétences en ligne pour un prix dérisoire. Pour sa part ForVentOr en offre l'opportunité aux lecteurs de mes écrits. Ces tests investiguent cinq grands domaines : les connaissances en technique de prospection, l'aptitude à découvrir un besoin et à le faire reconnaître, le savoir-faire pour argumenter, répondre aux objections et conclure pour obtenir l'accord, les dispositions à défendre son prix et à négocier avec les clients, et pour finir les compétences dans la gestion d'un portefeuille de clients ainsi que la capacité à s'organiser et à gérer son temps.

– **La mise en situation de vente**. La technique consiste à solliciter le candidat pour qu'il vous vende n'importe quel objet en vue sur votre bureau ou encore de vous vendre les produits et solutions de son précédent employeur. Bien qu'ancienne et peu fiable, ni davantage objective, la mise en situation de vente conserve ses adeptes… Convenons qu'elle offre à *minima* une évaluation *in vivo* de la capacité à rebondir du candidat et son aptitude à vendre dans un contexte à gros enjeu.

### Étape 4 : L'évaluation des dispositions psychologiques du candidat

Si apprécier les connaissances commerciales d'un prétendant au poste de vendeur apparaît difficilement contournable, tester les aspects psychologiques de sa personnalité l'est tout autant. Pour ce faire il existe un test psychologique destiné à l'évaluation des commerciaux dont j'ai précédemment fait état. Intitulé IPV (Inventaire de la Personnalité des Vendeurs), ce test est très fiable pour peu que le vendeur auquel on le soumet réponde spontanément et honnêtement aux questions qui lui sont posées. L'IPV (figure 28.2) investigue quatre grands traits de la personnalité des personnes qui souhaitent vendre :

– **La Disposition Générale à Vendre** (DGV) : cet item évalue une certaine façon d'établir des relations avec les autres, assez typiques de ce qui est nécessaire dans la vente : le goût des relations avec autrui, ces relations pouvant avoir une nuance combative (essayer d'enlever la vente, de persuader le client de trouver le bon argument, etc.) mais tempérée par un contrôle de soi suffisant.

– **La Réceptivité** (R) : une note élevée correspond à des qualités empathiques et à des possibilités d'adaptation rapide et facile à des situations ou des personnes différentes. De plus, elle apporte une capacité à se contrôler et dans une certaine mesure à supporter sans trop de difficultés les situations frustrantes. Il s'agira d'individus dont les relations avec les autres auront plutôt tendance à s'établir sur un mode réceptif et intéroceptif. La réceptivité est analysée en quatre sous-facteurs, éclairant tour à tour :

  • **La compréhension** : c'est l'aptitude à l'empathie qui caractérise le mieux les sujets obtenant une note élevée pour ce trait. Il s'agit d'individus objectifs dans leurs rapports humains, capables d'intégrer un événement dans son contexte. Ils sont le plus souvent intuitifs et savent écouter, se mettre à la place des autres et les comprendre.

- **L'adaptabilité** : une note élevée indique des facultés d'adaptation rapide et aisée face à des situations ou à des personnes différentes. Il s'agit d'individus montrant une grande souplesse dans leurs activités, intellectuelles ou relationnelles, capables éventuellement de modifier leur discours pour atteindre un but ou de faire preuve d'un certain mimétisme.
- **Le contrôle de soi** : les sujets se situant dans les classes supérieures sont des individus contrôlés, maîtres d'eux-mêmes et capables d'une bonne administration de leur potentiel intellectuel, psychologique ou physique. Ce sont généralement des personnes organisées, persévérantes, peu émotives et habiles à cacher leurs sentiments.
- **La tolérance à la frustration** : ce sont surtout les notes basses qui seront à prendre en considération : elles révèlent des sujets supportant mal les situations frustrantes, autrement dit qui sont incapables de compenser, acceptant difficilement les situations d'infériorité même si elles sont provisoires. Il s'agit souvent d'individus emprunts d'amour propre, ayant tendance à introduire dans leurs rapports ou dans leurs activités un trop fort degré de personnalisation.

— **L'Agressivité** (A) : il n'y a bien évidemment aucune connotation péjorative dans ce facteur. Une note élevée indique d'abord la capacité à supporter les situations conflictuelles, voire de les provoquer avec le désir de gagner. Elle révèle aussi des sujets ayant une attitude dominante, soit parce qu'ils ont un fort désir de puissance, soit parce qu'ils font preuve d'ascendance. Il s'agit aussi le plus souvent d'individus sûrs d'eux-mêmes et ne répugnant pas à prendre des risques si cela s'avère utile. Certains pourront se montrer actifs et dynamiques au sens physique du terme. En ce sens une agressivité élevée est ici le trait d'individus dont les relations avec les autres s'établissent de préférence sur un mode combatif et dominateur. L'Agressivité est elle-même éclairée par quatre sous facteurs :

- **La combativité** : une note élevée indique la capacité à accepter un conflit et à supporter les désaccords. C'est la marque d'individus accrocheurs, ayant le goût de la polémique et faisant preuve de ce qu'on appelle l'agressivité commerciale.

- **La dominance** : une note haute correspond à une certaine volonté de puissance, c'est à dire au désir de dominer, de gagner, voire éventuellement de manipuler les autres pour les asservir. Les individus se situant dans les classes supérieures sont souvent persuasifs, aptes à captiver leur entourage. En clair, ils sont dominants. Les personnes ayant des responsabilités hiérarchiques obtiennent généralement des résultats plus élevés à ce trait que ceux occupant un poste de bas échelon.
- **L'assurance :** elle est le fait d'individus sûrs d'eux-mêmes ayant le goût des situations nouvelles ou inattendues et souvent capables de prendre des risques s'il le faut.
- **Le besoin d'activité** : les sujets ayant une note maximale à ce trait sont généralement très actifs et dynamiques en ce sens qu'ils aiment les activités physiques et supportent mal la passivité et l'inactivité. Une note faible ne signifie pas forcément que le sujet n'est pas dynamique mais plutôt qu'il est peu sportif. Les personnes jeunes obtiennent généralement des résultats plus élevés pour ce trait que les moins jeunes…

— **La sociabilité** : une note élevée correspond à des sujets extravertis, aptes à créer des contacts. Il s'agit souvent d'individus à l'aise avec les autres, préférant la compagnie à la solitude et sensibles à l'importance des relations humaines. Ce trait n'entre pas dans le calcul de la note de Réceptivité, ni de celle d'Agressivité. Il constitue un trait à part. En revanche considérée isolément, la sociabilité est un facteur important pour la réussite dans la vente. Cela traduit en effet l'aptitude à séduire, à se lier et à sympathiser avec autrui.

Au regard de l'enjeu commercial que sanctionne un bon ou un mauvais recrutement, il apparaît un non-sens de ne pas tester les aptitudes psychologiques des vendeurs qui souhaitent intégrer votre équipe. Un modeste investissement de quelques centaines d'euros, représentant seulement quelques jours de salaires, suffit à éviter bien des regrets, des amertumes, des salaires coûteux inutilement versés «afin d'essayer» et quelquefois même la perte de clients déçus…

Figure 28.2 : Le test IPV, Inventaire de la Personnalité des Vendeurs

| Profil psycho-commercial | | Profil type des commerciaux | | | | |
|---|---|---|---|---|---|---|
| **IPV** Poste : Candidat : Date : Évaluateur : Société : | | | | | | |
| | | Faible | | | | Fort |
| **Traits** | | **1** | **2** | **3** | **4** | **5** |
| DGV = Disposition Générale à vendre et à persuader | | | | | | |
| R = réceptivité, empathie, compréhension d'autrui | | | | | | |
| A = Facteurs d'agressivité positive | | | | | | |
| I = Compréhension des situations et des autres | | | | | | |
| II = Facultés d'adaptation et de souplesse | | | | | | |
| III = Self control | | | | | | |
| IV = Tolérance à la frustration | | | | | | |
| R = I + II + III + IV = Réceptivité, empathie, etc. | | | | | | |
| V = Combativité et capacité à s'accrocher pour gagner | | | | | | |
| VI = Dominance et capacité à entraîner autrui | | | | | | |
| VII = Capacité à affronter de nouvelles situations | | | | | | |
| VIII = Besoin d'activités physiques et de déplacements | | | | | | |
| A = V + VI + VII + VIII = Facteurs d'agressivité positive | | | | | | |
| IX = Sociabilité et capacité à se lier avec autrui | | | | | | |

## Étape 5 : L'entretien d'embauche

Sans espérer que les propos qui suivent suffisent à décrire parfaitement la phase la plus complexe et hasardeuse du recrutement, voici quelques conseils afin de maximiser vos chances de mener à bien vos entretiens d'embauche d'un vendeur :

– Ne recevez pas un candidat en qualité de recruteur, mais empruntez la psychologie d'un client. Comment s'y prend-t-il avec vous ? Ressentez-vous le désir de lui acheter ce produit qu'il tente de vous vendre, à savoir lui-même. Si le prétendant ne sait pas se vendre, comment parviendrait-il à convaincre vos clients d'acheter vos produits ou solutions ?

– La première impression est la bonne dit-on. Alors observez sa poignée de main et son regard. Comment imaginer, si la main qui vous est tendue est molle, qu'il puisse s'agir de quelqu'un d'affirmé et de dynamique ? Le premier regard quant à lui est-il franc, direct ou bien fuyant et mal assuré ?

– Cherche-t-il tout de suite à nouer une relation, preuve d'une aptitude relationnelle ou bien reste-t-il distant et réservé, preuve d'un manque d'affirmation de soi ?

– Subit-il l'entretien en répondant à vos questions ou bien crée-t-il un échange, en posant à son tour des questions. Il vous faut admettre qu'il ne se comportera pas différemment en clientèle…

– Vous semble-t-il à l'aise ou au contraire tendu ?

– Se comporte-t-il de manière familière ou montre-t-il une certaine éducation ?

– Les horaires, les congés et le remboursement des frais sont-ils sa seule curiosité ou bien s'intéresse-t-il davantage aux activités et finalités du poste ainsi qu'à l'entreprise et à son combat ?

– Se montre-t-il enthousiaste et motivé pour le poste ou *a contrario* éteint ou blasé ?

– Sa tenue est-elle en harmonie avec vos conceptions et la culture d'entreprise ?

– Son élocution et son verbe sont-ils aisés ?

– Le style général correspond-t-il à celui des clients à visiter ? Gageons en effet qu'originaire d'un milieu agricole un vendeur est particulièrement adéquat à la vente aux agriculteurs, alors qu'un universitaire bon ton est probablement plus efficient dans un milieu scientifique.

De toutes ces questions, et tant d'autres à vous poser, résulte une grille de décisions. Les critères qui la composent peuvent à loisir être pondérés. Il en ressort un score pour chaque candidat. Ce score enrichi des tests de compétences et ceux de psychologie suffiront dans bien des cas à retenir la bonne personne et à écarter sûrement les candidatures inappropriées. La mise à l'épreuve par un contrat à durée déterminée parachèvera vos analyses et vous confirmera très probablement le bien-fondé de votre choix.

## L'action de cooptation d'un salarié de l'entreprise

En 2013, parvenir à recruter un vendeur tient de l'exploit. De bons postes ne trouvent plus preneur. C'est pourquoi la cooptation d'un salarié de l'entreprise est une solution avantageuse. En période de récession la cooptation évite de gonfler les effectifs et optimise les ressources humaines de l'entreprise. En période de pénurie la cooptation permet de trouver sans délai et en interne les commerciaux dont les candidatures font défaut. Le protocole de recrutement est en lui-même inchangé. Le contrat de management devra être établi, les épreuves de compétences commerciales seront également passées afin d'identifier les savoir-faire manquants et le salarié sera pareillement soumis au test de personnalité des vendeurs (IPV). Alors en quoi vous demandez-vous l'action de cooptation interne diffère-t-elle du traditionnel recrutement ?

Une grande ambivalence règne chez beaucoup de techniciens ou d'administratifs quant à devenir vendeurs. Par certain côté ils envient aux commerciaux leur relative autonomie, leurs moindres contraintes horaires, leur liberté de déplacement ainsi que leur rémunération. Par d'autres ils ne disposent pas d'une culture de résultats. Les objectifs quantitatifs sont pour eux générateurs d'angoisse en raison du risque d'échecs que ceux-ci véhiculent. Quelquefois, innocentes victimes d'une orientation scolaire et professionnelle peu pertinente ou d'un manque d'ambitions en début de carrière, ils n'envisagent pas de remettre en cause leurs choix initiaux. Afin de résoudre cette quadrature (*j'ai bien envie mais je n'ose pas*) un module préliminaire situé en amont du processus de recrutement doit être impérativement mis en place. Pour le comprendre je fais choix de présenter au lecteur le dispositif pédagogique que nous mettons à la disposition des entreprises en la forme d'un stage d'une journée (en *Inter* pour les TPE et PME ou en version *Intra* pour les plus grandes d'entre-elles) intitulé : « *Et si un commercial sommeillait en vous ?* ». Sous l'égide de la DRH, les salariés sont invités, sans aucun engagement, à suivre ce séminaire au cours duquel ils effectuent « *un fabuleux voyage au pays des vendeurs* ». Ce stage leur permet de mieux saisir le métier de commercial, comprendre en quoi il consiste, découvrir sa technicité, appréhender les lois de la communication avec autrui, connaître les différentes filières, etc. Au cours de cette journée, des exposés, des témoignages, des vidéos motivent les participants à persévérer dans la construction de leur projet. Des tests d'orientation et de savoir-faire permettent de mettre en lumière le potentiel du salarié à intégrer avec succès les métiers très riches de la vente et du marketing. Afin d'éviter tout risque d'échec les candidats insuffisamment motivés ou dont les aptitudes à la vente sont incertaines sont systématiquement écartés. Les hauts potentiels commerciaux sont *a contrario* conviés à persister plus avant dans leur investigation. Ils sont présentés en notre présence à la DRH et un stage de découverte leur est proposé. Celui-ci contribue à rassurer le futur commercial et à le conforter dans son choix de nouvelle carrière ou à défaut invalider celui-ci. Le protocole traditionnel de recrutement sera alors mis en place. En dernière intention une période d'essai, avec droit au retour à son ancien poste, est proposée afin de rassurer les plus craintifs.

La cooptation est un formidable moyen de redynamiser les salariés pour le travail en entreprise, de leur permettre de renouveler leur projet professionnel et de s'accomplir plus parfaitement. Conservons à l'esprit que Max Gallo, agrégé et brillant historien, secrétaire d'État porte-parole du gouvernement, et pour finir académicien, a débuté sa vie professionnelle avec en poche un modeste CAP d'ajusteur !

## L'action d'intégration d'un nouveau commercial

S'il est une action à fort enjeu, porteuse de brillants succès comme d'échecs cinglants, c'est bien celle de la conception et de la mise en œuvre du parcours d'intégration. De sa pertinence et du soin apporté à son bon déroulement, dépendent aussi bien la longévité du nouveau vendeur à son poste que son succès dans la bonne tenue dudit poste. Voici quelques règles à respecter pour mener à bien cette action et donner toutes ses chances de réussite à votre investissement.

Pour être optimale cette action se déroule en quatre phases :
- la préparation de l'accueil du vendeur ;
- l'accueil de l'impétrant ;
- la formation d'un nouveau vendeur, sa conception et son suivi ;
- l'incorporation proprement dite.

### Étape 1 : La préparation de l'accueil du vendeur

L'impréparation est source de la plupart de nos échecs. Faute de temps, de moyens, nombre d'entreprises, majoritairement petites, négligent de préparer l'accueil du nouveau commercial. Mieux, la tradition elle-même tend à privilégier les départs plus que les arrivées. S'il est en effet une coutume qui interpelle c'est bien celle communément appelée dans les entreprises « pots de départ ». Ceux-ci, organisés à l'initiative de l'employeur, des collègues ou de l'intéressé lui-même, tendent à transformer une « rupture de carrière profession-nelle » en une réunion festive et joyeuse. Si l'on peut légitimement se réjouir de ce positivisme, le moins que l'on puisse observer est que la prise de fonction d'un nouvel entrant ne bénéficie pas de la même allégresse. Tout se passe comme si les enterrements se devaient d'être plus festifs que les naissances… Un comble !

Pour ne pas participer à cet illogisme, répondre aux légitimes interrogations de votre nouveau vendeur, calmer ses ordinaires et bien compréhensibles inquiétudes, il vous faut préparer son accueil, et pour ce faire :

- **Concevoir un livret d'accueil,** couchant sur le papier quelques informa-tions essentielles telles que :

– le Cadre de Référence Fondamentale et la vision de l'entreprise à cinq ans (*Cf.* étape 1) ;

– un organigramme détaillé, avec les noms, prénoms et fonctions de chacun, clarifiant l'enchevêtrement hiérarchique et évitant ainsi bien des erreurs ;

– le « *qui fait quoi ?* », précisant les missions, rôles de chacun et ce que l'on peut en attendre ;

– les noms, adresses mail et numéros de poste ;

– un trombinoscope ;

– les us et coutumes de l'entreprise, horaires, etc. ;

– la localisation des services sociaux et ressources humaines ;

– les élus du personnel dans les différentes instances et leurs coordonnées ;

– les éléments de remboursement des frais de transport et déplacements ;

– la convention collective ;

– etc.

- **Organiser l'accueil**. Pas plus que l'on ne dresse la table devant ses invités, on n'improvise l'accueil le jour d'une entrée en fonction. Il est en effet aisé d'éviter bien des désillusions chez les impétrants en organisant à l'avance « sa réception » :

– en informant les autres commerciaux de l'arrivée du nouveau vendeur afin que celui-ci se sente attendu et qu'un bon accueil lui soit réservé ;

– en veillant à ce que toute l'équipe soit présente ce jour là et s'en réjouisse (quand l'enfant paraît…) ;

– en annonçant aux différents services l'organisation d'une visite de l'entreprise pour le nouveau commercial afin que nul n'en ignore la venue et que tous se montrent attentionnés ;

– en retenant une table pour le déjeuner ou à défaut un apéritif pris en commun afin de donner un côté festif à l'accueil ;

– en prévoyant pour l'occasion un « petit mot » de bienvenue ;

– en nommant un « parrain », en charge du tutorat du nouvel arrivé, afin que l'intégration soit assistée par un membre de l'équipe et que le nouveau commercial bénéficie les premiers temps d'un suivi non hiérarchique et bienveillant ;

– etc.

- **Packager les moyens à remettre**. Véritable mallette du succès rassemblant tous les documents, informations et moyens dont un commercial a besoin communément pour travailler dans votre entreprise. Prévoyez un téléphone en état de fonctionnement, créez sans attendre une adresse e-mail à son nom, faites lui imprimer des cartes de visite à lui remettre le jour de son arrivée, réunissez l'ensemble des documentations (papier ou CD-Rom) concernant les produits et solutions de votre entreprise. Si les commerciaux de votre équipe disposent de moyens spécifiques tels qu'ordinateur portable, voiture, fax, tenues vestimentaires, etc. faites en sorte que tout cela soit réuni avant l'arrivée de la personne. S'il est vrai que l'on n'a jamais une seconde occasion de faire bonne impression, gageons que cela l'est tout autant pour le vendeur vis-à-vis de ses clients que de la part de sa nouvelle entreprise sur lui-même !

### Étape 2 : L'accueil proprement dit de l'impétrant

Accueillir présuppose par définition être présent préalablement au nouvel arrivant. Cette évidence rappelée, voici les principaux facteurs de réussite d'un bon accueil :

– **Assurer les présentations de l'équipe**. Idéalement en déjeunant ensemble ou à défaut en organisant un apéritif de bienvenue (voir plus haut) une présentation des membres de l'équipe commerciale s'impose. La confiance que tout un chacun donne ou ressent nait de la connaissance qu'il a de l'autre. Si vous devez choisir à qui confier votre portefeuille, votre confiance se portera spontanément sur celle que vous connaissez le mieux ! Alors faites connaissance. Faites en sorte que tous se présentent à l'impétrant assez intimement. Montrez l'exemple. Parlez de votre cursus professionnel, de votre vie de famille, de vos loisirs, de vos hobbies, de vos enfants, etc. Et en retour, sollicitez l'impétrant pour qu'il se découvre et livre un peu de sa vie privée, de son histoire personnelle de manière moins protocolaire et convenue que les entretiens d'embauche l'y obligent. De manière moins approfondie, faites se présenter les membres de l'équipe en mettant à profit le moment pour reconnaître à chacun une qualité que vous saurez mettre en exergue.

– **Procéder à la visite prévue.** Faites le tour des services en présentant les personnes, en expliquant les missions de chaque service, tout particulièrement pour ceux qui concourent à l'environnement immédiat du commercial (*middle office*). Pour ce faire efficacement, conservez à l'esprit que le nombre d'informations reçues par le nouvel arrivant est considérable. Que les assimiler nécessite autant de temps que la prise d'un médicament agit pour guérir. Avaler la boîte en une fois ne rétablit en rien ! Ouvrir puis refermer sans délai une porte en vous écriant « *ça c'était la cafétéria* » cela en vous empressant de passer à la pièce suivante n'est pas de bonne politique. Prenez votre temps. Une discussion de quelques minutes autour d'un café est par exemple un excellent facteur d'intégration. Passer quelques minutes à observer la fabrication d'une pièce en cours d'usinage l'est tout autant.

– **Informer le vendeur sur les données de son secteur.** Parler amplement de ce qui l'intéresse le plus, à savoir la géographie de son secteur, son portefeuille de clients, les clients clefs et les prospects. Faites part des ambitions que vous nourrissez pour ce secteur, des forces et faiblesses du travail commercial effectué préalablement, de la manière dont vous-même vous vous y prendriez si vous en aviez la charge, etc.

– **Présenter le parcours de formation.** Après avoir dévoilé les résultats de ses tests de connaissances au nouvel entrant, présentez le parcours de formation. Justifiez dans les grandes lignes son programme, tant au regard des nécessités du métier exercé par votre entreprise qu'en réponse au besoin de perfectionnement mis au jour par les tests.

### Étape 3 : La formation d'un nouveau vendeur, sa conception et son suivi

– **La conception de la formation.** La formation des commerciaux ne saurait se concevoir par le simple recopiage du sommaire d'ouvrages traitant des techniques de vente et qui, faute de lecteurs, s'attardent sur les étagères des libraires. Il est en effet une erreur majeure très répandue commise par les entreprises : centrer les formations commerciales sur leurs produits ou leurs performances et les supériorités évidentes qu'ils comportent face aux offres concurrentes (forcément moins satisfaisantes). Les médecins apprennent-ils la pharmacopée avant le diagnostic (entendez le médicament préalablement à la maladie) ? Bien évidemment non ! C'est pourtant bien cette procédure erronée qu'entérine la plupart des parcours pédagogiques des entreprises (le produit avant le besoin). Il s'ensuit mécaniquement une négligence absolue du besoin des clients chez les commerciaux. Pour ceux-ci vendre se confine à « déballer » du mieux qu'ils peuvent les « plus » de leurs produits. Cette faute pédagogique est essentiellement imputable aux formateurs et moins aux vendeurs qui récitent plus ou moins bien ce qu'ils ont appris de leurs ainés !

Soyez innovant. Pour concevoir une formation commerciale performante revisiter vos produits et ceux de la concurrence sous le seul aspect des problèmes qu'ils résolvent du point de vue de ceux qui les acquièrent. Vous éclairerez ainsi le chemin qui conduit à une formation centrée sur le besoin à satisfaire (mobile d'achat) et non sur votre produit. Vous mettre dans la bulle du client qui achète et utilise vos produits et solutions favorise cette quête du Graal. Commencez à faire comprendre à vos commerciaux – avec la même passion dont vous faites certainement montre dans la présentation de vos produits – quels problèmes et difficultés rencontrés par les clients vos produits résolvent avec efficacité et pertinence. Revenez aux besoins primaires que satisfait chacun de vos produits en posant cette question fondamentale « À *quoi ça sert* (un Spa, un logiciel, une mutuelle, etc.) *pour nos clients ?* ». Une montre ne sert pas à donner l'heure, mais pour certain à « être » à l'heure et pour d'autres à forcer l'admiration de leurs amis. Déclinez alors les questions fondamentales à poser au client pour diagnostiquer son besoin individuel et le lui faire reconnaître. Cet acquis une fois garanti, développez en seconde intention les arguments à développer pour prescrire le bon produit (le médicament). Ainsi vos commerciaux travailleront comme des cliniciens et non comme des pharmaciens… Il s'ensuivra davantage de bons de commande et bien plus encore de clients satisfaits !

– **La déclinaison en programmes de formation**. Un dispositif de formation, pour être efficace, doit fonder sa pertinence sur une déclinaison des *missions* à mener en *tâches* à effectuer. Ces tâches clairement identifiées seront elles-mêmes converties en *savoir-faire* à devoir acquérir. L'exemple d'une mission de conquête illustre la démarche. Afin de mener à bien cette ardente obligation, il est incontournable pour le commercial de devoir prendre des rendez-vous (tâche) afin de rencontrer ses prospects. Cette tâche nécessite des compétences pointues (savoir-faire) que sont: 1) savoir élaborer un script de prise de rendez-vous par téléphone; 2) apprendre à passer le barrage des assistantes; 3) vendre le rendez-vous et argumenter son intérêt sans jamais parler du produit à vendre; 4) identifier un besoin fondamental reconnu par tous les prospects; 5) savoir emporter la décision du rendez-vous sans tomber dans la tentation de vendre par téléphone; 6) répondre aux sempiternelles objections des prospects (*qu'avez-vous à me vendre?, je n'ai pas le temps, cela ne m'intéresse pas,* etc.)… C'est ainsi que se bâtit un programme pertinent de formation. En vérité les managers ont rarement conscience du facteur savoir-faire dans la réussite. Dans l'exemple ci-dessus il est bon de savoir que les commerciaux (non formés aux techniques de prise de rendez-vous par téléphone) décrochent péniblement 5 % de rendez-vous, alors que les résultats de ceux qui sortent de notre stage, prise de rendez-vous, obtiennent un score supérieur à 50 % des appels aboutis ! Le schéma ci-après illustre et représente pour chaque mission confiée la définition des tâches élémentaires à effectuer par le vendeur, puis pour chacune d'elles, à l'image d'une dérivée seconde, repère les compétences ou savoir-faire que le stagiaire doit acquérir (figure 28.3).

Figure 28.3 : Déclinaison des missions en tâches
et des tâches en savoir-faire à acquérir

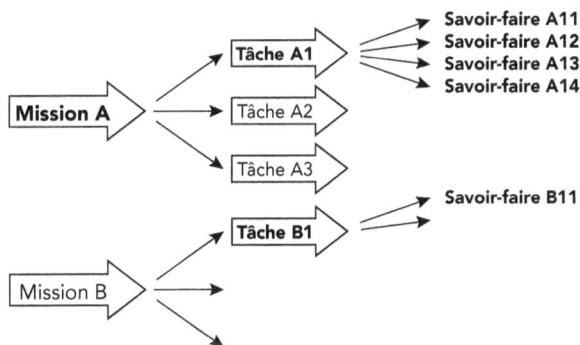

– **Le suivi du cursus de formation**. En vérité, il en va de la formation comme de l'achat d'un livre. Acquérir celui-ci et le disposer en bonne place sur son bureau ne suffit pas. Faut-il encore d'une part le lire, de l'autre l'assimiler, autrement dit le comprendre, le mémoriser et en appliquer les préceptes. Le suivi du progrès du stagiaire tout au long de son parcours de formation est un facteur important pour mener à bien la montée en compétence nécessaire à sa réussite commerciale. Les savoir-faire étant clairement identifiés afin d'être enseignés, il est aisé d'évaluer les acquis de compétences. Deux voies se présentent à vous. La première, théorique, vise par des examens périodiques à s'assurer de l'obtention des connaissances requises. Elle donne une image de sérieux aux stagiaires et contribue à ce qu'ils ne relâchent pas leur attention. La seconde est plus pratique. Elle vise, en situation réelle ou simulée, à apprécier la maîtrise du participant à l'aide d'une échelle à quatre niveaux (assisté, autonome, émancipé, performant). Le parcours doit estimer le niveau prévisible auquel un stagiaire doit normalement prétendre. L'évaluation des performances réelles indique, semaine après semaine, le retard ou l'avance dans la maîtrise des compétences enseignées (voir figure 28.4).

## Étape 4: L'incorporation

Se rapporter aux définitions du dictionnaire éclaire souvent les idées. Incorporer signifie «*faire entrer quelque chose ou quelqu'un dans un tout*». Appliquée au sujet qui nous occupe, l'intégration nécessite de faire passer le nouvel entrant par trois phases: l'inclusion, l'affirmation et la coopération. C'est l'accès à cet ultime stade qui consacre la réalité d'une incorporation réussie.

– **L'inclusion** est la phase de démarrage durant laquelle le nouvel entrant cherche prioritairement à se faire agréer. Pour ce faire, il lie connaissance, cherche à se faire connaître afin d'être apprécié de tous dans le but exclusif d'être accepté. La durée de cette phase varie d'une quinzaine de jours à quelques semaines selon l'importance de l'équipe, l'accueil qu'elle réserve au nouveau venu et l'aisance relationnel dont ce dernier fait preuve. L'enjeu de son *agreement* par autrui étant omniprésent, l'intéressé priorise la relation. Ses intérêts s'effacent devant ceux d'autrui. Il se montre particulièrement avenant, fait montre de souplesse, évite toute compétition et opposition. Durant ce moment l'impétrant est particulièrement malléable. Il se plie à toutes les règles, retient toutes les leçons, consent à tous efforts, supporte toutes contraintes afin de conforter son admission. C'est l'instant propice à saisir par l'encadrant pour soumettre le nouveau vendeur à ses légitimes exigences.

Figure 28.4 Exemple de planification de la montée en compétence des nouveaux vendeurs

| Tâches | | semaine 1 | semaine 2 | semaine 3 | semaine 4 | semaine 5 | semaine 6 | semaine 7 | semaine 8 | Niveau fin parcours |
|---|---|---|---|---|---|---|---|---|---|---|
| Prise de RDV | prévu | assisté | | autonome | émancipé | performant | | | | émancipé |
| | réalisé | assisté | | autonome | émancipé | | | | | émancipé |
| Installation matériel et démarrage | prévu | | | assisté | autonome | | émancipé | | performant | émancipé |
| | réalisé | | | assisté | autonome | | | émancipé | performant | émancipé |
| Formation clients | prévu | | | | | assisté | | assisté | | émancipé |
| | réalisé | | | | | | | | | autonome |
| Prospection | prévu | | | | | assisté | | | autonome | émancipé |
| | réalisé | | | | | autonome | | | émancipé | autonome |
| Démonstration matériel | prévu | | | | | | | | | |
| | réalisé | | | | | | | | | |
| Coaching collègues | prévu | | | | | | | | | |
| | réalisé | | | | | | | | | |
| Réception clients | prévu | | | | | | | | | |
| | réalisé | | | | | | | | | |
| Petits S.A.V. | prévu | | | | | | | | | |
| | réalisé | | | | | | | | | |
| Construction argumentaires | prévu | | | | | | | | | |
| | réalisé | | | | | | | | | |
| Formation collègues | prévu | | | | | | | | | |
| | réalisé | | | | | | | | | |
| Information commerciale | prévu | | | | | | | | | |
| | réalisé | | | | | | | | | |

☹ assisté    😐 autonome    🙂 émancipé    😀 performant

– **L'affirmation**, fait suite rapidement à l'inclusion. Désormais le vendeur n'a plus à se faire connaître, mais aspire à se faire reconnaître. C'est en quelque sorte la phase de l'adolescence. Celle au cours de laquelle le vendeur veut se faire valoir. Il cherche à se différencier des autres et teste son pouvoir. Il exprime davantage son point de vue, s'oppose plus facilement et recherche le fait d'armes qui le fera briller aux yeux de ses collègues. En résumé il cherche et trouve ses marques. Durant cette période le Responsable commercial devra être vigilant et veiller à endiguer tout mouvement d'émancipation excessif qui affranchirait le vendeur des règles préalablement admises. Le vendeur tentera par exemple de se libérer de certaines obligations telles que rapport de visites, respect des horaires ou du protocole de vente mis en place ou encore ambitionnera de s'émanciper de toute contrainte incommodante afin de s'affirmer plus encore.

– **La coopération**, constitue le troisième stade de l'incorporation d'un nouveau membre au sein d'une équipe. La coopération en est le stade le plus abouti. Tous n'y parviennent hélas pas. À ce point d'arrivée règne l'esprit de solidarité tant avec l'équipe qu'à l'endroit du projet de l'entreprise. La confiance est mutuelle. Le commercial s'en remet à l'équipe et l'équipe au commercial. La patience à l'endroit de l'entreprise, pour ce qu'elle peut offrir en retour des efforts développés, règne magnanimement. L'engagement est total, sorte de *cosa nostra* qui implique totalement le vendeur et associe son devenir à celui de l'organisation qui l'emploie et aux succès de l'équipe. Le dévouement sans restriction en est le corollaire évident.

Le processus d'incorporation démarre dès le premier jour. La qualité de l'accueil y contribue, la formation aussi, les premiers succès de même. Il appartient au Responsable commercial de veiller à ce travail d'incorporation, jour après jour, afin de conduire le vendeur nouvellement recruté à épouser aussi bien la cause de l'équipe que celle de l'entreprise.

## ▪ Les spécificités de l'action de licenciement d'un commercial

De par ses implications sociales et juridiques, il est certain que cette douloureuse et désagréable action ressort au premier chef de la DRH. En revanche la décision de sa mise en œuvre au motif d'insuffisance de résultats revient en amont dans bien des cas au manager commercial. Il n'est en effet pas rare de déceler chez tous ceux qui vendent des périodes de méforme, de contre-performances, se traduisant aussi bien par une baisse d'activités que par une chute des résultats. Le licenciement constitue en ce cas une réponse extrême, très coûteuse, souvent injuste et préjudiciable aussi bien à l'individu qu'à l'entreprise et à l'harmonie régnante dans l'équipe commerciale. Durant ces périodes de «dysfonctionnement» il est en effet fréquent d'observer concomitamment un souci familial, affectif ou de santé ou encore un désaccord avec le management quand ce n'est pas un doute métaphysique sur l'intérêt du métier ou du secteur économique dans lequel celui-ci s'exerce. En ce sens, le grand livre du Responsable commercial en actions serait incomplet s'il ne prônait pas une démarche pertinente afin d'étayer votre décision quant au bien fondé d'un licenciement. Une démarche qui garantisse aux deux parties, manager et vendeur, le bien-fondé de cette terrible sentence afin d'éviter des regrets pour l'un et des ressentiments pour l'autre, source d'actions judiciaires vengeresses…

Le protocole de décision de licencier un vendeur comprend deux périodes de deux ou trois mois chacune, appelées *Plan d'assistance* et *Plan de développement et d'activités*. Aux termes de ces deux Plans la décision de licenciement deviendra effective ou *a contrario* se verra invalidée. À l'issue de chacune des deux périodes le vendeur peut se voir confirmé à nouveau dans son poste. À défaut, il entre dans la période suivante. À la fin de la première période, une convocation à un entretien s'impose afin de dresser un bilan, objet de commentaires contradictoires. Le lecteur l'a compris, le protocole de décision décrit ci-après est une version élaborée et moderne de l'antédiluvien courrier d'avertissement suivi d'un entretien expéditif avec le vendeur et d'une confirmation par la voie d'un recommandé postal. Il donne au vendeur qui en fait l'objet une réelle chance d'éviter son licenciement, de réintégrer pleinement son poste et de reconquérir la confiance du management. Quant au manager, le respect de cette procédure le fait accéder à la certitude que le licenciement envisagé est aussi fondé que pertinent. À défaut il tirera avantage à renoncer ! Pour l'entreprise, enfin, il lui est ainsi évité de «payer» un vendeur à rechercher un nouveau job plutôt que de vendre.

### Première période : le plan d'assistance

Le minimum qu'un manager doive à un commercial est d'assister celui-ci en cas de mévente ou d'insuccès. Force est d'admettre qu'être Responsable commercial véhicule bien quelques responsabilités… Cette intangible vérité se matérialise ici face à l'épreuve de l'insuccès. Le Plan d'assistance, d'une durée invariante fixée généralement à deux mois, ouvre comme son nom l'indique une période fortement consommatrice de temps et d'énergie pour le manager. Le Plan d'assistance satisfait à trois intentions :

- **En première intention**, plusieurs entretiens approfondis avec l'intéressé sont tenus sans *a priori* ni préjugé. Ils permettent d'identifier les diverses causes des difficultés rencontrées par le vendeur assisté et de répondre à un certain nombre de légitimes questions : comment explique-t-il sa non-réussite ? Respecte-t-il le protocole de vente ? A-t-il perdu en chemin des savoir-faire indispensables ? Est-il motivé ? Considère-t-il manquer de moyens ? Subit-il une perte d'appétence pour le métier, son secteur, ses clients ou les prospects ? Est-il en désaccord avec la politique mise en œuvre ? Rencontre-t-il des problèmes familiaux, affectifs ou de santé ? Nourrit-il un ressentiment envers vous-même, l'entreprise ou certains collègues ? Etc.

  Le bilan des causes étant dressé, la reconnaissance des conséquences est essentielle au succès du Plan d'assistance. Le commercial assisté doit tirer toute la quintessence des effets de ses insuccès : baisse de chiffres ou de marge, objectifs non-atteints, chute de rémunération, mise sous tutelle par le biais de la procédure d'assistance, perte d'estime de soi et de ses collègues, risque de licenciement, etc.

  Enfin une clarification des buts visés par le vendeur assisté ainsi que les actions à mettre en œuvre pour sortir de l'ornière est rendu nécessaire en raison de cette vérité selon laquelle « *on ne fait pas boire un âne qui n'a pas soif !* ». Votre commercial souhaite-t-il s'en sortir ? Comment voit-il les choses ? Quels efforts est-il prêt à fournir ? De quelle aide a-t-il besoin qui lui permettrait de réussir ? etc.

De toute évidence ces entretiens sont tenus dans un esprit de compréhension, d'aménité et non de reproches ou de sanctions. Il s'agit de soutenir, sauver, et non de détériorer ou punir :

- **En seconde intention**, le Plan d'assistance devient plus concret et se matérialise par un accompagnement sur le terrain. Ce suivi en clientèle vise deux objectifs. Le premier affine le diagnostic des causes d'échecs. Le commercial sait-il séduire ses clients ? Parle-t-il de trop ? Manque-t-il d'écoute et d'empathie ? Son comportement face au client est-il perfectible ? Sait-il conclure ? Rencontre-t-il des difficultés à vendre le prix ou à défendre sa marge ? Etc. Ici on est très proche du coaching. Le débriefing systématique des entretiens favorise le rétablissement de l'assisté et partant son sauvetage. Le second objectif de l'accompagnement est de vendre à deux. Ainsi le Responsable commercial fait profiter le vendeur sous tutelle de son expérience. En outre les ventes qui vont naturellement en découler viendront gonfler ses résultats et constituer par là un puissant encouragement à une remise en selle rapide.

### Seconde période : le Plan d'activités et de développement

D'une durée équivalente (deux à trois mois) le Plan d'activités et de développement propose aux commerciaux, au sortir du Plan d'assistance, une seconde et dernière chance. Ici la « laisse » se raccourcit ! Au titre des activités, des objectifs de tâches sont fixés à savoir : un nombre de contacts téléphoniques à obtenir, de visites à effectuer, de rapports à présenter, d'installations à mettre en place, de rendez-vous à prendre, etc. Ces tâches devront impérativement être effectuées par le vendeur durant la période. À défaut le licenciement ne sera plus écarté. Quant au développement, le plan se matérialise par des objectifs de résultats fixés spécifiquement pour la période. Dans les deux mois un certain chiffre d'affaires devra être réalisé ou bien un nombre de prospects devra être conquis ou encore un volume de ventes, etc. Ici encore le prononcé du licenciement sanctionne l'insuccès.

Cette façon de procéder pour prendre la décision de licencier ou de réincorporer est d'une grande sagesse. Elle présente quatre avantages majeurs. Le premier avantage est de faire montre d'humanité. Elle alerte amplement le vendeur en lui donnant toutes les chances de corriger ses erreurs et lui fournit toute l'aide nécessaire à cela. Le second avantage de la méthode est de s'assurer de la pertinence de la décision. Le coût d'intégration et de montée en compétence d'un commercial est trop élevé pour laisser place à une sentence fondée sur du dépit ou une excessive émotion. Le troisième avantage de ce protocole est d'être bien accepté par le commercial. Celui-ci ne vit plus comme par le passé une injustice avec son corollaire prudhommal habituel. Prévenu, puis assisté et bénéficiant enfin d'un challenge clair et accepté par lui, il ne nourrit en cas d'échec aucun esprit vengeur. Le quatrième avantage majeur est que le licenciement est bien vécu par l'équipe. Les collègues de l'intéressé n'ignorent rien des infinies précautions prises pour que soit arrêtée une décision juste et humaine. Il s'ensuit une adhésion pleine et entière à une « opération chirurgicale » sans cicatrice…

# Les actions de supports et de préparation du moyen terme

Les guerres ne se gagnent pas sans matériel, ni logistique. Les guerres commerciales n'échappent pas à cette obligation. Les actions de supports consistent à réunir tous les nouveaux moyens et tous les outils nécessaires pour mener à bien les actions, portant aussi bien sur les clients que sur la stimulation de leurs achats (actions portant sur les produits). Plus précisément par actions de supports l'on entend :

- le *benchmark* des concurrents directs ;
- les actions de communication ;
- quelques autres actions de supports.

## Le *benchmark* des concurrents directs

Si vous sollicitez un commercial de *Canon* sur ses prix de revient à la copie ou si vous invoquez auprès d'un chargé de clientèle *Xerox* l'idée de faire le tour des concurrents avant de prendre votre décision d'achat, ceux-ci se font une joie de sortir, non sans fierté, un dépliant. Celui-ci comporte le prix de vente de tous les modèles disponibles sur le marché et cela quel que soit le concurrent que vous leur opposez. Vous disposerez en quelques secondes du coût / copie, du prix du toner ou encore de la somme à investir pour un contrat de maintenance.

Comparez-vous et sachez vous situer par rapport aux offres concurrentes. Les guerres se gagnent par le renseignement. Faites en sorte de vous situer en permanence en prix, en performance et en offre commerciale, par rapport aux autres opérateurs des différents DAS de votre métier. C'est une des actions de supports que tout PAC, un peu élaboré, se doit d'intégrer.

# Les actions de communication

Les actions de communication sont très nombreuses. Je ne les cite ici que pour mémoire. Le tableau figure 29 vous en propose une liste non exhaustive. Véritable boîte à outils, chacun des outils fait solution à une problématique spécifique de communication :

– La *publicité dans les médias*. Très favorables aux franchissements des stades cognitifs, presse, radio, télévision, etc. sont souvent coûteux, mieux adaptés au grand public qu'aux professionnels plus aisément joignables par d'autres voies.

– La *promotion des ventes et la PLV*, pour entraîner au stade décisionnel la conviction de l'acquéreur de l'avantage de passer à l'acte et de satisfaire ses désirs.

Figure 29 : La « BAO » présentation adaptée à partir de Kotler et Dubois
Quelques outils de communication → mix communications

| Publicité | Promotion des ventes | Relations publiques | Force de vente | Marketing direct |
|---|---|---|---|---|
| Toute forme monnayée de présentation et de promotion non interactive d'idées, de biens et de services émanant d'un annonceur identifié comme tel | Tout stimulant à court terme destiné à encourager l'achat d'un produit ou d'un service | Toute action réalisée en faveur d'un produit, d'un service ou d'une entreprise, par des infos diffusées dans les médias ou à des manifestations organisées dans un but d'amélioration d'image | Toute présentation orale faite au cours d'une conversation avec un ou plusieurs acheteurs potentiels dans le but de conclure une affaire | Marketing interactif qui utilise un ou plusieurs médias en vue d'obtenir une réponse et/ou une transaction |
| A- MÉDIAS Presse, affichage, radio, cinéma, TV B- HORS MEDIA 1° Editions : Catalogues, brochures Posters/annuaires Présentoirs/display/flyers Internet 2° Vidéo/CD 3°Enseignes, signalétique Logos et symboles 4° Cadeaux pub *Cf.* les catalogues VPC 5° Foires et salons | 1° Ventes avec primes 2° Jeux et concours 3° Réduction de prix et rabais 4° Essais, échantillonnage Merchandising, PLV *Cf.* variable distribution Packaging *Cf.* variable produit | Dossier de presse Communiqués Séminaires, Conférences Rapport annuel Mécénat Parrainage/sponsoring Lobbying Événements Journaux internes Petits-déjeuners Portes ouvertes | Démonstrations Réunions de vente Télévente Essais Animations diverses (ex. : salons) | Mailing (couponning) Phoning – SMS mailing Annonce presse Catalogue Télématique/Internet Bus-mailing Asile colis (et lettre) Télévision/Radio Cartes à puce Petites-annonces Bornes d'achat Serveur vocal Boîtes à lettres/Imprimé sans adresse |

– La *force de vente*, dont le registre est très large pour peu qu'on l'utilise convenablement. Dans les séminaires de mise au point du *process* vente nous sensibilisons les commerciaux sur la nécessité de convenablement présenter leur société afin d'asseoir leur crédibilité et délivrer une image claire et valorisante à leurs interlocuteurs. Mieux que quiconque, sous réserve qu'on les y entraîne, les vendeurs peuvent délivrer les bons messages et répondre à l'exact besoin de communication de leur vis-à-vis.

– Le *marketing direct*. Mailing, «faxing», phoning entrant et sortant, annonce presse, imprimés sans adresse, catalogue, Internet, bus-mailing, asile colis (et lettre), émissions de téléachat, petites annonces, distribution en boîtes aux lettres etc. sont des médias particulièrement adaptés au stade décisionnel.

## Quelques autres actions de support

La création de fiches du *process* vente, le *benchmark* des concurrents, la communication publicitaire, les conventions, l'organisation de challenges ou jeux concours et la formation des équipes sont les principales actions de support que doit prévoir votre plan d'actions commerciales. Il en existe beaucoup d'autres qui peuvent y trouver leur place. À mi-chemin entre actions et outils, elles doivent être conçues et inscrites au PAC avec la même rigueur que celles déployées jusqu'ici. Plus connues et objets de nombreux écrits, ces actions ne sont citées ici que pour mémoire. Elles favorisent aussi bien les actions portant sur les clients que celles plus spécifiquement orientées vers la stimulation des ventes de produits :

- la documentation commerciale ;
- la documentation technique ;
- les opérations de boîtage (distribution en boîtes aux lettres).

## Les 5 actions de préparation du moyen terme

Le degré d'immédiateté du retour sur investissement des actions commerciales est variable. Certaines actions produisent un effet instantané ou rapide alors que d'autres ambitionnent de préparer l'avenir. Qu'il s'agisse de recruter un nouveau commercial en vue de développer un secteur en friche, de créer un showroom, d'informatiser des forces de vente, toutes ces actions sont d'emblée dévoreuses de temps et d'argent alors que les dividendes espérés ne sont perçus qu'après.

Les actions de préparation du moyen terme les plus fréquemment rencontrées dans les plans d'actions commerciales sont :

- les opérations de recrutement ;
- le process d'intégration de nouveaux effectifs commerciaux ;
- l'informatisation des forces de vente ou de l'administration des ventes ;
- l'édition d'un nouveau catalogue ou cédérom de présentation ;
- l'élaboration d'un nouveau stand pour les expositions futures ;
- la création d'un site internet ;
- l'achat de bases de données.

Si toutes ces actions de préparation du moyen terme sont importantes, je n'en parlerai pas davantage sans risquer de sortir de notre sujet. Chacune d'elles mérite un livre tout entier. Il en existe de nombreux. Je ne puis que vous inviter à vous y reporter.

# Septième étape

## Rédigez votre PAC

Formalisez vos réflexions et projets d'actions commerciales
en fiches descriptives, plannings et budgets

Sans tomber dans l'excès d'un plan de bataille, votre plan d'actions commerciales doit être formalisé en un document d'ensemble prévoyant des hommes, actions, matériels, plannings et budgets. Objet d'une surveillance jalouse et d'une référence quasi permanente, votre PAC n'atteindra son plein succès qu'à condition d'être couché «noir sur blanc», de façon claire, précise et pratique. À défaut, il risque de sombrer dans les sempiternelles propositions commençant par «*y'a qu'à*» et «faut que...» qui peuplent le cimetière des échecs commerciaux.

Au sommaire de votre PAC doivent se profiler les neuf points suivants :

1. Les principaux objectifs par domaine d'activités stratégiques et par couple produit/segment ;

2. Les fiches techniques des actions commerciales programmées ;

3. La programmation et la coordination des actions ;

4. Le synopsis du QUI fait QUOI de l'année à venir ;

5. Les moyens à prévoir ou à réunir pour atteindre les objectifs définis ;

6. Les paramètres du succès commercial ;

7. La programmation des grands rendez-vous du PAC ;

8. L'organisation du reporting ;

9. La feuille de route à remettre à l'équipe commerciale.

Chacun de ces points est à présent détaillé, et les tableaux dont ils font l'objet, commentés.

# Chapitre 1

# Déterminez vos objectifs

Un manager, humoriste à ses heures, observait que nul ne pouvait s'étonner de n'être point arrivé là où il ne savait pas qu'il se rendait ! La détermination des objectifs, clairs et précis, est la première des tâches rédactionnelles auxquelles le dirigeant commercial est appelé. Après avoir rappelé quelques règles qui président à la fixation des objectifs, nous prendrons l'exemple d'une saline, ses objectifs, leur déclinaison par couple produit / segment de marché.

## Quelques règles d'or pour fixer vos objectifs

Dans mon livre *Faire accepter son prix*, je rappelle que le propre d'un objectif est d'être manié comme une ARME[1] :

- un A, comme Ambitieux ;
- un R, comme Raisonnable ;
- un M comme Mesurable ;
- un E comme Échéancier.

### A comme Ambitieux

Certains dirigeants entendent se prononcer sur leurs objectifs une fois les choses déjà bien engagées. Ils sont ainsi, avancent-ils, certains de ne pas se tromper… Ce faisant, ils se situent dans une dialectique de prédiction, autrement dit de prévision qu'ils entendent être la plus juste possible. Ce type de raisonnement ne trouve pas sa place dans la fixation des objectifs. En vérité, il ne s'agit pas de *savoir* ce qui va se passer mais de *vouloir* que les choses se passent d'une certaine manière. Alors que prévoir revient à anticiper ce qui pourrait se passer, fixer un objectif, vise à se mobiliser et à réunir les moyens pour façonner l'avenir comme on l'entend.

---

1   « *La culture est ce qui reste, dit le philosophe, quand on a tout oublié.* », prétendait Édouard Herriot.

### ▩ R comme Raisonnable

Ambitieux ne signifie pas démesuré. Sachez décliner vos aspirations de façon à ce qu'elles soient atteignables. Trop ambitieux, et voilà votre objectif qui devient instrument de démobilisation et de découragement. Ambitieux et raisonnable, c'est faire en sorte que la corde de l'arc soit bien tendue, pour porter loin, mais ne casse pas.

### ▩ M comme Mesurable

En clair, un objectif doit être quantifié ou, pour le moins, le résultat qui le sous-tend doit être tangible et évaluable. La mesure du résultat et de son écart par rapport à l'objectif initial est indispensable à son appréciation. C'est cette mesure qui donne de la saveur à la lecture du résultat et permet le progrès, cela à l'image du score d'un jeu sans lequel il n'y aurait pas de piment ni d'envie de se surpasser.

### ▩ E comme Échéancier

Un objectif sans délai d'obtention est sans grande valeur. La contrainte temps est obligée. Une date ou un délai, sont des précisions aussi élémentaires qu'indispensables. Sans cela, tout n'est que vague espoir et appartient davantage au monde du rêve qu'à celui, très concret, des objectifs.

Ajoutons une dernière observation. Trop souvent les objectifs s'éloignent des prévisions comptables sur lesquelles sont fondés les budgets. Ils sont utilisés exclusivement pour «tirer la machine», (entendez pour mobiliser les énergies et fixer des seuils de règlement des primes). Cette approche est regrettable. Objectifs et prévisions budgétaires doivent coïncider. Les secondes découlent des premiers. Convenons que si les objectifs ne sont pas atteints et que les prévisions s'avèrent malgré tout parfaitement justes, un problème de management se pose…

### ▩ Exemple de rédaction des objectifs par DAS pour une saline

Le tableau (figure 30) présente une illustration de rédaction à partir d'un exemple emprunté à la *Société des Salins du Midi*. Le sel est une matière première unique. Elle peut toutefois se décliner en plus de trois cents produits. La direction commerciale des Salins a été érigée en centre de profit.

Elle fonctionne comme une agence commerciale, avec pour clients internes quatre DAS, chacun dirigé par un chef de marché. Chaque domaine d'activité stratégique satisfait, à partir du sel, un besoin distinct et quelquefois antinomique, obligeant à identifier des clients différents et à mener des actions commerciales spécifiques :

* Le DAS, axé sur la problématique du déneigement, dont le système motivationnel satisfait la sécurité hivernale.
* Le DAS de l'agroalimentaire, problématique de la nutrition avec pour motivation tout ce qui touche à la santé, au goût et à l'hygiène alimentaire.
* Le DAS de l'industrie et du traitement de surfaces.
* Le DAS du traitement de l'eau, dans une perspective d'hygiène et d'odeur de l'eau des piscines.

Chaque DAS a ses objectifs de part de marché, de chiffre d'affaires, de tonnage et de marge.

### ▪ Déclinaison d'objectifs par couple produit / segment de marché

Chaque DAS est divisé en segment de marché, qui regroupe des clients aux besoins homogènes plus affinés, exigeant des produits spécifiques, des conditionnements particuliers, un réseau de distribution distinct, une politique de prix adaptée, etc.

Le tableau de la figure 31, prolonge l'exemple des *Salins du Midi*. Le DAS de déneigement qui satisfait à la sécurité hivernale est ainsi divisé en directions départementales de l'équipement, dont les parcs commandent du sel en prévision d'hivers rigoureux par train entier, en communes et syndicats de communes, aux besoins plus modestes, pour finir par les particuliers auxquels sont proposés dans les rayons de distributeurs spécialisés de l'Est et du Nord de la France, des pulvérisateurs de cinq ou dix litres de sel pour déneiger la sortie de leur garage. De la même manière, le DAS du traitement et l'hygiène de l'eau sont subdivisés en trois segments nécessitant chacun la mise en œuvre d'une approche commerciale distincte : les piscines municipales, les particuliers, les « piscinistes » qui vendent et construisent les piscines.

Figure 30 : Le tableau des objectifs par domaine d'activités stratégiques
Exemple d'une saline

| | Déneigement | Agroalimentaire | Industrie | Traitement de l'eau |
|---|---|---|---|---|
| Besoins / Attentes | Sécurité hivernale | Goût et hygiène alimentaire<br>Nutrition humaine<br>Nutrition animale | Chimie traitement de surfaces | Hygiène des piscines |
| Objectifs<br>En PDM<br>En chiffre d'affaires<br>En tonnage<br>En marge | | | | |
| Concurrent n° 1<br>En PDM<br>En chiffre d'affaires<br>En tonnage<br>En marge | | | | |
| Concurrent n° 2<br>En PDM<br>En chiffre d'affaires<br>En tonnage<br>En marge | | | | |

Figure 31 : Le tableau des objectifs par couple Produit/Segment
Exemple d'une saline

| | Segment 1 | Segment 2 | Segment 3 | Segment 4 |
|---|---|---|---|---|
| DAS : Déneigement, sécurité hivernale | Directions départementales de l'équipement | Communes syndicats de commune | Autres collectivités | Particuliers |
| Objectifs /PDM | | | | |
| CA | | | | |
| Marge | | | | |
| Volume | | | | |
| DAS : Traitement de l'eau | Piscines municipales | Piscinistes | Particuliers | |
| Objectifs /PDM | | | | |
| CA | | | | |
| Marge | | | | |
| Volume | | | | |

Chapitre 2

# Rédigez les fiches techniques
# des actions commerciales prévues

Chaque action doit faire l'objet d'une fiche récapitulant l'essentiel du pourquoi, comment, avec quels moyens et sous quelle contrainte temps. Détaillons
ensemble la figure 32 qui présente un modèle de fiche action.

## Nommez vos actions

Nommer les autoroutes c'est, au-delà de mettre en relief leur importance, leur
donner du sens. La Francilienne indique un lieu, l'Île-de-France, et véhicule l'idée
d'une desserte à l'usage des Franciliens, autrement dit d'une ceinture périphérique.

Nommer une action commerciale, c'est :

- faciliter sa mémorisation ;
- indiquer son sens ou son objet ;
- développer un affect mobilisateur, émotionnel ou agressif;
- contribuer à la fédération des individus en l'intégrant au langage propre
  à l'équipe commerciale ou à celui de l'entreprise.

L'opération « Petits Petons » menée par l'organisation commerciale du groupe
mutualiste *Harmonie*[1] mobilise les équipes pour que soient offerts à chaque
adhérente, lors d'une nouvelle naissance, des chaussons pour son nouveau-né.
Cette action, au nom aisément mémorisable et chaleureux, indique clairement la cible (les jeunes mamans), la finalité (fidélisation affective et partage
de moments joyeux), l'exigence du suivi individualisé des adhérents imposé
aux commerciaux et l'établissement d'un contact privilégié.

Chaque action est repérée par un numéro et rattachée à son domaine d'activités stratégiques ainsi qu'au couple Segment / Produit si besoin est.

1   L'un des tout premiers groupes mutualistes de France.

© Groupe Eyrolles

# Nommez un responsable pour chaque action

Pas de responsable, pas de réussite ! Le responsable par définition est celui qui prend en charge l'ensemble des responsabilités concernant cette action.

Il doit :

- coordonner l'action ;
- dispenser les informations ;
- réunir les moyens ;
- assurer le suivi ;
- contribuer à la mobilisation ;
- veiller sur les indicateurs de réussite ;
- alerter sur les erreurs, défaillances, retards et écarts.

À défaut de responsable, l'opération commerciale court à l'échec.

# Précisez l'objet et le type d'action

Rappelez brièvement le problème qu'entend résoudre l'action, l'origine de ce problème, ses conséquences et son enjeu. Faites en sorte que le lecteur ait une vision claire et synoptique de l'action commerciale décrite. Précisez si elle vise à cultiver la relation avec les clients, à promouvoir l'intensification de leurs achats, s'il s'agit d'une action de supports ou d'une action de préparation du moyen terme.

# Choisissez parmi onze cibles possibles

Il est ainsi possible de distinguer onze cibles aux fonctions différentes :

- les suspects ;
- les prospects ;
- les clients décideurs ;
- les clients utilisateurs ;
- les distributeurs ;
- les prescripteurs ;

© Groupe Eyrolles

Figure 32 : Modèle de fiche d'action commerciale

**Nom de l'action :**                                                   **DAS :**

**Action N :**                                                          **Segment :**

**Description :**                              établi le :              **pour l'exercice :**

**Responsable de l'action :**                  **Acteur participant à l'action :**

Actions portant sur les clients ❑    Actions de simulation des achats clients ❑    Actions de support ❑

**Précision sur le type d'action :** (conquête, fidélisation, essayage, création d'un catalogue, recrutement, etc.)

**Nature du problème/enjeux :** .........................................................................................

........................

Saisir une opportunité ❑    Réduire une menace ❑    Optimiser une force ❑    Réduire une faiblesse ❑

| Cible(s) visée(s) (clients, réseaux, prescripteurs, préconisateurs, vendeurs) | Objectifs quali-tatifs de l'action programmée | Action commerciale | | Zone géographique ciblée | Temps Début / Fin Poids en temps | Objectifs commerciaux | |
|---|---|---|---|---|---|---|---|
| | | Moyen(s) d'action | Budget (face à chaque moyen d'action) | | | Quantitatif | CA prévu |
| | | Total du budget | | | Totaux | | |

**Indicateurs de suivi de l'action :**

* les préconisateurs ;
* les apporteurs d'affaires ;
* les introducteurs ;
* les informateurs ;
* les réseaux[1].

Chacun présente sa spécificité de pouvoir et de rôle. Formulons quelques observations.

### Le suspect

C'est la dénomination de toute personne physique ou morale à propos de laquelle il faut au moins une fois se poser la question de savoir si elle est susceptible de rencontrer ou connaître un problème ou une difficulté quelconque, que nos produits, systèmes ou solutions, peuvent peu ou prou aider à résoudre ou à surmonter.

Dans les métiers de la gestion de parcs automobiles pour le compte de tiers, toute organisation qui dispose d'une force de vente est suspectée de rechercher des solutions aux problèmes que sous-tendent l'acquisition et l'entretien d'une flotte de véhicules.

### Le prospect

C'est une cible clairement identifiée et renseignée. Cette cible fait l'objet de plans d'attaque en règle. Parce qu'elle achète déjà à un concurrent, elle est à considérer comme un quasi-client, et doit être traitée comme tel. Disons pour emprunter une métaphore judiciaire que le suspect, soupçonné, est mis en examen, alors que le prospect, « coupable » de ne pas acheter ou de le faire ailleurs, est tout bonnement mis en cause.

### Le client décideur

Comme son nom l'indique, il prend la décision. Sans lui point de salut. Il a souvent la responsabilité du budget et de la mise en paiement. En revanche il ne consomme pas. Les acheteurs, les dirigeants, pour les particuliers le chef de famille, appartiennent à cette catégorie.

---

1    Ma présentation s'inspire largement de mon livre *Conquérir de nouveaux clients*.

### Le client utilisateur

Il s'agit de l'usager. Celui-là consomme. L'appréciation qu'il porte et le besoin qu'il éprouve du produit ou de la solution sont essentiels pour lui faire adresser sa demande au décideur.

### Le distributeur

Point n'est besoin d'y revenir. Nous en avons longuement parlé au cours de la cinquième étape. Selon qu'il est considéré comme un client ou un fournisseur, les actions commerciales sont très différentes. Il n'est cité ici que pour mémoire.

### Le prescripteur

C'est celui qui dispose d'un pouvoir, à l'image du médecin ou de l'architecte, pour obtenir qu'autrui achète, consomme ou utilise tel ou tel bien ou service. Il tire son pouvoir de son statut, de ses diplômes, de la loi ou de son poste dans l'entreprise qui, par définition, lui en confie la fonction. Le directeur de la qualité est prescripteur d'une modification des procédures de fabrication. Quoi qu'il en soit ce n'est pas le prescripteur qui achète, consomme ou utilise. Il oblige ! Convaincre un prescripteur c'est, d'une certaine manière, trouver un partenaire dans l'entreprise qui astreint notre prospect à acquérir nos produits ou services.

Pour un équipementier d'appareillages électriques, l'APAVE est un prescripteur et pour un constructeur de maisons, l'architecte en est un autre. Il en résulte que celui que nous devons convaincre n'est pas tant l'utilisateur ou le consommateur, mais bien celui qui a le pouvoir de prescrire.

### Le préconisateur

À la différence du prescripteur, il consomme le produit ou à défaut dispose d'une expérience reconnue par son entourage pour donner un avis autorisé. C'est de là que vient son pouvoir.

Un chasseur expérimenté, reconnu par ses pairs peut préconiser un modèle de fusil ou d'habit. Il ne jouit d'aucun pouvoir à cet effet et pas davantage de diplôme. En ce sens il n'est pas prescripteur. Il n'a d'autre autorité que celle que lui confère son entourage en raison de sa compétence de chasseur prêtée ou supposée.

### ▦ L'apporteur d'affaires

Il est intéressé financièrement à ce que nous soyons sollicités par de futurs clients. En ce sens, il « apporte » les clients sur un plateau et en retire quelques avantages directs ou indirects.

Les agents immobiliers sont des *apporteurs d'affaires* pour les banquiers.

À la différence du *prescripteur* qui vit de sa prescription et du *préconisateur* qui tire des avantages accessoires à sa préconisation, l'*apporteur d'affaires* souhaite voir son activité d'apports rémunérée directement.

### ▦ L'introducteur

Il facilite les rencontres et organise les rendez-vous… Il apparaît officiellement comme tel dans le processus de pénétration d'un prospect. Quand on sait combien il est difficile d'obtenir un rendez-vous pour avoir un entretien avec un interlocuteur attentif et motivé, on comprend l'intérêt incontournable de l'*introducteur* dans la stratégie de conquête d'un *grand compte*. D'autant que sa rémunération pour ce faire est nulle ! Quelques grâces ou un bon déjeuner suffisent à motiver un introducteur pour lui faire rendre le service attendu.

### ▦ L'informateur

Il tire sa spécificité des informations qu'il détient, ou à défaut sait où les trouver. En revanche, pour des raisons qui lui sont propres, il peut ne pas souhaiter agir à découvert contrairement à l'*introducteur* qui, lui, s'implique. Comme il est bien rare que les choses viennent sans les demander, le mieux est sans doute d'inciter les informateurs à sortir de leur réserve. Ils n'y consentent en général pas aisément. L'effet de levier est dans ce cas considérable. C'est pourquoi conduire un informateur à devenir actif, autrement dit introducteur, constitue une réelle avancée.

### ▦ Les réseaux

Dans certains métiers, le contact avec les réseaux est essentiel.

Pour les vendeurs de sel de déneigement, une visite annuelle s'impose auprès des maires et conseillers municipaux. Ceux-ci n'achètent rien. Ils s'en remettent entièrement à leurs services techniques et aux éventuels conseils de la Direction départementale de l'équipement. Il n'en demeure pas moins qu'il est difficile de contracter avec une mairie sans contact personnel avec son maire et ses principaux adjoints. Les réseaux, en tout genre, peuvent être définis comme cibles.

Dans le même esprit, il est intéressant de porter, si besoin est, à la connaissance du lecteur la zone géographique ciblée.

## Détaillez les objectifs commerciaux de chaque action

Ces rubriques invitent à clarifier les principaux objectifs qualitatif, quantitatif et financier.

### ▩ Objectif qualitatif ou finalité

S'agit-il d'une action de conquête, de fidélisation, de sécurisation, de rétention, de reconquête ? Ou votre objectif est-il d'intensifier les achats par la promotion des ventes, des opérations tarifaires, des essayages, des *up selling*, des *cross selling* ? Ou souhaitez-vous mener une action portant sur les supports (e-mailing, documentation commerciale, site Internet, etc.) ? Ou enfin est-ce une action de préparation du moyen terme (recrutement, informatisation, stand, etc.) ?

### ▩ Objectif quantitatif

Il vise à préciser les quantités en cause. Une action de conquête estime le nombre de prospects à contacter et l'espoir qu'ils se transforment en clients. Une action de promotion de ventes indique les quantités vendues.

### ▩ Objectif de chiffre d'affaires ou de marge

Toutes les actions ne se transforment pas *ipso facto* en business ! Pour autant, il est de bonne politique de se poser systématiquement la question du chiffre d'affaires (ou de la marge) généré. À défaut, un PAC, dont les actions n'ambitionnent pas suffisamment le développement du chiffre d'affaires, risque d'être sans lendemain.

# Comment élaborer le budget de chacune de vos actions

Souvent peu rompus aux exercices budgétaires et à la prévision financière, les dirigeants commerciaux subissent le joug des contrôleurs budgétaires ou des directions générales. Sans devenir un spécialiste de l'élaboration des budgets et de leur gestion, il vous faut savoir que la gestion budgétaire respecte un cycle en cinq phases :

1. Prévisions fondées sur des hypothèses précises ;
2. Réalisation par la mise en œuvre de l'action sur le terrain ;
3. Comptabilisation des dépenses et recettes ;
4. Compréhension des écarts par rapprochement avec les prévisions ;
5. Prise de conscience collective et mise en place d'actions correctives.

Vous pouvez vous appuyer sur l'aide-mémoire ci-dessous qui permet de rationaliser quelque peu la démarche de prévision/comptabilisation et de vous protéger contre de fâcheux oublis conduisant immanquablement à de mauvaises surprises ou à la mise en cause des PAC les plus sérieux :

- charges de personnels ;
- fournitures ;
- matériels ;
- sous-traitance ;
- locations ;
- entretien et réparations ;
- primes d'assurances ;
- documentation ;
- rémunérations intermédiaires/honoraires ;
- transports ;
- déplacements, missions, réceptions ;
- impôts et taxes ;
- divers.

# Déterminez le *Qui* fait *Quoi* et *Quand* de l'action envisagée

Pour mener à bien une action commerciale il ne suffit pas de la décréter. Faut-il encore que chacun perçoive clairement ses responsabilités dans l'action envisagée, autrement dit son rôle, ce qui est attendu par les autres et comment dans le temps et dans l'espace les missions se coordonnent entre elles et s'enchaînent. Le tableau (figure 33), aisément programmable sur un tableur, suffit à résoudre ce nécessaire agencement des interventions de chacun. Il détaille pour mieux les différencier, le nom des différents responsables intervenant dans l'action nommée.

## La mission

C'est la charge confiée à quelqu'un pour accomplir quelque chose en vue d'une finalité. Pour une action de formation, on parlera de la mission d'organisation et de logistique d'une part, et de la mission pédagogique d'autre part.

## Les tâches

La mission est souvent trop englobante et par là source d'imprécisions. Établir la liste des tâches précises de la mission évite les incompréhensions.

Les tâches confiées à la DRH pour la mission d'organisation et de logistique d'une formation, par exemple, comprennent : l'invitation des participants à la formation, la rédaction et l'envoi d'un programme de formation, la réservation de salles, des chambres d'hôtel, l'achat des titres de transport pour les participants, etc. De son côté la direction commerciale a pour tâches de sélectionner les commerciaux et rédiger la note d'accompagnement de l'invitation afin de rappeler les grands enjeux du perfectionnement de compétences envisagé.

## Les observations diverses

Elles sont l'occasion de donner des précisions complémentaires, signaler les contraintes ou obstacles ou encore toutes autres indications utiles au bon accomplissement de la mission, telle que l'enveloppe budgétaire.

## Le *timing*

Les dates de début et de fin sont arrêtées, complétées par un éventuel rendez-vous de coordination.

Figure 33

## Le QUI fait QUOI et QUAND pour mener à bien l'action n° ... Nom : .........................

| Missions | Principales tâches | Responsable | Précisions sur la mission, les tâches et observations diverses | PAC année : | |
| --- | --- | --- | --- | --- | --- |
| | | | | début | fin |
| | | | | | |
| | | | | | |
| | | | | | |
| | | | | | |
| | | | | | |
| | | | | | |
| | | | | | |
| | | | | | |
| | | | | | |
| | | | | | |
| | | | | | |
| | | | | | |
| | | | | | |
| | | | | | |

# Chapitre 3

# Programmez et coordonnez
# vos différentes actions

À l'occasion d'un séminaire avec les forces de vente du leader européen de la botte et du vêtement de sport, des commerciaux se plaignent d'avoir à dessiner à leurs interlocuteurs, acheteurs de la grande distribution, les tout derniers modèles proposés par leur marque. Ils n'en possèdent même pas une simple photo ! De façon récurrente, la direction du marketing s'évertue à expédier à la clientèle des offres promotionnelles de lancement des nouveaux produits alors que pas même un seul échantillon n'est encore sorti de l'usine !

Cette histoire serait amusante si elle était purement fortuite et exceptionnelle. Pourtant, ce phénomène est plus souvent objectivable que ne l'est à l'inverse une bonne coordination des actions commerciales. La multiplication des actions, des intervenants et des décideurs aggrave mécaniquement les risques de télescopages, de retards ou ratés. D'où l'obligation de mettre en place un planning. Celui-ci, à l'image du tableau qui suit (figure 34), présente un récapitulatif de toutes les actions inscrites au plan de l'année. Afin de mieux mettre en évidence les chevauchements et éviter les incompatibilités, il est préférable de surligner les périodes plutôt que de porter des dates de début et de fin. Enfin, sachez qu'une personne ne peut mener à bien, dans le même temps, que deux ou trois actions au grand maximum. Au-delà, c'est le succès même des actions projetées qui est menacé.

Figure 34 : Exemple d'un tableau de programmation des quelques actions commerciales les plus habituelles

**Programmation des actions commerciales de l'année**

| N° | Actions | Durée | Oct. | Nov. | Déc. | Janv. | Fév. | Mars | 0000000 | Mai N + 1 |
|----|---------|-------|------|------|------|-------|------|------|---------|-----------|
| | ➤ **Sur les clients** | | | | | | | | | |
| | • Conquête | | | | | | | ▓ | | |
| | • Fidélisation | | | | | | | ▓ | | ▓ |
| | • Sécurisation | | | | ▓ | | | | | |
| | • Action de rétention des clients sur le départ | | | | | | | | ▓ | |
| | • Action de reconquête des clients perdus | | | | | | | | | |
| | ➤ **Sur les produits et la stimulation des achats** | | | | | | | | | |
| | • Promotion des ventes | | | | | | ▓ | | | |
| | • Opérations tarifaires | | | | | ▓ | | | | |
| | • Essayages | | | | | | | | | |
| | • Up selling | | | | | | | | | |
| | • Cross selling | | | | | | | | | |
| | ➤ **Actions de supports** | | | | | | | | | |
| | • Formation des commerciaux | | | | | | | | | |
| | • Documentations commerciales / techniques process vente | | ▓ | ▓ | | | | | | |
| | • Mise en place de PLV, communication, etc. | | | | ▓ | | | | | |
| | • Opérations de boîtage | | | | | | | | | |
| | • Autres actions de supports (fax mailing / e-mail / mailing, etc.) | | | | | | | | | |
| | ➤ **Actions de préparation du moyen terme** | | | | | | | | | |
| | • Recrutement / intégration de vendeurs / assistantes | | | | | | | ▓ | ▓ | |
| | • Informatisation | | | | | | | | | |
| | • Catalogue / stand / site internet / cédérom | | | | | | | | | |
| | • Autres actions pour le moyen terme | | | | | | | | | |

# Chapitre 4

# Le résumé du *Qui* fait *Quoi* et *Quand* dans le PAC

Par définition un PAC projette plusieurs actions. Chaque responsable se voit confier plusieurs missions. D'où la nécessité d'un résumé des missions et tâches de chacun. Le tableau de la figure 35 présente ce nécessaire exercice. S'y trouvent regroupées par responsable les missions et tâches confiées. Cette matrice a de multiples vertus :

— Elle facilite le pointage de l'avancement de ses travaux.

— Elle aide à prendre conscience des retards éventuels.

— Elle éradique les « *Je ne savais pas que...* », « *On ne m'avait pas dit...* », « *J'ai oublié de...* ».

— Elle limite le nombre des trop coûteuses réunions de coordination à mener par le directeur commercial. Il peut en effet suivre chaque intervenant, comprendre les difficultés qu'il rencontre, examiner les actions correctives sans astreindre les autres à devoir perdre leur temps dans d'interminables réunions.

Figure 35 : Le synopsis du QUI fait QUOI et QUAND

| Responsable | Actions N° | Tâches et missions | Temps | O | N | D | J | F | M | A | ... | J | F |
|---|---|---|---|---|---|---|---|---|---|---|---|---|---|
| Faber | 8/lancement du XR | Conception pub et présentoirs PLV | 12 j | ▓ | ▓ | ▓ | | | | | | | |
| Faber | 2/win back | Détermination des cibles | 2 j | | ▓ | | | | | | | | |
| Faber | 1/clients clefs | Conception et test d'un script de rendez-vous | 7 j | | | ▓ | ▓ | | | | | | |
| Bertin | 7/reconquête | Formation d'un commercial et conception d'un script | 30 j | | ▓ | ▓ | ▓ | ▓ | ▓ | ▓ | | | |
| | | | | | | | | | | | | | |
| | | | | | | | | | | | | | |
| | | | | | | | | | | | | | |
| | | | | | | | | | | | | | |

# Chapitre 5

# Prévoyez les moyens à réunir pour atteindre vos objectifs

Les actions sont dévoreuses de moyens, que ce soit en effectifs, en matériels ou en argent. Ce sont ces moyens qui font de loin et le plus souvent défaut pour mener à bien les actions souhaitables. Faire un inventaire récapitulatif de ses moyens et réactualiser ceux-ci chaque année est nécessaire. Cet inventaire sert de base de données pour sacrifier au difficile exercice de la prévision budgétaire. Dans un monde où tout n'est pas possible et dans lequel les moyens, toujours plus coûteux, font défaut, il favorise le travail d'optimisation de l'allocation des ressources aux actions envisagées (figure 36).

## Dressez l'inventaire des moyens nécessaires et manquants

À l'image d'un général d'état-major, le recensement comporte les éléments suivants.

### ▪ Les troupes

Ce sont tous les hommes et femmes qui participent peu ou prou, de l'intérieur ou de l'extérieur, à l'organisation et à la réussite de l'action commerciale. En interne, outre l'encadrement et les coachs, ce sont les commerciaux itinérants et sédentaires, assis et debout, les techniciens SAV[1], les marchandiseurs, les assistantes commerciales et la cellule marketing. À l'extérieur, outre les forces de vente d'appui, ce

---

1   On peut regretter que, dans beaucoup d'organisations, ils ne rapportent pas à la direction commerciale. Ce fait conduit à des discours et des comportements discordants de la part des techniciens, souvent fort décevants pour les clients et coûteux en efficacité commerciale. D'une façon générale, je prône le rattachement à la Direction commerciale de tous ceux qui ont une relation avec la clientèle. L'expérience montre que les livreurs, dans certains métiers, ont une influence sur les ventes aussi importante que les vendeurs eux-mêmes. Ils participent aussi bien à la veille concurrentielle (livraison de concurrents dans les entrepôts des clients) qu'à la fidélisation des clients (courant de sympathie).

sont les consultants qui apportent leurs conseils, ont un œil nouveau, préconisent des solutions qui ont fait leurs preuves ailleurs, possèdent des compétences dont peut manquer l'entreprise, et qui dérangent quelque peu par leurs pertinentes questions. Les préconisateurs, les prescripteurs, les informateurs, les apporteurs d'affaires sont autant d'intervenants extérieurs à inclure dans les troupes.

### ▦ Les matériels

Il s'agit ici de l'inventaire de tous les moyens de type informatique, parc automobile, téléphonie, vidéoprojection etc.

### ▦ Le budget commercial

Il globalise les budgets des différentes actions auxquels sont ajoutés les coûts fixes de fonctionnement des services commerciaux et d'administration des ventes.

### ▦ Les moyens de communication

C'est le recensement des moyens publicitaires, aussi bien internes qu'externes, tels que les catalogues, PLV et autres intervenants participant à la communication.

Figure 36 : Inventaires des moyens réunis ou à réunir

| | Existants | | Nouveaux | |
|---|---|---|---|---|
| **Les hommes**<br>**(Vendeurs, télévendeurs, marchandiseurs)** | | | | |
| **Les matériels**<br>**(Roulants, informatiques, téléphonie, fax)** | | | | |
| **Récapitulatif des BUDGETS**<br>Charges de personnel<br>Fournitures<br>Matériel<br>Sous-traitance<br>Locations<br>Entretiens et réparations<br>Primes d'assurances<br>Documentation<br>Rémunérations<br>Intermédiaire/honoraires<br>Transports<br>Déplacements, missions, réception<br>Impôts et taxes<br>Divers | | | | |
| **Les moyens d'information**<br>**et de communication** | Interne | Externe | Interne | Externe |

# Chapitre 6

# Édictez les conditions du succès de vos actions

Il est maintenant temps d'édicter les conditions du succès à votre équipe et de mobiliser les énergies propices à la réussite du plan d'actions commerciales.

## Le référentiel des exigences managériales

Ce référentiel véhicule auprès de la force de vente et du *middle office* quelques exigences managériales qui président à la réussite du PAC. Dans le tableau de la figure 37 sont présentés quelques-uns des thèmes proposés souvent aux dirigeants. La liste n'en est pas exhaustive.

### ▪ Le nombre minimum de contacts par vendeur

Le nombre de contacts est très variable selon les vendeurs, les secteurs géographiques, les entreprises et les métiers. L'intérêt de cette indication est de proposer aux commerciaux et à leurs encadrants un niveau d'activités en deçà duquel ils ne répondraient plus aux attentes de leur dirigeant. Un effet mécanique sur le nombre de visites (ou appels téléphoniques) est immédiatement observé, avec pour résultante une croissance des ventes.

### ▪ Le chiffre d'affaires minimum par vendeur

C'est une indication que de nombreux commerciaux n'ont pas. Certes, leur sont fixés des objectifs. À quoi bon un chiffre de plus vous demandez-vous ? Un minimum a pourtant une grande vertu. Il permet à chacun de prendre conscience que ses objectifs ne sont pas atteints. À défaut de se maintenir au-dessus de cette limite, le vendeur perçoit mieux, et de lui-même, le risque de sanction qu'il encourt. Et comme *« un homme averti en vaut deux »*…

## Le taux de transformation prospects / clients

Visiter est une bonne chose. Conclure en est une bien meilleure ! Indiquez à vos commerciaux le taux moyen de transformation. Chacun se jaugera et... se corrigera de lui-même.

### ▪ Le taux de transformation devis / affaires

Ici encore force est de reconnaître que proposer l'envoi d'une offre au lieu et place d'un *closing* ferme est une manœuvre d'évitement coûteuse, effectuée par de trop nombreux commerciaux. Une bonne manière que tout le monde soit sur la bonne norme est d'indiquer celle-ci.

### ▪ Valeur moyenne d'une commande

Voilà une astuce qui peut rapporter gros. Signifiez à vos vendeurs la valeur moyenne de ce qu'est pour vous une commande. Soyez assuré par la suite de l'élévation significative de votre chiffre d'affaires. Sachez que les télévendeurs, plus familiarisés avec la prise d'ordres, obtiennent généralement des commandes de montants très supérieurs à celles des itinérants.

### ▪ Nombre de lignes souhaitable par commande

Il suffit de proposer ce chiffre pour le faire monter. Intéressant, non ?

### ▪ Les comportements gagnants

« *Demandez et vous aurez.* » Indiquez à votre équipe les comportements que vous jugez gagnants, comme l'envoi de vœux accompagnés d'un petit mot manuscrit personnalisé (pour faire le *break* contre les vœux par mail), ou de consacrer 20 % de son temps à la prospection. Bénéfices assurés !

### ▪ Les bonnes résolutions

Invitez votre équipe à répondre à toute demande de devis sous trois jours, à renseigner la base de données entreprise sans délai, à remettre rapidement son rapport de visites, à ne plus faire cavalier seul, etc.

La grand-messe qui accompagne le lancement d'un PAC offre une tribune idéale pour prêcher la bonne parole, à l'efficacité testée et reconnue.

© Groupe Eyrolles

Figure 37 : Exemple de référentiel

| | Nous | Nos concurrents | Autres opérateurs non concurrents |
|---|---|---|---|
| Le nombre minimum de contacts par vendeur | | | |
| Le chiffre d'affaires minimum par vendeur | | | |
| Le taux de transformation Prospects → Clients | | | |
| Le taux de transformation Devis → Affaires | | | |
| Valeur moyenne des commandes | | | |
| Nombre moyen de lignes par commande | | | |
| Les comportements gagnants | | | |
| Les bonnes résolutions | | | |
| Etc. | | | |

# Chapitre 7

# Fixez les grands rendez-vous du PAC

Un plan d'actions commerciales se conçoit, naît, vit et… meurt pour faire place au suivant, plein de nouvelles promesses. Ces différents stades de la vie d'un PAC font l'objet de rendez-vous, dont l'économie lui serait fatale. Quels sont ces rendez-vous ? (figure 38).

## Les 5 stades de la vie d'un PAC

### ▪ Le planning d'élaboration

Même s'il n'est pas utile de repenser chaque année l'intégralité du PAC, beaucoup d'éléments étant récurrents, il n'empêche que l'élaboration du PAC de l'année est un processus long. Il réunit de nombreux acteurs, entraîne des travaux quelquefois inattendus et souvent générateurs de retard, telles que la réalisation d'une étude ou l'impression d'un catalogue. Le PAC est soumis à tous les aléas de la vie d'une société et des relations avec ses fournisseurs. Alors quel délai se donner pour l'élaborer ? Selon la complexité, le nombre d'intervenants et l'entraînement des équipes à ce genre d'exercice, une gestation de quatre à six mois est à prévoir. Pour en fixer les différentes phases inspirez-vous des sept étapes de ce livre. Si les deux premières sont, par définition, reconductibles à l'identique, les cheminements des étapes 3, 4 et 5 doivent être rapidement retracés aux fins de réactualisation. Les étapes 6 et 7, le cœur du processus, font l'objet quant à elles, d'une recréation complète. Tout ceci exige de nombreux rendez-vous et la gestion attentive d'un planning complexe.

### ▪ L'approbation du plan

Un PAC fonctionne comme un énorme cargo. Il embarque toute l'entreprise pour une traversée d'une année. Une longue traversée pleine d'embûches et de difficultés diverses, aussi imprévisibles qu'inévitables. Un tel embarquement nécessite une validation globale par la direction générale ou le comité de direction. Pour être efficace et mobilisatrice cette approbation se fait en réunion plénière, prévue longtemps à l'avance et empreinte du nécessaire formalisme qu'impose le sérieux de l'exercice.

## ▨ Le lancement

C'est la grand-messe. Le PAC de l'année est présenté à l'équipe réunie en convention pour être mieux mobilisée. Véritable fête de famille, tenue si possible « au vert », c'est la cérémonie d'ouverture. Après un bref rappel des éléments de stratégie, sont présentés les objectifs de l'année, les modifications apportées à l'offre (produits, prix, force de vente, distribution et communication) et est détaillée chaque action commerciale (responsables, enjeux, planning, etc.).

## ▨ Animation et suivi

Une traversée ne s'accomplit pas sans faire le point. Il s'agit d'organiser les grands rendez-vous mis à profit par les dirigeants pour présenter des résultats partiels, stimuler ses troupes et recentrer l'effort. Une convention d'une journée s'impose. La régularité créant les habitudes, ce rendez-vous périodique est prévu et reconduit d'année en année. Vous aurez rapidement le plaisir d'entendre vos vendeurs vous demander la date de la convention de rentrée que vous avez prévue pour cette année…

## ▨ La gestion des écarts et des actions correctives

Gérer rigoureusement les écarts et mettre en œuvre des mesures correctives est impératif et normal dans la mesure où, hélas, les choses ne vont pas toujours dans le sens souhaité. Et planifier cette tâche est le meilleur des moyens pour que le PAC aboutisse aux résultats recherchés. Ce dernier point est repris et amplement développé dans la huitième et dernière étape : le pilotage de votre PAC.

Figure 38 : Exemple de tableau récapitulatif des principaux stades de vie d'un PAC

### Les grands rendez-vous du Plan d'Actions Commerciales

| | OCT | NOV | DÉC | JANV | FÉV | MARS | AVR | MAI | JUIN | JUIL | AOÛT | SEPT | OCT | NOV | DÉC |
|---|---|---|---|---|---|---|---|---|---|---|---|---|---|---|---|
| **Planning d'élaboration** | | | | | | | | | | | | | | | |
| **Approbation du plan** | | | | | | | | | | | | | | | |
| **Lancement** | | | | | | | | | | | | | | | |
| **Animation/Suivi/Contrôle** | | | | | | | | | | | | | | | |
| **Gestion des écarts et actions correctives** | | | | | | | | | | | | | | | |

Chapitre 8

# Organisez le reporting

Au même titre qu'un dirigeant commercial ne saurait consentir à l'absence de rapport de visites de ses vendeurs, organiser et planifier le reporting sont des tâches aussi utiles que nécessaires.

Les différents points de cette septième étape, par définition rédactionnelle, nous ont conduits successivement à :

- chiffrer les objectifs de chiffres d'affaires, d'activités en volume, de marge ;
- ventiler ces chiffres par couple produits / segments de marché ;
- développer les fiches actions commerciales avec leur budget de dépenses et recettes ;
- arrêter le « qui fait quoi » dans les actions ;
- inventorier les moyens dont on a besoin ;
- édicter les conditions du succès des actions ;
- enfin planifier les grands rendez-vous du PAC.

L'énoncé des points de cette septième étape semble de prime abord complet. Pourtant, sauf à être autiste, les services commerciaux se doivent de communiquer. Pour cela, il vous faut organiser le reporting.

Les prévisions sont faites pour être utilisées. De nombreux services sont directement ou indirectement concernés par les résultats de vos actions commerciales. Le directeur de la production bâtit les prévisions de fabrication, produit par produit, le responsable des achats et des approvisionnements passe commande et gère les stocks, le directeur financier établit les prévisions de trésorerie... En bref, le reporting s'articule autour de deux questions :

- quelles informations communiquer ?
- à qui ?

Le reporting s'organise pour chaque action commerciale programmée dans le PAC et doit répondre à ces deux questions. Le tableau de la figure 39 illustre le besoin de reporting et rappelle *a minima*, action par action, destinataire par destinataire :

- la prévision faite ;
- la réalisation constatée ;
- la justification des écarts.

Souvent négligé, ce reporting est pourtant nécessaire en ce qu'il sensibilise l'ensemble des acteurs du *back office* et de la production aux processus de la vente. Une bonne manière de réconcilier l'entreprise avec son bras armé, l'équipe de vente.

Figure 39 : Exemple de reporting

| Nature des informations / Destinataire | | DG | Ciaux | Transversal | | | | | |
|---|---|---|---|---|---|---|---|---|---|
| | | | | DAF | PROD | LOGIST | R et D | – | – |
| ACTION n° 1 | Prévue | | | | | | | | |
| | Réalisée | | | | | | | | |
| | Écart | | | | | | | | |
| | Observations | | | | | | | | |
| ACTION n° 2 | Prévue | | | | | | | | |
| | Réalisée | | | | | | | | |
| | Écart | | | | | | | | |
| | Observations | | | | | | | | |
| ACTION n° 3 | Prévue | | | | | | | | |
| | Réalisée | | | | | | | | |
| | Écart | | | | | | | | |
| | Observation | | | | | | | | |

# Chapitre 9

# Remettez une feuille de route à votre équipe

À l'image des états-majors qui informent largement les troupes en action sur le terrain, mobilisant ainsi leur énergie et améliorant leur moral, une vision globale du PAC est porteuse de sens pour le quotidien de l'équipe. Au moment de passer à l'action, un récapitulatif de quelques lignes des grandes priorités du PAC est la feuille de route de tous ceux qui se battent sur le terrain.

## Les principaux composants d'une feuille de route efficace

Action par action cette synthèse (figure 40) comporte les éléments suivants.

### ▪ Les grandes priorités

Elles guident les choix opérés, tels que conquérir impérativement de nouveaux clients, réussir le lancement de tel ou tel produit, etc.

### ▪ Les enjeux, objectifs et éléments de stratégie

Pour chaque action programmée, ils sont sommairement et utilement rappelés. Ainsi, vous mentionnerez que l'action « *Plus de clients* » vise à accroître la base de clientèle de l'entreprise, indispensable à son développement. Remémorez qu'il s'agit de saisir l'opportunité créée par les difficultés rencontrées par le concurrent *X*, dont les clients se plaignent de façon récurrente de la dégradation des délais de livraison, etc. Fixez des objectifs précis et annoncez par exemple que chacun doit augmenter de quinze clients son portefeuille…

## Ce qui doit être fait, où et auprès de qui

Il ne suffit pas d'annoncer une action, faut-il encore rappeler ce qui doit être fait, sur quelle région et envers quels segments de clients. Ainsi, la feuille de route que vous remettrez à votre équipe, pour le lancement de nouveaux présentoirs auprès des distributeurs, précisera utilement que chaque magasin client doit être sollicité, que l'implantation d'un *corner* de présentation n'est envisageable qu'après signature d'un contrat, soumis à l'agrément de la direction commerciale, etc.

### Qui fait Quoi de l'action

Savoir à qui s'adresser pour solliciter des moyens, recevoir une instruction, rendre compte d'une contrainte, évoquer un problème lié à l'action commerciale… est pour beaucoup de vendeurs, un casse-tête chinois. La feuille de route résout élégamment cette énigme coûteuse en énergie et dévoreuse de temps.

### Les moyens spécifiques

Une action demande parfois des moyens spécifiques ; la feuille de route précisera que, pour *Halloween*, l'usage par le personnel d'un habillement particulier dans les magasins est obligatoire et peut être obtenu auprès de telle personne, ou pour une action de rétention de clientèle, la signature d'un contrat de clôture de compte.

### Les dates et périodes

Sans commentaires. La datation vaut engagement.

Figure 40 : Exemple de feuille de route d'une équipe commerciale

| La feuille de route de l'équipe commerciale | | | | |
|---|---|---|---|---|
| | Action n° 1 | Action n° 2 | Action n° 3 | Action n |
| Priorités | | | | |
| Objectifs/enjeux | | | | |
| Éléments de stratégie | | | | |
| Ce qui doit être fait | | | | |
| Où et auprès de qui | | | | |
| Qui fait quoi ? | | | | |
| Moyens spécifiques | | | | |
| Dates ou périodes | | | | |

# Huitième étape

## Pilotez votre
## Plan d'Actions Commerciales

Bâtissez votre système d'informations pour suivre, contrôler,
évaluer vos actions et mener à bien votre *break concurrentiel*

Parvenu à ce stade, votre PAC, achevé, est un volumineux dossier qui encombre votre bureau. Vous allez pouvoir et devoir prendre le volant du véhicule que vous avez conçu. Gageons que votre plaisir sera immense. Pour autant, être un mécanicien émérite, capable de concevoir et construire de ses propres mains une monoplace de course, n'a pas pour corollaire assuré de savoir la piloter aussi bien que le ferait un champion. Un cours de pilotage succinct s'impose. En voiture ! C'est l'objet de cette huitième et ultime étape.

Chapitre 1

# L'Approche Modulaire Systémique (AMS)

Issue de la cybernétique, l'Approche Modulaire Systémique (AMS) est un outil d'approche globale du suivi d'un projet. L'AMS emprunte la vision du cybernéticien et l'applique à toute chose susceptible de constituer un système.

Pour le comprendre, interrogeons-nous d'abord sur ce qu'est un système. Est appelé système tout ensemble d'éléments qui interagissent entre eux en vue de produire quelque chose, dans un environnement donné. En ce sens, une chaise ou une table ne forme pas un système. Ses éléments constitutifs n'interagissent pas entre eux et *a fortiori* ne produisent rien. En revanche, un photocopieur constitue un système. Ses différents composants (*toner*, chargeur de documents, bloc développeur, rouleau chauffant, bouton de mise sous tension, compteurs divers, etc.) interagissent pour produire une photocopie.

L'intérêt de l'approche systémique consiste à mettre un peu d'ordre dans les composants en les rangeant dans un ordre logique. Pour cela, elle classe les divers éléments d'un système en quatre grandes familles homogènes selon les fonctions ou rôles de chacun.

## Les *Input*

Ce sont tous les paramètres, documents, données et substances qui entrent dans le système.

S'agissant de notre photocopieur sont constitutifs d'*input* principalement le papier, les agrafes, le *toner*, l'électricité, et bien évidemment, l'original à photocopier.

## Les *Output*

Il s'agit de tout ce que produit le système, ce qui en sort.

Pour le photocopieur, ce sont les photocopies, le tri, l'agrafage, le *toner* usagé, ainsi que, on l'espère à bon droit, la restitution de l'original si souvent oublié.

## Les variables de résultats

Appartiennent à cette catégorie tous les compteurs et autres indicateurs qui éclairent le pilote sur le bon fonctionnement du système et au-delà l'informent de l'impact que ses décisions et actions ont sur les résultats du système.

Ici encore, l'exemple du photocopieur clarifiera les choses en faisant valoir que divers voyants (défaut de *toner*, bourrage papier, absence papier, etc.) et autres compteurs (copies effectuées, copies restantes, nombre de copies par utilisateur, par service, etc.) informent l'usager sur l'état de fonctionnement dudit photocopieur. Les variables de résultats regroupent, le lecteur l'a compris, les paramètres d'informations dont a besoin le pilote (l'utilisateur s'agissant d'un photocopieur) pour décider et agir de façon pertinente sur le système.

## Les variables d'actions

Ce sont les leviers et autres manettes à la disposition du pilote pour insuffler une instruction au système, intimer un ordre, cela afin de lui permettre aussi bien d'atteindre les résultats escomptés que de surmonter d'éventuels dysfonctionnements.

Pour revenir à notre photocopieur, les variables d'actions les plus usuelles sont la mise sous tension, la mise hors tension, l'indication du nombre de copies désirées, de leur format, de l'intensité du contraste, la demande de tri, etc.

Un simple schéma (figure 41) illustre et résume l'AMS.

Figure 41 : Schéma fondamental de l'approche systémique

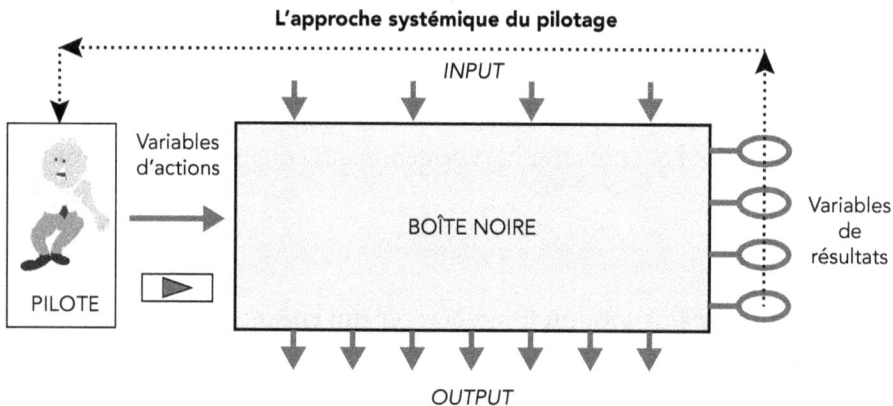

© Groupe Eyrolles

## Chapitre 2

# L'approche systémique du pilotage d'un PAC

À quoi peut bien servir une approche systémique dans la mise en œuvre de votre PAC ? En vérité, si le pilote d'une voiture vient à confondre les fonctions et les missions du volant avec la jauge à huile, ou ne différencie en rien la pédale de freins du compteur de vitesse, convenons que le moment du sauve-qui-peut pour les passagers a sonné !

De la même manière, si le dirigeant commercial ne distingue pas le recrutement d'un vendeur supplémentaire (en vue par exemple de rattraper un retard dans les chiffres) de l'indice de *turnover* au sein de son équipe, le risque de faillite plane… Le premier (le recrutement) constitue une variable d'actions sur le système (moyens de renforcer le pôle vente pour atteindre les objectifs commerciaux) alors que le second (le *turnover*) désigne une variable de résultat qui indique au dirigeant un probable mal-être au sein de son équipe.

L'AMS facilite formidablement le pilotage en astreignant celui qui conduit l'action commerciale à être précis. Dans l'approche systémique, le concept de vente ne trouve aucune place en raison de son imprécision. En effet, la vente se décompose d'une part en un certain nombre d'*outputs*, par exemple visiter, prospecter, exposer, et la captation d'autre part du résultat desdites actions, à savoir le chiffre d'affaires obtenu, le nombre de nouveaux clients conquis, la marge dégagée, etc. L'*output* répond aux questions « *Qu'est-ce qui est fait et comment est-ce fait ?* » (visites, mailing, foire-exposition, prospection, etc.) alors que les variables de résultats répondent quant à elles à l'interrogation « *Qu'est-ce que cela donne ou produit ?* » (chiffres d'affaires, nouveaux clients, etc.).

L'approche systémique du pilotage de l'action commerciale met chaque outil à sa juste place. Elle détermine ce que sont les *Inputs*, les *Outputs*, les variables de résultats et celles d'actions de pilotage d'un PAC. L'intérêt d'être précis n'échappe pas au lecteur qui pratique la voile. Sur un voilier, chaque cordage dispose d'un nom (aussière, écoute, bout, etc.). À chaque nom est rattachée une fonction précise. Pour un skipper, dans la tempête, cette précision est incontournable pour communiquer avec son équipage et en coordonner les actions. Il n'en va pas différemment pour le dirigeant commercial.

Passons en revue les *Inputs*, les *Outputs*, les Variables de résultats et celles d'actions concernant votre PAC.

## Les *Inputs* de l'action commerciale

Ici, se trouvent pêle-mêle les concepts et les ingrédients qui ont permis de concevoir le PAC et les moyens de sa mise en œuvre. J'énonce pour mémoire les principaux :

- le cadre de référence fondamental ;
- le plan général d'entreprise ;
- les différents domaines d'activités stratégiques ;
- les instructions de la direction générale ;
- les plans marketing ;
- les différentes gammes de produits ;
- le *mix marketing* (produits, prix, distribution, vente, communication, etc.) ;
- les moyens humains (vendeurs, encadrants, administration des ventes, etc.) ;
- les moyens matériels (roulants, informatiques, etc.) ;
- les portefeuilles de clients et prospects.

## Les *Outputs* de l'action commerciale

Ce sont toutes les actions commerciales prévues par le PAC et dont il va falloir assurer et suivre la mise en œuvre. À ce stade de notre réflexion, contentons-nous de les rappeler sommairement :

- les actions portant sur les clients (conquête, fidélisation, sécurisation, rétention et *win back*) ;
- les actions portant sur les produits (tarifaire, avec prime, essayage, *cross selling* et *up selling*) ;
- les actions hybrides ;

- les actions portant sur le *pricing power* ;
- les diverses actions de supports ;
- les actions dites de préparation du moyen terme, aux effets différés et dont le coût s'impute sur plusieurs PAC ou exercices comptables.

S'ajoutent à ces *outputs* divers éléments associés habituellement à tout PAC :

- les plannings des actions à mener ;
- le plan média des actions de communication interne et externe ;
- le budget de chacune des actions.

## Les variables de résultats

L'action commerciale vise un certain nombre d'objectifs. Selon l'approche systémique, les variables de résultats réunissent l'ensemble des indicateurs qui permettent au pilote, traditionnellement le directeur commercial, de savoir si les buts espérés, quantitatifs (chiffre d'affaires, tonnage, taux de marge, nombre de nouveaux clients, etc.) ou qualitatifs (fidélité des clients, satisfaction des clients, mobilisation et moral de l'équipe, etc.) sont atteints. S'ajoutent à cela les rapports de visites, de contacts et d'informations qui enrichissent au jour le jour les bases de données et sont en eux-mêmes des variables de résultats.

À défaut de variables de résultats, aucun écart n'est révélé au pilote entre le réalisé et les objectifs. Pas d'information, pas de réaction. Les variables de résultats vont indiquer au directeur commercial qu'il lui faut agir sur le système PAC pour rattraper un retard, prendre des mesures correctives, remodeler une action ou encore la suspendre.

## Les variables d'actions

Comme nous l'avons vu, les variables d'actions constituent l'ensemble des paramètres, pouvoirs et moyens qui permettent au manager de l'action commerciale d'agir en temps réel sur le système et de réagir promptement, en fonction des informations qu'il reçoit aussi bien de l'environnement dans lequel il mène ses actions (menaces et opportunités qui se font jour par exemple) que des variables de résultats, indicateurs de l'état de fonctionnement du système commercial et de l'atteinte ou non des objectifs fixés.

Ces leviers sont issus des règles et des moyens habituellement mis à la disposition du manager commercial. Je ne puis ici que les citer brièvement, enjoignant le lecteur désireux d'approfondir ce sujet de lire l'un des nombreux ouvrages consacrés à ce sujet et qui encombrent les rayons des libraires :

- réunir, mobiliser, invectiver la force de vente ;
- perfectionner ses démarches, ses approches, ses modes opératoires ;
- la coacher et l'accompagner sur le terrain ;
- bâtir un plan de primes exceptionnel pour redynamiser les troupes ;
- proposer de nouvelles actions promotionnelles et de façon plus générale adapter en permanence le PAC aux exigences ou contingences du moment et aux évolutions soudaines du marché ;
- recruter de nouveaux vendeurs, les muter, permuter leurs secteurs, voire les licencier en cas de non-réussite prolongée ;
- féliciter, encourager, réprimander les acteurs du *front* et *middle office* (commerciaux, SAV, ADV) ;
- redéfinir les stratégies de contacts clients et prospects.

Figure 42 : L'approche systémique du pilotage d'un PAC

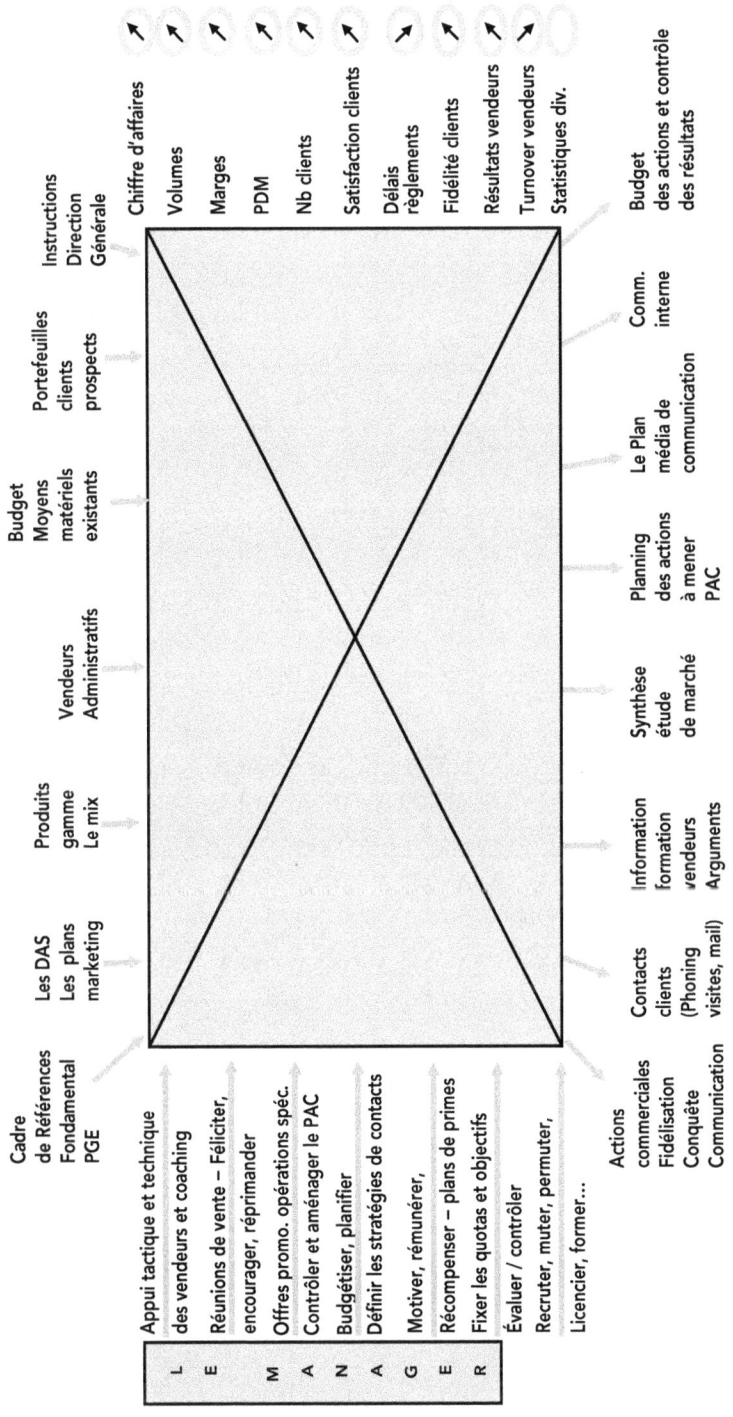

# Chapitre 3

# Concevez les outils d'évaluation et de contrôle de votre PAC

Les sept premières étapes présentées ont porté sur la définition et l'agencement des *Inputs*, des *Outputs* et des *variables d'action*. Cette ultime étape concentre notre attention sur le contrôle des actions, d'une part, et l'**évaluation de leurs résultats**, d'autre part.

Il est en effet clair que le pilote doit disposer de deux séries d'informations. D'un côté, des informations qui le renseignent en permanence sur l'état global du système PAC, sur son fonctionnement, sur ce qui est fait et ce qui reste à faire, des avancées et des retards éventuels dans la mise en œuvre, autrement dit de « révélateurs » dont le but est de contrôler le bon déroulement de son PAC.

D'un autre côté, des indicateurs doivent lui permettre d'**évaluer** si les objectifs visés par le PAC sont atteints ou non. Une action n'a en effet de sens qu'au regard des objectifs que celle-ci visait. Par exemple, une action de fidélisation de la clientèle a-t-elle, conformément à ce que l'on en attendait, stabilisé les clients ou intensifié leur consommation, ou encore augmenté leur fréquentation ?

On le comprend, l'approche systémique prend tout son sens dans la conception d'outils qui favorisent d'un côté le contrôle de votre PAC et de l'autre l'**évaluation** des résultats de ses actions.

## Évaluez et contrôlez les actions prévues à votre PAC

Le système fonctionne-t-il convenablement, atteint-il les objectifs assignés, faut-il ou non intimer un ordre au système, les actions correctives ont-elles ou non un impact ? Autant de questions que le pilote du PAC ne doit pas laisser sans réponse. S'agissant d'un système de régulation de température, l'usager (le pilote) doit pouvoir disposer d'une indication sur la température ambiante (variable de résultat) et d'une commande (variable d'action) qui lui permet d'abaisser ou d'élever à sa convenance le flux d'air chaud ou froid (*output*) qui amènera la température de la pièce au niveau désiré (variable de résultats). L'**évaluation** s'opère par un ensemble de *capteurs* de température (variable de résultats) et le contrôle est assuré par un second ensemble d'*indicateurs* mesurant les *outputs*.

Il en va de même pour votre PAC. Concevoir de manière précise et mettre en place deux jeux de «sondes» qui vous tiennent informé s'avère incontournable.

Le premier jeu de sondes facilitera le contrôle de votre PAC. Il porte sur les *outputs*, autrement dit sur le bon déroulé des actions prévues et planifiées par le PAC. Le second jeu de sondes **évalue** la portée des actions commerciales générées par le PAC. Il réunit les variables de résultats, soit tous les indicateurs qui vous informent de l'atteinte des objectifs et observent d'éventuels écarts par rapport à ceux-ci. L'analyse croisée de ces deux jeux de sondes vous indiquera les causes d'éventuels dysfonctionnements.

▶ **EXEMPLE**

Pour illustrer ce propos imaginons que, dans le cadre d'une action de prospection, une indication négative soit donnée par la variable de résultats «nombre de nouveaux clients conquis». Celle-ci révèle un écart significatif au regard de l'objectif défini par les actions de conquête arrêtées à votre PAC. Le croisement de cette évaluation avec les compteurs contrôlant les *outputs* des actions de conquête vous éclairera sur les causes d'un tel dysfonctionnement. En effet, le contrôle des *outputs* peut, par exemple, faire ressortir que le nombre de visites de prospection est insuffisant, alors que dans le même temps, le taux de concrétisation (visites de prospection/nombre de nouveaux clients) s'avère excellent. Il vous appartient dès lors, en votre qualité de pilote, d'inciter votre équipe commerciale à effectuer davantage de visites de prospection. Si, à l'inverse, le travail de prospection vous paraît quantitativement conforme à vos attentes mais, qu'en revanche, le taux de concrétisation «Prospects conquis/Prospects visités» s'avère médiocre, il vous faut peut-être revoir le ciblage des prospects pour éviter d'inutiles visites, ou perfectionner vos commerciaux aux techniques de conquête ou de *closing* en *one shoot*.

# Les 4 contrôles des actions prévues à votre PAC

Les contrôles portent sur les *outputs* du PAC, autrement dit sur la « production » des actions entreprises et leur bon déroulé. Quatre familles d'indicateurs sont à mettre en place pour assurer le suivi et le contrôle de votre PAC. Examinons-les.

## ▦ Le contrôle d'activités et de mise en œuvre

Il est aussi vain que dérisoire d'espérer un résultat pour une action commerciale si celle-ci n'a pas été convenablement mise en œuvre. Le contrôle d'activités conduit à mettre à votre disposition périodiquement (jour, semaine, mois, trimestre ou année), et selon la rigueur souhaitée, des indications nécessaires sur la bonne mise en œuvre des actions prévues à votre PAC et à vous révéler leur efficacité.

Ici on n'évalue nullement les résultats des actions en termes de chiffres d'affaires ou de marge, mais on contrôle la réalisation concrète des actions et leur bon fonctionnement. Vous ne sauriez en effet espérer l'accroissement du nombre de vos clients (variables de résultats) si les visites de prospection et l'envoi des mailings prévus n'ont pas eu lieu ou sont inférieurs en nombre à ceux inscrits à votre PAC. On n'atteindra pas davantage l'objectif quantitatif d'une action promotionnelle si l'offre n'est pas parvenue aux clients visés.

Pour illustrer notre propos, construisons sommairement l'outil de contrôle d'une action de conquête de nouveaux clients. Cet exemple est à dupliquer *mutatis mutandis* pour toutes les actions commerciales.

### ▷ EXEMPLE POUR UNE ACTION DE CONQUÊTE

Imaginons que le PAC ait prévu trois canaux pour tenter d'obtenir des rendez-vous auprès de cibles définies précisément :

1. un *couponing* presse (invitation des lecteurs à retourner un coupon pour obtenir des informations qui sera suivie d'un appel des commerciaux) ;

2. l'envoi d'un courrier en grande quantité suivi également d'un appel ;

3. des appels dits « dans le dur », c'est-à-dire sans information ni demande préliminaire de prospects.

Le tableau (figure 43) fournit un exemple d'indications portant aussi bien sur la mise en œuvre de l'action en question que sur l'efficacité de chaque canal.

Bien évidemment, le niveau de précision des indicateurs retenus pour assurer le suivi et le contrôle de la mise en œuvre est laissé à l'appréciation de chacun, au regard des montants investis, des enjeux de chaque action et des moyens dont dispose le dirigeant commercial.

Figure 43 : Exemple de fiche de suivi et de contrôle d'une action commerciale

| PAC année : 2014 | | Nom de l'action : *Conquête Plus* | | | Action N° 8 |
|---|---|---|---|---|---|
| INDICATEURS DE CONTRÔLE DE MISE EN ŒUVRE DE :<br>**Action de prospection par trois canaux** | | | | | |
| | | PRÉVU | RÉALISÉ | ÉCART | Observations |
| **1** | **Canal *couponing* presse**<br>• Nombre<br>• % retours<br>• % de concrétisation / retours | | | | |
| **2** | **Canal envoi courrier + appel**<br>• Nombre d'envois<br>• % retours<br>• % de rendez-vous pris<br>• de concrétisation / envois / retours | | | | |
| **3** | **Canal appel direct de prospects**<br>• Nombre total d'appels<br>• % RV pris sur total d'appels<br>• % RV pris sur prospects joints<br>• % de concrétisation / appels / joints | | | | |

## ▪ Le contrôle fonctionnel

L'action fonctionne-t-elle comme prévu ? La prévision des actions commerciales se fonde sur la réalisation d'un certain nombre d'hypothèses : le nombre de rendez-vous attendus avec des prospects, les ventes réalisées par vendeur, le taux de transformation des contacts en nombre de ventes espérées ou encore le pourcentage de clients possesseurs de tel ou tel produit et consentant à acquérir une nouvelle version de celui-ci, etc.

Quelques indicateurs de « fonctionnement » sont ainsi nécessaires pour comprendre comment se déroule l'action contrôlée et en assurer le suivi. Ici, le contrôle s'efforce de séparer ce qui est imputable d'un côté à l'insuffisance des résultats et, de l'autre, à des hypothèses erronées. Sont à surveiller avec attention le nombre de jours ouvrés, le nombre de contacts pris par les commerciaux et le panier moyen (ou commande moyenne). Bien des explications ressortent des variations inattendues de l'une (ou de plusieurs) de ces trois données.

## Le contrôle budgétaire

Il résulte de l'analyse des budgets des actions commerciales (figure 44). Les actions ont-elles la rentabilité prévue ? Quelle part du budget est engagée, action par action ? Quelle part demeure-t-il ?

Un compte d'exploitation précis des dépenses et recettes est ainsi dressé. Il facilite la qualité et la justesse des prévisions de votre prochain PAC. Veillez particulièrement à rapporter le chiffre d'affaires (et la marge dégagée) aux coûts de l'action, par exemple le prix de revient moyen d'une visite client / chiffre d'affaires moyen réalisé par une visite de prospection. Ici, nous sommes proches des variables de résultats que nous étudierons un peu plus loin plus en détail.

Figure 44 : Le budget d'une action commerciale

| Compte de résultat de l'action n° 8 | | | | |
|---|---|---|---|---|
| | | Prévu | Réalisé | Écart |
| | **Produits valorisés par :** | | | |
| **A** | **Directement profitable**<br>• Le chiffre d'affaires réalisé<br>• La valeur théorique d'un client | | | |
| **B** | **Indirectement profitable**<br>IP = indemnité de promotion<br>IS = indemnité de suivi<br>IG = indemnité de gestion<br>SE = soutien exceptionnel | | | |
| | **Charges**<br>1.　Fournitures<br>2.　Matériel<br>3.　Sous-traitance<br>4.　Locations<br>5.　Entretien et réparations<br>6.　Primes d'assurances<br>7.　Documentation<br>8.　Rémunérations intermédiaires<br>9.　Transports<br>10. Déplacements, missions, réceptions<br>11. Frais postaux et télécommunications<br>12. Divers<br>13. Impôts et taxes<br>14. Charges de personnel | | | |
| **Totaux** | | | | |
| **Différence dépenses / recettes** | | | | |

## ▣ Le contrôle des *timings*

Napoléon attendait Grouchy dit-on, et l'on prête au retard de ce dernier le désastre de Waterloo… Le contrôle des *timings* met en jeu le bon respect des plannings établis. La plaie de toute activité nécessitant plusieurs intervenants est de devoir gérer l'accumulation de leur retard respectif. C'est pourquoi j'ai tant insisté au cours des pages qui précèdent sur la planification du *qui* fait *quoi* et *quand*.

L'instrument remplit deux fonctions. D'une part, il informe les différents responsables de missions au sein du PAC du temps qui leur est imparti pour mener à bien les tâches assignées et du maillage dans le temps des engagements de chacun. D'autre part, il permet d'assurer le suivi du bon déroulement, le repérage des retards potentiels et le contrôle de bonne fin des plannings. En ce sens, vérifier que les commerciaux enchaînent sans répit les différentes actions et se mobilisent sans retard pour assurer le succès d'une nouvelle action constitue l'un des contrôles clefs pour assurer le succès d'une opération commerciale.

# L'évaluation des résultats des actions prévues à votre PAC

Les différentes variables de résultats permettent d'appréhender, au travers de divers indicateurs, tout à la fois les objectifs (résultats espérés de l'action) et les résultats eux-mêmes.

Pour clarifier cette idée, prenons une action de fidélisation. Elle doit définir un objectif de fidélité. Cet objectif est appréhendé au travers d'un indicateur (ou plusieurs), quantitatif (ou à défaut qualitatif). Par exemple, le nombre de comptes clients non mouvementés sur la période ou le taux d'équipement des clients constituent des indicateurs pertinents pour appréhender la fidélité. Ainsi, au regard de chaque type d'actions devra être mise en place une batterie de variables de résultats.

Reprenons notre exemple de suivi d'une action de prospection par trois canaux (figure 44). Les variables de résultats de cette action de conquête pourraient se présenter de la façon suivante (figure 45).

Figure 45 : Exemple de variable de résultats
à propos d'une action de conquête

| **PAC année :** *2014* | | **Nom de l'action :** *Conquête Plus* | **Action N° 8** |
|---|---|---|---|

| Variable de résultats concernant : **Les actions de prospection par trois canaux** | | | | |
|---|---|---|---|---|
| | PRÉVU | RÉALISÉ | ÉCART | Observations |
| **1**   **Clients conquis**<br>• Nombre total<br>• % par mailing<br>• % par appel<br>• % par *couponing* | | | | |
| **2**   **Coût**<br>• Total par prospect<br>• Prospect par mailing<br>• Prospect par *couponing*<br>• Prospect par appel | | | | |
| **3**   **Recettes**<br>• Totales par prospect<br>• Prospect par mailing<br>• Prospect par *couponing*<br>• Prospect par appel | | | | |

Pour finir et tenter d'être toujours plus pragmatique, je présente ci-après quelques variables de résultats pour les différentes actions que nous avons passées en revue au cours de la sixième étape. Il ne s'agit ici que de vous proposer quelques pistes de réflexions et de vous ouvrir la voie vers la conception de vos propres variables de résultats.

## Quelques indicateurs de résultats d'actions portant sur les clients

Ci-après, nous allons examiner tour à tour l'évaluation des actions de conquête, de fidélisation, de sécurisation, de rétention et de reconquête de clients.

### ▪ L'évaluation de vos actions de conquête

### La prospection
- Le nombre de nouveaux clients conquis.
- Le prix de revient des clients conquis.

• Le chiffre d'affaires apporté et / ou la marge ajoutée.

• Le coût et la rentabilité de l'opération, etc.

### Les salons, les foires et les expositions

• Le nombre total de visiteurs.

• Le nombre de clients en compte rencontrés.

• Le chiffre d'affaires réalisé.

• Le nombre de commandes prises.

• Le nombre de clients conquis.

• Le coût et la rentabilité de l'opération.

### Le sponsoring, le mécénat et l'événementiel

• Le nombre de rencontres rendues possibles par l'opération.

• L'évolution de l'image de l'entreprise.

• La mesure de notoriété.

• Le coût et la rentabilité de l'opération, etc.

### Les journées portes ouvertes

• Le nombre de clients et de prospects reçus.

• L'évolution de l'image de l'entreprise.

• La mesure de notoriété.

• Le coût et la rentabilité de l'opération, etc.

### Les actions d'intensification du trafic clients

• La mesure de l'augmentation du trafic.

• La variation des chiffres d'affaires, des commandes et / ou des marges enregistrées.

• Le coût et la rentabilité de l'opération, etc.

### L'offre d'essai aux prospects

• Le nombre d'essais effectués.

• Le nombre de commandes enregistrées.

• Le taux de transformation.

• Le prix de revient commercial d'une première commande.

• Le nombre de commandes de renouvellement sur la période.

- Le chiffre d'affaires généré et / ou la marge.
- Le coût et la rentabilité de l'opération, etc.

### Le parrainage
- Le nombre de parrains en activité.
- Le nombre de clients apportés.
- Le chiffre d'affaires et le coût total par client et par parrain.
- La rentabilité de l'opération, etc.

### L'achat de contacts
- Le nombre de contacts obtenus.
- Le nombre de commandes enregistrées.
- Le taux de transformation commandes / contacts.
- Le prix de revient d'une première commande.
- Le nombre de commandes de renouvellement sur la période.
- Le chiffre d'affaires généré et / ou la marge.
- Le coût et la rentabilité de l'opération etc.

## L'évaluation de vos actions de fidélisation de la clientèle

### Les actions sur la satisfaction procurée
- La variation de l'insatisfaction.
- La ventilation par item d'insatisfaction.
- Le coût et la rentabilité de l'opération, etc.

### Le surclassement
- Le nombre de surclassements opérés.
- La variation de consommation ou de commandes des clients surclassés.
- Le coût du surclassement.
- La rentabilité du surclassement, etc.

### L'intérêt du développement de services associés
- Le nombre de services associés vendus.
- Le pourcentage de commandes (ou de clients) avec et sans service associé.

- Le chiffre d'affaires généré ou la marge.
- Le coût et la rentabilité de l'opération, etc.

### L'amélioration de la qualité et de la réactivité du SAV

- La diminution de l'insatisfaction clients par enquête (au global et par item).
- Le prix de revient d'un point de baisse du taux d'insatisfaction.
- Le coût et la rentabilité de l'opération, etc.

### L'action sur l'attractivité générale des prix

- L'impact d'une baisse de 5 ou 10 % des prix sur les quantités vendues.
- L'impact d'une baisse de 5 ou 10 % des prix sur le nombre de clients.
- La baisse de marge / hausse de chiffre d'affaires.
- Le coût et la rentabilité de l'opération, etc.

### L'augmentation et la diversification du choix proposé

- Le pourcentage d'élargissement / taux de croissance des ventes en volume et en valeur.
- L'augmentation du panier moyen par client en valeur et en pourcent.
- Le coût et la rentabilité de l'opération, etc.

### La promotion des produits à exclusion lente

- Le suivi des ventes en valeur et en volume des produits LiFo.
- Le pourcentage des clients preneurs de produits LiFo avant et après promotion.
- La mesure de l'impact sur leur fidélité au travers de nombre de commandes passées et de l'élévation de la durée de vie moyenne du compte.
- Le coût et la rentabilité de l'action, etc.

### L'offre d'avantages statutaires

- Le nombre de clients bénéficiant de l'avantage.
- La variation.
- La mesure de l'impact sur leur fidélité au travers de nombre de commandes passées.

- La variation de la durée de vie moyenne du compte.
- La variation du nombre de compliments spontanés.
- Le coût et la rentabilité de l'action, etc.

## Les actions de stimulation de l'assiduité et de l'habitude

- La variation de l'assiduité des clients (fréquentation, régularité des achats).
- La mesure de la sensibilité des clients à des offres récompensant l'assiduité.
- Le coût et rentabilité de l'opération, etc.

## ▪ L'évaluation de vos actions de sécurisation de votre clientèle

## Les actions de contractualisation de la relation

- Le nombre de clients sous contrat ou d'abonnés.
- Le chiffre d'affaires total réalisé par contrats ou abonnements.
- La mesure de l'impact sur la fidélité au travers de l'élévation de la durée de vie moyenne du compte des clients sous contrat ou abonnés.
- Le coût et la rentabilité de l'opération.

## Les actions de contournement des décideurs

- Le nombre de contacts directs avec les utilisateurs.
- Le nombre de coordonnées obtenues.
- L'augmentation de la durée de vie moyenne des comptes en cas de contournement.
- Le coût et la rentabilité de l'opération, etc.

## Les actions de traitement de l'insatisfaction des clients

- Le nombre et la variation des réclamations reçues.
- Le nombre de plaintes observées.
- Le nombre d'actions de satisfaction abouties.
- Le coût et la rentabilité de l'opération, etc.

## L'exploitation individuelle des enquêtes d'INsatisfaction

- Le nombre de contacts directs avec des clients insatisfaits.
- La synthèse des observations et la recherche des constantes.

- Le nombre de clients contactés ayant augmenté leur chiffre d'affaires après cette prise de contact comparé à l'évolution du chiffre d'affaires du panel des clients sondés.
- Le coût et la rentabilité de l'opération, etc.

### Les protections contre le *benchmark* des clients

- Le nombre de demandes de remboursement.
- Le coût total de ces remboursements.
- L'évaluation de la fréquentation et des achats des clients ayant sollicité des remboursements.
- Le coût et la rentabilité de l'opération, etc.

## ▪ L'évaluation de vos actions de RÉTENTION de la clientèle

### L'obligation d'un préavis

- Le nombre de clients forclos restant en compte plus d'un an.
- Le chiffre d'affaires desdits clients.
- Le coût et la rentabilité de l'opération.

### La mise en place de frais de clôture ou de transfert de dossiers

- Le nombre de clients renonçant à fermer leur compte ou le nombre de clients ayant soulevé la question.
- Le chiffre d'affaires conservé desdits clients.
- Le coût et la rentabilité de l'opération.

### La formalisation des procédures de rupture

- Le nombre de clients renonçant à fermer leur compte ou le nombre de clients ayant soulevé la question.
- Le chiffre d'affaires conservé desdits clients.
- Le coût et la rentabilité de l'opération.

## ▪ L'évaluation de vos actions de RECONQUÊTE des clients perdus

- Le nombre de clients récupérés ou le nombre de clients sollicités.
- Le chiffre d'affaires desdits clients récupérés.
- Le coût et la rentabilité de la reconquête.

# Quelques indicateurs de résultats d'actions portant sur les produits

## Les actions promotionnelles avec primes et les actions de promotion tarifaire

- Le nombre de primes payées.
- L'augmentation du chiffre d'affaires du produit considéré.
- La comparaison du chiffre d'affaires et des marges avec et sans prime.
- Le niveau de chiffre d'affaires du produit après l'opération / avant l'opération.
- Le coût de l'opération / gain de chiffre d'affaires ou de parts de marché, etc.

## Les essayages

- Le nombre d'essais effectués.
- Le nombre de commandes induites.
- Le chiffre d'affaires induit.
- Le coût et la rentabilité de l'opération.

## Cross selling et up selling

- Le nombre de ventes effectuées.
- Le nombre de commandes induites dans le produit promu.
- Le chiffre d'affaires obtenu.
- Le coût et la rentabilité de l'opération.

# En guise de conclusion

## Quelques précieux conseils pour mener à bien votre PAC

Nous voilà parvenus au terme de ce long chemin qui nous a fait franchir tour à tour, et avec succès, les huit étapes nécessaires à la construction et au pilotage d'un plan d'ensemble de vos actions commerciales. Il n'est pas inutile de se les remémorer.

## Étape n° 1

Donnez un cadre de référence fondamentale à vos actions commerciales. La construction de ce CRF est l'occasion pour vous d'appréhender la vocation profonde de votre entreprise, de définir, si ce n'est déjà fait, ses grandes finalités, son éthique, et avec quels obstacles ou sous quelles contraintes votre métier s'exerce. C'est le fil guide du quotidien de chacun.

## Étape n° 2

Prenez un peu de recul. Menez votre propre réflexion stratégique. Interrogez-vous sur votre métier, les marchés sur lesquels vous opérez, définissez claire-ment quels problèmes ou difficultés rencontrent vos clients et que vos produits concourent à régler. Réfléchissez moins à ce que vous vendez, et davantage à ce que les clients achètent. Identifier cible par cible, afin d'opérer ce fameux *break* en quête duquel votre qualité de dirigeant vous oblige.

## Étape n° 3

Élaborez votre diagnostic commercial, repérez les menaces et opportunités de votre environnement et inventoriez les avantages et handicaps concurrentiels de votre organisation commerciale.

## Étape n° 4

Dégagez, dans les grandes lignes, les orientations possibles de vos actions commerciales à mener, après avoir compris les problèmes à résoudre, leurs causes, leurs enjeux, etc., et croisez les analyses interne et externe afin de sacrifier au sacro-saint principe de cohérence.

## Étape n° 5

Mettez en ordre de marche votre *mix marketing* en revisitant votre offre. Pour ce faire, structurez plus efficacement votre offre de produits ou services. Organisez vos gammes en espalier afin de faciliter l'entrée de vos clients dans un processus d'engagement et contrarier leur départ. Côté prix, reconsidérez vos choix tarifaires. Être le moins cher n'est ni valorisant, ni créateur de valeur. Faites en sorte que vos prix ne soient plus la variable d'ajustement des difficultés que rencontre votre équipe pour vendre. Augmentez le succès des actions prévues à votre PAC en mobilisant l'énergie de vos commerciaux et en veillant à perfectionner leurs compétences commerciales. Reprenez en main vos distributeurs. Ils sont davantage vos fournisseurs qu'ils ne sont vos clients. Managez-les et soyez exigeant envers eux.

## Étape n° 6

Parmi les possibilités d'actions, discernez celles qui portent sur les clients – les conquérir, les fidéliser, sécuriser leur attachement, les retenir en cas de velléité de départ le cas échéant et, pourquoi pas, tenter de les reconquérir s'ils sont partis – et celles davantage axées sur la vente de produits et la stimulation des achats effectués par vos clients. Veillez à l'intendance et prévoyez les actions de supports (formation, *benchmark*, challenges, conventions, etc.) nécessaires pour « alimenter » les troupes et aider au succès.

## Étape n° 7

Transformez l'essai. Rédigez votre PAC, formalisez vos réflexions en actions commerciales décrites en détail, avec leur budget de recettes / dépenses, leurs objectifs accompagnés du nécessaire *qui* fait *quoi* et *quand* pour coordonner et contrôler les différents intervenants.

## Étape n° 8

Pilotez votre PAC, autrement dit contrôlez le bon déroulé de vos actions et évaluez leurs résultats.

Pour finir, quatre principes doivent être respectés par ceux ou celles chargés de la conception et du pilotage d'un ensemble d'actions commerciales.

## Les 4 principes à respecter pour concevoir et piloter vos actions commerciales

### ▣ Le principe de multicohérence

Chaque étape dégage des idées ou réflexions qui entraînent des décisions politiques, stratégiques ou opérationnelles. Celles-ci doivent être cohérentes entre elles, aussi bien horizontalement (au sein d'une même étape) que verticalement (entre étapes). Horizontalement, une coopérative viticole ne saurait se donner pour cadre de référence fondamental « *la mission de commercialiser les vins provenant de la récolte de ses adhérents et la promotion de l'appellation Vins du Jura* » sans accepter la contrainte de n'en vendre d'aucune autre provenance. Verticalement, les étapes doivent s'enchaîner en respectant la même obligation de solidarité. Un PAC dont l'analyse interne fait ressortir comme handicap concurrentiel (étape n° 3) une absence de notoriété se doit, pour être cohérent, de prévoir des actions de développement de communication visant à se faire mieux connaître (étapes n° 5, n° 6 et n° 7).

### ▣ Le principe de personnalisation

La logique d'une organisation commerciale ne peut se rapporter à celle d'une autre. Votre PAC doit être en phase avec la logique de votre milieu professionnel, de vos clients, de vos produits, de votre équipe et de votre culture d'entreprise. Dans les métiers de la bijouterie, les détaillants acceptent sans restriction la visite de multicarte, représentant plusieurs entreprises. La même équipe n'a que peu de chance d'être crédible aux yeux d'acheteurs de grandes surfaces qui préfèrent être visités par des décideurs disposant de tout pouvoir pour engager leur entreprise. À métiers différents, interlocuteurs différents, actions différentes !

## Le principe de supériorité additionnelle

Une action commerciale doit apporter un indéniable « plus » : plus de clients ou plus de contacts, plus de parts de marché, plus de motivation et/ou de compétences de la part des commerciaux, ou encore plus de qualité, de réactivité, etc. Demandez-vous, action par action, quel « plus » celle-ci apporte et comment l'action envisagée participe à la quête de votre *break* concurrentiel. À défaut d'un apport substantiel, il vous faut y renoncer !

## Le principe d'optimisation du succès

Trop d'actions nuisent à l'action. Les budgets sont par ailleurs limités. Ne retenez que les actions qui vous paraissent être les meilleures dans l'ordre des chances d'aboutir à un résultat tangible.

Ainsi se termine ce livre. Tout au long de ces huit étapes, j'ai partagé avec vous quelques-unes des méthodes, techniques, astuces et petits secrets que je confie aux dirigeants commerciaux à l'occasion de mes séminaires, ou lors de mes accompagnements *in situ* dans la conception et la mise en œuvre de leur PAC. Recourir à cette démarche rigoureuse est chose prenante et quelquefois ardue. Toutefois, comme souvent dans la vie, il n'y a que la première fois qui coûte réellement. Votre premier PAC réalisé, puis mis en œuvre, de nombreuses étapes seront reconduites à l'identique, année après année. Bientôt une simple réactualisation de votre PAC suffira. Chaque année, tirant les leçons du passé, vous l'améliorerez pour le présenter avec force et conviction à votre équipe. S'inspirant de votre démarche, celle-ci aspirera bientôt elle-même à se professionnaliser. Viendra bientôt l'immanquable moment où chaque commercial de votre équipe désirera concevoir lui-même le PAC de son propre secteur, et apprendre à gérer le portefeuille de clients et de prospects que vous lui confiez. Je vous suggère alors, non sans quelques arrière-pensées, d'offrir malicieusement à chacun mon prochain livre écrit à leur intention : *Le Plan d'Actions Commerciales du Vendeur…*

# Annexe I

# Évaluez vos connaissances en techniques commerciales

Sur le site ForVentOr, le bilan gratuit de vos forces et faiblesses en vente et en négociation

Dans le souci d'aider mes lecteurs et de leur permettre de continuer à progresser, j'ai mis gratuitement à leur disposition sur notre site *forventor.fr* les tests de connaissances que mes collaborateurs et moi-même utilisons pour réaliser nos diagnostics de connaissances commerciales. Ces tests, de grande qualité, nous permettent d'adapter nos programmes de formation aux besoins des stagiaires ou d'assister les dirigeants dans l'élaboration de leur plan de formation commerciale ou encore de les éclairer lors du recrutement de vendeurs.

Ce bilan met en valeur votre potentiel commercial et vous invite à le réaliser pleinement. En passant ces tests, vous bénéficiez d'un bilan personnalisé de la part d'un consultant ForVentOr. Cet inventaire très détaillé vous est commenté oralement, puis gracieusement envoyé. Vos forces et vos faiblesses en matière commerciale sont ainsi mises en lumière. Au-delà du corrigé, dont le commentaire vous assure un progrès immédiat, nous vous conseillons des lectures, des vidéos ou encore nous vous indiquons quels stages suivre afin de vous perfectionner pour vendre plus et mieux.

Ces tests investiguent cinq grands domaines :

- votre savoir-faire en prospection et conquête de nouveaux clients ;
- votre capacité à découvrir et à faire reconnaître un besoin chez vos clients ;
- votre art pour argumenter, répondre aux objections et conclure pour obtenir l'accord ;
- votre aptitude à défendre votre prix et à négocier avec vos clients ;
- votre adaptation à la gestion de votre portefeuille de clients, de votre organisation et de votre temps.

# Annexe II

# Quels points sont à perfectionner dans votre management ?

Sur le site ForVentOr, le bilan gratuit de vos forces et faiblesses en management et coaching des vendeurs

Dans le même esprit, pour appuyer les efforts de perfectionnement de mes lecteurs dirigeant une équipe de vente, j'ai également mis **gratuitement** à leur disposition sur *forventor.fr* les tests de savoir-faire en management et coaching des encadrants que mon cabinet utilise pour réaliser les bilans de compétences en la matière. Les lecteurs, managers commerciaux, peuvent ainsi identifier leurs forces et leurs faiblesses, repérer les zones de progrès possibles et renouveler leurs techniques de management.

Cet inventaire tout aussi détaillé que celui proposé aux commerciaux vous est commenté oralement par un consultant ForVentOr, puis gracieusement envoyé. Le corrigé vous prodigue des conseils en management et en coaching immédiatement exploitables. Nous vous conseillons des lectures et vous indiquons quels éventuels stages suivre afin d'**améliorer concrètement vos aptitudes à l'encadrement et au coaching de vos vendeurs**.

# Index

www.ingramcontent.com/pod-product-compliance
Lightning Source LLC
Chambersburg PA
CBHW082125210326
41599CB00031B/5879